L'AMÉRICAIN SANS PEINE

(l'anglais d'Amérique)

méthode quotidienne

ASSiMiL®

L'AMÉRICAIN
SANS PEINE

(l'anglais d'Amérique)

par **David APPLEFIELD**

Illustrations : J.-L. Goussé

ASSiMiL®

B.P. 25
94431 Chennevières-sur-Marne Cedex
FRANCE

© ASSIMIL 1997   ISBN : 2-7005-0207-8

Méthodes

*Volumes reliés, abondamment illustrés
et enregistrés sur cassettes ou compact discs*

"Sans Peine"

Le nouvel allemand sans peine
L'américain sans peine
Le nouvel anglais sans peine
L'arabe sans peine (tome1)
L'arabe sans peine (tome2)
L'arménien sans peine
Le brésilien sans peine
Le chinois sans peine (tome1)
Le chinois sans peine (tome2)
L'écriture chinoise
Le coréen sans peine
Le danois sans peine
Le nouvel espagnol sans peine
L'espéranto sans peine
Le finnois sans peine
Le nouveau grec sans peine
L'hébreu sans peine (tome1)
L'hébreu sans peine (tome2)
Le hindi sans peine
Le hongrois sans peine
L'indonésien sans peine
Le nouvel italien sans peine
Le japonais sans peine (tome1)
Le japonais sans peine (tome2)
Le japonais : l'écriture kanji
Le latin sans peine
Le nouveau néerlandais sans peine
Le norvégien sans peine
Le polonais sans peine
Le nouveau portugais sans peine
Le roumain sans peine
Le nouveau russe sans peine
Le serbo-croate sans peine
Le suédois sans peine (tome1)
Le suédois sans peine (tome2)
Le swahili sans peine
Le tchèque sans peine
Introduction au thaï
Le turc sans peine
Le vietnamien sans peine

"Perfectionnement"

Perfectionnement allemand
Perfectionnement anglais
Perfectionnement espagnol
Perfectionnement italien
La pratique du néerlandais

"Langues régionales"

Le basque unifié (initiation)
Le corse sans peine
Le créole sans peine
L'initiation au breton sans peine
Le breton sans peine (tome1)
Le breton sans peine (tome2)
L'occitan sans peine

"Affaires"

Le nouvel anglais des affaires
L'espagnol des affaires

"Civilisations"

Les Américains (Perfectionnement,
accents, comportements)

"Bilingues" (1 livre + cassettes)

Pour mieux connaître l'arabe
Pour mieux connaître le chinois

"Loisirs"

La guitare sans peine (cours en 2
cassettes et 24 fiches)
Le solfège sans peine (cours en 3
cassettes et un livret)
Le bridge sans peine (cours en 6
cassettes et deux livres)

"Expressions idiomatiques"

Espagnol : ¡no me digas!

SOMMAIRE

INTRODUCTION

Bienvenue dans *L'Américain sans peine* ! Nous sommes tout particulièrement heureux de vous accueillir au seuil de ce territoire qu'est la langue américaine. Depuis son premier titre, *L'Anglais sans peine*, en 1929, Assimil se consacre assidûment à l'enseignement de l'anglais. Avec *L'Américain sans peine*, nous avons décidé d'approfondir et de compléter utilement cet enseignement.

Aujourd'hui, il est superflu de souligner l'importance qu'il y a de distinguer l'anglais américain de l'anglais britannique. Le monde du commerce international et des communications mondiales s'est articulé – pour le meilleur ou pour le pire – autour des États-Unis. Ainsi, à ce jour, il y a non seulement près de 250 millions d'Américains qui parlent *américain*, mais encore plus du double, parmi les habitants de la planète, qui font appel à l'américain comme langue internationale.

C'est pourquoi Assimil a jugé indispensable de "créer" de toutes pièces un *Américain sans peine* – authentique et originale introduction à la langue et à la culture américaines.

Écrit par un auteur et enseignant américain qui partage sa vie entre Boston et Paris, *L'Américain sans peine* foisonne de dialogues, d'expressions et de vocabulaire que vous entendriez en tout temps, en tout lieu et en toute circonstance sur le territoire américain. Il s'est attaché à vous rapprocher le plus possible de la source de la langue, en faisant appel au langage parlé de tous les jours. C'est ce langage qui révèle à lui seul les comportements et coutumes du peuple américain dans son contexte quotidien.

À ce propos, vous trouverez souvent, dans les "Notes" qui suivent chaque leçon, le terme "étasunien(s)". Ce mot (accepté par nos Académiciens !) a l'avantage d'être plus précis que le mot "américain" – applicable, ne l'oublions pas, aux Mexicains, Péruviens et autres peuples du continent américain – pour désigner les habitants des États-Unis.

Les États-Unis sont un pays dont la culture a voyagé à travers le monde par le biais de sa politique, sa musique, son cinéma et ses produits réputés ; toutefois, ils demeurent relativement mal connus ou incompris par ceux qui ne s'y sont pas rendus, et les idées préconçues concernant "l'Amérique" ont la vie dure...

Tout en vous enseignant la langue, les nombreuses *notes de civilisation* qui émaillent *L'Américain sans peine* vous donnent un aperçu plus familier du pays et de ses habitants. "Familier" est un mot-clé pour définir la méthode et les États-Unis. En général, vous trouverez moins de règles, moins de structures, et moins de rigidité dans l'anglais américain (et même dans la vie américaine) que dans votre propre langue maternelle ou dans l'anglais britannique.

Vous trouverez dans *L'Américain sans peine* des gens authentiques dans des circonstances authentiques de la vie de tous les jours : faisant la queue à la poste, commandant des crêpes pour le petit-déjeuner, ou encore. allant rendre visite à leur médecin ou discutant à bâtons rompus avec leurs proches...

Les situations décrites dans cet ouvrage, à travers toutes sortes de régions (New York, la Floride, le Texas, l'Idaho, la Californie, l'Arizona, etc.), de milieux, d'âges et de générations, vont vous faire partager l'âme d'un peuple et découvrir la richesse de sa langue.

À la fin de cette méthode, vous devriez pouvoir décoller pour New York ou Los Angeles et participer avec aisance à toutes les activités quotidiennes au milieu des Américains.

Bienvenue ! Savourez ce livre, et faites comme chez vous.

L'Américain sans peine, mode d'emploi

Cet ouvrage est conçu selon les principes de la méthode ASSIMIL : **régularité et gradualité de la progression**, et confiance dans l'immense pouvoir d'assimilation de notre cerveau. C'est ce dernier principe qui fonde notre approche essentiellement pratique, excluant les développements théoriques indigestes, mais n'omettant pas les explications de détail, grammaticales ou lexicales, à chaque fois que le besoin s'en fait sentir.

Notre but est de vous donner d'abord une connaissance intuitive, pratique et partiellement inconsciente des structures de la langue, pour vous permettre ensuite de la parler comme si vous l'aviez toujours connue.

Nous avons apporté tous nos soins à la régularité de la progression afin de vous permettre d'assimiler la langue et d'en maîtriser les difficultés presque sans vous en apercevoir. Pour le reste, un apprentissage réussi dépendra de la régularité de votre travail.

Décidez de consacrer **une demi-heure par jour** à votre "Américain sans peine". Si vous êtes à court de temps, mieux vaut réduire le dosage quotidien que de le supprimer, quitte à passer deux jours sur une leçon. En effet, toute interruption de votre rythme quotidien laisserait aux structures en train de se former inconsciemment dans votre esprit le temps de s'effacer. Inversement, n'essayez pas d'en faire trop à la fois : c'est en restant modeste et régulier qu'on va finalement le plus loin.

Et puis, vous le verrez, c'est dans le plaisir que vous allez découvrir l'américain et constater que vous le maîtrisez de mieux en mieux : plaisir phonique à découvrir de nouveaux sons et à comprendre une nouvelle langue, et plaisir de la découverte culturelle également – les notes et les dialogues vous apprendront autant sur le pays et ses habitants que sur la langue elle-même.

1. La première vague

Elle correspond à la "phase passive" de votre apprentissage. Voici comment procéder :

• **Commencez par écouter** le dialogue de la leçon pour vous mettre dans l'oreille la prosodie, la "musique" de la langue (du moins si vous disposez des enregistrements, ce que nous recommandons).

• **Lisez ensuite votre texte** sans vous presser, phrase par phrase, en vous reportant du texte américain à la traduction française et en réécoutant chaque phrase. Reportez-vous à la "prononciation figurée" et **n'oubliez pas de lire attentivement les notes**.

• Puis vient le moment de la **répétition**. Elle se fera phrase par phrase, immédiatement après l'écoute. Répétez à vitesse normale, sans hésitation, en respectant bien l'accent tonique et l'accent de la phrase (voir ci-après le chapitre "La prononciation"). En imitant de votre mieux les locuteurs de nos enregistrements, ou du moins en respectant le plus scrupuleusement possible les indications données dans la prononciation figurée qui accompagne tous les dialogues, vous mettrez peu à peu en place les habitudes et réflexes inconscients qui constituent la connaissance assimilée d'une langue.

• À la fin de chaque leçon, **faites les exercices** proposés : ils constituent les applications directes de ce que vous venez d'apprendre.

• Toutes les sept leçons, les **leçons de révision** font le point sur vos acquis grammaticaux et lexicaux, qu'elles complètent en vous donnant des exemples différents de ceux des leçons. Ces leçons font partie intégrante de votre apprentissage : consacrez-leur autant de temps que pour une leçon nouvelle.

Si un point de structure de phrase vous paraît obscur et n'est pas expliqué, faites un renvoi cinq ou six leçons plus loin. Lorsque vous y arriverez, vous reviendrez à la difficulté que vous aviez rencontrée et vous apercevrez bien souvent qu'elle s'est éclaircie "toute seule" dans l'intervalle. Si ce n'est pas encore le cas, faites un nouveau renvoi.

2. La deuxième vague

À partir de la 50ᵉ leçon, votre étude deviendra fondamentalement active : tout en continuant à avancer comme précédemment dans les nouvelles leçons, vous reprendrez une à une celles que vous avez déjà apprises, en commençant par la première et en suivant le même rythme d'une par jour. Nous vous demanderons alors de traduire les textes de chaque leçon en américain. Cette "deuxième vague" vous permettra de constater tous les progrès que vous aurez faits tout en vous aidant à les consolider. Nous vous en reparlerons le moment venu.

3. Les enregistrements

Bien que la méthode soit également conçue pour être utilisée avec le livre seul, nous vous recommandons vivement de vous munir des enregistrements. Réalisés avec la collaboration de professionnels américains, ils vous plongeront dans la réalité vivante de la langue et vous feront découvrir des sons nouveaux, encore inconnus de vous. Les douze premières leçons sont enregistrées deux fois. Les leçons de révisions ne sont pas enregistrées.

Avant de vous plonger dans la première leçon, prenez le temps de lire le chapitre traitant de la prononciation. Une première approche de cette dernière est indispensable.

En suivant les conseils que nous venons de vous donner, vous saurez bientôt parler l'américain, sans peine !

La prononciation

Les sons anglais – qu'il s'agisse de celui de Grande-Bretagne ou de celui des États-Unis – ne sont pas difficiles à prononcer pour les francophones ; seules les deux prononciations du "th" et celle du "h" vous demanderont un peu d'effort au départ.

Il est, en revanche, moins aisé de définir en quelques lignes les règles de la prononciation anglaise. En effet, bien que l'alphabet anglais se compose de cinq voyelles (six, si on compte le *y*) et de 21 consonnes (ce qui fait au total 26 lettres), les phonéticiens ont en réalité déterminé 46 sons différents – 22 voyelles et 24 consonnes ! Vous l'aurez compris, certaines lettres ou certains groupes de lettres ont donc plusieurs prononciations différentes...

Vous enseigner en détail et de manière systématique tout le fonctionnement de la phonétique anglaise ou américaine serait un travail de longue haleine, intéressant certes, mais qui risquerait de vous faire perdre patience, vous qui avez choisi *L'Américain sans peine* pour apprendre à parler, et pas seulement à prononcer. Nous ferons donc confiance au principe de l'assimilation intuitive, sur lequel se fonde la méthode Assimil : la prononciation et ses finesses se mettront en place dans votre tête petit à petit, au fil des leçons. Pour vous y aider, deux outils sont à votre disposition : d'une part les enregistrements – qui vous permettront d'entendre comment parlent les Américains et de réécouter et répéter les textes des dialogues et des exercices autant de fois que vous en ressentirez le besoin, jusqu'au moment où votre prononciation vous semblera satisfaisante –, et d'autre part la rubrique "*Pronunciation*", où nous avons transcrit "à la française" le texte des dialogues. Cette transcription "à la française" vous permettra de lire et prononcer tous les mots transcrits exactement (ou presque) comme si c'était du français. Bien entendu, vous devrez cependant prononcer le "r" et le "h" à l'anglaise, et respecter les quelques consignes de prononciation que nous vous donnerons. Nous vous faisons confiance, avec un peu de persévérance, vous y arriverez !

Quelques consignes de prononciation

• **Le *r* anglais** (transcrit "r" dans la prononciation)
Prononcez rapidement un "ou" suivi d'un "e" très bref en
enroulant légèrement votre langue vers l'arrière de la
bouche. Cette petite gymnastique devrait vous permettre
de prononcer le *r* comme un véritable Étasunien !
• **Le *h* anglais** (transcrit "H" dans la prononciation)
Contrairement au *h* français, le *h* anglais n'est pas muet.
Les francophones ont souvent du mal à prononcer ce son
pourtant facile à reproduire. Pour y parvenir, faites
l'exercice suivant : mettez le dos de votre main à quelques
centimètres de votre bouche et prononcez une à une toutes
les voyelles de l'alphabet tout en faisant sortir de l'air de
votre bouche, comme si vous essayiez de réchauffer votre
main : Ha - He - Hi - Ho - Hu - Hou...
Attention ! Veillez bien, au début de votre apprentissage, à
placer le "H" au bon endroit – les francophones ont parfois
tendance à déplacer ce son et à mettre un "H" là où il n'y
en a pas.
• **Les deux *th*** (transcrits "Z" et "dz" dans la
prononciation)
Pour ces deux sons, apprenez à zézayer (ou zozoter, si
vous préférez) !
- Le son *th* que nous avons transcrit "Z" équivaut au "ch"
de chat ou au "s" de souris, zézayés.
- Quant au son *th* transcrit "dz", il correspond au "j" de
jouer et au "z" de zoo, également zézayés.
Prononcez en zézayant : "Le chat et la souris jouent dans
le zoo". Avec notre transcription phonétique, cette phrase
donnerait : "Le **Za** é la Zou**r**i dzou dan le **dzo**". Faites ce
petit exercice plusieurs fois si nécessaire, et n'ayez pas
peur du ridicule – tous les Étasuniens prononcent les *th* de
cette manière !

Les deux types d'accent

De manière simplifiée, on peut dire que la prononciation
anglaise comporte deux types d'accent : l'accent tonique
et l'accent de phrase.

• **L'accent tonique**
Tout mot anglais de plus d'une syllabe a un accent tonique.
Nous avons matérialisé cet accent tonique par des
caractères gras dans la prononciation. Pour bien
prononcer, vous devez donc veiller à prononcer plus fort,
de manière accentuée, les lettres en gras.

• **L'accent de phrase**
Le rythme de la phrase anglaise est différent de celui de la
phrase française : alors qu'en français les syllabes se
succèdent de manière régulière, en anglais (et
particulièrement en "américain") les syllabes accentuées
se succèdent avec régularité tandis que les syllabes non
accentuées se prononcent de manière non seulement plus
atténuée mais aussi plus rapide. De plus, l'accent de
phrase porte sur les mots les plus "importants" – ceux qui
sont indispensables pour une bonne compréhension du
sens global de la phrase. Le respect de l'accentuation des
mots est essentiel si on veut se faire comprendre par les
anglophones. Vous devez donc veiller, répétons-le, à bien
tenir compte des mots et syllabes en gras, tant dans les
dialogues que dans la prononciation figurée
("*Pronunciation*"). Ne vous inquiétez pas, au bout de
quelques semaines d'étude, tout ceci vous semblera tout à
fait naturel.

Attention, il vous arrivera de constater des différences
entre les parties en gras des dialogues et celles de la
prononciation. Ces différences s'expliquent :
**Dans les dialogues, les parties en gras représentent
l'accent de phrase** ; en revanche, **les lettres en gras dans
la prononciation vous indiquent** la partie de chaque mot
qu'il convient d'accentuer, c'est-à-dire **l'accent tonique**.

Remarques :
• Dans notre transcription de la prononciation, certaines
voyelles et certains groupes de voyelles sont doubles. Il
s'agit des "voyelles longues" de la langue anglaise. Ces
voyelles longues doivent être prononcées sur une durée
deux fois plus longue que les voyelles courtes, ce qui est
logique, vous en conviendrez.

• Les sons français "in, en, on..." n'existent pas en anglais. Pour vous le rappeler, nous avons systématiquement inséré un tiret entre ces voyelles et ces consonnes. Ainsi par exemple, vous prononcerez le "in" anglais "ine" (transcription : i-n).

Exemple de transcription :

Phrase en anglais
We like fruit, but I have been thinking more about cheeseburgers and a large coke after the exam.

Prononciation à la française
oui **laïk frou**-out beutt **aï** Hav bii-n **Zi-n**ki-ng **mo**re eba**out tchiiz**beurgue-rz èa-nd e **la**-ardj **ko**-ouk **af**teur dzi ig**zam**

Contrairement au système de phonétique internationale, notre transcription "à la française" n'a rien de scientifique – elle est donc moins précise, moins nuancée. Nous avons cependant opté pour cette transcription dans le but de vous rendre l'apprentissage de la prononciation plus aisé d'emblée (alors que la phonétique internationale aurait requis un apprentissage préalable). Nous avons privilégié la facilité de lecture de la prononciation pour les francophones et savons que notre système comporte quelques imperfections (qui, toutefois, devraient être sans conséquence pour la qualité de votre apprentissage) – d'avance, nous vous prions de nous en excuser.

Vous êtes maintenant prêt pour la première leçon. *Have a nice trip* (Bon voyage) !

First Lesson (feurst lèsse-n)

Nice to Meet You (1)

1 – **What's** your **name**? **(2)(3)**
2 – **Jack. What's** yours? **(4)**
3 – **Bill. (5)**
4 – **Nice** to **meet** you, **Bill. (6)**
5 – **Like**wise.

PRONUNCIATION
naïss tou **miit** iou
1 ouats ior **nèïm** 2 **djak** ouats iouorz 3 **bil** 4 naïss tou **miit** iou
bil 5 laïkouaïz

NOTES

(1)   Voici la manière la plus courante de dire "Enchanté"
       (littéralement "agréable de rencontrer vous"). En anglais
       il n'existe qu'une seule forme pour dire "tu" et "vous" :
       you. L'équivalent français dépend du contexte. Dans
       cette première leçon, nous l'avons traduit par "vous".

(2)   *What's* est la forme contractée de *what is* (quel est, quelle
       est... ?). Les formes contractées sont utilisées dans le
       langage parlé. Nous y reviendrons.

(3)   *Your* équivaut aussi bien à "ton", "ta", "tes" qu'à "votre"
       et "vos". C'est tout simple, n'est-ce pas ?

(4)   *Yours* : le tien, la tienne, le vôtre, la vôtre et tous les
       équivalents au pluriel. Vous commencez à voir que la
       grammaire anglaise est bien moins compliquée que la
       grammaire française !

*****

Exercise (**èk**seursaïz)
(Exercice : Traduisez)
1 Nice to meet you. 2 Likewise. 3 What's your name?
4 What's yours?

Première leçon

Enchanté

1 – Comment vous appelez-vous ? (Quel est
votre nom ?)
2 – Jack. Et vous ? (Quel est le vôtre ?)
3 – Bill.
4 – Enchanté (Agréable de rencontrer vous), Bill.
5 – [Moi] de même.

NOTES (suite)

(5) Bill est le diminutif de *William.* Les Américains ont une
très nette tendance à utiliser les formes abrégées et
familières des prénoms. Sachez également qu'on appelle
très fréquemment et très rapidement les gens par leur
prénom plutôt que par leur nom de famille. Exemples :

Tom (**tam**)	=	Thomas
Joe (djôe)	=	Joseph
Dick (dik) ou Rich	=	Richard
Jim (djim)	=	James
Betty (**bed**die)	=	Elizabeth
Maggie (**mag**uie) ou Meg	=	Margaret

(6) En anglais la forme infinitive des verbes commence
toujours par la particule "*to*" – *to read* (lire), *to eat*
(manger), *to run* (courir), etc. "*To be or not to be, that is
the question*" – être ou ne pas être, là est (toute) la
question, (n'est-ce pas ?).

*****

Exercice
(Corrigé)
1 Enchanté. 2 Moi de même. 3 Comment vous appelez-
vous ? (Quel est votre nom ?) 4 Et vous ? (Quel est le vôtre ?)

****

Second Lesson (sèke-nd lèsse-n)

Where Are You From?

1 – **Where** are you **from**? (1)
2 – **Tex**as.
3 – **Me too!** (2)

PRONUNCIATION
ouèr a-ar iou from
1 ouèr a-ar iou from **2** tèxess **3** mi tou

NOTES

(1) Les Américains sont très directs et aiment pouvoir "situer" très rapidement leur interlocuteur. Ne soyez donc pas étonné si, dès le premier contact, on vous demande d'où vous venez et ce que vous faites dans la vie. Ce sont des questions de base qui ne sont pas du tout considérées comme indiscrètes.

Fill in the missing words (Fill **i-n** dze **mi**ssi-ng ou**eurdz**)
(*Complétez. * = Formes avec contractions. Chaque point
équivaut à une lettre.*)

1   *Quel est votre nom ?*
      What's . . . . name?

2   *Quel est le vôtre ?*
      What's . . . . . ?

3   *Enchanté.*
      . . . . to . . . .

4   *Moi de même.*
      . . . .

5   *Quel est ton nom ?*
      *. . . . . . your name?

Les mots qui manquent :
1 your 2 yours 3 Nice, meet you. 4 Likewise. 5 What's

****

Deuxième leçon

D'où venez-vous ?

1 –   D'où venez-vous (Où êtes-vous de) ?
2 –   [Du] Texas.
3 –   Moi aussi !

NOTES (suite)

(2)   *To* (à), *too* (aussi, trop) et *two* (deux) se prononcent de la
même manière : "tou". Rappel : *to*, lorsqu'il est placé
devant un verbe, marque l'infinitif. Exemples :

to eat	=	manger
too hot	=	trop chaud
me too	=	moi aussi
two men	=	deux hommes

4 – You're **kid**ding! **It's** a **small** world! **(3)(4)**
5 – What **part** of **Tex**as?
6 – **San** Antonio.
7 – **Oh**, I'm from **Hous**ton. **(5)**

4 ior **kéd**i-ng **éts**seu **smo**-ol oueurld 5 ou**at pa**-art ov **tèx**ess
6 **sèa**-n **èa**-ntoanio 7 **o**-o, aïm from **Hious**te-n

NOTES (suite)

(3)   *You're kidding* est une expression marquant la surprise.
On peut la traduire par "c'est incroyable", "sans blague",
"vous voulez rire", etc.
To kid est également synonyme de *to joke :* blaguer.

*****

Exercise *(Traduisez)*
1 Where are you from? 2 I'm from Texas. 3 It's a small
world! 4 What part of Texas are you from? 5 Me too. 6 I'm
from San Antonio; you're from Houston. 7 You're
kidding!

4 – Sans blague ! Comme le monde est petit !
(C'est un petit monde.)
5 – [De] quelle partie du Texas ?
6 – San Antonio.
7 – Ah, [moi] je suis de Houston.

NOTES (suite)

(4) *It's* est la forme contractée de *it is* (c'est). *It* est le pronom neutre. On l'emploie pour les objets, les animaux, et aussi dans des expressions impersonnelles comme *it's raining* (il pleut).

(5) *I'm* est la forme contractée de *I am* (je suis). *Houston* : N'oubliez pas de bien prononcer le "H" – faites sortir l'air de votre bouche comme s'il faisait très froid et que vous vouliez réchauffer vos mains.

*****

Exercice *(Corrigé)*
1 D'où venez-vous ? **2** Je suis du Texas. **3** Comme le monde est petit (C'est un petit monde) ! **4** De quelle partie du Texas êtes-vous ? **5** Moi aussi. **6** Je suis de San Antonio ; vous êtes de Houston. **7** Sans blague !

*****

Fill in the missing words
(Complétez. * = Formes avec contractions.)

1   *Moi aussi. Je suis du Texas.*
Me too. * . . . from Texas.

2   *D'où venez-vous ?*
Where . . . you . . . . ?

3   *Comme le monde est petit !*
It's . small . . . . . !

4   *Sans blague.*
You're . . . .

Les mots qui manquent
1 I'm **2** are, from **3** a, world **4** kidding

Third Lesson (**Zeurd** lèsse-n)

At the **Post Office** (**1**)

1 – Good **mor**ning, **ma**'am. (**2**)
2 – **Mor**ning. I'd **like** to **send** this **let**ter to Paris. (**3**)(**4**)
3 – **Fran**ce or **Tex**as?(**5**)
4 – **Fran**ce of **cour**se! My **daugh**ter lives there.

PRONUNCIATION
att dze po-ost offiss
1 goud **mo-orni**-ng **mé**-èm 2 **mo**eurni-ng aï-d **laï**-k tou **sènd** dziss **lèd**deur tou **pa**riss 3 **frèn**ss or **tèx**ess 4 **frèn**ss ov **ko**-orse **maï do**adeur livz **dzèr**

NOTES

(**1**) Dans les pays anglophones, la tradition typographique exige que, dans les titres, la première lettre de chaque mot soit en majuscule – seuls les "petits mots", comme les articles par exemple, sont tout en minuscules.

*Vous avez, dans cette leçon, toute une série de sons typiquement anglo-américains. Efforcez-vous de bien les prononcer : c'est en prenant de bonnes habitudes dès à présent que vous y parviendrez le mieux. Inutile de parler du r anglais, vous le connaissez et n'aurez aucun mal à le reproduire. En cas de doute, reportez-vous au paragraphe sur la prononciation, dans l'introduction. Pour le reste, souvenez-vous : **Z** est à prononcer comme un s fortement zozoté, comme dans "souris" par exemple. Quant au son **dz**, c'est un zozotement plus léger comme dans "j'aime". Et puis il y a la combinaison **n-k**, qui se prononce comme dans "banque". Allez-y, parlez haut et fort, et n'ayez pas peur de paraître ridicule – tous les Américains ont cette prononciation !*

Troisième leçon

À la poste

1 – Bonjour (bon matin), Madame.
2 – [Bon] jour (matin). Je voudrais envoyer cette
lettre à Paris.
3 – [En] France ou [au] Texas ?
4 – [En] France bien sûr ! Ma fille habite là-bas.

NOTES (suite)

(2) Pour se saluer, la formulation dépend du moment de la
journée : le matin, nous l'avons vu, on dira *good morning* ;
l'après-midi, *good afternoon* (pron. "goud afteur**noun**") ;
le soir, *good evening* (pron. "goud **ii**vni-ng"), et pour se
dire bonne nuit, c'est *good night* ("goud **n**aït"). La
manière la plus convenable de s'adresser à un inconnu
est d'utiliser le titre *"sir"*. S'il s'agit d'une femme, on
dira *"Ma'am"*, qui est une forme contractée de *Madam*.

(3) Lorsqu'ils parlent, les Américains ont tendance à
"avaler" certains sons ou mots, ce qui peut parfois rendre
la compréhension difficile. Par exemple, l'expression
good morning peut se réduire à *"mornin'"*. Autres
exemples : *going to* devient *"gonna"* (prononcer
"gueneu") et *want to* devient *"wanna"* (ouanna).

(4) Les Américains ont recours à l'expression *I'd like,* la
contraction de *I would like,* pour exprimer un souhait
poli. Exemples : *I'd like a cup of coffee* (Je voudrais une
tasse de café). *I'd like to make an appointment*
(J'aimerais prendre [faire un] rendez-vous). *I'd like a
room with a bath* (Je voudrais une chambre avec (un)
bain).

(5) Dans la vie courante, les Américains affectionnent les
petites conversations humoristiques, et les jeux de mots.
C'est la manière américaine de se montrer cordial, et
c'est bien agréable, il faut le dire. Dans l'État du Texas il
y a une petite ville qui s'appelle Paris, connue suite à la
sortie du film de Wim Wenders, *Paris Texas*.

5 – **Here's** a **stamp**.
6 – **Thank** you. (6)
7 – **You're wel**come. (7)

5 Hiirz e **stèa-mp 6 Zè-nk** iou **7 ior** ouèlkom

NOTES (suite)

(6) Nous nous permettons d'insister sur les deux prononciations du "th" qui, au départ, sont souvent difficiles à reproduire correctement pour qui apprend l'anglais. Faites un effort particulier pour bien les prononcer, et zozotez !
th (transcrit "Z") : *three, thank, think, thin, third*
th (transcrit "dz") : *the, this, there*
Si au début vous éprouvez encore quelques difficultés, reportez-vous à la prononciation figurée et aux enregistrements, si vous en disposez. La pratique fera le reste.

(7) "De rien," "Il n'y a pas de quoi" et "Je vous en prie" ne se traduisent que d'une seule manière en américain : *"You're welcome"*, littéralement "vous êtes bienvenu(e)".

*****

Exercise *(Traduisez)*
1 Good morning, sir. 2 Here's a letter. 3 Thank you, ma'am. 4 I'd like a stamp. 5 My daughter lives in Texas. 6 You're welcome. 7 Of course.

*****

Fill in the missing words
(Complétez.* Formes avec contractions)

1 *Voici une lettre.*
* . . . . . . a letter.

2 *Paris, France. Bien sûr.*
Paris, France. . . . .

3 *Je voudrais un timbre.*
* . . . . a stamp.

5 – Voici un timbre.
6 – Merci.
7 – Je vous en prie.

Exercice *(Corrigé)*
1 Bonjour, monsieur 2 Voici une lettre. 3 Merci, madame.
4 Je voudrais un timbre. 5 Ma fille vit au Texas. 6 Je vous
en prie. 7 Bien sûr.

*****

4   *Ma fille vit à Paris.*
        My daughter . . . . . in Paris.

5   *Je voudrais envoyer cette lettre.*
        I'd like . . . . . . this letter.

Les mots qui manquent :
1 Here's 2 Of course 3 I'd like 4 lives 5 to send

Fourth Lesson (fo-orZ lèsse-n)

Welcome to **Pitts**burgh

1 – Good after**noon**, Mr. **Jack**son, we**lcome** to the **off**ices of Heinz **Ket**chup.
2 – **Thank** you **ve**ry much. **It's nice** to **be** here. **(1)**
3 – Is **this** your **first** trip to **Pitts**burgh?
4 – **Yes, first** time in **Penn**sylvania, in fact. **(2)**
5 – **Where** are **you** from?
6 – **Boise**, Idaho.
7 – **Oh**, the **home** of the po**tato**. **(3)**
8 – Yes **sir, Fren**ch fries and **ket**chup, **what** a **com**bo! **(4)(5)(6)**

PRONUNCIATION
ouèlkom **tou pits**beurg
1 goud **èaf**teur**noun** misteur **djak**senn ouèlkom tou dzi **off**issiz ov **Ha**ïns **kèt**chep **2** Zèn-k iou **vè**ri meutch itts **naïss** tou **bi** hiir **3** is **dziss** ior **feurst** trip tou **pits**beurg **4** **ièss, feurst** taïm i-n **pèn**ssilvèïnia i-n fact **5** ouèr a-ar iou from **6** **bo**ïsi **a**ïdeHoe **7** o-o dze **Ho**-om ov dze petèïdoe **8** ièss **seur frèn**ch **fra**ïz **è**a-nd **kèt**chep ouatt e **ca-m**bo

NOTES

(1) *Here* (ici) désigne l'entourage immédiat de celui qui parle alors que *there* (là, là-bas) renvoie à un endroit plus éloigné.

(2) L'État de Pennsylvanie est l'une des 13 colonies britanniques d'origine. Il porte le nom de William Penn, son fondateur. Bien que Harrisburg en soit la capitale, Philadelphie et Pittsburgh en sont les villes principales.

(3) La pomme de terre est le premier produit agricole de l'Idaho, suivie du blé, de l'orge et de la betterave sucrière. Notez que le mot *home* signifie "maison" (*This is my home* = Ici c'est chez moi / C'est ma maison),

Quatrième leçon

Bienvenue à Pittsburgh

1 – Bon après-midi, Monsieur Jackson,
    bienvenue au siège (aux bureaux) de Heinz
    Ketchup.
2 – Merci beaucoup. C'est agréable (bien / bon)
    d'être ici.
3 – Est-ce (est ceci) votre premier voyage à
    Pittsburgh ?
4 – Oui, en fait, c'est mon premier voyage en
    Pennsylvanie. (Oui, première fois en P., en fait.)
5 – [Et vous] d'où êtes-vous ? (Où êtes-vous de ?)
6 – [De] Boise, Idaho.
7 – Ah, la patrie de la pomme de terre !
8 – Oui monsieur, [les] frites et [le] ketchup, quel
    mélange !

NOTES (suite)

pays (*The US is my home* = Les États-Unis sont mon
pays) ou patrie (*Detroit is home of General Motors* =
Detroit est la patrie de General Motors) selon le contexte.

(4) Les frites sont parmi les plats les plus appréciés par les
Américains. Notez qu'on les appelle "frites françaises" –
French fries ! ou tout simplement, "*fries*".

(5) Le ketchup – sauce sucrée à base de tomate
qu'affectionnent les Américains – a été officiellement
déclaré "légume" par l'ancien président Ronald Reagan
dans le cadre des cantines scolaires subventionnées par
l'État. Ainsi, un repas comprenant un hamburger frites et
du ketchup devenait un "plat équilibré" : viande
accompagnée de deux légumes.

(6) "*Combo*" est la forme contractée du mot "*combination*",
qui signifie mélange ou association.

Exercise *(Traduisez)*
1 This is my first visit to Pittsburgh. **2** Welcome to the home of French fries. **3** It's nice to be here. **4** Is this your first trip to Idaho? **5** Yes, sir, my first time, in fact. **6** Good afternoon. Welcome to the offices of Ford in Idaho.

Notes personnelles :

Exercice
1 C'est ma première visite à Pittsburgh. **2** Bienvenue dans la patrie des frites. **3** C'est agréable d'être ici. **4** Est-ce votre premier voyage en Idaho ? **5** Oui monsieur, ma première fois, en fait. **6** Bon après-midi. Bienvenue au siège de Ford en Idaho.

*****

Fill in the missing words.
(*Complétez.*)

1   *C'est agréable d'être ici.*
      It's nice .. .. here.

2   *Est-ce que c'est votre première visite à Pittsburgh ?*
      Is .... your ..... visit to Pittsburgh?

3   *Bienvenue.*
      . . . .

4   *Merci beaucoup. D'où êtes-vous ?*
      . . . . very much. ..... are you .... ?

5   *Oui, le pays de la pomme de terre et du ketchup.*
      Yes, the .... of the ...... and ketchup.

Les mots qui manquent :
1 to be **2** this, first **3** Welcome **4** Thank you, Where, from **5** home, potato

Fifth Lesson (fifZ lèsse-n)

Do you Smoke?

1 – Ex**cuse** me, do you **smoke**? (1)
2 – **No,** I **don't**.
3 – Do you **mind** if **I** smoke? (2)
4 – **Frank**ly, yes!
5 – **Okay, don't** get upset! (3)
6 – My **wife** smokes two **packs** a **day**!
7 – **I on**ly **want** to smoke one. (4)
8 – **Pack**?
9 – No, **cig**arette!

PRONUNCIATION
dou iou smo-ok
1 **èks-kiouze mi** dou iou **smo-ok 2 no-o** aï **do-o-n-t 3** dou iou **maïnd** if **aï smo-ok 4 frè-nk**li **ièss 5** o-**okèï do-o-n-t** guett eup**sett 6 maï ouaïf smo-**oks tou paks e **dèï 7 aï** o-o-nli **oua-a-n-t tou smo-**ok **oua-n 8** pak **9 no-o cig**ueurett

NOTES

(1) En anglais, lorsqu'on pose une question dite fermée (c'est-à-dire une question dont la réponse peut tout simplement être "oui" ou "non"), on fait systématiquement précéder le sujet d'un auxiliaire. Ici, il s'agit de *do* (*does* si le sujet est à la 3e personne du singulier) : *Do you smoke?* (Fumez-vous ? / Fumes-tu ?) ; *Do you like French fries?* (Aimez-vous / Aimes-tu les frites ?) ; *Does she smoke?* (Est-ce qu'elle fume ?). Notez par ailleurs que le sens premier de *to do* est "faire".

(2) Fumeurs, attention ! Quels que soient le lieu et la circonstance, aux États-Unis vous devrez toujours

*****

Exercise
1 Do you smoke? **2** Do you mind if I buy ketchup? **3** Frankly, no! **4** My daughter smokes. **5** I only want to send a letter.

Cinquième leçon

Est-ce que vous fumez ?

1 – Excusez-moi, est-ce que vous fumez ?
2 – Non (je [ne fume] pas).
3 – Est-ce que ça vous gêne si je fume?
4 – Franchement, oui !
5 – D'accord, ne vous énervez pas !
6 – Ma femme fume deux paquets par jour !
7 – [Moi] je veux seulement [en] fumer une. (Je seulement veux ...)
8 – Paquet ?
9 – Non, cigarette !

NOTES (suite)

demander "*Do you mind if I smoke?*" aux personnes qui vous entourent, car les fumeurs sont de moins en moins nombreux et de plus en plus mal acceptés dans la société américaine, et en particulier en Californie.

(3) *Don't* est la forme contractée de *do not*. En anglais, lorsqu'on donne un ordre ou un conseil (c'est-à-dire lorsqu'on utilise l'impératif) sous forme de phrase négative, on fait toujours précéder le verbe par *don't* (ou *do not*) : *Don't smoke!* (Ne fume / Ne fumez pas !) ; *Don't buy ketchup!* (N'achète / N'achetez pas de ketchup !). Pour ce qui est de la forme affirmative de l'impératif, c'est tout simple – on se contente de la forme infinitive sans *to* : *Smoke!* (Fume ! / Fumez !) ; *Go!* (Va ! / Allez !).

(4) *To want* : vouloir. La contraction est la même qu'en français – "vouloir + verbe à l'infinitif" ou "vouloir + nom" : *I want to smoke* (Je veux fumer) ; *I want French fries* (Je veux des frites).

*****

Exercice
1 Est-ce que tu fumes ? **2** Est-ce que ça vous gêne si j'achète du ketchup ? **3** Franchement, non ! **4** Ma fille fume. **5** Je veux seulement envoyer une lettre.

****

Sixth Lesson (sixZ lèsse-n)

What Kind of Work do you Do?

1 – **What** kind of **work** do you **do**?
2 – I am **look**ing for a **job**. **(1)(2)**
3 **What** do **you** do? **(3)**

PRONUNCIATION
ouatt kaï-nd ov oueurk dou iou dou
1 ouatt kaï-nd ov oueurk dou iou dou 2 aï-èm **lou**ki-ng for e
djob 3 ouatt dou **iou** dou

NOTES

(1)   Pour exprimer une action qui est en train de se dérouler,
il faut employer le verbe *to be* suivi d'un participe
présent : *I am* (ou *I'm*) *smoking a cigar* (Je fume un
cigare, sous-entendu je suis en train de fumer) ; *He is
working* (Il travaille, sous-entendu en ce moment / Il est
en train de travailler).

Fill in the missing words

1   *Excusez-moi, est-ce que vous fumez ?*
     Excuse .. , do ... smoke?

2   *Est-ce que ça te gêne ?*
     Do you ....?

3   *Ne vous énervez pas !*
     *..... get .....!

4   *Ma fille fume deux paquets par jour !*
     My .... smokes ... packs a day!

Les mots qui manquent :
1 me, you 2 mind 3 Don't, upset 4 daughter, two

****

Sixième leçon

Quel genre de travail faites-vous ?

1 – Quel genre de travail faites-vous ?
2 – Je cherche du travail (un job).
3   [Et vous,] qu'est-ce que vous faites ?

NOTES (suite)

(2)   Le verbe *to look for* (littéralement "regarder pour")
      signifie chercher quelqu'un ou quelque chose.

(3)   Notez ici l'accentuation de *you* qui donne à la phrase le
      sens de "Et vous, qu'est-ce que vous faites ?". Ceci est
      très courant, alors ouvrez bien vos oreilles !

4 – I **work** for an **un**employment **a**gency.
(4)(5)
5 – How's **bus**iness?
6 – We're **bus**y all the **time**.
7 – I am **still look**ing for a **job**! **(6)(7)**

4 aï oue**urk** for e-n **eunn**èm**plo**ïmèntt ëïdjeunnsi **5 Ha**oz **biz**ness
6 oui-re **bizz**i o-ol dze ta**ïm 7** aï-èm **still lou**ki-ng for e djob

NOTES (suite)

(4) Le terme *"job"* n'a pas tout a fait la même signification en anglais et en français. Alors qu'en français, un job est en réalité un "petit boulot", le terme anglais *a job* se traduit par "un travail". Attention, donc, à ce faux ami.

(5) Une des manières d'exprimer le contraire d'un mot est d'y ajouter le préfixe négatif *un-*. Ainsi, par exemple, *usual* (habituel, usuel) devient *unusual* (inhabituel) ; *happy* (heureux) devient *unhappy* (malheureux) ; *friendly* (aimable, amical) donne *unfriendly* (pas aimable, inamical), etc. Quant à *unemployment,* c'est littéralement le "non-emploi", donc le chômage.

(6) Aux États-Unis, tout chômeur cherchant *a job* doit aller pointer à son *unemployment agency* une fois par semaine. En effet, la protection des travailleurs est beaucoup moins réglementée qu'en Europe : tout un chacun (cadres compris) peut être renvoyé du jour au lendemain, sans qu'aucune explication soit nécessaire. Inversement, et précisément pour cette même raison, l'embauche est plus facile. L'expression *job-hunting* ou to *job-hunt* signifie être à la recherche d'un emploi. Un chasseur de têtes est un *head-hunter*.

*****

Exercise
1 What kind of work do you do? **2** I'm looking for Bill.
3 I work for the post office. **4** I am still looking for
Mr. Jackson. **5** She is busy all the time.

4 – Je travaille pour une agence pour l'emploi (de chômage).
5 – Comment vont (sont) les affaires ?
6 – Nous sommes occupés tout le temps.
7 – [Moi,] je cherche toujours du (un) travail !

NOTES (suite)

(7) Pour montrer qu'une action se prolonge ou se poursuit, on utilise le mot *still* devant le verbe au participe présent : *Bob is still working* (Bob travaille toujours / continue à travailler / est encore en train de travailler) ; *I'm still smoking* (Je fume encore / toujours).

Exercice

1 Quel genre de travail faites-vous ? 2 Je cherche Bill. 3 Je travaille pour la poste. 4 Je cherche toujours M. Jackson. 5 Elle est tout le temps occupée.

Leçon 6

21 twenty-one (touènnioua-n)

Fill in the missing words

1   *Je cherche un travail.*
      I am .... for a job.

2   *Je travaille pour Monsieur Jackson.*
      I .... for Mr. Jackson.

3   *Comment vont les affaires ?*
      How's .... ?

4   *Je cherche toujours du boulot.*
      I am ..... looking for a ....

Les mots qui manquent :
1 looking **2** work **3** business **4** still, job

Seventh Lesson (sève-nZ lèsse-n)
Septième leçon

Révisions

Vous voici arrivé à la fin de votre première semaine d'étude. Cette septième leçon, comme toutes les leçons multiples de sept à venir, a pour but de récapituler et approfondir les principaux éléments de la langue rencontrés au cours des six leçons précédentes.
La matière contenue dans cette leçon vous est familière. Lisez sans chercher à apprendre par cœur : ces règles de base se mettront en place automatiquement, petit à petit.

1. Les pronoms personnels sujets

I	je (s'écrit toujours en majuscule)
you	tu, vous
he	il
she	elle
it	cela, ça, il / elle neutre
we	nous
you	vous
they	ils, elles

• *It*, comme vous le constatez, peut se traduire de plusieurs manières. C'est le pronom employé pour tous les objets (car les objets sont tous neutres, ce qui simplifie les choses), pour la plupart des animaux – bref, pour tout ce qui n'est pas clairement masculin ou féminin.

• *You*, que vous connaissez déjà bien, est à la fois singulier et pluriel.

2. Le verbe *to be* (**être**)

forme non contractée	**forme contractée**
I am	*I'm*
you are	*you're*
he is	*he's*
she is	*she's*
it is	*it's*
we are	*we're*
you are	*you're*
they are	*they're*

Dans le langage parlé, ou à l'écrit lorsque le style est familier, on emploie généralement la forme contractée.

3. La négation avec *not*

Nous l'avons abordée à la leçon 5. Souvenez-vous simplement que pour exprimer une négation, quel que soit le verbe utilisé (sauf *to be*), il faut le faire précéder de "*do not*" ou "*does not*" :
I do not go / *I don't go* (je ne vais pas) ; *he does not smoke* / *he doesn't smoke* (il ne fume pas) ; *they do not buy* / *they don't buy* (ils n'achètent pas).

4. *To do*

To do, dont le sens premier est "faire", sert également d'auxiliaire.
Son utilisation étant extrêmement fréquente, en voici la conjugaison :

affirmatif	**négatif**	**négatif contracté**
I do	*I do not*	*I don't*
you do	*you do not*	*you don't*
he, she, it does	*he, she, it does not*	*he, she, it doesn't*
we do	*we do not*	*we don't*
you do	*you do not*	*you don't*
they do	*they do not*	*they don't*

5. *To be or not to be ...*

Nous venons de voir, au paragraphe 2, la conjugaison du verbe *to be*. Pour la négation, ce verbe est le seul à se suffire à lui-même – et donc à se conjuguer sans *to do* (voir par. 3).

Pour ce qui est de la forme négative, lorsqu'elle n'est pas contractée, on ajoute simplement la négation **not** (pas) au verbe : *I am not upset* (je ne suis pas énervé).

En ce qui concerne la forme contractée, il existe deux possibilités :
• On ajoute *not* à la forme contractée (*I'm not, you're not*, etc.)
• On contracte *to be* et *not* (notez toutefois que la contraction de *not* n'est pas possible avec *I*).

Nous avons donc :

I'm not
you aren't
he, she, it isn't
we aren't
you aren't
they aren't

Exemple : *she is not busy / she's not busy / she isn't busy* = elle n'est pas occupée

6. La 3ᵉ personne du singulier

Au présent, le verbe à la 3ᵉ personne du singulier prend toujours un *s* **final** :

He/she buys (il/elle achète) ; *he/she works* (il/elle travaille), etc.

Imprégnez-vous bien de cette règle que les Français ont souvent tendance à oublier. Le *s* de la 3ᵉ personne deviendra vite un automatisme, et n'oubliez pas de prononcer ce *s*, sans quoi on pensera que vous avez fait une faute.

Qu'en dites-vous ? Vous en avez appris, des choses, en une semaine ! L'anglais américain, nous le répétons, est une langue facile. Continuez surtout à étudier de manière régulière une leçon par jour et une seule !

Leçon 7

Eighth Lesson (èïZ lèsse-n)

Let's Have Lunch (1)

1 – **Hi** Jack, how **are** you? **(2)**
2 – **Fine, Jim. Nice** to **see** you **again. (3)**
3 – **How** are the **wife** and **kids**? **(4)**
4 – **Great**, thanks. **Little Billy** is **nine**
al**read**y and **Carol** is **five. (5)(6)**

PRONUNCIATION

lètss Hav **leu-ntch**
1 Haï djak Hao **a-**ar iou 2 faï-n djim **naï**ss tou **sii** iou e**guè-**n
3 Hao **a-**ar dze ouaïf **èa-**nd kidz 4 **grè**ït Zè-nkss **lid**del **bi**li iz
naï-n ol**rè**di **èa-**nd **ka**rol iz **faï-**v

NOTES

(1)   La contraction *let's* (*let us*) s'utilise couramment quand
      vous voulez proposer à quelqu'un de faire quelque chose
      avec vous. C'est une suggestion. Les Américains disent
      souvent *Let's have lunch* lorsqu'ils veulent se rencontrer
      pour parler affaires ou pour papoter entre amis. C'est
      surtout le cas dans les grandes villes, où tout le monde
      travaille, car le seul moment libre pour un rendez-vous,
      c'est la pause déjeuner. Notez que *let's* est toujours suivi
      de l'infinitif **sans** *to* (autre exemple : *let's go* – allons, on
      y va) et que la forme non contractée *let us* est réservée
      aux sermons religieux ou aux discours politiques. Autres
      exemples : *let's sing a song, let's play a game, let's see a
      movie* (Chantons une chanson, jouons à un jeu, allons
      voir un film).

(2)   *Hi* est la manière la plus courante et la plus décontractée
      de se saluer aux États-Unis. C'est familier mais jamais
      impoli, même si les personnes en question ne se
      connaissent pas. On peut aussi dire *hello*.

(3)   Quand on vous pose la question *How are you?*, la
      réponse correcte est *fine*, et non pas *good*, qui pourtant
      s'utilise souvent dans la vie quotidienne. Pour dire
      "Comment allez-vous ?", "Comment vas-tu ?" et

Huitième leçon

Allons déjeuner (Allons avoir déjeuner)

1 – Salut, Jack. Comment ça va ? (Comment es-
tu ?)
2 – Bien, Jim. Content de te revoir (agréable voir
toi encore).
3 – Comment vont (sont) ta femme et tes enfants
(la femme et enfants) ?
4 – Bien, merci. [Le] petit Billy a déjà neuf ans
(est neuf déjà) et Carol a (est) cinq [ans].

NOTES (suite)

"Comment ça va ?", une seule forme en anglais : *"How
are you?"*. Simple, non ? Voyez aussi la leçon 14, où
nous vous donnons quelques expressions en langage plus
familier pour exprimer la même question.

(4) *"The wife and kids"* est une expression idiomatique
provenant de l'image stéréotypée et assez dépassée de la
famille américaine moyenne : le père et chef de famille
va travailler pendant que "la femme et les enfants"
restent à la maison. Retenez que les Américains
désignent souvent leurs enfants par *"the kids"*, un terme
familier dérivé d'un mot scandinave voulant dire jeune
chèvre. Le nom au singulier est *kid*.

(5) Aux États-Unis, les gens aiment utiliser des adjectifs
emphatiques pour décrire leurs émotions, sans doute à
cause de leur enthousiasme débordant, et de l'optimisme
qui caractérise la vie et les conversations américaines.
Great est une forme exagérée de *good*. Un autre
synonyme est *super*.

(6) Souvenez-vous qu'on utilise le verbe "être" en anglais, et
pas le verbe "avoir" comme en français, pour indiquer
l'âge de quelqu'un ou de quelque chose.

5 – Al**ready**! How **time flies**! (7)
6 – **Hey, let's** have **lunch** one **day** next **week**.
7 – **Great idea**, Jim.

5 olrèdi **Hao** taïm **flaïz 6 Hèï lètss** Hav **leu-n**tch oua-n **dèï** nèxt ouiik **7 grè**ït a**ïdii**-e djim

NOTES (suite)

(7) *"How time flies!"* est une expression un peu imagée pour dire que le temps a passé très vite. *Flies* est la 3ᵉ personne du singulier du verbe *to fly* (voler).

*****

Exercise
1 How are you? 2 Nice to see you. 3 How are the kids?
4 Let's have lunch!

5 – Déjà ! Comme le temps passe vite (Comme temps vole) !

6 – Dis, (Hé) allons déjeuner un jour [la] semaine prochaine.

7 – Bonne idée, Jim.

Exercice

1 Comment ça va ? 2 Content de te voir. 3 Comment vont les enfants ? 4 Allons déjeuner !

*****

Fill in the missing words

1   *Content de te voir.*
        Nice to . . . you.

2   *Comment vont ta femme et tes enfants ?*
        How are the . . . . and . . . . ?

3   *Allons déjeuner.*
        *. . . . . have lunch.

4   *Comme le temps passe vite !*
        How time . . . . . !

5   *Bien, merci.*
        . . . ., thanks.

6   *Billy a neuf ans déjà !*
        Billy . . nine . . . . !

Les mots qui manquent :
1 see 2 wife, kids 3 Let's 4 flies 5 Fine 6 is, already.

Ninth Lesson (naïnZ lèsse-n)

Don't Worry, Be Happy (1)

1 – **Hur**ry up, **Ja**ne, we're **late**! (2)
2 – **Don't wor**ry, dad, we have time. (3)
3 – **But** the **plane lea**ves at **9** AM. (4)
4 – It's **only 7** now. We have **plen**ty of **time**. (5)

PRONUNCIATION
do-o-n-t ou**eu**ri bi **Hè**ppi
1 **Hè**ri-eupp **dje**ï-n oui-eur **lè**ït 2 **do**-o-n-t oue**u**ri dad oui **Hav** taïm 3 **beutt** dze **plè**ï-n **lii**vz att **naï**-n **éèm** 4 itts **o**-o-nli **sève**-n na-ou oui **Hav plèn**ti ov **taïm**

NOTES

(1) Vous connaissez déjà la contraction *don't* (*do not*), n'est -ce pas ? Ne l'oubliez pas, surtout ! L'expression *"Don't worry, be happy"* est le titre d'une célèbre chanson populaire qui nous dit qu'il faut profiter de la vie et oublier les petits problèmes du quotidien. Quand vous voulez donner un ordre en anglais, c'est facile : il suffit d'utiliser le verbe à l'infinitif (sans *to*). Par exemple, si vous voulez inciter quelqu'un à conduire prudemment, ou à arrêter de fumer, vous dites simplement *"Drive carefully!"* (Conduisez prudemment) ou *"Stop smoking!"* (Arrêtez de fumer).

(2) Passons maintenant à une nouvelle contraction, *we're* (*we are*). Les Américains sont très friands de ces contractions car elles donnent un ton plus décontracté à la conversation et leur font gagner du temps – et les Américains aiment économiser du temps (et de l'argent), ce qui est pour eux une démonstration d'efficacité.

Neuvième leçon

Ne t'inquiète pas, sois heureux

1 – Dépêche-toi, Jane, nous sommes en retard (sommes tard) !
2 – Ne t'inquiète pas, Papa, nous avons [le] temps.
3 – Mais l'avion part à neuf heures (du matin).
4 – Il n'est que sept heures (c'est seulement sept maintenant). Nous avons beaucoup de temps.

NOTES (suite)

(3) *Dad* est l'abréviation de *Daddy :* c'est ainsi que les filles et les garçons appellent leur père lorsqu'ils sont petits, et même souvent d'ailleurs quand ils sont grands. Un autre nom courant pour Papa est *Pop* ou bien *Pa*. On entend souvent des adultes, et surtout des hommes, parler de leur père en disant "*my old man*" (mon vieux). En revanche, cette expression n'est jamais utilisée pour s'adresser directement à son père. Notez qu'on dit *mom, ma,* ou *mommy* pour maman aux États-Unis, et *mum* ou *mummy* en Angleterre.

(4) Lorsque vous donnez l'heure, il faut ajouter AM s'il s'agit du matin (de minuit à midi), et PM s'il s'agit de l'après-midi ou de la soirée (de midi à minuit). Notez que AM signifie *ante meridiem* et PM *post meridiem*, qui sont... du latin ! À part les militaires, les Américains n'utilisent pas le système des 24 heures. Ainsi, on ne dit jamais 18h mais 6 PM.

(5) L'expression "*plenty of*" est une tournure idiomatique qui équivaut à "*lots of*" (beaucoup de). Exemples : *we have lots of time = we have plenty of time; I have lots of cousins in America = I have plenty of cousins in America.*

5 – But **there** is al**ways traf**fic in the **mor**ning.
6 – **Dad, don't wor**ry, **it's Sun**day. There is
  no traffic to**day. Be ha**ppy; **we're** on our
  way to **sun**ny **Flor**ida! **(6)**

5 beutt **dzèr** iz olouèïz **traf**fic i-n dze **mo**-orni-ng **6 dad do-**o-n-t
oueuri **itts sa**-a-ndèï dzèr iz **no traf**fik toudèï **bi Hè**ppi oui-eur
oneur ouèï tou **seun**ni **flor**eda

Exercise
1 Hurry up. **2** The plane leaves at 9 AM. **3** Don't worry.
4 Be happy!

5 – Mais il y a toujours [de la] circulation (dans)
le matin.

6 – Papa, ne t'inquiète pas, c'est dimanche. Il n'y
a pas de circulation aujourd'hui. Sois
heureux, nous sommes en route (sur notre
chemin) pour la Floride ensoleillée
(ensoleillée Floride) !

NOTES (suite)

(6) L'expression *"on our way / on your way"* (sur notre
chemin / sur votre chemin) pourrait se traduire par : "en
se dirigeant vers" ou "en route pour" et s'utilise pour dire
que l'on se rapproche d'une destination géographique ou
d'un but à atteindre. Par exemple : *We are on our way to
prosperity* (Nous sommes sur la voie de la prospérité).
We are on our way to Grandmother's house (Nous
sommes en route pour la maison de Grand-mère).

*****

Exercice

1 Dépêche-toi. **2** L'avion part à neuf heures du matin. **3** Ne
t'inquiète pas. **4** Sois heureux !

*****

Fill in the missing words

1   *Nous sommes en retard !*
     We're .... !

2   *Nous avons beaucoup de temps.*
     We have .... time.

3   *Papa, ne t'inquiète pas.*
     Dad, ...'. worry. *

4   *Sois heureux !*
     .. happy!

5   *Nous sommes en route pour le Texas ensoleillé !*
     We ... on our way to ..... Texas!

Les mots qui manquent :
1 late **2** plenty of **3** don't **4** Be **5** are, sunny

Tenth Lesson (tènZ lèsse-n)

You **Must** Be **Kid**ding! (1)(2)

1 – Did you **hear** the **lat**est? (3)
2 – **No, tell** me, Clara.
3 – I don't **know** if it's **true**, but... (4)
4 – C'**mon, tell** me. You **must** tell me. I'm **dy**ing to **know**. (5)(6)

PRONUNCIATION
iou meust bi **kid**di-ng
1 did iou **Hiir** dze **lè**ïdest 2 **no-o tèll** mi **kl**ara 3 aï **do**-o-n-t **no-o** if itts **trou**-ou beutt 4 ke-ma-a-n **tèll** mi iou **meust tèll** mi aïm **daï**-i-ng tou **no**-o

NOTES

(1) Le mot "*must*" désigne une obligation : *You must go to school* = Tu dois aller à l'école. *One must eat to live* = On doit manger pour vivre.

(2) Cette expression typiquement américaine que nous avons déjà rencontrée à la leçon 2, s'utilise couramment pour exprimer une légère surprise ou incrédulité. À la place de *kidding*, on peut aussi dire *joking*. Quand le ton employé est un peu ironique voire irrité, "*you must be kidding*" équivaut plutôt à "vous voulez rire", sous-entendu "bien sûr que non" – "*of course not*". Par exemple, si votre patron vous demande "êtes-vous d'accord pour travailler gratuitement ?", vous répondrez "*You must be kidding!*" ou "*Of course not!*"

(3) On emploie "*the latest*" pour désigner des nouvelles toutes fraîches, qu'il s'agisse de l'actualité mondiale ou des nouvelles de votre quartier – le mot "nouvelles", *news*, est sous-entendu, tout comme en français.

Dixième leçon

Tu plaisantes ! (Tu dois être plaisantant)

1 – Tu as entendu la dernière ?
2 – Non, raconte-moi (dis-moi), Clara.
3 – Je ne sais pas si c'est vrai, mais...
4 – Allez, raconte-moi. Tu dois me raconter. Je
meurs [d'envie] de savoir.

NOTES (suite)

(4) "*It's true*" est le contraire de "*it's false*". L'expression
"*True or false?*" est typiquement américaine.

(5) "*C'mon*" est l'abréviation idiomatique de "*Come on*" : il
est fréquent de l'entendre dans l'américain parlé mais
jamais dans la langue écrite, sauf pour des dialogues.
C'mon traduit un sentiment d'impatience ; vous pouvez
le dire quand vous voulez exhorter ou même simplement
inviter quelqu'un à faire quelque chose : "*C'mon, hurry
up!*" = Allez, dépêchez-vous ! "*C'mon, I'll buy you a
drink*" = Viens, je te paye un pot.

(6) Bien sûr, vous aurez compris que le terme "*dying*" est
une exagération suprême, mais il faut dire que les
Étasuniens aiment bien en user et en abuser : "*I'm dying
of hunger*"= Je meurs de faim ; "*I'm dying of pain*"=Je
meurs de douleur, ou alors "*My back is killing me*" =
mon dos me tue ; "*I'm dying to see your new boyfriend*"
= Je meurs [d'envie] de voir ton / votre nouveau petit ami.

5 – Oh, **all** right. **Mi**ster **Sim**pson is **go**ing out
with **Miss Fer**guson. **(7)**
6 – You **must** be **kid**ding! She's **twice** his
age. (8)
7 – And **twice** his **size**!

5 o-o aull **raït mis**teur **si**-mse-n iz **go**-i-ng **a**out oui**Z** miss
fergueusse-n **6** iou **meust** bi **kid**di-ng chiz touaïss Hiz **èïdj**
7 **èa**-nd touaïss Hiz **saïz**

NOTES (suite)

(7)   *"Going out"* est un synonyme de *"dating,"* une
expression un peu démodée qui date des années 1950
pour dire qu'un garçon et une fille se fréquentent.

*****

Exercise
1 Did you hear the latest? **2** You must tell me. **3** Oh, all
right. **4** You must be kidding. **5** You must be joking.

5 – Bon, d'accord. Monsieur Simpson sort avec
    Mademoiselle Ferguson.
6 – Tu plaisantes ! Elle est deux fois plus âgée
    que lui (deux fois son âge).
7 – Et deux fois plus grosse (deux fois sa taille) !

NOTES (suite)

(8) *Twice* signifie "deux fois" en nombre ou quantité.
    "Once" signifie "une fois" . Les Anglais utilisent le mot
    "thrice" pour "trois fois", mais les Américains disent
    "three times".

*****

Exercice
1 Tu as entendu la dernière ? 2 Tu dois me raconter. 3 Bon,
d'accord. 4 Tu plaisantes. 5 Tu plaisantes.
*****

Fill in the missing words

1   *Tu as entendu la dernière ?*
      Did you . . . . the latest?

2   *Je meurs d'envie de savoir.*
      I'm . . . . . to know.

3   *Tu plaisantes !*
      You . . . . be . . . . !

4   *Elle est deux fois plus âgée que lui.*
      . . . .'. twice . . . age.*

5   *Et deux fois plus grosse !*
      And . . . . . his size!

Les mots qui manquent :
1 hear, tell me 2 dying 3 must, kidding. 4 she's, his 5 twice

Eleventh Lesson (ilève-nZ lèsse-n)

I **Got** to Get **Out** of Here **(1)**

1 – **Hey**, I **got** to get **out** of here. **(2)**
2 – Why, **we** just **got** here **yes**terday. **(3)**
3 – **I** know, **but** your **mo**ther is **driv**ing me **cra**zy! **(4)**
4 – Al**read**y? Is it **real**ly that **bad**? **(5)**
5 – **Yes**, it's **real**ly **that** bad.
6 – You **got** to be more **tol**erant with **her**.
7 – **Okay**, but you **got** to **tell** her to **stop** iron**ing** my **sock**s!

PRONUNCIATION
aï **gad**da guètt **a**outov Hiir
1 Hèï **aï gad**da guètt **a**oudov Hiir **2** ouaï oui djeust **gott** Hiir ièsteurdèï **3** aï no-o beutt ior **mo**dzeur iz **draï**vi-ng mi **krè**ïzi **4** olrèdi iz itt **rii**li dzat **bè**ad **5** ièss itts **rii**li dzat **bè**ad **6** iou **gad**da bi mor **to**lèreunt ouiZ **Heur 7** o-okèï beutt iou **gad**da **tèll** Heur tou stop **aï**euni-**ng maï** soks

NOTES

(1) Le terme *"got to"* est pareil que *"must"* ou *"have to"*. Dans l'américain parlé, il se prononce plutôt *"gotta"* et s'emploie très souvent dans la vie quotidienne mais jamais dans la langue administrative. Faites attention de bien distinguer *"got to"*, qui signifie qu'on doit faire quelque chose, et *"got a"*, qui indique la possession, car ils se prononcent de la même manière. Par exemple : *"I got to (gotta) drive to New York tomorrow"* (Je dois aller (conduire) à NY demain) et *"I got a (gotta) French passport"* (J'ai un passeport français).

(2) Pour attirer l'attention de la personne à laquelle ils s'adressent, les Américains commencent souvent les phrases par une onomatopée. *Hey* équivaut à *Listen!* (Écoute). Souvenez-vous que le *h* est pour ainsi dire toujours aspiré, sauf dans le mot *herbs* (herbes aromatiques), que les Américains prononcent "eurbz", alors que les Britanniques disent "heurbz".

Onzième leçon

Il faut que je parte d'ici

1 – Oh ! Il faut que je parte d'ici (Je dois sortir d'ici).
2 – Pourquoi ? Nous sommes arrivés seulement (juste) hier.
3 – Je sais, mais ta mère me rend fou !
4 – Déjà ? C'est si grave (mauvais) ?
5 – Oui, c'est vraiment si grave.
6 – Tu dois être plus tolérant avec elle.
7 – D'accord, mais tu dois lui dire d'arrêter de repasser (repassant) mes chaussettes !

NOTES (suite)

(3) Le verbe "*to get*" (obtenir ou posséder, devenir, arriver, etc.) est irrégulier ; la forme au passé est "*got*". D'après les Anglais, qui sont des puristes, il s'agit là d'une façon de parler barbare ! De plus, les Américains disent généralement *gotten* alors que les Anglais disent toujours *got*. Exemple : *He's got very tall/He's gotten very tall* (Il a beaucoup grandi).

(4) L'adjectif *crazy* a beaucoup de nuances différentes et on le trouve souvent dans les expressions "*driving me crazy*" ou " *drives me crazy*". *Crazy* peut être remplacé sans problème par "*nuts*", "*batty*", "*silly*" ou "*insane*", car tous ces mots veulent dire la même chose : fou, cinglé, etc.

(5) "*Really*" est probablement l'un des mots qui reviennent le plus souvent dans la langue américaine. Son sens premier est "en vérité" ; mais on l'emploie aussi pour exprimer la surprise ou l'étonnement. Dans ce cas, il peut se traduire par "Vraiment ?" ou "Ah! Bon ?"

Exercise

1 I got to get out of here. **2** We have to get out of here.
3 We just got here yesterday. **4** Already? **5** Is it really that
bad?

****

Twelfth Lesson (touèlfZ lèsse-n)

Can You Repair My Muffler? (1)

1 – Ex**cuse** me, sir, **you** re**pair for**eign **cars**,
right? **(2)(3)**

PRONUNCIATION
kèa-n iou ripère **maï mof**fleur
1 ekski**ouz** mi seur **iou** ripère **fo**-rèn **ka**-arz **raï**t

NOTES

(1)   Le mot *"can"* traduit soit la permission, soit la possibilité
       d'accomplir une action. Ainsi, quand un adolescent
       américain demande à sa mère *"Can I go to the movies,
       Mom?"*, il lui demande la permission d'aller au cinéma.
       En revanche, s'il vous demande *"Can you ride a
       motorcycle?"*, il veut savoir si vous êtes capable de
       conduire une moto. *Can you swim?* = Savez-vous nager ?

Exercice

1 Il faut que je parte d'ici. **2** Il faut que nous partions d'ici.
3 Nous sommes arrivés seulement hier. **4** Déjà ? **5** C'est
vraiment si grave ?

*****

Fill in the missing words

1   *C'est vraiment si grave ?*
    Is it ...... that bad?

2   *Tu dois être plus tolérante avec elle.*
    You ..... be more tolerant with her.

3   *Déja ?*
    .... ?

4   *Tu dois lui dire d'arrêter de repasser mes chaussettes !*
    You got to ... her to .... ironing my ..... !

5   *D'accord.*
    .....

Les mots qui manquent :
1 rèally **2** got to **3** already **4** tell, stop, socks **5** okay

****

Douzième leçon

Pouvez-vous réparer mon pot d'échappement ?

1 – Excusez-moi, Monsieur, vous réparez [les]
   voitures étrangères, n'est-ce pas ?

NOTES (suite)

(2)   La plupart des voitures étrangères que l'on voit aux
    États-Unis sont d'origine japonaise, mais on y trouve
    aussi un grand nombre de marques allemandes,
    suédoises, italiennes, coréennes, sans oublier quelques-
    unes (rares) qui viennent de France !

(3)   "*Right*" est un petit mot extrêmement courant qu'on glisse
    à la fin d'une question et qui sert à confirmer ce qu'on
    vient de dire. C'est un peu le "n'est-ce pas ?" français.

   2 – Mister, we can **fix anything. What** do
       you **got? (4)(5)**
   3 – I drive a ninety-**six Hon**da Civic. **(6)**
   4 – **What's** the **prob**lem?
   5 – Can **you** fix **my muf**fler?
   6 – I **told** you, we can **fix anything. Bring** 'er
       in around eight tomor-row. **(7)**
   7 – Can I **pick** up my **car** tomor-row **night**?
   8 – If it's **on**ly a **muf**fler, you can **have** 'er
       back by **noon**.

---

2 misteur oui **kè**a-n **fix èni**Zi-ng ouat dou ia gott **3** aï **draï**-v e
naï-ndissix Ha-nda sivic **4 ouatts** dze **prablèm 5 kè**a-n iou fix
maï moffleur **6** aï **to**-old iou oui **kè**a-n **fix èni**Zi-ng **brin**-g'eur
i-n er-**raound** èït teu**mor**-ro **7 kè**a-n aï **pik**app maï **ka**-ar
teu**mor**-ro naït **8** if itts **o-o-n**li e **mof**fleur iou **kè**a-n **Hav**eur **bak**
baï nou-oun

NOTES (suite)

   (4)   *"To fix"* veut dire la même chose que *"to repair"*, c'est-à-
         dire réparer ou bricoler un moteur ou tout autre engin
         mécanique. Ne l'oubliez pas si un jour vous tombez en
         panne !

   (5)   Nous avons déjà dit que l'anglais parlé aux États-Unis
         était très idiomatique. En voici de nouveaux exemples :
         Ici, le mécanicien s'adresse à son client en l'appelant
         Mister. Cette façon de s'adresser à quelqu'un est
         populaire, mais peu élégante, et indique que la personne
         qui parle est vraisemblablement peu cultivée – en fait, il
         conviendrait de dire *sir*, le terme *mister* étant censé
         toujours précéder le nom de famille de la personne :
         Mister Bird. De même, on entendra souvent *"What do
         you got?"* au lieu de *"What type of car do you have?"*.
         Notez aussi que les mots *"what do you..."* sont souvent
         "compactés", ce qui donne comme prononciation
         "**ouat**cheu".

   (6)   Quand les Américains parlent de leur voiture, ils
         mentionnent la marque et l'année de fabrication. Donc, un
         véhicule sorti de l'usine en 1996 sera appelée "une 96".

2 – Monsieur, nous pouvons tout (n'importe quoi) réparer. Qu'est-ce que vous avez ?

3 – Je conduis une Honda Civic quatre-vingt-seize.

4 – Quel est le problème ?

5 – Est-ce que vous pouvez réparer mon pot d'échappement ?

6 – Je vous ai dit [que] nous pouvons tout réparer. Amenez-la (dans) vers huit heures demain.

7 – Est-ce que je peux [passer] prendre ma voiture demain soir (nuit) ?

8 – Si c'est seulement un pot d'échappement, vous pouvez la récupérer demain avant midi.

NOTES (suite)

(7) *Anything*, littéralement "n'importe quoi", peut aussi se traduire par "tout", comme ici (phrases 2 et 6) , ou encore par "quelque chose". Exemple : *I eat anything*. (Je mange [de] tout). Dans le même registre, nous avons *something* (quelque chose), *everything* (tout), et *nothing* (rien).

(8) Dès qu'il est question de machines, les Anglo-Saxons sont de grands sentimentaux ! C'est pourquoi les voitures, les motos et les bateaux possèdent le genre féminin ! Ici, en l'occurrence, on dit *her*, abrégé en *'er*, et non pas *it*, l'article qui normalement désigne un objet.

Leçon 12

Exercise
1 Can you repair my muffler? 2 We can fix anything.
3 What's the problem? 4 Can I pick up my car tomorrow
night?

*****

Exercice
1 Pouvez-vous réparer mon pot d'échappement ? 2 Nous
pouvons tout réparer. 3 Quel est le problème ? 4 Est-ce que
je peux passer prendre ma voiture demain soir ?

****
Thirteenth Lesson (Zeur**tii-nZ** lè**sse-n**)

I **Real**ly **Should**n't, **But**... (1)

1 – For des**sert** we have **home**made **ap**ple
  pie. **(2)(3)**

PRONUNCIATION
aï **rii**li **chou**de-nt **beutt**
1 for dez**eurt** oui Hav **Ho**mèïd apeul **paï**

NOTES

(1) Les mots "*should*" ou "*shouldn't*" renvoient toujours à
     une situation où vous avez des contraintes et où il vous
     faudra faire un choix. Et quelle que soit votre décision,
     vous devrez en assumer les conséquences, soit
     matérielles, soit morales. *Should* évoque toujours le bien
     et le mal, la notion d'obligation et de responsabilité.

(2) Les États-Unis sont la patrie de la cuisine "*homemade*",
     c'est-à-dire préparée à la maison ou bien concoctée avec
     soin dans un petit établissement qui perpétue les traditions

Fill in the missing words

1   *Vous réparez des voitures étrangères, n'est-ce pas ?*
       You . . . . . . foreign cars, ... ?

2   *Amenez-la vers huit heures demain.*
       Bring . . . in around eight . . . .

3   *Monsieur.*
       . . . .

4   *Est-ce que vous pouvez réparer mes chaussettes ?*
       . . . you . . . my . . . . . ?

5   *Vous pouvez la récupérer vers midi.*
       You . . . have 'er back by . . . . .

Les mots qui manquent :
1 repair, right **2** her, tomorrow **3** Mister **4** can, fix, socks **5** can, noon

****

Treizième leçon

(Je) Vraiment, [je] ne devrais pas, mais...

1 –   Pour [le] dessert, nous avons [de la] tarte aux
         pommes maison (faite maison).

NOTES (suite)

culinaires. Les Américains se sentent rassurés dès qu'ils
voient le mot *"homemade"* sur un menu parce que cela leur
rappelle les bonnes vieilles recettes de leur enfance. Pour
eux, cela implique aussi une nourriture naturelle et de
bonne qualité. Depuis quelque temps, cet engouement pour
les produits *"homemade"* est devenu un phénomène
commercial habilement exploité par tous les restaurateurs !

(3)   L'image la plus stéréotypée de la culture *"homemade"* est
         la fameuse tarte aux pommes (*apple pie*), qui symbolise
         les qualités du Nouveau Monde : simplicité, bonté,
         sociabilité, mais aussi les valeurs morales traditionnelles
         héritées du puritanisme, où le foyer était considéré
         comme la base d'une société saine.

2 – **Yum, that** sounds de**lic**ious.

3 – With a **big scoop** of va**nill**a-**fudge ice**
cream. **(4)**

4 – That's **great!**

5 – Can **I off**er you **sec**onds? **(5)**

6 – Oh, **thank** you, but I **really shouldn**'t.
It's **so rich. (6)**

7 – Oh come **on!** You **on**ly live **once.**

8 – Well, I **shouldn**'t, but, okay. **Mon**day I
start my **diet. (7)**

---

2 i-**eum** dzat **sa**-oundz de**li**cheuss 3 ouiZ e **big skou-**oup ov
ve**nill**a feudj aïss kriim 4 dzats **grëït** 5 **kèa**-n aï **off**eu iou
sèkeundz 6 o-o **Zè-nk** iou beutt aï **riili chou**deu-nt itts **so-o ritch**
7 o-o ko**mo-n** iou **o-o**-nli liv **oua**-nss 8 ou**èll** aï **chou**deu-nt beutt
o-okèï **mo-n**dëï aï **sta**-art maï **daïèt**

NOTES (suite)

(4) Les Américains adorent ajouter de la glace à leurs tartes
et gâteaux, et ils appellent cette présentation "à la mode".
Mais personne ne pourra vous dire ce que cette
expression signifie en français, ni pourquoi elle
s'applique à la glace ! Le *fudge* est une sucrerie à base de
sucre, beurre, et généralement de chocolat. On le mange
tel quel ou chaud, comme une sauce épaisse, sur de la
glace (*hot fudge*). Vous trouverez à la leçon 14 une liste
de parfums de glaces. Remarquez l'ordre des mots
composés : *vanilla ice cream* – glace à la vanille. L'ordre
des mots en anglais est souvent à l'inverse du français et
la première partie du mot joue le rôle d'adjectif. Nous en
reparlerons.

(5) "*Seconds*" s'emploie lorsque vous êtes à table et que
vous vous resservez d'un plat – c'est la deuxième
tournée.

2 – Miam, ça a l'air (sonne) délicieux.
3 – Avec une grande cuillerée de glace à la
    vanille [et au] fudge (vanille-fudge glace).
4 – C'est génial !
5 – Est-ce que vous en reprendrez (je peux vous
    offrir [des] deuxièmes) ?
6 – Oh, merci, mais vraiment, je ne devrais pas.
    C'est tellement riche.
7 – Oh, allez ! On ne vit qu'une fois.
8 – Eh bien, je ne devrais pas, mais d'accord.
    Lundi je commence mon régime.

NOTES (suite)

(6) Lorsqu'ils vont manger au restaurant, beaucoup
    d'Américains refusent de prendre un dessert. Il y a deux
    raisons à cela : le vieux réflexe anglo-saxon qui
    condamne le plaisir des sens, et la récente sensibilisation
    de la nation étasunienne aux problèmes de santé et de
    nutrition (en particulier pour ce qui est des calories !). Le
    rapport à la nourriture et les habitudes culinaires des
    Américains n'ont rien à voir avec les nôtres. Nous aurons
    l'occasion d'en reparler.

(7) Beaucoup de gens ont ce comportement alimentaire, à
    savoir une phase de surconsommation suivie d'un régime.
    Et chaque année, des centaines de régimes "branchés"
    paraissent dans les livres et les magazines américains.

Leçon 13

Exercise
1 We have homemade apple pie. **2** That's great! **3** Can I offer you seconds? **4** Well, I really shouldn't...

*****

Fill in the missing words

1   *Miam, ça a l'air (sonne) délicieux.*
          . . . , that sounds delicious.

2   *Oh, merci, mais vraiment, je ne devrais pas.*
          Oh . . . . , but I . . . . . . shouldn't.

3   *Lundi je commence mon régime.*
          Monday I . . . . . my . . . . .

4   *On ne vit qu'une fois.*
          You . . . . live . . . . .

5   *C'est tellement riche.*
          It's so . . . . .

Les mots qui manquent :
1 Yum **2** thank you, really **3** start, diet **4** only, once **5** rich

*****

Exercice
1 Nous avons de la tarte aux pommes maison. **2** C'est génial ! **3** Est-ce que vous en reprendrez ? **4** Eh bien, je ne devrais vraiment pas...

Fourteenth Lesson (for**tii-nZ** lè**sse**-n)
Quatorzième leçon

Révisions

Faisons un petit retour en arrière et profitons de l'occasion pour approfondir certains éléments rencontrés au cours des six leçons que nous avons étudiées ces derniers jours. Vous allez voir, tout ceci n'a rien d'ennuyeux !

1. Comment ça va ?

Nous avons vu, à la leçon 8, *How are you?*, qui est la version la plus courante, polie et admise en toute circonstance, pour demander à quelqu'un comment il va. Tout à fait dans le même registre, nous avons également *How do you do?* (littéralement "comment faites-vous ?"). Dans les deux cas, si tout va bien, la réponse sera *"fine"* (prononcez "**faïn**"), sous-entendu *"I'm fine"* ou *"I'm doing fine"* (Je vais bien).
Dans un registre familier, voire très familier, mais aussi très courant, vous ne manquerez pas d'entendre *how ya doin?* (pron. "**Ha**o ye **dou**i-ng"), qui est une version "revue et corrigée" de *How are you doing?* ; *What's up?* (littéralement "qu'est-ce qui est levé ?" – c'est-à-dire "quoi de neuf ?") ; *What's happening?* (littéralement "qu'est-ce qui se passe [en ce moment] ?") ; *Howdy* (quelque chose comme "salut, mec") ; *How's it going?* (littéralement "comment ça va ?").

2. Les jours de la semaine

Vous avez déjà rencontré *Sunday* (dimanche) et *Monday* (lundi). Voici la semaine au complet :

Monday	lundi	(pron. "**mo-n**dèï")
Tuesday	mardi	(pron. "**touz**dèï")
Wednesday	mercredi	(pron. "ouè**nz**dèï")
Thursday	jeudi	(pron. "**Zeurz**dèï")
Friday	vendredi	(pron. "**fraï**dèï")
Saturday	samedi	(pron. "**sate**udèï")
Sunday	dimanche	(pron. "**sa**-a-ndèï")

Notez que les jours de la semaine prennent toujours une majuscule.

3. L'heure

Nous l'avons abordée à la leçon 9. Pour demander l'heure, vous direz par exemple :
> *Excuse me, do you have the time?* (Excusez-moi, avez-vous l'heure ?) ou bien *What time is it, please?* (Quelle heure est-il, s'il vous plaît ?), ou encore *Can you tell what time it is, please?* (Pouvez-vous [me] dire quelle heure il est, s'il vous plaît ?).

La réponse pourra être :
> *Sure, it's four o'clock* (Bien sûr, il est quatre heures) ou encore *Sorry, I don't have a watch!* (Désolé(e), je n'ai pas de montre !).

Et pour apprendre à dire l'heure, voici quelques exemples clés :
> 9 h = *Nine o'clock* (pron. "**naï**n-e**klok**") ou, pour être précis, *nine AM* (pron. "**naï**n é**èm**").
> 21 h = *Nine o'clock* également, mais pour préciser qu'il s'agit du soir, on dira *nine PM* (pron. "**naï**n pi**èm**").

Les Américains utilisent toujours le système de douze heures en précisant, si nécessaire, qu'il s'agit du matin (AM) ou de l'après-midi/soir (PM). Ainsi, 1 h = *one o'clock (AM)* ; 13 h = *one o'clock (PM)*, et ainsi de suite. "Midi" se dit *noon* (pron. "nou-n") ou *twelve noon* (pron. "tou**è**lve nou-n"), et "minuit" est *midnight* (pron. "**mid**naït").

9 h 30 / 21 h 30 = *Nine thirty* (jamais *half past nine*, contrairement aux Britanniques)
9 h 15 / 21 h 15 = *Nine fifteen* (jamais *a quarter past nine*)
9 h 45 / 21 h 45 = *Nine forty-five* ou *a quarter **to** ten* (c'est-à-dire "neuf quarante-cinq" ou "un quart jusqu'à dix", donc dix heures moins le quart)
9 h 10 / 21 h 10 = *Ten **after** nine* ou *ten **past** nine*
9 h 40 / 21 h 40 = *Nine forty* ou *twenty **to** ten*

Ce n'est pas compliqué, le tout est de bien savoir compter. Si vous éprouvez encore quelques difficultés avec les nombres, prenez le temps de les revoir – la pagination, que nous vous donnons en toutes lettres avec la prononciation, est faite pour vous y aider.

4. Exprimer une obligation

La manière classique est d'employer les verbes *must* ou *to have to* – devoir (notez que *must* n'a pas d'infinitif propre).

Exemples :
> *You must go to bed now* / *You have to go to bed now* (Tu dois aller au lit maintenant).

Notez bien qu'après *must* on emploie l'infinitif sans *to*. Mais la façon la plus américaine d'exprimer une obligation est d'employer **got to**, en particulier aux premières personnes du singulier et du pluriel :
> *I got to* (pron. "**go**dda") *run* (Je dois me dépêcher, littéralement "courir")
> *I got to take my dog to the vet* (Il faut que j'emmène mon chien chez le vétérinaire)
> *We got to buy our tickets before Friday* (Il faut que nous achetions nos billets avant vendredi).

N'apprenez pas toutes ces tournures par cœur – vous aurez de nombreuses occasions de les revoir !

5. Les mots composés

Revenons-y brièvement : Nous avons déjà vu que le premier mot d'un mot composé joue le rôle d'**adjectif**. C'est la raison pour laquelle il reste généralement invariable, même lorsque le mot composé est au pluriel : *a **film** festival* / ***film** festivals* (un / des festivals **de cinéma**). Les mots composés peuvent s'écrire en deux mots ou, s'ils sont d'un usage fréquent, avec un trait d'union, ou encore en un seul mot (il n'y a pas de règle générale) : *a car dealer* (un concessionnaire de voitures) ; *a living-room* (un salon) ; *a toothbrush* (une brosse à dents).

6. Les glaces

Même sans avoir de statistiques en main, on peut dire sans se tromper que les Américains sont certainement parmi les premiers consommateurs de glaces au monde. Durant des décennies, la chaîne Howard Johnson's a été "leader" en la matière, avec ses fameux *27 flavors* (parfums). Ce record a depuis longtemps été battu par d'autres chaînes dont Häagen Dazs, mondialement connue, Ben & Jerry's, Baskin & Robbins. Tous ces fabricants se montrent très créatifs et ne cessent d'inventer de nouveaux mélanges. Le simple chocolat n'est plus assez exotique pour faire du marketing. C'est ainsi qu'on trouve maintenant des parfums (très) originaux tels que *Belgian chocolate* (chocolat belge, particulièrement onctueux), *chocolate cheese cake* (chocolat-gâteau au fromage), *Rocky Road* (chocolat avec morceaux de noix et de chocolat), etc.

À toutes fins utiles, voici les plus classiques :

****

Fifteenth Lesson (fiftii-nZ lèsse-n)

Where do you Go to School? (1)

1 – **Where** do you **go** to **school**?
2 – **I** go to **Bos**ton Univer**sity**. And **you**?

PRONUNCIATION
ouèr dou iou **go**-o tou **skou**-oul
1 ouèr dou iou **go**-o tou **skou**-oul 2 aï go-o tou **Bo**-aste-n iouneu**veur**sidi èa-nd i**ou**

NOTES

(1)   Quand on pose la question *"Where do you go to school?"* à des adultes, le mot *school* renvoie toujours à un collège (*college*) ou bien à une université (*university*). Notez que le mot *college* s'applique plutôt à une petite université, où les programmes ne durent pas plus de quatre ans. Par contre, si le terme *school* s'applique aux enfants, il

chocolate	(pron. "**tcho**klette")	chocolat
vanilla	(pron. "ve**nil**la")	vanille
strawberry	(pron. "**stro**aberi")	fraise
coffee	(pron. "**ko**fi")	café
pistachio	(pron. "pis**ta**chio")	pistache
maple walnut	(pron. "**mè**ïpeul ou**ol**neut")	érable-noix

Les portions américaines sont à l'image de la taille du pays !
Les glaces se mangent tout au long de l'année, avec autant
de ferveur, aussi bien dans un *cone* (cornet) que dans un
cup (pot). Selon l'humeur du jour, on peut les manger
telles quelles ou les faire recouvrir de paillettes de
chocolat (*chocolate sprinkles*), de *hot fudge*, de noix, etc.

*Voilà, vous savez (presque) tout. Ne vous privez pas,
ouvrez votre congélateur ou courez chez le marchand de
glaces le plus proche, vous l'avez bien mérité !*

****

Quinzième leçon

Où vas-tu à l'université (l'école) ?

1 – Où vas-tu à l'université (l'école) ?
2 – Je vais à l'Université de Boston. Et toi ?

NOTES (suite)

désigne alors un établissement scolaire. Aux États-Unis,
les enfants commencent l'école à l'âge de cinq ans (c'est
le *grade K* ou *kindergarten*). Les études primaires durent
six ans (*grades 1-6*). Ensuite, les élèves commencent
leur cycle secondaire. Dans les écoles américaines, les
études secondaires se divisent en deux : "*junior high
school*" ou "*junior high*", regroupant les trois premières
années (*grades 7-9*) et "*high school*" (*grades 10-12*),
sanctionnées par un diplôme de fin d'études (*high school
diploma*).

3 – **Me**? **I** go to the Univer sity of Illinois at
Chicago, but my **broth**er goes to
Columbia University in New **York**. **(2)**

4 – Oh **real**ly! My **best** friend from **high**
school **goes** to Colum bia.

5 – **What's** his **name**?

6 – **Ben Rich**ardson. **Do** you **know** him? **(3)**

7 – **That's** incredible, **he's** my **broth**er's
roommate! **(4)**

3 mi aï go-o tou dzi iouneun**iveur**sidi ov ilinoï att chikago beutt
maï **bro**dzeur go-oz tou ke**lom**bia iouneu**veur**sidi i-n nou-i**ork**
4 o-o **riili** maï **bèst** frènd from **Haïs**kou-oul **go**-oz **tou** kelo-m bia
5 ouatts His **nëïm 6 bèn** ri tcheurd**seu-n dou** iou **no-o** Him
7 dzats i-ng-**krè**debeul **Hiz** maï **bro**dzeurz **room**-mëït

NOTES (suite)

(2) Quand le mot *university* fait partie du nom d'une
institution, il prend un U majuscule et se met derrière le
nom : *Boston University, Harvard University, Stanford
University*. Dans d'autres cas, le mot *University* est
précédé de l'article *the* et se place devant le nom de la
ville ou de l'État en question : *the University of Chicago,
the University of North Carolina, the University of
Texas*, etc. Par contre, dans la conversation courante, le
mot *university* est souvent omis. On dira plutôt *I go to
Harvard* (Je vais à [l'université de] Harvard) ou *she goes
to Stanford* (Elle va à [l'université de] Stanford).

(3) Les Américains ont souvent le réflexe de demander "*Do
you know...?*" (Est-ce que vous connaissez.... ?) même
s'il y a très peu de chances que leur interlocuteur ait
rencontré la personne en question.

*****

Exercise

1 What's your roommate's name? **2** You're really my best
friend! **3** My brother works in New York. **4** He knows
you? That's incredible! **5** His kids go to school.

3 – Moi ? Je vais à l'Université de l'Illinois à Chicago, mais mon frère va à l'Université de Columbia à New York.

4 – Ah ! Vraiment ? Mon meilleur ami de lycée va à [l'Université de] Columbia.

5 – Comment s'appelle-t-il ? (Quel est son nom ?)

6 – Ben Richardson. Est-ce que tu le connais (tu connais lui) ?

7 – C'est incroyable, c'est (il est) le camarade de chambre de mon frère !

NOTES (suite)

(4) Votre *roommate* est la personne avec qui vous partagez votre chambre d'université ou votre appartement. Cela a donné le verbe *to room with*, qui veut dire partager un espace commun à deux ou à plusieurs.

*****

Exercice

1 Comment s'appelle votre camarade de chambre ? **2** Tu es vraiment mon meilleur ami ! **3** Mon frère travaille à New York. **4** Il te / vous connaît ? C'est incroyable ! **5** Ses enfants vont à l'école.

Leçon 15

Fill in the missing words

1   *Connais-tu mon camarade de chambre ?*
    .. you .... my ....?

2   *Le meilleur ami de mon père vit à Chicago.*
    .. ..'. .... friend .... Chicago.

3   *Elle va à l'université de Boston.*
    .... Boston University.

****

Sixteenth Lesson (sixtii-nZ lèsse-n)

The **Bronx** Zoo (1)(2)

1   The striped **ti**ger **lives** in the **larg**est cage
    at the **Bronx** Zoo. (3)(4)

PRONUNCIATION
dze **bro-nks** zou
1 dze **straï**pt **taï**gueu **liv**z inn dze **la-**ardjest kèïdj att dze **bro-nks** zou

NOTES

(1)   Le Zoo du Bronx est l'un des plus vieux zoos des États-
    Unis. C'est aussi l'un des plus célèbres. Il se trouve dans
    le quartier du Bronx à New York, un peu en dehors du
    centre-ville, raison pour laquelle il est peu fréquenté par
    les touristes. Il vaut cependant le détour !

(2)   Notez qu'il existe deux manières de prononcer l'article
    the ; tout dépend s'il est placé devant un nom
    commençant par une voyelle ou une consonne. Dans le
    premier cas, il se prononce "dzi" (*the ice cream, the
    oranges*), dans le deuxième "dze" (*the table, the
    television, the computer*).

(3)   En anglais, les adjectifs sont toujours placés devant le
    nom. Contrairement au français, ils ne s'accordent
    jamais en genre puisqu'il n'existe pas de genre en anglais.
    C'est beaucoup plus simple ! Quand plusieurs adjectifs
    s'appliquent à un seul nom (et qu'il ne s'agit pas d'un mot
    composé), ils se placent tous devant celui-ci et sont

4   *Je connais Ben Richardson. Et vous/toi ?*
         . . . . . Ben Richardson. . . . . . . ?

5   *Incroyable !*
         . . . . !

Les mots qui manquent :
1 Do, know, roommate **2** My father's best, lives in **3** She goes to
4 I know, And you **5** Incredible

****

Seizième leçon

Le Zoo du Bronx

1   Le tigre rayé vit dans la plus grande cage au
         Zoo du Bronx.

NOTES (suite)

séparés par des virgules. Par exemple : *The big, red, expensive sportscar...* (La grosse voiture de sport rouge et chère...) ou *The rich, enthusiastic, American man...* (L'homme américain riche et enthousiaste...). De plus, vous le savez maintenant, l'adjectif reste invariable et ne prend jamais de "s" même quand le nom est au pluriel : *the black bears* (les ours noirs).

(4)   Le superlatif d'un adjectif se forme en y ajoutant *"est"*, le comparatif en ajoutant *"er"*. Cette règle s'applique aux adjectifs dits "courts", c'est-à-dire aux adjectifs d'une syllabe ou ceux de deux syllabes s'ils se terminent par la lettre "y". Par exemple : *large, larger, largest* (grand, plus grand, le plus grand) ou *friendly, friendlier, friendliest* (amical, plus amical, le plus amical). En revanche, dans le cas des adjectifs dits "longs", c'est-à-dire de deux syllabes (ne se terminant pas par "y"), trois syllabes et plus, on ajoute le mot *"more"* devant pour former le comparatif, et le mot *"most"* devant pour former le superlatif. Par exemple : *tiring, more tiring, the most tiring* (fatigant, plus fatigant, le plus fatigant) et *expensive, more expensive, the most expensive* (cher, plus cher, le plus cher). Nous y reviendrons.

2 The **boys** and **girls** in the **fourth** grade are **visiting** the **fa**mous zoo to**day**. (5)

3 The **el**ephants are from **Ken**ya and the **snakes** are from In**dia.**

4 Mrs. **Good**man, the **fourth** grade **tea**cher, is from New **Jer**sey. (6)

5 The **black** bears eat **hon**ey and the **seals** eat raw **fish.** (7)

6 The **chil**dren **laugh** at the **mon**keys and the **mon**keys **laugh** at the **boys** and **girls** in Mrs. **Good**man's class. (8)

7 The **Bronx** Zoo is a **great** place!

2 dze **boï**z èa-nd gueurlz in-n dze forZ **grèï**d **a**-ar **vi**zidi-ng dze **fèï**meuss zou tou**dèï 3** dzi **èl**efeu-nts a-ar from **kèn**ia èa-nd dze **snèï**ks a-ar from **i-n**dia **4 mi**ssiz **goud**me-n dze forZ **grèï**d **ti**tcheur iz from nou**djeur**si **5** dze blak **bèr**z iit **Heu**ni èa-nd dze siilz iit roa fich **6** dze **tchil**drèn **la**-af att dze **ma-ng**kiz èa-nd dze **ma-ng**kiz **la**-af att dze **boï**z èa-nd **geur**lz i-n **mi**ssiz **goud**me-nz klass **7** dze bro-nks zou iz e **grèï**t **plè**ïss

NOTES (suite)

(5) Rappelez-vous qu'en anglais le présent peut se conjuguer de deux manières : *I visit, you visit, he/she/it visits, we visit, they visit* et *I am visiting, you are visiting, he/she/it is visiting, we are visiting, they are visiting.* La première forme s'applique à des actions habituelles qui s'inscrivent dans un contexte général. La deuxième forme renvoie à une action qui est toujours en train de se dérouler au moment où on parle.

(6) *Mrs.* est l'abréviation de *Missus* et s'emploie lorsqu'on s'adresse à une femme mariée. Si la femme est célibataire, on dira plutôt *Miss.* Cependant, depuis les années 1970, on a tendance à utiliser l'abréviation *Ms.* (pron. "miz"), qui vaut pour les deux. Cette astuce n'oblige pas la femme à révéler son état civil, ce qui est considéré sexiste. En effet, lorsqu'on s'adresse à un homme, le titre *Mr.* n'indique nullement si celui-ci est marié ou non !

2 Les garçons et [les] filles du cours
élémentaire (dans la 4ᵉ classe) visitent le
célèbre zoo aujourd'hui.

3 Les éléphants viennent (sont) du Kenya et les
serpents viennent (sont) de l'Inde.

4 Mme Goodman, la maîtresse du cours
élémentaire (de la 4ᵉ classe), vient (est) du
New Jersey.

5 Les ours bruns (noirs) mangent [du] miel et
les phoques mangent [du] poisson cru.

6 Les enfants se moquent des singes (rient à les
singes) et les singes se moquent des (rient à
les) garçons et [des] filles [qui sont] dans la
classe de Mme Goodman.

7 Le Zoo du Bronx est un endroit génial !

NOTES (suite)

(7) *The bears eat honey* (les ours mangent *du* miel), *The
seals eat raw fish* (les phoques mangent *du* poisson cru).
Remarquez l'absence d'article partitif (du, de la...) en
anglais.

(8) *Children* (enfants) est le pluriel irrégulier de *child*. Il
existe beaucoup d'autres formes irrégulières de ce type .

Leçon 16

Exercise
1 I don't eat raw fish. **2** I'd like to visit the Bronx Zoo. **3** My roommate's snake doesn't live in a cage. **4** The teacher has striped socks. **5** The famous, big, striped tiger lives in the largest cage.

*****

Fill in the missing words *(Rappel :* = forme contractée)*

1   *Les singes se moquent de moi.*
        The . . . . me.

2   *L'éléphant est deux fois plus âgé que toi.*
        The elephant . . . . your . . . .

3   *Êtes-vous du New Jersey ?*
        . . . you . . . . New Jersey?

****
Seventeenth Lesson (sève-ntii-nZ lèsse-n)

Where are the Rest Rooms? (1)

1 –   Ex**cuse** me, **where** are the **rest** rooms, **please**?

PRONUNCIATION
ouèr a-ar dze rèstroumz
1 ekskiouze mi ouèr a-ar dze rèstroumz pliiz

NOTES

(1)   Aux États-Unis, si vous vous trouvez dans un lieu public, comme un restaurant ou un musée par exemple, et que vous cherchez les toilettes, il faut demander les "*rest rooms*". Vous pouvez aussi demander le "*men's room*" pour les hommes et le "*women's room*" ou "*ladies room*" pour les femmes. Parfois, sur la porte des toilettes, vous pourrez voir les panneaux "*Gentlemen*" (Messieurs) ou "*Ladies*" (Dames). Cependant il faut

Exercice
1 Je ne mange pas de poisson cru. **2** J'aimerais visiter le Zoo du Bronx. **3** Le serpent de mon camarade de chambre ne vit pas dans une cage. **4** La maîtresse (ou le maître) a des chaussettes rayées. **5** Le célèbre gros tigre rayé vit dans la plus grande cage.

*****

4 *Non, je suis du Zoo du Bronx.*
    No, .'. . . . . Bronx Zoo. *

5   *C'est génial !*
    . . . .'. . . . . ! *

Les mots qui manquent :
1 monkeys laugh at **2** is twice, age **3** Are, from **4** I'm from the **5** That's great

****

Dix-septième leçon

Où sont les toilettes ?

1 – Excusez-moi, où sont les toilettes, s'il vous plaît ?

NOTES (suite)

    savoir que le terme *lady* comporte encore aujourd'hui une référence à la hiérarchie sociale et pour cette raison a souvent été remplacé. Dans les écoles, les toilettes pour élèves se disent respectivement "*boy's room*" (pour les garçons) et "*girl's room*" (pour les filles). D'ailleurs, certains adultes pudiques, gênés de demander les toilettes, préfèrent utiliser ces termes empruntés à l'enfance. Le mot *toilet* existe en américain mais il est bien trop graphique et trop "fonctionnel" pour être employé par un peuple aussi puritain !

2 – The ladies' room is **down** the hall, **second door** on your **right**, and the **men's** room is... **(2)**

3 – **That's** okay, I only **need** the women's room. **(3)**

4 – **Well**, it's **down** the **hall** on your **right**.

5 – **Thank** you. Can you **also tell** me **where** I can **find** a **pay** phone? **(4)**

6 – Sure **thing. Turn left** at the **wa**ter **foun**tain and con**tin**ue straight a**head**. It's **next** to the **gift** shop. **(5)(6)**

7 – **Thanks**... but **first** the **bath**room! **(7)**

---

2 dze **lèïdizroum iz da-**oun dze **Ho**al **sèkeund do-**or onn ior **raït èa-**nd dze **mènz**room iz 3 dzats o-o**kèï** aï **o-**o-nli niid dze **ouïme-nz**room 4 ouèll itts **da-**oun dze **Ho**al o-n ior **raït** 5 **Zè-nk** iou **kèa-**n iou **ol**so **tèll** mi **ouèr** aï **kèa-**n **faïnd** e **pèïfo-**o-n 6 **chou**re **Zi**-ng teurn **lèft** att dze **oua**deur **faoun**tèn **èa-**nd ke-n**tin**iou **strèït eHèd** itts **nèxt** tou dze **gift** shap 7 **Zè-nks** beutt feurst dze **baZ**room

NOTES (suite)

(2) Le mot *down* peut avoir beaucoup de sens différents. *Down the hall* est une expression pour indiquer que l'on doit continuer tout droit dans une même direction.

(3) Le terme *okay*, parfaitement assimilé par la communauté internationale, est un mot très courant dans l'américain parlé. *Okay* peut aussi s'écrire *OK*. On l'emploie comme synonyme de "oui", "d'accord", ou bien pour dire que quelque chose est satisfaisant ou acceptable. Par exemple : *it's okay* (*not bad*), ce qui signifie c'est bon (ce n'est pas mauvais).

(4) Les cabines téléphoniques publiques se traduisent par *pay phones* ou *phone booths*. Pendant très longtemps, ces cabines ont fonctionné avec une pièce de dix cents, appelé un *dime*, qui suffisait pour les appels urbains. Maintenant, ce n'est plus le cas et dans presque toutes les villes des États-Unis, il faut se munir d'une pièce de 25 cents, appelée un *quarter*. Les cartes de téléphone

2 – Les toilettes pour dames sont dans le hall,
   deuxième porte à droite et les toilettes pour
   hommes sont ... (La salle des femmes est
   dans le hall, deuxième porte sur votre droite,
   et la salle des hommes est...)

3 – C'est bon, j'ai seulement besoin des toilettes
   pour femmes (de la salle des femmes).

4 – Alors, c'est dans le hall sur votre droite.

5 – Merci. Pouvez-vous aussi me dire (raconter
   moi) où je peux trouver un téléphone à pièces ?

6 – Bien sûr. Tournez [à] gauche à la fontaine à
   eau et continuez tout droit. C'est à côté de la
   boutique [de] cadeaux.

7 – Merci. Mais d'abord les toilettes (la salle de
   bains) !

NOTES (suite)

ainsi que les cartes de crédit sont d'un usage très répandu
dans les aéroports, les gares et les hôtels.

(5) "*Sure thing*" et "*Sure*" sont des expressions très
courantes dans la conversation. Elles vous permettent de
répondre à une question par l'affirmative en adoptant un
ton à la fois emphatique et décontracté, et peuvent se
traduire par "Bien sûr !", "Bien entendu !" ou
"Certainement !".

(6) Les fontaines à eau ou bornes-fontaines, qui fournissent
gratuitement au public de l'eau potable, sont disponibles
dans la plupart des lieux publics : écoles, aéroports, gares
routières, bureaux, etc. En général, les Américains
boivent de l'eau du robinet et non de l'eau minérale, dont
la mode n'a été introduite que dans les années 80 ; l'eau
en bouteille garde d'ailleurs toujours un côté un peu
snob, un peu "BCBG".

(7) *Bathroom*, salle de bains, est le terme générique pour la
pièce où se trouvent les toilettes. Contrairement à bien
des pays d'Europe, où les toilettes se trouvent dans une
pièce à part, aux États-Unis, le *bathroom* regroupe en
général les toilettes, le lavabo et la baignoire ou la
douche.

Leçon 17

Exercise
1 The rest rooms are down the hall. **2** Turn right at the gift shop. **3** Where can I find the black bears? **4** It's next to the water fountain. **5** Can you also tell me where I can find the men's room, please?

Notes personnelles :

Exercice

1 Les toilettes sont dans le hall. **2** Tournez à droite à la boutique de cadeaux. **3** Où puis-je trouver les ours bruns (noirs) ? **4** C'est à côté de la fontaine à eau. **5** Pouvez-vous aussi me dire où je peux trouver les toilettes pour hommes, s'il vous plaît ?

*****

Fill in the missing words

1   *Est-ce que le téléphone à pièces est dans le hall ?*
Is the . . . . the hall ?

2   *Oui, deuxième porte à (votre) gauche .*
Yes, ... your . . . . . .

3   *La fontaine à eau est à côté de la boutique.*
The . . . . is . . . . the shop.

4   *[À] droite ou [à] gauche ?*
To the . . . . . or . . . . ?

5   *Tout droit .*
. . . .

Les mots qui manquent :
1 pay phone down **2** second door on, left **3** water fountain, next to **4** right, left **5** Straight ahead

Eighteenth Lesson (ëïtii-nZ lèsse-n)

Why are You Crying? (1)

1 – **Why** are you **cry**ing?
2 – He's **leav**ing me! After **ten** years of **marr**iage Steve's **mov**ing **out**! (2)
3 – **Why** is he **leav**ing you, **Cin**dy?
4 – **Why** are you so **nos**ey, Jane? (3)(4)
5 – **Why** are you so **aggres**sive? I am **on**ly **try**ing to **help**.
6 – **Why** are you so judg**men**tal? (5)
7 – Be**cause** I **care** about **you**.
8 – **Why** do you **care**?
9 – **Now** I kn**ow** why **Steve**'s **leav**ing you!

PRONUNCIATION
ouaï a-ar iou kraï-i-ng
1 ouaï a-ar iou **kraï**-i-ng **2** Hiz **liivi**-ng mii **èaf**teur **tènn** i-**eurz** ov **mèridj** stivz **mou**vi-ng **a-out 3** ouaï iz Hi **liivi**-ng iou **si-n**di **4** ouaï a-ar iou so-o **no**-osi **djèï**n **5** ouaï a-ar iou so-o e**grès**siv **aï**m **o**-o-nli **traï**-i-ng tou **Hèl**p **6** ouaï a-ar iou so-o djeudj**mèn**teul **7** bik**euz** aï **kè**-er ebaout i**ou 8** ouaï dou iou **kè**-er **9** **na**-o aï **no**-o ouaï stivz **lii**-vi-ng iou

NOTES

(1) *"Why"* est l'un des "cinq *Ws*", c'est-à-dire les cinq questions fondamentales commençant par la lettre W dont tout bon journaliste doit user en abondance : *why* (pourquoi), *where* (où), *when* (quand), *what* (quoi) et *who* (qui).

(2) Le verbe *to move out* veut dire déménager, quitter l'endroit où l'on habite. Son contraire, le verbe *to move in*, s'utilise quand une personne emménage dans une nouvelle maison ou un nouvel appartement avec tous ses biens : meubles, vêtements, livres, etc.

Dix-huitième leçon

Pourquoi pleures-tu ?

1 – Pourquoi pleures-tu ?
2 – Il me quitte (Il quitte moi) ! Après dix années
   de mariage Steve déménage !
3 – Pourquoi te quitte-t-il (il quitte toi), Cindy ?
4 – Pourquoi es-tu si curieuse, Jane ?
5 – Pourquoi es-tu si agressive ? J'essaie
   seulement de t'aider (d'aider).
6 – Pourquoi es-tu si critique ?
7 – Parce que je m'inquiète pour (au sujet de) toi.
8 – Pourquoi t'inquiètes-tu ?
9 – Maintenant je sais pourquoi Steve te quitte
   (quitte toi) !

NOTES (suite)

(3) Dans ce contexte précis, c'est-à-dire quand il est suivi
   d'un adjectif, le petit mot *so* veut dire "si" ou
   "tellement". Mais sachez aussi qu'il peut être placé tout
   seul en début de phrase. Dans ce cas il se traduit par
   "ainsi", "donc" ou "par conséquent".

(4) Quelqu'un qui est *nosey* est curieux au point de devenir
   indiscret. Le terme vient de *nose*, le mot anglais pour
   nez. Il s'agit d'une expression imagée indiquant que
   quelqu'un met son nez dans les affaires des autres.

(5) Vous le savez sans doute, il existe des différences entre
   l'orthographe britannique et l'américaine. Par exemple,
   pour les Anglais, le mot *judgmental* s'écrit avec un "e"
   (*judgemental*), mais ici nous avons bien sûr adopté
   l'orthographe américaine. Une liste plus complète des
   mots orthographiés "à l'américaine" vous attend à la
   leçon 21.

Exercise

1 Why are you moving out? **2** I'm not crying. **3** Is Jane nosey? **4** After ten years of marriage she's leaving him. **5** I care about you.

Notes personnelles :

Exercice

1 Pourquoi déménages-tu ? **2** Je ne pleure pas. **3** Est-ce que Jane est curieuse ? **4** Après dix ans de mariage, elle le quitte. **5** Je m'inquiète pour toi.

*****

Fill in the missing words

1   *Pourquoi est-elle si grande ?*
        Why is . . . . ?

2   *Il s'inquiète pour moi.*
        He . . . . me.

3   *Est-ce que Jane est critique et agressive ?*
        . . Jane . . . . and . . . . ?

4   *Ils déménagent.*
        . . . . moving . . . .

5   *Non, elle ne pleure pas.*
        No, . . .'. * not . . . .

Les mots qui manquent :
1 she so big **2** cares about **3** Is, judgmental, aggressive. **4** They are, out **5** she's, crying

Nineteenth Lesson (naïntii-nZ lèsse-n)

When is the Next Bus to Hartford? (1)(2)

1 – Excuse me sir, **when** is the **next bus** to **Hart**ford?
2 – The **next bus** is in **twen**ty **min**utes.
3 – **When** is the **next one** after that? (3)(4)
4 – At **eight** o'**clock**. It's the **last one** to**night**. (5)
5 – **When** does the **eight** o'clock bus ar**rive** in **Hart**ford? (6)

PRONUNCIATION

ouèn iz dze **nèxt beuss** tou **Hart**feurd
1 ekski**ouze** mi seur ouèn iz dze **nèxt beuss** tou **Hart**feurd 2 dze **nèxt beuss** iz i-n touèni **min**its 3 ouèn iz dze **nèxt** oua-n èafteur dzat 4 att **ëïda**klok itts dze **la**-ast oua-n te**naï**t 5 ouèn deuz dze **ëïda**klok beuss a**raïv** i-n **Hart**feurd

NOTES

(1) Lorsque les Américains se déplacent d'une ville à une autre, ils ont tendance à voyager en bus plutôt qu'en train. Aux États-Unis, les compagnies qui assurent le transport par route ou par chemin de fer sont toutes privées. Dans le cas des bus, les plus connues et les plus importantes sont *Greyhound*, *Trailways* et *Bonanza*. Les bus américains sont très modernes et fort bien équipés : les passagers disposent de toilettes et souvent même d'un poste de télévision individuel !

(2) Hartford est la capitale du Connecticut, un petit État situé sur la côte Est. Cette ville est un centre important de compagnies d'assurances.

(3) *Next* se traduit par "prochain" ou "suivant", selon le contexte.

Dix-neuvième leçon

Quand est le prochain bus pour Hartford ?

1 – Excusez-moi, Monsieur, quand est le
   prochain bus pour Hartford ?
2 – Le prochain bus est dans vingt minutes.
3 – Quand est le suivant [bus] après celui-là (ça) ?
4 – À huit heures. C'est le dernier (bus) ce soir.
5 – Quand est-ce que le bus de huit heures arrive
   à (dans) Hartford ?

NOTES (suite)

(4) *One* ne représente pas seulement le chiffre un. Vous
pouvez aussi l'utiliser pour remplacer un nom déjà
mentionné dans une phrase. Cela vous évite ainsi de le
répéter. Par exemple : *I have a red dress and a green
dress but I prefer the red one* (J'ai une robe rouge et une
robe verte mais je préfère la rouge). Comme vous voyez,
en français, l'adjectif peut rester tout seul, mais pas en
anglais ! Ici, *the last one tonight* revient à dire *the last
bus tonight.*

(5) En américain, on utilise l'expression "*o'clock*" pour dire
par exemple qu'il est exactement deux heures "pile" (*two
o'clock*) ou onze heures "pile" (*eleven o'clock*).
D'ailleurs, vous connaissez certainement déjà
l'expression "le *five o'clock*" qui signifie l'heure du thé,
cela vient de ce fameux rituel britannique qui se
déroulait précisément à cinq heures de l'après-midi !

(6) *In* et *into* correspondent tous les deux à "dans". On
emploie *in* quand il n'y a pas de changement de lieu et
into lorsqu'il y a un changement de lieu, souvent après
des verbes de mouvement comme *go, come...*

6 – At **mid**night, like it **says** on the **sched**ule, **pal**. (7)

7 – When it **gets** into **Hart**ford, are there **u**sually **tax**is **wait**ing at the **bus de**pot? (8)(9)

8 – You got **me**! **I** have **no idea**. I have **nev**er **been** to **Hart**ford. (10)

6 att **mid**naït **laï**k itt **sè**ze onn dze **skè**dioul **pè**al 7 **ouè-n** itt guetts **i-n**tou **Hart**feurd a-ar dzère **iou**joli **tè**xiz **ouèï**di-ng att dze beuss **dipo-o** 8 iou gott mi **aï** Hav no **aïd**ia. **aï** Hav **nè**ver bi-n tou **Hart**feurd

NOTES (suite)

(7) Le mot *pal* veut dire "ami" ou "pote" mais c'est aussi une façon décontractée de s'adresser à un inconnu. Selon le contexte, le ton peut être soit amical, soit ironique. On trouve également les termes *bud*, *mac* et *guy*, qui signifient plus ou moins "type", "mec" et "gars", "pote", etc.

(8) Vous savez que le pronom *it* s'applique aux objets inanimés ou encore aux animaux non domestiques. Ici, *it* s'applique au bus. Rappelez-vous que pour les voitures et les bateaux, on peut utiliser le pronom *she* si on a un rapport d'affection avec l'objet en question.

(9) Une gare routière se dit *bus station*, *depot* ou encore *bus terminal*. Cependant, dans les petites villes de campagne, les gares de chemin de fer sont parfois aussi appelées des *depots*.

*****

Exercise

1 The last bus is at midnight. 2 The next bus is the last one.
3 Are there taxis waiting at the bus station? 4 Usually, yes.
5 When does the next bus get into Harford?

6 – À minuit, comme il est écrit (il dit) sur
 l'horaire, [mon] pote.

7 – Quand il arrive à (dans) Hartford, est-ce qu'il
 y a habituellement [des] taxis (attendant) à la
 gare routière ?

8 – Ça, c'est une colle (Vous eu moi) ! (Je n'ai)
 aucune idée. Je n'ai jamais été à Hartford.

NOTES (suite)

(10) *"You got me"* ou tout simplement *"Got me"* est une
 expression idiomatique, souvent accompagnée d'un
 haussement d'épaules et d'un air confus, qui veut dire
 que votre interlocuteur ignore la réponse à votre
 question. Littéralement il a été "coincé" ou "collé" par la
 question, à laquelle il ne peut répondre. Selon le contexte
 et le degré de familiarité entre les interlocuteurs, on
 pourra donc la traduire par "Tu m'as eu", "Là vous me
 posez une colle", etc.

*****

Exercice

1 Le dernier bus est à minuit. **2** Le prochain bus est le
dernier. **3** Est-ce qu'il y a des taxis qui attendent à la gare
routière ? **4** Habituellement, oui. **5** Quand est-ce que le
prochain bus arrive à Hartford ?

Fill in the missing words

1   *Il n'a jamais été à New York.*
     He has . . . . New York.

2   *Il y a des taxis qui attendent.*
     . . . . taxis . . . .

3   *Vous m'avez eu.*
     You . . . . . .

****

Twentieth Lesson (touèni-eZ lèsse-n)

How to Make **Great Brown**ies **(1)**

1 – **How** do you **make** such **good brown**ies,
    Bob? **(2)**
2 – **Do** you **real**ly want to **know** how I **bake**
    my de**lic**ious fudge **brown**ies? **(3)**

PRONUNCIATION
Hao tou **mèïk** grèït **bra**ouniz
1 Hao dou iou **mèïk** seutch goud **bra**ouniz bob 2 dou iou **riil**i
oua-**a-n**t tou **no-o** Hao aï **bèïk maï** déliche**uss** feudj **bra**ouniz

NOTES

(1) Le *brownie* est un gâteau au chocolat typiquement
     américain découpé et servi en petit carrés : la pâte est
     dense, sucrée, moelleuse et très riche en chocolat. Il est
     souvent fourré au *fudge,* un fondant dont nous avons déjà
     parlé (leçon 13), et truffé de noix. Sachez qu'en
     Angleterre en revanche les *Brownies* ou *Brownie Guides*
     sont des "jeannettes", des petites filles scout âgées de
     sept à onze ans ! Un petit rappel : *great* est un de ces
     adjectifs très employés et à synonymes multiples :
     génial, super, formidable, etc.

4   *Le prochain/La prochaine.*
        The . . . .

5   *Ce soir, le dernier bus est à dix heures [pile].*
        . . . . , the . . . . bus is . . ten . . . .

Les mots qui manquent :
1 never been to 2 There are, waiting 3 You got me 4 next one
5 Tonight, last, at, o'clock

****

Vingtième leçon

Comment faire des brownies réussis (super brownies)

1 – Comment fais-tu [de] si bons brownies, Bob ?
2 – Tu veux vraiment savoir comment je fais
        (cuis) mes délicieux brownies [au] fudge ?

NOTES (suite)

(2)   On emploie *how* au début d'une question quand on veut
        savoir *comment* quelque chose fonctionne. L'expression
        how to..., employée pour donner des instructions ou
        fournir des informations sur un sujet précis, a donné son
        nom à une catégorie de livres appelés *"how to books"* ou
        parfois *"self-help books"* (livres pour autodidactes).

(3)   *To cook* est le verbe cuisiner. Plus précisément, on
        emploie *to bake* pour les gâteaux, mais aussi pour tout
        plat qui se cuit au four avec une source de chaleur qui
        vient d'en bas. *To broil* ou *to grill* signifie faire cuire
        dans un four avec une source de chaleur qui vient d'en
        haut. *To fry* s'utilise quand on fait frire un aliment à la
        poêle, le plus souvent dans de l'huile. Si la nourriture
        baigne entièrement dans l'huile, comme c'est le cas pour
        les frites, alors on dit *to deep-fry* (*deep* : profond).

   3 – **Yes**, Bob, **how** do your **brown**ies come
      out so **moist**?
   4 – I don't **think** you **real**ly want to **know**
      how. **(4)**
   5 – Then, **why** are your **brown**ies so **good**?
   6 – **Well**, if you **real**ly **want** to know...
   7 – Yes...
   8 – I **buy** them in the **bak**ery **sec**tion of the
      Star **Mar**ket for **sixty-nine cents** a **piece**!
      (5)(6)

3 ièss bob **Hao** dou ior **bra**ouniz keum **a-**out so-o **moï**st **4** aï
do-o-n-t **Zi-nk** iou **ril**li oua-a-nt tou **no-o Hao 5** dzèn ouaï a-ar
ior **bra**ouniz so-o goud **6** ouèll if iou **ril**li oua-a-nt tou no-o
7 ièss **8** aï **baï** dzèm i-n dze **bèï**kri **sèk**cheun ov dze **sta-**ar **ma**-
arkett for **sixti**naï-n sènts e **piiss**

NOTES (suite)

  (4)   Comme nous l'avons vu à la leçon 11, *really* est l'un des
        mots préférés des Américains. Il sert à confirmer une
        idée ou à renforcer l'idée qui va suivre. Par exemple :
        I'm really angry (Je suis vraiment en colère) ou *I really*
        want to go to Italy next year – Really? – Yes, really. (Je
        veux vraiment aller en Italie l'année prochaine –
        Vraiment ? – Oui, vraiment.)

  (5)   Aujourd'hui, il y a de moins en moins de magasins
        spécialisés dans la boulangerie et la pâtisserie aux États-
        Unis. La plupart des gens achètent le pain et les gâteaux
        au rayon boulangerie de leur supermarché. D'ailleurs,
        beaucoup de ces grandes surfaces ont leurs propres fours
        et font cuire le pain sur place. Dans l'ensemble, leurs
        prix sont raisonnables mais la qualité des produits n'est
        pas toujours comparable à celle que l'on trouve dans les
        points de vente spécialisés.

                          *****

Exercise

1 How do you make such good brownies? **2** I don't think
you really want to know. **3** I buy them in the bakery.
4 I buy them for sixty-nine cents a piece. **5** Really?

3 – Oui, Bob, comment est-ce que tes brownies deviennent (sortent) si moelleux ?

4 – Je ne pense pas que tu veuilles vraiment le savoir (que tu vraiment veux savoir comment).

5 – Alors, pourquoi tes brownies sont-ils si bons ?

6 – Bon, si tu veux vraiment (vraiment veux) savoir...

7 – Oui...

8 – Je les achète (J'achète eux) au rayon pâtisserie du Star Market pour soixante-neuf cents pièce (une pièce) !

NOTES (suite)

(6) *Star Market* est une chaîne importante de grandes surfaces du Massachusetts. D'autres grandes chaînes de supermarchés sont : *Stop-n-Shop, A&P, Safeway, K-Mart,* et *Target.*

*****

Exercice

1 Comment fais-tu de si bons brownies ? **2** Je ne pense pas que tu veuilles vraiment le savoir. **3** Je les achète à la boulangerie. **4** Je les achète pour soixante-neuf cents pièce. **5** Vraiment ?

Fill in the missing words

1   *Comment fais-tu de si bons brownies, Betty ?*
    . . . do you . . . . such good . . . . , Betty?

2   *Je ne pense pas que tu veuilles vraiment le savoir.*
    I don't . . . . . you . . . . . . want to . . . . .

3   *Soixante-neuf cents l'unité !*
    Sixty-nine cents . . . . . . !

4   *Je les achète (J'achète eux) au rayon pâtisserie.*
    I . . . them in the . . . . . . section.

5   *Si bons, si moelleux.*
    So . . . . , . . moist.

Les mots qui manquent :
1 How, make, brownies **2** think, really, know **3** a piece **4** buy, bakery **5** good, so

Notes personnelles :

Twenty-first Lesson (touènifeurst lèsse-n)
Vingt et unième leçon

Révisions

Et voici notre petit tour d'horizon hebdomadaire.

1. Les comparatifs et les superlatifs

À la leçon 16, *The Bronx Zoo*, nous avions vu que *the tiger lives in the **largest** cage*, **la plus grande** cage. À la note 4, nous vous avions expliqué succinctement comment se forment les comparatifs et les superlatifs. Voici des explications plus complètes.

• Les **adjectifs courts**, c'est-à-dire les adjectifs d'une syllabe ainsi que ceux de **deux syllabes se terminant par -y** suivent la règle suivante :
"**plus que**" = *-er than* / "**le ou la plus**" = *the -est*
Exemples : *cold* (froid) – *cold**er** than* – ***the** cold**est***
   happy (heureux) – *happi**er** than* – ***the** happi**est***
Remarquez que le *y* final se transforme en *i* devant *-er* et *-est*.

• Les **adjectifs se terminant par -e** suivent exactement la même règle, mais au lieu d'ajouter *-er* ou *-est*, on se contente de *-r* ou *-st* :
Exemple : *large* (grand) – *larg**er** than* – ***the** larg**est***

• Les **adjectifs se terminant par une seule consonne**, elle-même précédée d'une seule voyelle, doublent la consonne finale devant *-er* et *-est*.
Exemple : *fat* (gros) – *fat**ter** than* – ***the** fat**test***

• Les **adjectifs longs**, c'est-à-dire ceux de deux syllabes et plus (sauf les cas mentionnés ci-avant) se comportent comme suit :
"**plus que**" = *more -than* / "**le ou la plus**" = *the most*
Exemples :
   expensive (cher) – ***more** expensive **than** – **the most** expensive*
   tiring (fatigant) – ***more** tiring **than** – **the most** tiring*

• Quelques formes irrégulières :
   bad – worse – the worst (mauvais – pire – le pire)
   far – farther / further – the farthest / the furthest
   (loin – plus loin – le plus loin)
   good / well – better – the best (bon / bien – meilleur –
   le meilleur)
   little – less – the least (peu / peu de – moins / moins
   de / moins que – le moins)

2. L'absence d'article

The black bears eat honey and the seals eat raw fish –
vous souvenez-vous de cette phrase ?

À la leçon 16, note 7, nous vous expliquions que pour "du
poisson" il suffisait de dire *"fish"*, etc. Ainsi donc,
**l'absence d'article devant un nom commun exprime
très souvent une quantité indéterminée ou encore une
généralité** :
   Children are playing = Des enfants sont en train de
   jouer (on ne sait pas combien) ;
   I like butter = J'aime le beurre (en général) ; *He has
   money* = Il a de l'argent (on ne sait pas combien, mais
   sans doute pas mal) ; *Children like cake* = Les enfants
   (en général) aiment le gâteau (en général), etc.

Et pour revenir à nos ours et à nos phoques, remarquons
que nous avions *the black bears* et *the seals* parce qu'il
s'agissait de ceux du zoo du Bronx et non pas de ces
animaux en général. Si nous avions voulu généraliser
davantage, nous aurions dit : *Black bears eat honey and
seals eat raw fish* C'est en fait tout simple, *isn't it?*

3. Quelques mots sur l'argent

• Les pièces

1 cent = one penny – c'est une petite pièce en cuivre, à
l'effigie d'Abraham Lincoln ;
5 cents = one nickel – comme son nom l'indique, elle est
faite de nickel côté face, c'est Thomas Jefferson ;

10 cents = one dime – un alliage de cuivre et de nickel,
avec le visage de Teddy Roosevelt ;
25 cents = one quarter – également en cuivre et nickel,
cette pièce rend hommage à George Washington ;

Les pièces de *50 cents* sont devenues rares depuis la mise
en circulation, en 1964, des pièces commémoratives de
J. F. Kennedy – les gens les conservent pour leur collection.
Quant à la pièce d'un dollar, en argent, elle n'est plus en
circulation. Une plus petite pièce fut cependant mise en
circulation au début des années 70, à l'effigie de Susan B.
Anthony (leader féministe du 19e siècle).

• Les billets

Le plus petit est le billet d'un dollar, sur lequel apparaît
George Washington. Vient ensuite le billet de deux dollars,
avec Thomas Jefferson. Ce billet est devenu rare, on
préfère le conserver, bien qu'il soit toujours valable.
Le billet de cinq dollars exhibe fièrement Abraham
Lincoln, celui de dix dollars est consacré à Alexander
Hamilton (premier ministre des Finances), celui de vingt à
Andrew Jackson (septième président des États-Unis), celui
de cinquante à Ulysse S. Grant, et le billet de cent,
récemment remis au goût du jour, offre le portrait de
Benjamin Franklin.
Les billets de valeur supérieure restent invisibles pour le
commun des mortels – nous les laisserons donc de côté.

4. Quelques différences entre l'anglais de Grande-Bretagne et celui des États-Unis

Sans vouloir aller au fond des choses, notre objectif étant
de vous apprendre l'anglais américain, voici tout de même
un petit aperçu de différences courantes entre ces deux
versions de la même langue :

• **Vocabulaire**

américain	britannique	français
apartment	flat	appartement
cab	taxi	taxi
can	tin	boîte de conserve
candy	sweets	bonbons
elevator	lift	ascenseur
fall	autumn	automne
faucet, tap	tap	robinet
first floor	ground floor	rez-de-chaussée
gas	petrol	essence
intersection	crossroads	carrefour
mad	angry	en colère
mean	nasty	méchant
movie	film	film
one way	single (ticket)	aller simple
pants	trousers	pantalon
round trip	return (ticket)	aller-retour
sidewalk	pavement	trottoir
sneakers	tennis shoes	chaussures de tennis
truck	lorry	camion

****

Twenty-second Lesson (touènissèkeu-nd lèsse-n)

Yes, No, or Maybe? (1)

1 – Are you **hun**gry? **(2)**

PRONUNCIATION
ièss **no**-o or **mèï**bi
1 a-ar iou **Heu**-ngri

NOTES

(1)   On pose la question *"Yes or no?"* à son interlocuteur
      quand on attend une réponse brève et catégorique.

• **Orthographe**

américaine	**britannique**	**traduction**
catalog	catalogue	catalogue
center	centre	centre
check	cheque	chèque
color	colour	couleur
defense	defence	défense
dialog	dialogue	dialogue
pajamas	pyjamas	pyjama
program	programme	programme
specialty	speciality	spécialité
theater	theatre	théâtre
traveler	traveller	voyageur

****

Vingt-deuxième leçon

Oui, non, ou peut-être ?

1 – Avez-vous (êtes-vous) faim ?

NOTES (suite)

(2)   En anglais, la faim, la soif et la fatigue sont des états qui
s'expriment au moyen du verbe être (*to be*) et non pas du
verbe avoir (*to have*). Par exemple : *she is hungry* (elle a
faim), *my dog is thirsty* (mon chien a soif) et *my friend is
tired* (mon ami est fatigué).

Leçon 22

2 – **Yes,** I'm **star**ving. (**3**)
3 – **Are** you **thir**sty?
4 – **Yes,** I'm **dy**ing of **thir**st.
5 – **Are** you **tir**ed?
6 – **No,** I'm as **fresh** as a **dai**sy, **fit** as a **fid**dle! (**4**)
7 – **Are** you **tell**ing the **tru**th?
8 – **May**be.
9 – **Are** you **tell**ing the **tru**th?
10 – I **take** the **5th**! (**5**)

2 ièss aïm **sta**-arvi-ng 3 a-ar iou **Zeur**sti 4 ièss aïm **daï**-i-ng ov **Zeur**st 5 a-ar iou **taï**-eurd 6 **no**-o aïm az **frèch** az e **dè**ïzi **fit** az e **fid**eul 7 a-ar iou **tèl**li-ng dze **trouZ** 8 **mè**ïbi 9 a-ar iou **tèl**li-ng dze **trouZ** 10 aï **tèï**k dze **fiZ**

NOTES (suite)

(3) Nous l'avons déjà vu à la leçon 10, les Américains adorent les euphémismes mais ils ont aussi un goût prononcé pour l'exagération, qui se manifeste dès qu'ils souffrent le moindre inconfort ou la moindre incommodité. En effet, il faut savoir que le mode de vie américain est basé sur le principe du confort et du bien-être physique. Ainsi, vous entendrez souvent les gens dire : *I'm dying of thirst* (je meurs de soif), *I'm starving to death* (je meurs de faim) ou *I'm dead tired* (je suis mort de fatigue). Les expressions *I'm going to die* (je vais mourir) ou *I think I'm going to die* (je crois que je vais mourir) n'ont bien sûr rien à voir avec la mort mais traduisent seulement un sentiment de mal-être.

(4) Les Américains aiment utiliser des clichés ou des expressions imagées dans leur conversation quotidienne. Ici, pour rendre l'idée que la personne est en pleine forme, qu'elle a "la pêche", on choisit l'image d'une marguerite fraîche et épanouie. L'expression *"fit as a fiddle"*, littéralement "sain comme un violon" évoque la silhouette harmonieuse de cet instrument musical. Il existe bien d'autres clichés pour dire que l'on se sent "d'attaque", notamment *"strong as an ox"* (fort comme un bœuf), *"ready to roar"* (prêt à rugir) et *"roaring to go"* (impatient de partir).

2 – Oui, je suis affamé.
3 – Avez-vous (Êtes-vous) soif ?
4 – Oui, je meurs de soif !
5 – Êtes-vous fatigué ?
6 – Non, je suis frais comme une rose
   (marguerite), en pleine forme (sain comme un
   violon) !
7 – Dites-vous la vérité ?
8 – Peut-être.
9 – Dites-vous la vérité ?
10 – Je plaide (prends) le 5e [amendement] !

ARE YOU TIRED ?

NOTES (suite)

(5) *To plead* ou *to take the 5th amendment* fait référence au
   5e amendement à la Constitution américaine, une loi qui
   donne le droit à l'accusé de refuser de répondre aux
   questions devant le juge, s'il estime que le fait de
   répondre pourrait l'incriminer juridiquement.

Leçon 22

Exercise
1 How are you? 2 I'm as fresh as a daisy! 3 And how are the kids? 4 They're dying of thirst. 5 You're not telling the truth.

*****

Exercice
1 Comment ça va ? 2 Je suis frais comme une rose (marguerite). 3 Et comment vont les enfants ? 4 Ils meurent de soif. 5 Tu ne dis pas la vérité.

****

Twenty-third Lesson (touèni**Zeurd** lèsse-n)

It's a **Nice Day**, Is**n**'t It? **(1)(2)**

1 – It's a **nice day**, is**n**'t it?

PRONUNCIATION
itts e **naïss** dèï **iz**euntitt
1 itts e **naïss** dèï **iz**euntitt

NOTES

(1)   Le sujet de conversation le plus courant et le plus banal entre Américains est incontestablement le temps qu'il fait. Will Rogers, un humoriste américain, a déclaré un jour : "Les gens se plaignent toujours du temps mais ne font rien pour y remédier". "*Have a nice day*" (Passez une bonne journée) est la formule consacrée lorsque vous prenez congé d'un ami ou même d'un inconnu. Le logo des années soixante – un soleil rieur avec la légende "*Have a Nice Day*" – a su incarner cet optimisme du peuple américain sous la forme d'une image publicitaire.

Fill in the missing words

1   *Avez-vous faim ?*
    . . . you . . . . . . ?

2   *Avez-vous soif ?*
    . . . you . . . . ?

3   *Êtes-vous fatigué ?*
    Are you . . . . . ?

4   *Dit-il la vérité ?*
    . . he . . . . the . . . . . ?

5   *Je suis en pleine forme !*
    I . . fit as a . . . . . . !

Les mots qui manquent :
1 Are, hungry 2 Are, thirsty 3 tired 4 Is, telling, truth 5 am, fiddle

****

Vingt-troisième leçon

Il fait beau, n'est-ce pas ?
(C'est un agréable jour, n'est-ce pas ?)

1 – Il fait beau, n'est-ce pas ? (C'est un agréable
     jour, n'est-ce pas ?)

NOTES (suite)

(2)   Comme vous pouvez le voir ici, certaines phrases se
      terminent par une forme spéciale appelée "*tag*" qui sert à
      confirmer ce qui vient d'être dit: *is it?*, *isn't it?*, *do you?*, *don't
      you?* Toutes les tournures correspondent en gros au "n'est-ce
      pas ?" français. Retenez qu'en anglais ces *tags* se conjuguent
      à la même personne que le verbe de la phrase et ne sont donc
      pas invariables comme en français : *you are hungry, aren't
      you?* (tu as faim, n'est-ce pas ?) ; *she is Japanese, isn't she?*
      (elle est japonaise, n'est-ce pas ?). Enfin, vous l'aurez
      remarqué, quand la phrase est affirmative, le *tag*
      correspondant est à la forme négative, et quand la phrase est
      négative, le *tag* se met à la forme affirmative. C'est ce qui
      s'appelle avoir l'esprit de contradiction !

    2 – **Ye**ah, **it's beau**tiful to**day**, ex**cept** for
          those **clouds**. **(3)**
    3 – A **per**fect day for **golf**. **(4)**
    4 – But **it's** sup**pos**ed to **rain** in the
          af**ter**noon. **(5)**
    5 – It's **not go**ing to **rain** be**fore five** PM, **is**
          it?
    6 – You don't **trust** the **weath**erman, **do**
          you? **(6)**
    7 – **Not** when we're sup**pos**ed to **play golf**.
    8 – **Let's take** our **chan**ces. **(7)**
    9 – And **bring** an umbr**ell**a!

2 i**è**a itts bi**ou**difel tou**dèï** ek**sèpt** for dzo-oz **kla**-oudz **3** e **peur**fèkt
dèï for **golf 4** beutt itts seu**po**-ozd tou **rèïn** i-n dze **èa**fteurnoun
5 itts not **go**-i-ng tou **rèïn** bifo-or **faï**ve pi-**èm iz**it **6** iou do-o-n-t
treust dze ou**èd**zeurm**èa**-n **dou** iou **7** not ou**è**-n oui-eur seu**po**-
ozd tou **plèï golf 8** letts **tèïk** a**oue**ur **tchèa**-nsiz **9 èa**-nd **bri**-ng a-n
om**brè**la

NOTES (suite)

(3)   Dans la conversation, les Américains remplacent souvent
        "yes" par une version plus décontractée et moins correcte
        grammaticalement qui est *"yeah"* et dont l'équivalent
        français serait *"ouais"*.

(4)   Le golf est un sport extrêmement populaire aux États-
        Unis et il existe des centaines de terrains de golf
        accessibles au public à travers tout le pays. On trouve
        également un grand nombre de terrains de golf privés,
        appartenant à des clubs de loisirs qui regroupent des
        membres triés sur le volet, prêts à payer une forte somme
        pour faire partie de ces rares privilégiés. Et puis il existe
        encore aujourd'hui un petit nombre de clubs privés
        élitistes qui exercent un droit de regard sur l'adhésion de
        nouveaux membres en fonction de leur race, leur sexe ou
        leur religion. Bien entendu, de telles pratiques sont
        strictement interdites par la loi et tendent heureusement à
        disparaître.

2 – Ouais, il fait un temps superbe (c'est beau)
aujourd'hui, excepté (pour) ces nuages.

3 – Une parfaite journée (jour) pour [le] golf.

4 – Mais il est censé pleuvoir dans l'après-midi.

5 – Il ne va pas pleuvoir avant 5 heures de
l'après-midi, n'est-ce pas ?

6 – Tu ne fais pas confiance [au] météorologue
(l'homme du temps), n'est-ce pas ?

7 – Pas quand nous sommes censés jouer [au] golf.

8 – Prenons le risque (Prenons nos chances).

9 – Et apportons un parapluie !

NOTES (suite)

(5)   "*To be supposed to*" est une expression très courante et
fort pratique pour dire qu'un événement est censé se
produire ou que certaines choses sont prévues, même si
par la suite, les circonstances en décident autrement. Par
exemple : *He's supposed to go to the doctor tomorrow* (Il
est censé aller chez le médecin demain, mais il n'ira peut-
être pas) ou *I am supposed to take my medicine at ten o'
clock* (Je suis censé prendre mes médicaments à dix
heures, mais je peux oublier).

(6)   *The weatherman* est la personne qui annonce la météo.
Dans la conversation courante, on le dénigre souvent
lorsque le temps ne correspond pas à ce qu'on attendait.

(7)   Attention, comme en français, *chance* peut vouloir dire
"chance" ou "probabilité", mais "bonne chance" se dira
toujours "*good luck*". "Avoir de la chance" se dit "*to
have luck*" ou "*to be lucky*".

Leçon 23

Exercise

1 It's going to rain. **2** They're supposed to bring an umbrella. **3** Let's play golf this afternoon! **4** Do you trust him? **5** It's not raining, is it?

Exercice

1 Il va pleuvoir. **2** Ils sont censés apporter un parapluie. **3** Allons jouer au golf cet après-midi ! **4** Est-ce que tu lui fais confiance ? **5** Il ne pleut pas, n'est-ce pas ?

Fill in the missing words

1   *Tu apportes un parapluie, n'est-ce pas ?* *
You . . . . umbrella, ... ?

2   *Vous n'avez pas faim, n'est-ce pas ?*
You aren't . . . . . ., ... ?

3   *Il fait un temps superbe aujourd'hui, n'est-ce pas ?* *
. . . . beautiful . . . . ., ... ?

4   *Ils ne me font pas confiance, n'est-ce pas ?*
They don't . . . . . me, .. they ?

5   *Je ne suis pas censé jouer au golf, n'est-ce pas ?*
I'm not . . . . to play golf, .. .?

Les mots qui manquent :
1 are bringing an, aren't you **2** hungry, are you **3** It's, today, isn't,
it. **4** trust, do **5** supposed, am I

*****

Notes personnelles :

Twenty-fourth Lesson (touèniforZ lèsse-n)

So Do I! (1)

1 – **Bill** has a **house** in the **coun**try. (2)
2 – So do **I**.
3 – **Bill** drives a **Har**ley-**Dav**idson
    motor**cy**cle. (3)
4 – So do **I**.
5 – **Bill** speaks **French, Rus**sian, and **Ital**ian
    fluently. (4)
6 – So do **I**.

PRONUNCIATION
so-o dou aï
1 bil Haz e **Ha**ouss i-n dze **keu-n**tri 2 so-o dou aï 3 bil **dra**ïvz e
Ha-arlidèïvidseu-n **mo**deursaïkeul 4 so-o dou aï 5 bil spiiks
frèn-tch **ra**cheu-n èa-nd **ital**ieu-n **flou**e-ntli 6 so-o dou aï

NOTES

(1) *So do I* (moi aussi). Notez l'emploi du pronom personnel
sujet à la première personne du singulier "*I*" (Je) – et non
pas "*me*", qui est la traduction du pronom complément
"moi". Pour de plus amples explications, voir leçon 28.

(2) Le mot *country* peut avoir deux sens. Il désigne soit la
campagne, ce qui est le cas ici, soit un pays ou une
nation. Par exemple : *my sister likes the country* (ma
sœur aime la campagne) ou *Belgium is a rainy country*
(La Belgique est un pays pluvieux).

(3) La célèbre marque américaine Harley-Davidson,
spécialisée dans les grosses cylindrées, a été
immortalisée dans les années soixante grâce au film culte
"*Easy Rider*". Ces monstres mécaniques sont aussi la
marque préférée des "Hell's Angels", motards roulant en
bandes et connus pour leurs combinaisons en cuir et leur
attitude parfois quelque peu agressive.

Vingt-quatrième leçon

Moi aussi (Ainsi fais je) !

1 – Bill a une maison à (dans) la campagne.
2 – Moi aussi.
3 – Bill conduit une Harley-Davidson (moto).
4 – Moi aussi.
5 – Bill parle français, russe et italien couramment.
6 – Moi aussi.

NOTES (suite)

(4)   Les mots qui désignent les langues étrangères ont souvent des formes irrégulières. Vous en trouverez une liste plus complète à la leçon 28. N'oubliez pas qu'en anglais les noms de pays, de langue et de nationalité prennent toujours une majuscule. D'ailleurs, la plupart du temps, on emploie le même mot pour traduire le peuple d'un pays, la langue de ce pays et l'adjectif relatif à ce pays. Par exemple : *the French* (les Français), *they speak French* (ils parlent français) et *I like French bread* (j'aime le pain français).
Sur le plan gastronomique, sachez que les sauces vinaigrette (*salad dressings*) les plus appréciées aux États-Unis portent toutes des noms de pays : *Italian dressing* (sauce italienne) est une vinaigrette classique, *French dressing* (sauce française) est une sauce légèrement sucrée de couleur orangée – eh oui ! – et *Russian dressing* (sauce russe), aussi baptisée *Thousand Islands dressing* (sauce des mille îles), est un mélange de mayonnaise et de ketchup. Une autre spécialité très en vogue est le *blue cheese dressing*, à base de fromage bleu. Enfin, le *house dressing* (vinaigrette maison) ressemble beaucoup à la sauce italienne.

7 – **Bill makes** a lot of **mon**ey. **(5)**
8 – So do **I**.
9 – **Bill** wants to **mar**ry me.
10 – Con**grat**ulations!

7 bil **mëïks** e **lo**dov **moni** 8 so-o dou **aï** 9 bil oua-an-ts tou **mèri** mi 10 kon**gra**toul**ëï**cheunz

NOTES (suite)

(5) En américain, pour dire que l'on gagne de l'argent, on utilise le verbe *"to make money"* ou *"to earn money"*. D'ailleurs, la question *"What do you make?"* ou *"How much do you make?"* (Combien gagnez-vous ?) revient souvent dans la conversation. Les Américains parlent facilement de leur situation financière ; ce n'est pas un sujet tabou comme en Europe. En fait, on parle beaucoup d'argent. Les professions libérales font état de leurs revenus annuels (*annual income*), tandis que les employés administratifs mentionnent plutôt leur salaire hebdomadaire (*weekly salary*). Quant aux ouvriers, qu'ils soient qualifiés ou non, ils parlent de leur salaire horaire (*hourly wages*). Il existe une distinction très nette entre les *"white collar workers"* (cols blancs) et les *"blue collar workers"* (cols bleus) : comme chez nous, les premiers sont des employés de bureau, censés porter une chemise blanche, alors que les deuxièmes sont des travailleurs manuels vêtus le plus souvent d'un bleu

*****

Exercise
1 Bill has a house. **2** Bill and I speak Russian and Italian.
3 Bill makes lots of money. **4** Congratulations. **5** So do I.

*****

Fill in the missing words

1   *Jack a une maison à la campagne.*
       Jack . . . a . . . . . in the country.

2   *Bill parle anglais couramment.*
       Bill . . . . . English . . . .

3   *Moi aussi.*
       . . . .

7 – Bill gagne (fait) beaucoup d'argent.
8 – Moi aussi.
9 – Bill veut m'épouser (épouser moi).
10 – Félicitations !

NOTES (suite)

d'ouvrier. Aux États-Unis, les gens qui travaillent ne sont généralement pas rémunérés à la fin du mois, mais une fois par semaine ou deux fois par mois, le plus souvent par chèque. La pratique qui consiste à payer les salaires par virement bancaire n'est pas très répandue outre-Atlantique. Notez qu'à la place de *"a lot of money"*, on pourrait tout aussi bien dire *"lots of money"* – les deux tournures sont parfaitement équivalentes.

Exercice
1 Bill a une maison. 2 Bill et moi parlons russe et italien.
3 Bill gagne beaucoup d'argent. 4 Félicitations. 5 Moi aussi.

*****

4   *Bill gagne beaucoup d'argent.*
        Bill makes . . . . of . . . . . .

5   *Merci !*
        . . . . !

Les mots qui manquent :
1 has, house 2 speaks, fluently 3 So do I 4 a lot, money 5 Thank you

Twenty-fifth Lesson (touènifiZ lèsse-n)

Summer Vacation

1 – Where do **you** guys spend your **sum**mer vacation each **year**? **(1)(2)(3)**
2 – **We** spend **two** weeks in the **Grand Canyon** in Arizona. **(4)**
3 – So do **I**. **Why** the **Grand Canyon**? **Why** not **Yellow**stone or Yosemite? **(5)**

PRONUNCIATION
someur vekèïcheu-n
1 ouèr dou **i**ou gaïz spènd ior **so**meur vekèïcheu-n iitch **i-èr 2** oui spènd **tou** ouiiks i-n dze **gréan-d** kanio-n i-n arizona **3** so-o dou aï ouaï dze **gréan-d** kanio-n ouaï not **ièllo**sto-o-n or ioussèmidi

NOTES

(1) Le terme *guys* appartient à la langue parlée et s'utilise pour désigner un groupe d'hommes en général. C'est aussi une manière décontractée de s'adresser à un petit groupe d'amis ou de parents, qu'ils soient hommes ou femmes.

(2) Le verbe *to spend* peut avoir deux sens, soit passer (du temps), soit dépenser (de l'argent). Par exemple : *I always spend Christmas with my family* (je passe toujours Noël en famille) ou *she spends a lot of money* (elle dépense beaucoup d'argent).

(3) Quand ils parlent de leurs vacances, les Américains emploient le mot "*vacation*" alors que les Anglais, eux, disent plutôt "*holiday*". Aux États-Unis, le mot *holiday* signifie "jour férié". Les "*religious holidays*" sont les fêtes religieuses alors que les "*bank holidays*" sont les jours fériés qui correspondent au calendrier administratif et pendant lesquels tous les bureaux sont fermés. Vous trouverez la liste complète des jours fériés en Amérique à la leçon 28.

Vingt-cinquième leçon

Les vacances d'été

1 – Où est-ce que vous passez vos vacances
   (votre vacance) d'été chaque année ?
2 – Nous passons deux semaines dans le Grand
   Canyon en Arizona.
3 – Moi aussi. Pourquoi le Grand Canyon ?
   Pourquoi pas Yellowstone ou Yosemite ?

SUMMER VACATION.

NOTES (suite)

(4) Aux États-Unis, les congés payés sont un privilège et non
   un droit comme en Europe. La plupart des gens ont en
   tout et pour tout deux ou trois semaines de congés payés.

(5) Aux États-Unis, il existe un grand nombre de réserves
   d'animaux sauvages et de parcs nationaux protégés et
   gérés par les autorités fédérales : ils sont regroupés sous
   l'appellation de *"US National Parks"*. Parmi les parcs
   nationaux les plus connus et les plus appréciés du public,
   on trouve le *Grand Canyon, Redwood Forest National
   Park, Everglades National Park, Grand Teton National
   Park, Badlands National Park, Yosemite National Park*
   et enfin le fameux *Yellowstone National Park* avec sa
   population d'ours sauvages. Ce dernier parc est la patrie
   imaginaire de *"Yogi Bear"*, un célèbre personnage de
   bande dessinée.

4 – We **love** the **south**west, **plus** we **have** a
   ranch **hou**se in Ari**zon**a. **(6)(7)**
5 – **So** do **we!**
6 – **How** do you **get down** there **each year**?
7 – **We drive**. If my **hus**band **is driv**ing, it's
   only a **day's driv**e from **Den**ver. **(8)**

4 oui lov dze saouZouèst **pleuss** oui Hav e **rèn**tch **Ha**ouss i-n
ari**zo**-ona 5 **so**-o dou oui 6 **Hao** dou iou guèt **da**-oun dzère iitch
i-**èr** 7 oui **draï**v if **maï heuz**be-nd iz **draï**vi-ng itts **o**-o-nli e **dèï**z
draïv from **dèn**veur

NOTES (suite)

(6)   *To love* : aimer "d'amour", adorer. *I love you* (Je t'aime) ;
      I love cabbage (J'adore le chou). Attention : *I like you*
      signifie "Je t'aime bien" !

(7)   Un ranch est une maison construite de plein pied sans
      cave ni sous-sol. Le ranch symbolise la maison
      d'habitation traditionnelle typique de l'ouest et du sud-
      ouest des États-Unis.

*****

Exercise
1 Where does your brother spend his summer vacation?
2 We have a house in Italy. 3 It's a day's drive from our
ranch. 4 My brother's bear spends his vacation in a
National Park. 5 So does my snake.

*****

Fill in the missing words

1   *Nous passons deux semaines dans le Grand Canyon.*
        . . . . two . . . . . in the Grand Canyon.

2   *Pourquoi pas Yellowstone ?*
        Why not . . . . ?

3   *Nous adorons le nord-est.*
        We . . . . the northeast.

4 – Nous adorons (aimons) le Sud-Ouest, [en] plus nous avons un ranch (ranch maison) en Arizona.
5 – Nous aussi !
6 – Comment est-ce que vous descendez là-bas chaque année ?
7 – Nous prenons la voiture (Nous conduisons). Si mon mari conduit, c'est seulement [à] une journée de voyage (un voyage d'un jour) de Denver.

NOTES (suite)

(8) Attention ! Remarquez le possessif dans *"a day's drive"* Autres exemples du même type : *a week's worth of work, a month's vacation, a year's salary.*

*****

Exercice
1 Où ton frère passe-t-il ses vacances d'été? **2** Nous avons une maison en Italie. **3** C'est à une journée de route de notre ranch. **4** L'ours de mon frère passe ses vacances dans un parc national. **5** Mon serpent aussi.

*****

4   *Si mon mari conduit, c'est seulement une journée de voyage.*
If my .... is ...., it's only a ..... journey.
(*journey* = voyage)

5   *Nous aussi !*
.. do ..!

Les mots qui manquent :
1 We spend, weeks **2** Yellowstone **3** love **4** husband, driving, day's **5** So, we

Twenty-sixth Lesson (touènisixZ lèsse-n)

How **Old** is Your **Dog**? (1)

1 – Ex**cuse** me, how **old** is your **dog**?
2 – He's **sev**en. (2)
3 – **That's** forty-**nine** in **dog** years.
4 – How **old** are **you**?
5 – **I'm** forty-**nine** in **peo**ple years. (3)

PRONUNCIATION
Hao o-old iz ior dog
1 ekskiou**z** mi **Hao o-old** iz ior dog **2** Hiz **sève**-n **3** dzats **fortinaï-n** i-n dog i-**èrz 4** **Hao o-old** a-ar **iou 5** aïm **fortinaï-n** i-n **piipeul** i-**èrz**

NOTES

(1) Rappelez-vous que quand on demande l'âge de quelqu'un ou de quelque chose, on utilise le verbe *to be* (être) et non pas le verbe *to have* (avoir). En anglais, on *n'a* pas tel âge mais on *est* tel âge !

(2) Quand on donne son âge, il n'est pas nécessaire de répéter l'expression "*years old*" après le nombre d'années. Ainsi, vous pouvez simplement dire "*I'm twenty*" (J'ai vingt [ans]) au lieu de "*I'm twenty years old*". Si on ne connaît pas l'âge exact de quelqu'un, on peut avoir recours aux formules suivantes : *she is in her thirties* (elle a la trentaine, littéralement "ses trente") ou *he is in his fifties* (il a la cinquantaine, littéralement "ses cinquante"). Pour plus de précision, on peut aussi dire : *the man is in his early thirties* (l'homme est au début de sa trentaine), *my brother is in his mid-sixties* (mon frère est au milieu de sa soixantaine) ou *she is in her late twenties* (elle est à la fin de sa vingtaine). On peut également former des adjectifs à partir de l'âge. Dans ce cas, le mot "*year*" reste invariable et ne prend pas de "s" : *a seventeen-year-old boy* (un garçon de dix-sept ans) ou *a fifty-year-old woman* (une femme de cinquante ans). Nous supposons que vous savez qu'une année dans la vie d'un homme représente sept années pour un chien ou un chat.

Vingt-sixième leçon

Quel âge a votre chien ?
(Combien vieux est votre chien ?)

1 – Excusez-moi, quel âge a votre chien
(combien vieux est votre chien) ?
2 – Il a sept ans (Il est sept).
3 – C'est quarante-neuf [ans] en années chien.
4 – Quel âge avez-vous (Combien vieux êtes-
vous) ?
5 – J'ai quarante-neuf ans en années humaines
(Je suis quarante-neuf en personnes années).

NOTES (suite)

(3) *People* = des personnes, des gens, les gens en général :
People say that (Les gens disent que). *People* est aussi le
pluriel de *someone / somebody* (quelqu'un) et de *person*
(une personne) : *Someone who always talks can be very
tiring / People who always talk can be very tiring*
(Quelqu'un qui parle tout le temps peut être très fatigant /
Les gens qui parlent tout le temps).

6 – **Ha ha**, **ve**ry **fun**ny. (4)
7 – How **old** do you **think** I am?
8 – I don't know, **thir**ty-**five**, **may**be.
9 – No, **I'm sev**en in **dog** years!

6 **Ha Ha vè**ri **feu**ni 7 **Hao o-old** dou iou **Zi-nk aï-èm** 8 **aï**
do-o-n-t no-o **Zeur**tifaïv **mèï**bi 9 no-o **aïm sève**-n i-n **dog** i-**èrz**

NOTES (suite)

(4)   L'expression "*very funny*" (très drôle) se dit souvent sur
        un ton ironique. En fait, ce qui vient d'être dit n'est pas
        drôle du tout, ou bien essaye de l'être mais sans grand
        succès. En règle générale, l'humour américain est à la
        fois léger et spirituel, faisant appel à la bonne humeur, à
        l'anecdote et au jeu de mots (*pun*). Sans aucun doute, une
        des étapes les plus difficiles dans l'apprentissage d'une
        langue étrangère est de pouvoir comprendre le sens de
        l'humour des habitants et raconter des blagues dans sa
        langue d'adoption.

*****

Exercise
1 How old is your daughter? 2 She's seven. 3 How old are
you? 4 I don't know.

*****

Fill in the missing words

1   *Excusez-moi, quel âge a votre chien ?*
        Excuse me, how ... is your ...?

2   *Quel âge avez-vous ?*
        ... old ... ...?

3   *Très drôle.*
        Very ......

6 – Ha, ha, très drôle.

7 – Quel âge pensez-vous que j'ai (Combien vieux pensez-vous je suis) ?

8 – Je ne sais pas, trente-cinq [ans] peut-être.

9 – Non, j'ai sept ans (je suis sept) en années chien !

Exercice

1 Quel âge a votre fille ? **2** Elle a sept ans. **3** Quel âge avez-vous ? **4** Je ne sais pas.

*****

4   *Quel âge pensez-vous que j'ai ?*
         How old do you ..... I ..?

5   *J'ai sept ans en années chien !*
         I .... years old in dog ......

Les mots qui manquent :
1 old, dog **2** How, are you **3** funny **4** think, am **5** am seven, years

Twenty-seventh Lesson (touènissève-nZ lèsse-n)

How **Much** Do you **Weigh**? (1)

1 – How **much** do you **weigh** these **days**, **dad**? (2)

2 – Oh, a**round** 150 (a **hun**dred and **fif**ty) **pounds**, **give** or **take** a **few**. (3)

3 – C'**mon**. You **must** weigh **more** than **that**.

4 – No, **real**ly, I **on**ly weigh 150 (a **hun**dred and **fif**ty) or **may**be 160 (a **hun**dred and **six**ty), 170 (a **hun**dred and **seven**ty) at the **most**. (4)

PRONUNCIATION

Hao meutch dou iou ouèï
1 Hao meutch dou iou ouèï dziiz **dèï**z dad **2** o-o e**ra**ound oua-n **He**-n**dr**èd èa-nd **fif**ti **pa**oundz **giv** or **tèï**k e **fi**ou **3** ko**mo**-n iou meust ouèï **more** dza-n dzat **4 no**-o **rii**li aï **o**-onli ouèï e **He**-n**dr**èd èa-nd **fif**ti or **mèï**bi e **He**-n**dr**èd èa-nd **six**ti e **He**-n**dr**èd èa-nd **sèven**di att dze **mo**-oust

NOTES

(1) On utilise *"Much"* et *"many"* pour traduire les notions de quantité et de nombre. Quand une question commence par *"How much...?"*, elle porte sur une quantité indénombrable ou abstraite : *How much water is in the ocean? – A lot of water* (Combien d'eau y a-t-il dans l'océan ? – Beaucoup d'eau) ou bien *How much free time do you have? – Very little free time* (Combien de temps libre avez-vous ? – Très peu de temps libre). Par contre, quand une question commence par *"How many...?"*, elle porte sur un nombre précis de "choses" qui peuvent être comptées : *How many kids are in this class? –* Twenty-six (Combien d'élèves y a-t-il dans cette classe ? – Vingt-six). *How many books are in the library? – Three million.* (Combien de livres y a-t-il dans la bibliothèque ? – Trois millions). Ceci dit, quand on demande à une personne combien elle pèse, en fait, on utilise toujours la formule

Vingt-septième leçon

Combien tu pèses ?

1 – Combien tu pèses ces jours-ci, Papa ?
2 – Oh, environ 150 livres, à quelques livres près
    (donne ou prends quelques-unes).
3 – Allez. Tu dois peser plus que cela.
4 – Non, vraiment, Je pèse seulement 150 [livres]
    ou peut-être 160, 170 au plus.

NOTES (suite)

"how much", même si la réponse sera un pluriel, à savoir
un nombre précis de livres ou de kilos. Par exemple :
How much do you weigh? – One hundred pounds
(Combien pesez-vous ? – Cent livres). Notez que "poids"
se dit *weight*.

(2) Dans l'ensemble, les Étasuniens se préoccupent
beaucoup de leur poids, nous en avons déjà parlé. Ils
mangent à la fois beaucoup et souvent, mais ils comptent
aussi les calories, font la chasse au cholestérol, et c'est là
le grand paradoxe du peuple américain : d'une part, il
consomme des aliments sans aucune valeur nutritive
(junk food), d'autre part, il prône une alimentation saine
à base de produits naturels *(health food)*.

(3) Le système américain des poids et des mesures est centré
sur le *pound* (la livre), qui pèse un peu moins de 500
grammes. Chaque *pound* est divisé en 16 *ounces* et
chaque *once* représente environ 28 grammes. Un kilo
pèse 2,2 *pounds* et une tonne pèse 2 000 *pounds*. Dans les
recettes de cuisine, l'abréviation utilisée pour les pounds
est *lb*. Par exemple : *take 4 lb of sugar...* (prenez 4 livres
de sucre...).

(4) L'expression *"at the most"* signifie "au plus" ou "tout au
plus". Son contraire *"at the least"* (pron. *"att dze liist"*)
veut dire "au moins".

5 – **How** much does your **broth**er **Stan**ley
   weigh?

6 – **That wal**rus, he **weighs o**ver 200 (**two
   hun**dred) **eas**ily. (5)

7 – And he's **young**er than you, **right**? (6)

8 – **Yes,** but **much fat**ter. (7)

5 **Hao** meutch deuz ior **bro**dzeur **Stèa**-nli ouèï 6 **dzèt** oualreus Hi
ouèïz **o**-oveur **tou He-n**drèd **ii**zili 7 **èa**-nd Hiz **io-ng**ueur dza-n
iou **raï**t 8 **ièss** beutt meutch **fè-**adeur

NOTES (suite)

(5)   Ici le choix du morse est une métaphore pour dire que le
       frère de l'interlocuteur est une créature plutôt corpulente.
       En anglais, les animaux sont souvent pris comme
       exemple pour évoquer des caractéristiques physiques ou
       intellectuelles de l'homme : *fat as a pig* (gros comme un
       cochon), *big as a cow* (gros comme une vache), *strong as
       a bull* (fort comme un taureau), *stubborn as a mule* (têtu
       comme une mule), *sly as a fox* (rusé comme un renard),
       slippery as a snake (visqueux comme un serpent), *tough
       as a tiger* (dur comme un tigre) ou *hungry as a wolf*
       (affamé comme un loup).

(6)   Dans cette leçon, *"right"* est un petit mot qu'on ajoute à
       la fin d'une phrase pour confirmer ce qui vient d'être dit.
       Mais il peut avoir trois autres sens. Premièrement, il
       indique la direction "droite" : *turn right at the corner of
       the street* (tournez à droite au coin de la rue).
       Deuxièmement, il indique que quelqu'un a raison : *the
       teacher was right* (le professeur avait raison). Et
       troisièmement, il désigne les droits de l'homme tels
       qu'ils ont été établis dans la Constitution : *all citizens
       have the right to vote* (tous les citoyens ont le droit de
       voter).

*****

Exercise

1 How much do you weigh? **2** You must weigh more than
that. **3** He weighs over 200. **4** He's younger than you. **5** She's
older than Stanley.

5 – Combien pèse ton frère Stanley ?
6 – Ce morse, il pèse plus de 200 [livres] facilement.
7 – Et il est plus jeune que toi, pas vrai ?
8 – Oui, mais bien plus gros (gras).

NOTES (suite)

(7) Vous souvenez-vous des règles de formation du comparatif ? Non ? Alors revoyez la leçon 21, premier paragraphe.

Exercice
1 Combien tu pèses / pesez-vous ? **2** Tu dois / Vous devez peser plus que cela. **3** Il pèse plus de 200 [livres]. **4** Il est plus jeune que toi. **5** Elle est plus vieille que Stanley.

Leçon 27

Fill in the missing words

1   *Je pèse seulement 150 [livres] .*
       I . . . . . only 150 pounds.

2   *Combien pèse ton frère ?*
       How . . . . does your . . . . weigh?

3   *Il est plus jeune que moi.*
       He is . . . . than . . .

4   *Le cochon doit peser plus que le chien.*
       The . . . must weigh . . . . the . . . .

5   *Plus gros (gras)*
       . . . .

Les mots qui manquent :
1 weigh 2 much, brother 3 younger, me. 4 pig, more, than, dog
5 Fatter.

*****

Notes personnelles :

Twenty-Eighth Lesson (touènièïZ lèsse-n)
Vingt-huitième leçon

Révisions

Prêt pour un nouveau récapitulatif ? Celui d'aujourd'hui sera très léger.

1. Les "tags", rappel

Très couramment utilisées, les *question tags* équivalent généralement à "n'est-ce pas ?", "hein ?", "non ?".
Le plus souvent, dans un dialogue, une phrase affirmative s'achèvera avec une *question tag* négative, et vice versa.
Souvenez-vous également que les *tags* reprennent à la fois l'auxiliaire, le pronom et le temps de la phrase à laquelle elles correspondent. Exemples :
  She's happy, isn't she? (Elle est heureuse, n'est-ce pas ?)
  You can't swim, can you? (Tu ne sais pas nager, n'est-ce pas ?)
  They were late, weren't they? (Ils étaient en retard, n'est-ce pas ?)

Attention :

• Après une phrase qui ne contient pas d'auxiliaire, la *question tag* se forme avec *do / does / did* :
  Bears like honey, don't they? (Les ours aiment le miel, n'est-ce pas ?)
  He eats a lot, doesn't he? (Il mange beaucoup, n'est-ce pas ?)
  They liked the movie, didn't they? (Ils ont aimé le film, n'est-ce pas ?)

• *I'm* est repris par *aren't I?* et *I'm not* par *am I?* :
  I'm late, aren't I? (Je suis en retard, n'est-ce pas ?)
  I'm not late, am I? (Je ne suis pas en retard, n'est-ce pas ?)

2. Moi aussi, toi aussi

En anglais, on emploie *so* + auxiliaire + sujet. L'auxiliaire correspond à celui de la phrase qui précède :

I'm tired. – So am I. (Je suis fatigué. – Moi aussi.)

Dans un registre plus familier, on pourrait aussi tout simplement dire "*me too*".

Autres exemples :

They have cooked dinner. – So has my sister. (Ils ont préparé le dîner. – Ma sœur aussi.)

Tout comme dans les *question tags* que nous avons vues au paragraphe précédent, en l'absence d'auxiliaire dans la phrase qui précède, on emploie *do / does / did* :

John works in Idaho. – So does Jane. (John travaille dans l'Idaho. – Jane aussi.)

She came home late. – So did he. (Elle est rentrée tard [à la maison]. – Lui aussi.)

3. Moi non plus, toi non plus

Profitons de l'occasion pour voir la version négative. C'est très facile – on remplace *so* par *neither* (prononcez **nii**dzeur) :

I don't eat hot dogs. – Neither do I. (Je ne mange pas de hot dogs. – Moi non plus.)

David has never been to India. – Neither has Tom. (David n'est jamais allé en Inde. – Tom non plus.).

4. Langues et nationalités

À la leçon 24, nous avions appris que Bill parlait couramment *French, Russian and Italian.*

Que vous soyez un "assimiliste" novice ou confirmé, voici une liste qui vous permettra, d'ici quelque temps ou tout de suite, de présenter vous aussi l'éventail de vos connaissances linguistiques – *in English, of course* !

La première colonne indique le pays, la seconde l'adjectif (qui s'emploie par exemple pour désigner la langue et qui, contrairement au français, commence toujours par une majuscule), et la troisième le nom (par exemple "un Canadien"). En dehors de quelques exceptions que vous n'aurez aucun mal à retenir, le masculin et le féminin sont identiques. La prononciation des mots difficiles est entre crochets.

pays	**adjectif**	**nom**
Australia	Australian	an Australian
Belgium	Belgian	a Belgian
Britain	British	a Briton
Canada	Canadian [kenèïdie-n]	a Canadian
China [tchaïna]	Chinese [tchaïniise]	a Chinese
Denmark	Danish	a Dane
England	English	an Englishman, an Englishwoman
France	French	a Frenchman, a Frenchwoman
Germany	German	a German
Greece	Greek	a Greek
Holland	Dutch	a Dutchman, a Dutchwoman
Hungary	Hungarian	a Hungarian
India	Indian	an Indian
Ireland	Irish	an Irishman, an Irishwoman
Israel	Israeli	an Israeli
Italy	Italian	an Italian
Japan	Japanese	a Japanese
Mexico	Mexican	a Mexican
Morocco [merokoe]	Moroccan [meroke-n]	a Moroccan
Norway	Norwegian [norouidje-n]	a Norwegian
Poland [po-ole-nd]	Polish [po-olich]	a Pole
Portugal [portiouguel]	Portuguese [portiouguiise]	a Portuguese
Russia [reucha]	Russian [reuche-n]	a Russian
Scotland	Scottish	a Scot
Spain [spèïn]	Spanish [spanich]	a Spaniard [spènieud]
Sweden [souide-n]	Swedish [souidich]	a Swede [souide]
Switzerland	Swiss	a Swiss
Turkey [teurki]	Turkish [teurkich]	a Turk [teurk]
the USA [iou-ess-èï]	American	an American

Cette liste n'est bien sûr pas exhaustive, mais tout bon dictionnaire vous donnera le complément.

Avez-vous remarqué que **l'article *a* devient *an* devant les noms qui commencent par une voyelle ?** N'oubliez pas cette règle et faites-en un automatisme !

Leçon 28

Pour parler d'un peuple dans son ensemble, on emploie généralement le nom au pluriel, précédé de l'article *the* : *the Swedes, the Scots*. Mais pour les mots se terminant en *-ese*, on emploie l'adjectif sans *-s* : *the Portuguese, the Chinese*, etc.

Sachez également que l'on dit *the French, the British* (ou *the British people*), *the English, the Spanish, the Dutch, the Irish, the Swiss*.

4. Liste complète des fêtes américaines

Les *legal holidays*, que nous accompagnons d'un signe *, sont des jours où on ne travaille pas.

1er janvier* : **New Year's Days** (Jour de l'an)
3e lundi de janvier* : **Martin Luther King Jr. Day** commémoration de Martin Luther King Junior.

2 février : **Groundhog's Day** (jour de la marmotte) détermine la durée de l'hiver – si ce jour-là la marmotte voit son ombre, elle retourne dans son trou, ce qui veut dire que l'hiver va encore durer six semaines.

14 février : **Valentine's Day** (Saint Valentin) est l'occasion pour tous les Étasuniens d'envoyer une carte remplie de cœurs à tous ceux qu'ils aiment.

19 février* : **Presidents' Day** commémore à la fois les anniversaires d'Abraham Lincoln – 14 février – et de George Washington – 22 février.

17 mars : **St. Patrick's Day** (jour de la Saint Patrick) est une fête irlandaise où on s'habille en vert et où on va au pub.

Vendredi avant Pâques : **Good Friday** (Vendredi Saint)

1er avril : **April Fool's Day** (littéralement "Jour du fou d'avril")

Pâques : **Easter Sunday** (dimanche de Pâques) et **Easter Monday** (lundi de Pâques)

2e dimanche de mai : **Mother's Day** (fête des mères)

Dernier lundi de mai* : **Memorial Day** (fête des anciens combattants) est une journée vouée aux parades, pique-niques, etc.

3e dimanche de juin : **Father's Day** (fête des pères)

4 juillet* : **Independence Day** (ou *Fourth of July*) est la fête nationale.

1er lundi de septembre* : **Labor Day** (fête du travail)

2e lundi d'octobre* : **Columbus Day** commémore la découverte de l'Amérique par Christophe Colomb.

31 octobre : **Halloween**, la veille de la Toussaint, est un jour où on aime se faire de petites frayeurs. On se déguise (de préférence en personnage terrifiant), et les enfants vont de porte en porte pour demander des bonbons.

1er mardi après le 1er lundi de novembre : **Election Day** est une journée électorale où toutes sortes d'élections ont lieu.

11 novembre : **Veterans' Day** (journée des anciens combattants)

4e jeudi de novembre* : **Thanksgiving** (voir explication à la leçon 42)

25 décembre* : **Christmas Day** (Noël)

Twenty-ninth Lesson (touèninaïnZ lèsse-n)

Where Were You? (1)

1 – I was **home** last night. **Where** were **you**? **(2)**

2 – I was **with** my **pa**rents.

3 – **But** I **cal**led you there. **(3)**

4 – **What** time **did** you **call**? **(4)(5)**

PRONUNCIATION

ouèr ouèr iou

1 aï ouaz **Ho**-om **la**-ast naït ouèr ouèr iou 2 aï ouaz **oui**Z maï **pè**rents 3 beutt aï ko-old iou **dzè**re 4 ouat taïm did iou **ko**-ol

NOTES

(1) Bienvenue au passé ! Rassurez-vous, à part les verbes irréguliers, que vous apprendrez progressivement, le passé est un temps facile à maîtriser en anglais. Commençons par le verbe *to be* (être), qui est irrégulier mais d'un emploi tellement courant qu'on a vite fait de le retenir. Il se conjugue de la manière suivante : *I was* (j'étais), *you were* (tu étais), *he / she / it* was (il / elle était), *we were* (nous étions), *you were* (vous étiez), *they were* (ils / elles étaient). Voilà, c'est simple. Conjuguer le verbe être au passé, c'est utiliser la forme *were* partout, sauf à la première et à la troisième personne du singulier, où l'on dit *was* !

(2) *The home* : la maison, le foyer (souvenez-vous de *homemade*). **Attention :** "à la maison" se dit tout simplement *"home"* : *I was home last night* (J'étais à la maison hier soir) ; *Go home* (Rentre / Rentrez à la maison / Rentre / Rentrez chez toi / vous). Pensez-y, car les francophones ont souvent tendance à calquer sur le français et à dire *"at home"*, ce qui n'est pas correct.

Vingt-neuvième leçon

Où étais-tu ?

1 – J'étais à la maison hier soir (dernière nuit).
   Où étais-tu ?
2 – J'étais avec mes parents.
3 – Mais je t'ai appelé (j'ai appelé toi) là-bas.
4 – [À] quelle heure as-tu appelé ?

NOTES (suite)

(3) Pour ce qui est des verbes réguliers, il est facile de les conjuguer au passé : on ajoute simplement la terminaison *-ed* à l'infinitif. Et ceci s'applique à toutes les personnes ! Ainsi, le verbe *to call* (appeler ou téléphoner) devient *called* au passé. Par exemple, *I called* (j'ai téléphoné), *she called* (elle a téléphoné) ou *they called* (ils ont téléphoné).

(4) Mais tout n'est pas si simple. Lorsque vous voulez poser une question, au présent ou au passé et que vous n'avez pas affaire à l'auxiliaire être, il faut alors faire appel au verbe *to do*, que vous faites suivre de l'infinitif. Rappelez-vous : au présent, vous posez la question *Do you live here?* (Habitez-vous ici ?) – *Yes, I do* (Oui). La même règle s'applique au passé, mais avec *did* : *Did you live here?* (Avez-vous habité ici ?) – *Yes, I did* (Oui). Autre exemple : *Did you call?* (Avez-vous téléphoné ?) – *Yes, I did* (Oui) ou *Yes, I called* (Oui, j'ai téléphoné). Vous avez saisi le principe ? Ne vous inquiétez pas, vous aurez bien assez de temps pour vous entraîner !

(5) *What time is it?* (Quelle heure est-il ?), mais aussi *What time are you leaving?* (À quelle heure partez-vous ?) : Apprenez bien cette tournure, car ici aussi, les francophones ont souvent tendance à calquer sur le modèle français et à dire *"at what time"*, ce qui est tout à fait incorrect !

5 – What **time** did I **call**? **Well**, I **call**ed at, um, **ten** to **ten**. **(6)**

6 – Oh, **that** ex**plains** it. **We** were still at the **rest**aurant. **(7)(8)**

7 – **Why did**n't you **call**? **(9)**

8 – I for**got** your **telephone num**ber. **(10)**

5 ouat **taïm** did aï **ko**-ol ouèll aï **ko**-old att eu-m **tè-n** tou **tè-n**
6 o-o dzat èks**plëïnz** itt oui ou**èr** still att dze **rèst**ra-nt **7** ouaï
dideunt iou **ko**-ol **8** aï feur**gott** ior **tèleufo**-o-n **na-m**beur

NOTES (suite)

(6) Dans la vie quotidienne, vous entendrez souvent les Américains dire *"um"*, un petit mot bien pratique qui sert à gagner du temps et à réfléchir avant de répondre à son interlocuteur. De même, l'expression *"you know"* (vous savez), qui se prononce plutôt "ya **no**-o", revient souvent dans la conversation.

(7) N'oubliez pas qu'à la troisième personne du singulier, le pronom *it* s'applique aux objets inanimés et aux concepts abstraits, sauf dans le cas des voitures et des bateaux, où l'on peut employer le pronom *she*.

(8) *At the restaurant* : au restaurant. En règle générale, on utilise bien *at* pour traduire "au, à la". Autres exemples, *at school* (à l'école), *at midnight* (à minuit). *Home* et *what time*, que nous venons de voir, constituent des exceptions.

*****

Exercise
1 Where were you? **2** What time did you call? **3** I was with my friends. **4** Excuse me, I forgot your first name.

5 – [À] quelle heure j'ai appelé ? Eh bien, j'ai appelé à, disons, dix heures moins dix.

6 – Oh, ceci explique cela (cela l'explique). Nous étions encore au restaurant.

7 – Pourquoi n'as-tu pas appelé ?

8 – J'ai oublié ton numéro de téléphone.

NOTES (suite)

(9) Notez qu'au passé, l'auxiliaire *did* peut aussi se conjuguer à la forme négative : on obtient *did not* ou bien sa contraction *didn't*.

(10) Voici notre premier exemple d'un verbe irrégulier : *to forget* (oublier) devient *forgot* au passé. Vous trouverez une liste plus importante de verbes irréguliers à la leçon 35 (Révision).

*****

Exercice

1 Où étais-tu ? **2** À quelle heure as-tu appelé ? **3** J'étais avec mes amis. **4** Excuse-moi, j'ai oublié ton prénom.

Fill in the missing words

1   *J'étais à la maison hier soir.*
        I was .... last ......

2   *Où étais-tu ?*
        Where .... you?

3   *Ceci explique cela.*
        That .... it.

****

Thirtieth Lesson (**Zeur**di-eZ **lè**sse-n)

They **Went** Away (1)

1 – **Da**vid and **Kar**en **went** to **Flor**ida for
    two weeks last **win**ter.
2 – **So**? (2)
3 – **We o**nly **went** to **Atlan**tic **City** for the
    weekend to **vis**it your **sis**ter.

PRONUNCIATION
dz**è**ï ou**èn**t e-ou**è**ï
1 d**è**ïvid **è**a-nd **kar**è**n ou**èn**t tou **flo**reda for **tou** ou**ii**ks la-ast
ou**i**-nteur 2 so-o 3 ou**i o**-o-nli ou**èn**t tou **adl**a-a-ndic **si**di for dze
ou**i**kènd tou **vi**zit ior **si**steur

NOTES

(1)   Le passé du verbe *to go* (aller) est irrégulier, mais il est
        si facile à retenir et d'un usage si courant que vous
        n'aurez aucune peine à l'utiliser dans la conversation. De
        plus, il est invariable et se conjugue de la même manière
        pour toutes les personnes : I *went* (je suis allé / allée),
        you went (tu es allé / allée), *he / she / it went* (il est allé / elle
        est allée), *we went* (nous sommes allés / allées), *you went*
        (vous êtes allés / allées), *they went* (ils sont allés / elles
        sont allées). Notez que *to go away* veut dire partir au loin
        ou s'absenter, en vacances ou pour affaires, par exemple.

4   *Elle était encore au restaurant.*
         She .... at the restaurant.

5   *J'ai oublié ton adresse.*
         I ...... your address.

6   *Où étiez-vous ?*
         .... you?

Les mots qui manquent :
1 home, night 2 were 3 explains 4 was still 5 forgot 6 Where were

****

Trentième leçon

Ils sont partis

1 – David et Karen sont allés en (à) Floride pour
        deux semaines l'hiver dernier (dernier hiver).
2 – Et alors ?
3 – Nous sommes seulement allés à Atlantic City
        pour le week-end [pour] voir (visiter) ta sœur.

NOTES (suite)

(2)   Le mot *so* peut avoir beaucoup de sens différents. Dans
       ce cas, quand il est tout seul et sert de question, il revient
       à dire "Et alors ?" Mais dans d'autres circonstances, il
       peut se traduire par "donc" ou "aussi". Les Américains
       ont souvent tendance à employer *so* en tête de phrase. Par
       exemple : *So, did you like the film?* (Alors, vous avez
       aimé le film ?).

4 – **You** en**joyed** it, **though**? **Did**n't **you**? (3)(4)

5 – **John** and **Lisa went** to **Par**is and **Rome**
   last **summ**er.

6 – **You** went to Montre**al** with the **kids** at
   Easter, **don't** for**get**.

7 – **I did**n't for**get**, but you **went** to **San**
   Fran**cis**co for a **week** in April.

8 – **That** was on **bus**iness. (5)

9 – I'm **sure** some **wives went**. (6)(7)

---

4 iou èn**djoï**dit **dzo**-o **di**deunt iou 5 **djo**-n èa-nd **laï**za ou**èn**t tou
pariss èa-nd **ro**-om la-ast **so**meur 6 iou ou**èn**t tou montri**al** oui**Z**
dze kidz att **iis**teur **do**-o-n-t for**guett** 7 aï **di**deunt for**guett** beutt
iou ou**èn**t tou **sè**a-n fra-n**sis**ko for e ou**iik** i-n **èï**pril 8 **dzat** ouaz
o-n **biz**ness 9 **aï**m **chou**re som oua**ïv**z ou**èn**t

NOTES (suite)

(3)   Voici le verbe *to enjoy* (aimer, apprécier...) qui, lui aussi,
       se conjugue régulièrement au passé. Rappelez-vous,
       c'est simple. Il suffit d'ajouter la terminaison -ed à
       l'infinitif : *I enjoyed* (j'ai apprécié), *you enjoyed* (tu as
       apprécié), *he / she / it enjoyed* (il / elle a apprécié), *we
       enjoyed* (nous avons apprécié), *you enjoyed* (vous avez
       apprécié), *they enjoyed* (ils / elles ont apprécié).
       L'expression *"Enjoy!"* s'emploie pour souhaiter quelque
       chose d'agréable à quelqu'un (un repas, une fête, un
       voyage, etc.). Selon le contexte, cela se traduira par "Bon
       appétit !", "Bonnes vacances !", "Bonne soirée !" ou tout
       simplement "Amusez-vous bien !".

(4)   Selon sa position dans la phrase, *though* se traduit par
       "bien que", "quoique", "pourtant" : *You enjoyed it,
       though* (Ça t'a plu, pourtant) ; *We loved the film though
       it was very long* (Nous avons adoré le film bien qu'il fût
       très long) ; *Though he's always late, he never has any
       problem* (Bien qu'il soit toujours en retard, il n'a jamais
       de problème).

4 – Ça t'a plu, pourtant ? N'est-ce pas ?

5 – John et Lisa sont allés à Paris et [à] Rome
l'été dernier (dernier été).

6 – Tu es allée à Montréal avec les enfants à
Pâques, n'oublie pas.

7 – Je n'ai pas oublié, mais tu es allé à San
Francisco (pour) une semaine en avril.

8 – C'était pour affaires.

9 – Je suis sûre [que] certaines épouses [y] sont
allées.

NOTES (suite)

(5)   L'expression idiomatique "*on business*", que l'on forme
au moyen de la préposition *on*, signifie "pour affaires".
On l'utilise pour dire qu'une personne est en voyage
d'affaires (*to be away on business*) ou qu'elle fait
quelque chose dans le cadre de son travail. En revanche,
l'expression "*to be in business*" veut dire que deux ou
plusieurs personnes sont d'accord pour effectuer une
transaction commerciale ou pour conclure un marché.
Dans la langue parlée, cela pourrait se traduire par "Ça
roule !" ou bien "Tope-là !".

(6)   Le mot *wife* (épouse) a un pluriel irrégulier : *wives* et non
pas *wifes*. C'est d'ailleurs le cas de tous les noms qui se
terminent par "f" ou "fe". Par exemple : *one scarf, two
scarves* (une écharpe, deux écharpes), *one roof, two
rooves* (un toit, deux toits), *one life, two lives* (une vie,
deux vies).

(7)   La conjonction *that*, lorsqu'elle équivaut au "que"
français, est souvent omise. Autres exemples : *He thinks
(that) you're my sister* (Il pense que tu es ma sœur) ;
They say (that) they lost all their money (Ils disent qu'ils
ont perdu tout leur argent). Les deux façons de
s'exprimer sont correctes, la version avec *that* est
simplement un peu plus formelle.

Exercise
1 They went to Florida last winter. 2 We went to California.
3 I went to Rome. 4 I didn't forget. 5 She says they never
went to Germany.

Notes personnelles :

Exercice
1 Ils sont allés en Floride l'hiver dernier. 2 Nous sommes allés en Californie. 3 Je suis allé à Rome. 4 Je n'ai pas oublié. 5 Elle dit qu'ils ne sont jamais allés en Allemagne.

*****

Fill in the missing words

1   *Nous sommes seulement allés à Boston (pour) trois jours pour rendre visite à ton frère.*
     We only .... to Boston for three .... to visit your ....

2   *N'oublie pas d'acheter des brownies.*
     Don't .... buy brownies.

3   *C' (Cela) était pour affaires.*
     .... was on ....

4   *Tu as aimé Rome, n'est-ce pas ?*
     You .... Rome, ...* you?

5   *John et Lisa disent qu'ils ont rendu visite à ta sœur l'été dernier.*
     John and Lisa say .... sister ....
     summer.

Les mots qui manquent :
1 went, days, brother 2 forget to 3 That, business 4 enjoyed, didn't 5 they visited your, last

Leçon 30

Thirty-first Lesson (Zeurdifeurst lèsse-n)

What Did You See?

1 – **Where** did you **go** on **Sun**day? **(1)**
2 – I **took** my **aunt** to the **park**, and we **saw**
   Marty al**one** on a **bench**. **(2)**
3 – **Well**, I **saw** an old **film**. **(3)(4)**
4 – **What did** you **see**?

PRONUNCIATION
ouat did iou sii
1 ou**èr** did iou **go-**o on sa-a-ndèï 2 aï **touk** maï èa-nt tou dze
pa-ark èa-nd oui **soa ma-**ardi e**lo-**one o-n e **bèntch** 3 ouèll aï **soa**
e-n o-old **film** 4 ouat **did** iou sii

NOTES

(1) Rappel : les jours de la semaine sont *Sunday* (dimanche),
     Monday (lundi), *Tuesday* (mardi), *Wednesday*
     (mercredi), *Thursday* (jeudi), *Friday* (vendredi) et
     Saturday (samedi). Souvenez-vous qu'à la différence du
     français, tous ces mots prennent une majuscule. De plus,
     pour indiquer que vous faites quelque chose tel jour, il
     faut mettre le mot *on* devant : *I always play tennis on
     Sunday* (Je joue toujours au tennis le dimanche) ou *I saw*
     Pulp Fiction *on Tuesday* (J'ai vu *Pulp Fiction* mardi).
     Pour les mois de l'année, voir la liste qui se trouve à la
     leçon 35 (Révision).

(2) *Took* est le passé irrégulier du verbe *to take*, qui veut dire
     "prendre". Quand il est suivi d'une personne, il se traduit
     par "emmener" : *Every day I take my daughter to school*
     (Chaque jour j'emmène ma fille à l'école). Cependant, il
     peut avoir beaucoup d'autres sens, que vous découvrirez
     progressivement.

(3) Nous avons déjà vu que le mot *well* s'utilise soit comme
     adjectif, soit comme adverbe. Mais il peut aussi se mettre
     au début de la phrase ; dans ce cas, il se traduit par "Eh
     bien".

Trente et unième leçon

Qu'est-ce que tu as vu ?

1 – Où es-tu allé (sur) dimanche ?
2 – J'ai emmené (pris) ma tante au parc et nous avons vu Marty seul sur un banc.
3 – Eh bien [moi] j'ai vu un vieux film.
4 – Qu'est-ce que tu as vu ?

NOTES (suite)

(4)   Pour désigner un film, les Américains ont deux mots à leur disposition : *film* et *movie*. En règle générale, ces deux termes sont équivalents, quoique le premier renvoie plutôt à un film d'art et d'essai, et le deuxième à une grosse production commerciale. L'expression "aller au cinéma" se traduit par "*to go to the movies*". Aux États-Unis, les salles de cinéma – *moviehouses* ou *cinemas* – sont de plus en plus souvent regroupées à l'intérieur de galeries marchandes ou de grands centres commerciaux.

5 – I **want**ed to **see** *Gone with the Wind*, but
 Marty said he **saw** it **six times**.
6 – **So what** did you **end** up **do**ing? **(5)**
7 – I **end**ed up **see**ing *Gone with the Wind*
 a**lone**. **(6)**
8 And **Mar**ty **end**ed up a**lone** in the **park**.

5 aï **ouan**ted tou sii go-n oui**Z** dze oui-**nd** beutt **ma-**ardi sèd Hi
soa itt six **taï**mz 6 so-o **ouat** did iou **è**ndeup **dou**i-ng 7 aï **è**ndidap
sii-ng go-n oui**Z** dze oui-**nd** eu**lo**-one 8 **èa**-nd **ma-**ardi **è**ndidap
e**lo**-one i-n dze **pa**-ark

NOTES (suite)

(5) Le verbe régulier *to end up* vient du mot *end*, qui veut dire
 "fin". C'est donc une expression utilisée pour décrire
 l'aboutissement ou la conclusion d'une action. En général,
 to end up suivi d'un deuxième verbe à la forme *-ing* se
 traduit par "finir par ...". Par exemple : *At the restaurant I
 always end up eating the same thing* (Au restaurant, je
 finis toujours par manger la même chose). Quand il n'est
 pas suivi d'un autre verbe mais d'un adjectif, il veut dire
 "se retrouver" : *The painter Van Gogh ended up poor* (Le
 peintre Van Gogh se retrouva sans le sou/pauvre).

*****

Exercise
1 He ended up seeing that movie ten times. 2 On Tuesday,
I took Bob to the park. 3 We ended up sitting on a bench
for two hours. 4 Frankly, my dear, I couldn't give a damn.
5 Did you see my aunt last Wednesday?

*****

Fill in the missing words.

1 *Je voulais aller au restaurant avec toi.*
 I .... go .. the restaurant ....

2 *Elle finit toujours par manger du poisson.*
 She ...... ends .. .. fish.

5 – Je voulais voir *Autant en Emporte le Vent* mais Marty a dit [qu'] il l'avait (l'a) vu six fois.
6 – Alors, qu'est-ce que vous avez fini par faire ?
7 – J'ai fini par voir *Autant en Emporte le Vent* [tout] seul.
8   Et Marty s'est retrouvé (a fini) seul dans le parc.

NOTES (suite)

(6)   *Gone with the Wind* est le titre original du célèbre film classique *Autant en Emporte le Vent* : tiré du roman de Margaret Mitchell, il a été tourné en 1939 avec dans les rôles principaux Clark Gable et Vivien Leigh. La réplique la plus mémorable de l'histoire du cinéma américain est probablement celle qui se trouve à la fin de ce film culte, quand Clark Gable, qui incarne Rhett Butler, rejette sa chipie de femme Scarlett en lui rétorquant : *"Frankly my dear, I couldn't give a damn."* (Franchement, ma chère, je m'en fous royalement.).

*****

Exercice
1 Il a fini par voir ce film dix fois. 2 Mardi, j'ai emmené Bob au parc. 3 Nous avons fini par nous asseoir sur un banc durant (pour) deux heures. 4 Franchement, ma chère, je m'en fous royalement. 5 As-tu vu ma tante, mercredi dernier ?

*****

3   *Est-ce qu'il t'a emmenée au cinéma ?*
    ... he .... you .. the ......?

4   *Ils vont au cinéma tous les jeudis.*
    .... every ....

Les mots qui manquent :
1 wanted to, to, with you 2 always, up eating 3 Did, take, to, movies 4 They go to the movies, Thursday.

Thirty-Second Lesson (Zeurdissèke-nd **lè**sse-n)

Wasn't **That** Your Uncle **Bob**? **(1)**

1 – Wasn't **that** your Uncle **Bob** who **just drove by**? **(2)**
2 – **Where**?
3 – In that **blue Lexus** conver**t**ible? **(3)**
4 – **No, that** wasn't him. **He** flew to Seattle on **bus**iness on **Fri**day. **(4)**
5 – **Was**n't that your **fath**er's **blue Lex**us?
6 – **No**, it **was**n't. My **fath**er **sold** his **car** last year.

PRONUNCIATION

ouazeunt dzat ior **o-ng**kel bob
1 ouazeunt dzat ior **o-ng**keul bob Hou djeust **dro-**ove baï **2** ou**èr**
3 i-n dzat blou **lèk**seuss kon**veur**debeul **4 no-**o dzat ouazeunt
Him Hi flou tou si**add**eul o-n **biz**ness o-n **fra**ïd**èï 5** ouazeunt dtèt
ior **fa-**adzeurz blou **lèk**seuss **6 no-**o itt ouazeunt **maï fa-**adzeur
so-old Hiz **ka-**ar la-ast i-**èr**

NOTES

(1) En anglais, il existe une distinction très nette entre un objet ou une personne qui se trouve près de l'interlocuteur, et un objet ou une personne qui se trouve à une certaine distance de celui-ci. Dans le premier cas, on emploie la forme *this* et dans le deuxième, *that* : ainsi on dira *this hat in my hand* (ce chapeau-ci dans ma main) et *this girl in my class* (cette fille dans ma classe), mais *that man across the street* (cet homme-là de l'autre côté de la rue) et *that car I saw on television* (cette voiture-là que j'ai vue à la télévision). Notez aussi que le pluriel de *this* est *these* et que le pluriel de *that* est *those*. Par exemple : *these books on my desk* (ces livres-ci sur mon bureau) et *those clothes in the shop window* (ces vêtements-là dans la vitrine du magasin). Finalement, sachez que l'on utilise *this* pour évoquer le présent ou le futur, alors que *that* s'emploie surtout dans le cadre du passé.

Trente-deuxième leçon

N'était-ce pas ton oncle Bob ?

1 – N'était-ce pas ton oncle Bob qui vient de passer en voiture (conduire tout près) ?
2 – Où ?
3 – Dans cette Lexus bleue décapotable ?
4 – Non, ce n'était pas lui. Il est allé à Seattle en avion (il a volé à Seattle) pour affaires (sur) vendredi.
5 – N'était-ce pas la Lexus bleue de ton père ?
6 – Non (ce n'était pas). Mon père a vendu sa voiture l'année dernière (dernière année).

NOTES (suite)

(2) La forme négative de *was* est *wasn't* ou *was not*. En règle générale, on utilise plutôt la contraction *wasn't*, surtout lorsqu'on pose une question. La forme *was not* est peu usitée car elle passe pour être trop formelle, voire pompeuse.

(3) Lexus est l'exemple type d'une marque automobile née au début des années quatre-vingt et destinée à la génération montante. Elle offrait un produit nouveau, à la fois performant et hautement compétitif, qui ciblait les jeunes cadres dynamiques de l'Amérique moderne. Le plus étonnant : Lexus est une émanation de Toyota, qui a préféré créer une nouvelle marque pour son modèle de prestige.

(4) Seattle est considérée comme la ville la plus importante de l'État de Washington – une notoriété qui s'exerce dans le domaine de l'industrie et de la haute technologie, sans oublier la culture. C'est en effet à Seattle et à Redmond, une ville voisine, que le géant mondial de l'informatique Microsoft s'est implanté. C'est aussi là que son fondateur iconoclaste, Bill Gates, l'homme le plus riche des États-Unis, a élu domicile.

7 – I **real**ly thought it was **Bob** in your
   father's **car**. (5)
8 – You **drank** too much at the **Christ**mas
   party, **Pe**ter. (6)

7 aï **rii**li Zo-t itt ouaz **bob** i-n ior **fa**-adzeurz **ka-**ar 8 iou **drè-nk**
tou meutch att dze **kris**meuss **pa-**arti **pi**deur

NOTES (suite)

(5) Le passé du verbe *to think* (penser) est *thought*, et cela, à
toutes les personnes. C'est facile ! Par exemple : *I
thought of you yesterday* (j'ai pensé à vous hier). En
revanche, si on le fait précéder d'un article, *thought* veut
dire "une pensée" : *What a charming thought!* (Quelle
charmante pensée !).

(6) *Peter* est l'équivalent de Pierre. Comme vous l'aurez
remarqué, nous avons choisi de ne pas traduire les
prénoms des dialogues pour rester dans un contexte plus
anglophone. Pour vous donner une petite idée des
prénoms "américains" et de leurs équivalents français,
reportez-vous à la leçon 35.

*****

Exercise

1 Wasn't that the car you sold last Friday? **2** He really
thought it was his uncle. **3** They flew to Florida for the
weekend. **4** Bob just drove by in his aunt's blue car. **5** Was
it Bob? – No it wasn't.

*****

Fill in the missing words.

1   *Nous avons trop bu.*
       We . . . .

2   *La voiture de ton père est-elle décapotable ?*
       Is your . . . . car a . . . . ?

3   *Non, ce n'était pas elle.*
       No, ... wasn't . . . .

7 – Je pensais vraiment [que] c'était Bob dans la
    voiture de ton père.
8 – Tu as trop bu à la fête de Noël, Peter.

THEY FLEW
TO FLORIDA FOR
THE WEEK-END

Exercice
1 N'était-ce pas la voiture que tu as vendue vendredi
dernier ? **2** Il pensait vraiment que c'était son oncle. **3** Ils
sont allés en Floride en avion pour le week-end. **4** Bob vient
de passer au volant de (dans) la voiture bleue de sa tante.
5 Est-ce que c'était Bob? – Non.

*****

4   *Bob est allé à New York en avion, et Marty est allé à
        Seattle en voiture.*
        Bob .... .. New York and Marty .... Seattle.

Les mots qui manquent :
1 drank too much **2** father's, convertible **3** that, her **4** flew to,
drove to.

Leçon 32

Thirty-Third Lesson (ZeurdiZeurd lèsse-n)

Ron Had a Pet Snake in His Bedroom (1)

1 – Do **you** have a **pet**? (2)
2 – **Not now**, but I **once own**ed a **dog** when I **was** a **child**. (3)
3 – We **had** a **bea**gle when we **lived** in **Kan**sas.
4 – **We** had **three** cats when we **lived** in Man**hat**tan. (4)

PRONUNCIATION

ro-n Had e pèt **snè**ïk i-n Hiz **bè**droum
1 dou i**ou** Hav e pèt 2 not **na**-o beutt aï ou**a-nss o**-o-nd e dog
ouèn aï ouaz e **tcha**ïld 3 oui Had e **bi**gueul ouèn oui livd i-n
kènsess 4 **oui** Had Zrii kats ouèn oui livd i-n mèn**Ha**teu-n

NOTES

(1) Dans une maison ou un appartement, le mot *bedroom* désigne la chambre à coucher, c'est-à-dire la pièce où l'on dort. C'est logique, puisque *bed* veut dire lit et que *room* veut dire pièce !

(2) *Pet* est un terme général pour désigner un animal domestique ou apprivoisé que l'on garde à la maison : dans la plupart des cas, il s'agit d'un chat ou d'un chien, parfois d'un oiseau, d'un reptile, d'un poisson, d'un petit rongeur (souris, rat, hamster, gerbille) ou même d'un assez grand mammifère comme un chimpanzé, un poney ou un cheval ! Les Américains adorent les animaux, c'est bien connu, mais ils ne tolèrent pas toujours leur présence chez eux, dans leur voiture, ou bien au restaurant. Seuls dix pour cent des appartements en location acceptent la présence d'animaux domestiques et, dans la plupart des cas, les locataires sont alors tenus de payer au moins un mois de loyer pour leur compagnon à quatre pattes, au cas où il ferait des dégâts. La législation américaine interdit l'entrée des animaux dans les restaurants. Quand le terme *pet* se trouve devant un nom, il se traduit par l'adjectif "apprivoisé" ou "domestiqué" : *a pet snake* (un serpent apprivoisé). Quant au verbe *to pet*, il veut dire caresser un animal.

Trente-troisième leçon

Ron avait un serpent apprivoisé dans sa chambre

1 – As-tu un animal domestique ?
2 – Pas maintenant, mais autrefois je possédais
un chien quand j'étais (un) enfant.
3 – Nous avions un beagle quand nous habitions
au (dans) Kansas.
4 – Nous avions trois chats quand nous habitions
à (dans) Manhattan.

NOTES (suite)

(3) *Once* signifie "une fois", mais aussi "autrefois". Le
contexte vous aidera à faire le bon choix. *Did you meet
the President ? – Yes, but only once.* (Tu as rencontré le
Président ? – Oui, mais seulement une fois.) *I knew him
once* (je l'ai connu autrefois). "Il était une fois" se dit
Once upon a time.

(4) La ville de New York est composée de cinq quartiers,
appelés *districts* ou *boroughs* Manhattan, le Bronx,
Brooklyn, Queens et Staten Island. En général, quand les
gens parlent de New York tout court, ils parlent de
Manhattan. Cette île longue et mince, qui s'étend de
Harlem à Wall Street, avait été rachetée aux Indiens par
des marins hollandais au début du XVIIe siècle dans un
troc équivalant à 20 dollars !

5 – My **broth**er **Ron** kept a pet **snake** in his **dorm** room at **UCLA**. (5)

6 – My **grand**mother **use**d to keep a **gray** **squir**rel in her **closet**. (6)

7 – What **hap**pened to it?

8 – **Jimm**y? The **neigh**bors com**plain**ed.

5 maï **bro**dzeur ro-n kèpt e pèt **snè**ïk i-n Hiz dorm roum att **iou**-si-èll-ëï 6 maï **gran**modzeur **iou**stou kiip e **grè**ï skoe**u**rl i-n Heur **klo**zèt 7 ouat **Ha**pe-nd toü itt 8 **dji**mi dze **në**ïbeurz kom**plè**ïn-d

NOTES (suite)

(5) UCLA est le sigle de l'université d'État de la Californie qui se trouve à Los Angeles. Le titre complet est *University College of Los Angeles*.

*****

Exercise

1 What happened to your alligator? **2** I took him to the Everglades because the neighbors complained. **3** What happened? **4** I used to keep him in the bathroom, but once he escaped. **5** They found him in their swimming pool.

*****

Fill in the missing words.

1   *Nous mangions [régulièrement] dans ce restaurant quand nous habitions au Texas.*
    We .... in that restaurant .... we .....
    in Texas.

2   *[Autrefois,] elle possédait un chat lorsqu'elle était enfant.*
    She .... a cat when she was . ...

5 – Mon frère Ron avait un serpent apprivoisé
dans sa chambre d'université à UCLA.

6 – Ma grand-mère gardait un écureuil gris dans
son armoire.

7 – Qu'est-ce qui lui est arrivé ?

8 – [À] Jimmy ? Les voisins se sont plaints.

NOTES (suite)

(6) On utilise la tournure "*used to*", suivie de l'infinitif, pour
parler de faits ou d'habitudes passés qui ne se produisent
plus maintenant. C'est en quelque sorte l'équivalent de
l'imparfait.
Par exemple : *I used to play tennis. Not now, I'm too old*
(Je jouais au tennis. Plus maintenant, je suis trop vieux)
ou *My mother used to take me to the circus every Sunday*
(Ma mère m'emmenait au cirque tous les dimanches).
Faites attention à l'orthographe de cette expression car,
très souvent, les Américains ont tendance à escamoter le
"d" final au niveau de la prononciation mais aussi de
l'écriture. Or, la forme correcte est "*used to*" et non pas
"*use to*".

*****

Exercice

1 Qu'est-il arrivé à ton alligator ? **2** Je l'ai emmené dans
les (aux) Everglades* parce que les voisins se sont plaints.
3 Qu'est-il arrivé ? **4** Je le gardais dans la salle de bains,
mais une fois il s'est échappé. **5** Ils l'ont trouvé dans leur
piscine.

*Région marécageuse et parc national en Floride

*****

3 *Ma grand-mère a fini par garder l'écureuil de Ron.*
My . . . . keeping . . . . . squirrel.

4 *Il était une fois .*
. . . .

Les mots qui manquent :

1 used to eat, when, lived **2** once owned, a child **3** grandmother
ended up, Ron's **4** Once upon a time.

Thirty-Fourth Lesson (ZeurdiforZ lèsse-n)

They **Just Left** the **Party** (1)

1 – Hello, are Mr. (**mis**ter) and Mrs. (**mis**sus) **Rob**inson **still** at the **party**? **This** is their son, **Lar**ry. (2)(3)

2 – Hold **on**, **ple**ase. I **just** saw them **dan**cing a few **min**utes ago. (4)(5)

3 – **Thank** you, Mr. (**mis**ter) **Har**rison.

PRONUNCIATION
dzëï djeust lèft dze **pa**-ardi
1 Hèlo-o a-ar **mis**teur èa-nd **mis**siz **ro**bi-n-so-n still att dze **pa**-ardi dziss iz dzèr seu-n lèri 2 Ho-oldo-n pliiz aï djeust **so**a dzèm **dèn**ssi-ng a fi**ou mi**nits ego 3 Zè-**nk** iou **mis**teur Harisso-n

NOTES

(1) Quand on met l'adverbe *just* devant un verbe au passé, c'est pour indiquer que l'action est très récente et vient d'avoir lieu : *they just got married* (ils viennent de se marier), *I just woke up* (je viens de me réveiller). En revanche, quand on utilise *just* avec un verbe au présent, il signifie "juste" ou "seulement" : *I just want a salad* (je veux seulement une salade) ou *she just has fifteen kids* (elle a seulement quinze enfants).

(2) Rappelez-vous que les possessifs se placent toujours devant le nom auquel ils se rapportent : *my car* (ma voiture), *my father's car* (la voiture de mon père). Voici la liste complète des pronoms possessifs : *my, your, his/her/its, our, your, their*. Comme vous pouvez le constater, leur forme reste la même, que l'objet possédé soit au singulier ou au pluriel : *my book* (mon livre), *my books* (mes livres). C'est donc beaucoup plus simple qu'en français ! Et beaucoup plus précis en même temps, car on sait exactement qui est le propriétaire : *her house* (sa maison à elle) ou *his dog* (son chien à lui).

Trente-quatrième leçon

Ils viennent de quitter
(Ils ont juste quitté) la fête

1 – Bonjour, est-ce que Monsieur et Madame
Robinson sont toujours à la soirée ? C'est
leur fils Larry.

2 – Ne quittez pas, s'il vous plaît. Je viens de les
voir en train de danser il y a quelques
minutes.

3 – Merci, Monsieur Harrison.

NOTES (suite)

(3) *Still*, utilisé avec un verbe à la forme affirmative, veut
dire "toujours" ou "encore" dans le sens de quelque
chose qui dure dans le temps. *It's only seven o' clock: the
bank is still closed* (Il est seulement sept heures : la
banque est encore fermée). Lorsqu'on l'associe à un
verbe à la forme négative, *still* se traduit par "toujours
pas" : *Sally still doesn't know her results* (Sally ne
connaît toujours pas ses résultats).

(4) *Ago* (il y a) suit toujours le nom auquel il se rapporte :
Two days ago (Il y a deux jours), *Twenty years ago* (Il y
a vingt ans), etc. Ne le confondez pas avec l'autre "Il y
a" : *there is / there are – There is a cat on my roof* (Il y a
un chat sur mon toit). *There are two pieces of cake on the
table* (Il y a deux morceaux de gâteau sur la table).

(5) Les Américains passent énormément de temps au
téléphone et on leur apprend très tôt à gérer cet appareil
parfois assez sophistiqué. N'oubliez pas, la courtoisie est
de rigueur ! Quand vous voulez demander à la personne
qui est au bout du fil de bien vouloir patienter, vous
pouvez lui dire : *Hold on* ou *Hang on*, (Ne quittez pas),
Hold the line a second please, *Wait a minute please* ou
encore *Wait a second please* (Veuillez rester en ligne une
petite minute, s'il vous plaît).

4 – I'm **sorry**, **Lar**ry, **but** I **looked**
  everywhere. I **think** they **just left**. **(6)**
5 – Oh **well**, **too** bad. Did **Kath**y **Miller leave**
  too? **(7)**
6 – **Yes**, **she** left an **hour** ago.
7 – Ex**cuse** me, but **who's still** at the **par**ty?
8 – **Well**, **ac**tually, **no** one but **me**. **E**ven my
  wife prefer**red** the **neigh**bor's **par**ty. **(8)**

4 aïm **sori lèri** beutt **aï loukt èvriouèr** aï **Zi-nk dzèï** djeust **lèft**
5 o-o **ouèll** tou ba-ad did **kaZi mi**leur **liiv** tou 6 **ièss** chi **lèft**
e-**na**oueur e**go** 7 ekski**ouz** mi beutt **Houz** still att dze **pa**-ardi
8 **ouèll ak**tchueli **no**-o **oua-n** beutt mi **ii**veun **maï** ouaïf pri**feurd**
dze **nèï**beurz **pa**-ardi

NOTES (suite)

(6) *Left* est le passé irrégulier du verbe *to leave* (quitter ou
    partir) : *my brother left this morning* (Mon frère est parti
    ce matin). Son homonyme signifie "gauche" : *my left
    hand* (ma main gauche) ou *turn left at the end of the
    street* (tournez à gauche au bout de la rue).

(7) Nous avons ici les deux acceptions de *too* : la première,
    comme dans *too bad*, équivaut à "trop", la seconde
    équivaut à "aussi, également". Exemples : *He's too
    young* (Il est trop jeune) ; *Does he love her too?* (Est-ce
    qu'il l'aime aussi ?).

(8) *Actually* signifie "en fait". Retenez-le bien en tant que tel
    et ne le confondez pas avec "actuellement", qui se dit
    currently ou *nowadays*.

*****

Exercise
1 Hold on, please. 2 He just saw them. 3 They left a few
minutes ago. 4 They just left. 5 His wife left the party two
hours ago but he's still dancing.

4 – Je suis désolé, Larry, mais j'ai regardé
partout. Je crois qu'ils viennent de partir
(qu'ils sont juste partis).

5 – Ah bon, tant pis (trop mauvais). Est-ce que
Kathy Miller est partie également ?

6 – Oui, elle est partie il y a une heure.

7 – Excusez-moi, mais qui est encore à la soirée ?

8 – Eh bien, en fait, personne sauf moi (mais moi).
Même ma femme a préféré la soirée du voisin.

Exercice
1 Ne quittez pas, s'il vous plaît. 2 Il vient de les voir. 3 Ils
sont partis il y a quelques minutes. 4 Ils viennent de partir.
5 Sa femme a quitté la fête il y a deux heures, mais [lui] il
est toujours en train de danser.

Fill in the missing words

1   *Sa maison [à elle] est plus grande que la sienne [à lui].*
... house is bigger ....

2   *Je suis désolé(e).*
I'm ......

3   *En fait nous venons d'acheter une voiture, il y a une semaine.*
.... we .... bought a car one ....

4   *La fille de mon amie a toujours son écureuil apprivoisé.*
.. .. daughter .... has ... ... squirrel.

Les mots qui manquent :
1 her, than his **2** sorry **3** actually, just, week ago **4** My friend's, still, her pet.

Notes personnelles :

Thirty-Fifth Lesson (ZeurdifiZ lèsse-n)
Trente-cinquième leçon

Révisions

Notre révision d'aujourd'hui est un peu dense, mais ne vous en faites pas : il s'agit en grande partie de récapituler ce que vous avez déjà vu et de systématiser les explications. Lisez sans tenter d'apprendre par cœur – vous avez encore du temps devant vous, l'assimilation se fera progressivement, sans que vous ayez à fournir beaucoup d'efforts.

1. Le passé

Vous le fréquentez assidûment depuis une semaine et commencez à bien le connaître. Résumons.
On l'appelle en fait **prétérit. Il correspond aussi bien au passé composé qu'au passé simple français, parfois aussi à l'imparfait.**

A. Dans les phrases affirmatives

- Sauf pour les verbes irréguliers, la terminaison pour toutes les personnes est *-ed* :
  to look (regarder) → *I look**ed*** – Je regardai / J'ai regardé
  to jump (sauter) → *We jump**ed*** – Nous sautâmes / Nous avons sauté
- Pour les verbes se terminant en -e, il suffit d'ajouter un *-d* :
  to live (vivre) → *She liv**ed*** – Elle vécut / Elle a vécu
- Lorsqu'un verbe se termine par une **consonne + y**, le *y* devient *i* et on ajoute *-ed* :
  to cry (pleurer) → *They cri**ed*** – Ils ou elles pleurèrent / Ils ou elles ont pleuré
- Lorsqu'un verbe se termine par une **voyelle + y**, pas de changement, il suffit d'**ajouter *-ed*** :
  to play (jouer) → *He play**ed*** – Il joua / il a joué.

B. Dans les phrases interrogatives

On emploie **did** suivi du sujet puis du verbe exprimant le fait ou l'action (sans le conjuguer) :

Did *she call?* – Appela-t-elle ? / A-t-elle appelé ?
Did *your brother smoke?* – Ton frère fuma-t-il ? / Ton frère a-t-il fumé ? ou encore Ton frère fumait-il ?
Le contexte vous permettra de reconnaître facilement le temps à employer en français.

C. Dans les phrases négatives

Le sujet vient en première position, suivi de **did not** puis du verbe exprimant le fait ou l'action, non conjugué :

She **did not** *call* – Elle n'appela pas / elle n'a pas appelé
My brother **did not** *smoke* – Mon frère ne fuma pas / n'a pas fumé / ne fumait pas

D. Dans les phrases interro-négatives

On utilise **did + la négation** (presque toujours contractée) + le sujet + le verbe non conjugué :

Didn't *she call?* – N'appela-t-elle pas ? / N'a-t-elle pas appelé ?
Didn't *he smoke?* – Ne fuma-t-il pas ? / N'a-t-il pas fumé ? / Ne fumait-il pas ?

2. Les prétérits irréguliers

Comme dans bien des langues, les verbes les plus usuels sont souvent irréguliers. Ne faisons pas l'autruche – il faut les connaître et les apprendre. Ceci dit, leur fréquence d'emploi est telle, dans le langage de tous les jours, qu'ils finissent tous par rentrer, même dans les têtes les plus réfractaires ! La conjugaison est la même à toutes les personnes, exception faite de *to be*.
En voici une liste succincte :

infinitif	prétérit	français
(to) be	*1re pers. sing.* : I was	être
	aux autres personnes : were	
(to) begin	began	commencer
(to) bite	bit	mordre
(to) break [brèïk]	broke	casser
(to) bring	brought [bro-t]	apporter, amener
(to) buy [baï]	bought [bo-t]	acheter
(to) come	came	venir
(to) cost	cost	coûter
(to) cut	cut	couper
(to) do	did *(+ sert d'auxiliaire)*	faire
(to) drink	drank [drènk]	boire
(to) drive	drove	conduire
(to) eat [iit]	ate	manger
(to) give	gave	donner
(to) go	went	aller
(to) have	had	avoir
(to) know [no-o]	knew [niou]	savoir
(to) make	made	faire, fabriquer
(to) pay	paid [pèïd]	payer
(to) say	said [sèd]	dire
(to) see	saw [soa]	voir
(to) take	took	prendre
(to) think	thought [Zo-t]	penser

• **Tous ces prétérits se conjuguent donc tels quels, sans -ed, dans les phrases affirmatives seulement** : *He **ate** two eggs* (Il mangea / a mangé deux œufs).
• Notez bien que dans les autres cas, comme pour les prétérits réguliers, on prend l'infinitif : ***Did** he **eat** two eggs? / He **didn't eat** two eggs.*
• Le verbe être (*to be*) n'a pas besoin de *did* : *He **was** late* (Il était en retard) ; ***Was** he late?* (Était-il en retard ?) ; *He **wasn't** late* (Il n'était pas en retard). Nous y reviendrons.
• Vous trouverez une liste plus complète des verbes irréguliers dans l'appendice grammatical, en fin d'ouvrage.

3. *Used to*

Nous l'avons abordé à la leçon 33. *Used to* s'emploie pour exprimer des **faits ou habitudes du passé** qui ont duré un certain temps mais **qui n'ont plus cours au moment où on parle**. Cette forme équivaut donc en français à **"avant, autrefois + imparfait"** :

> *My grandmother used to keep a squirrel in her closet.*
> [Autrefois] ma grand-mère gardait un écureuil dans son armoire (plus maintenant).
> *She used to live in New York. Now she lives in Boston.*
> [Avant] elle habitait à New York. Maintenant elle habite à Boston.

Attention, **lorsqu'il y a une indication de la durée, on ne peut pas employer** *used to* – il faut alors le prétérit :

> *My grandmother kept a squirrel in her closet for two weeks* (Ma grand-mère a gardé un écureuil dans son armoire pendant deux semaines).

4. Les mois et les saisons

Faisons rapidement le tour de la question.

January [**dj**èniou-eri]	janvier
February [**fè**brou-eri]	février
March [ma-artch]	mars
April [**eï**pril]	avril
May [**mè**ï]	mai
June [**djou**ne]	juin
July [djou**la**ï]	juillet
August [**oa**guest]	août
September [sèp**tèm**beur]	septembre
October [ac**to**-obeur]	octobre
November [no**vèm**beur]	novembre
December [di**ssèm**beur]	décembre
spring [spri-ng]	printemps
summer [**so**meur]	été
fall [fo-ol]	automne
winter [ou**i**-n-teur]	hiver

Remarquez que tout comme les jours de la semaine, les mois prennent toujours une majuscule.

À propos de dates, un petit rappel :

My mother arrived on Tuesday – Ma mère est arrivée mardi.

See you on Friday! – À vendredi ! (littéralement : [Je] Vois toi sur vendredi)

The shop is closed on Mondays – Le magasin est fermé le lundi (c'est-à-dire tous les lundis – *Mondays* est donc au pluriel)

We arrived on July 7th – Nous arrivâmes le 7 juillet (*on* avec une date précise)

mais

In January, *in February*, etc. – En janvier, en février...

5. Les membres de la famille

Révisons et complétons :

Mother (mère) / *mother-in-law* (belle-mère = mère du conjoint) / *stepmother* (belle-mère = femme du père)

Father (père) / *father-in-law* (beau-père = père du conjoint) / *stepfather* (beau-père = mari de la mère)

Pour ce qui est du père et de la mère, l'anglais est plus précis que le français : la mère de votre mari ou de votre femme n'est pas la même personne que la femme de votre père s'il s'est remarié ! Même chose pour le père de votre conjoint, etc. Les parents de votre conjoint sont par ailleurs vos *in-laws*.

Sister (sœur) / *sister-in-law* (belle-sœur, sœur du conjoint) / *half sister* (demi-sœur)

Brother (frère) / *brother-in-law* (beau-frère, frère du conjoint) / *half brother* (demi-frère)

Aunt (tante, prononcez "**èan**-t")

Uncle (oncle, prononcez "**o-ng**kel")

Cousin (cousin / cousine, prononcez "**ka**zi-n")

Grandfather (grand-père, prononcez "**grèa-n-fa**-adzeur")

Grandmother (grand-mère, prononcez "**grèa-n-mo**dzeur")

Nephew (neveu, prononcez "**nè**fiou")

Niece (nièce, prononcez "**nii**ss")

6. *This* et *that*

Pas de difficulté majeure : on emploie *this* (pluriel *these*) pour ce qui est proche, et *that* (pluriel *those*) pour ce qui est plus éloigné :

> *This car is newer than that one.*
> Cette voiture(-ci) est plus neuve que celle-là.

> *I love these shoes but I hate those.*
> J'adore ces chaussures-ci, mais je déteste celles-là.

> *The cat sleeps a lot these days.*
> Le chat dort beaucoup ces jours-ci.

> *In those days she used to read the newspapers every day.*
> En ce temps-là, elle lisait le journal tous les jours.

7. Pour terminer de manière plus récréative, voici la petite **liste de prénoms** promise.
Comme vous le savez, les Américains adorent les diminutifs – nous vous les donnons dans la colonne de droite.

• **Garçons**

Allen	Al
Charles	Charley *ou* Chuck
David	Dave
Francis	Frank
John	Jack
Joseph	Joe
Lawrence	Larry
Michael	Mike
Peter	Pete
Richard	Rich *ou* Rick
Robert	Rob *ou* Bob *ou* Bobby
Steven	Steve
William	Bill *ou* Billy

• Filles

Barbara	Barb
Debra	Deb *ou* Debbie
Elizabeth	Beth *ou* Becky
Frances	Fran
Jacqueline	Jackie
Jennifer	Jenny
Margaret	Meg *ou* Peggy
Nancy	Nan
Patricia	Pat *ou* Patty *ou* Thrich
Sandra	Sandy
Teresa	Terry

Et maintenant, soufflez !

Thirty-sixth Lesson (ZeurdisixZ lèsse-n)

Rely on Yourself (1)

1 – I **tell** my**self** all the **time** that it **does**n't **pay** to **work** for **some**one else. (2)(3)
2 – **Look** at **Jack**ie **Brown**, **she** works for her**self**, and is a **lot hap**pier.
3 – **Per**sonally, I **won**der if **work**ing for **some**one **else** is not **eas**ier. (4)
4 – My **cous**in **Je**remy says it's **al**ways **bet**ter to re**ly** on your**self**.

PRONUNCIATION

rilaï o-n iorsèlf
1 aï tèll maïssèlf o-ol dze taïm dzat itt deuze-nt pèï tou oueurk for somoua-n èlss **2** loukatt djèki braoun chi oueurks for heursèlf èa-nd iz elott Hèpieur **3** peursenali aï ouo-ndeur if oueurki-ng for samoua-n èlss iz not iizieur **4** maï kazi-n djérémi sèz iou choud olouèïz rilaï o-n iorsèlf

NOTES

(1) Les pronoms personnels réfléchis sont faciles à apprendre et d'un usage très courant en anglais. Ils se terminent par la lettre *f* au singulier et forment donc leur pluriel en *-ves*, comme on l'a déjà vu à la leçon 30. Voici la liste de ces pronoms réfléchis et des sujets auxquels ils se rapportent :

myself (*I*)	moi-même (je)
yourself (*you*)	toi-même (tu)
himself (*he*)	lui-même (il)
herself (*her*)	elle-même (elle)
itself (*it*) (objet ou animal)	lui-même / elle-même (il / elle)
oneself (*one*)	soi-même (on)
ourselves (*we*)	nous-mêmes (nous)
yourselves (*you*)	vous-mêmes (vous)
themselves (*they*)	eux-mêmes / elles-mêmes (ils / elles)

Retenez qu'il existe certaines expressions idiomatiques usuelles qui font appel aux pronoms réfléchis : *help yourself* (servez-vous), *make yourself at home* (faites comme chez vous) et *behave yourself* (sois sage).

Trente-sixième leçon

Compte sur toi-même

1 – Je me dis (je dis moi-même) tout le temps
que ça ne paye pas de travailler pour
quelqu'un d'autre.

2 – Regarde (à) Jackie Brown ; elle travaille pour
elle-même et est beaucoup plus heureuse.

3 – Personnellement, je me demande si travailler
pour quelqu'un d'autre n'est pas plus facile.

4 – Mon cousin Jeremy dit qu'il vaut toujours
mieux (c'est toujours mieux) compter sur soi-
même(vous-même).

NOTES (suite)

(2) En anglais, il existe de nombreuses expressions
comportant le mot *time,* qui signifie "temps" (celui qui
passe, pas celui qu'il fait !). En voici quelques-unes : *all
the time* (tout le temps, toujours), *at the same time* (en
même temps), *it's time* (c'est l'heure), *time will tell* (qui
vivra verra), *time is money* (le temps, c'est de l'argent) et
time flies (le temps passe vite). Il faut savoir que
l'expression *it's time* peut aussi être accompagnée d'un
verbe : *it's time to leave* (il est l'heure de partir).

(3) L'expression *"it doesn't pay to..."* (cela ne rapporte rien de...,
cela ne vaut pas la peine de...) s'utilise dans des situations
fort différentes et, très souvent, le verbe *to pay* doit être pris
au sens figuré. Par exemple : *It doesn't pay to take a towel
with you to the hotel* (Cela ne sert à rien d'apporter une
serviette avec vous à l'hôtel) : en effet, les serviettes sont
toujours fournies par la direction et ce serait une perte de
temps et d'énergie que d'en apporter soi-même.

(4) Quand un interlocuteur veut insister sur le fait qu'il exprime
sa propre opinion, il utilisera le terme *personally*
(personnellement) au début de la phrase. En fait,
l'expression *"Personally, I think that ..."* (Personnellement,
je pense que ...) est une redondance qu'il vaut mieux éviter
dans la langue écrite. Notez bien le verbe *to wonder* (se
demander).

5 –   But **how** can one re**ly** on one**self** when
the e**con**omy is so **bad**? **(5)**

6 –   **Well**, **Jer**emy is al**ways say**ing that to
work for one**self** is to **know** one**self**.

7 –   **Hon**ey, what does your **sweet lit**tle
Jeremy **do** for a **liv**ing? **(6)(7)**

8 –   **Jer**emy? **Well**, he **runs** his own **funer**al
parlor.

9 –   That's **fun**! **(8)**

---

5 beutt **Ha**o kèa-n oua-n rè**laï** o-n oua-n**sèlf** ouèn dze i**kon**omi iz
so-o **ba**-ad 6 ouèll **dj**érémi iz olouèïz **sèï**-i-ng dzat tou ou**eurk** for
oua-n**sèlf** iz tou **no**-o oua-n**sèlf** 7 **Ha**ni ouat deuz ior souiit **liddel
dj**érémi **dou** for e **li**vi-ng 8 **dj**érémi ouèll **Hi** **reu-nz** Hiz o-oun
fiou**neurel** **pa**-arleur 9 dzats **feu-n**

NOTES (suite)

(5)   Le pronom *one* (on) s'emploie pour exprimer une
généralité ou une action impersonnelle : *one shouldn't
smoke in public* (on ne devrait pas fumer en public) ou
one can lose a lot of money at the casino (on peut perdre
beaucoup d'argent au casino). Toutefois, beaucoup
d'Américains trouvent que le pronom *one* est formel,
voire pédant. Ils le remplacent donc par *I* ou *you*, même
lorsqu'ils s'expriment en général : *you can lose a lot of
money at the casino* (vous pouvez/on peut perdre
beaucoup d'argent au casino). Parfois, ils vont jusqu'à
utiliser deux pronoms différents dans la même phrase,
une pratique qui serait impensable en Grande-Bretagne :
You can learn a foreign language when one stays at home
(littéralement : vous pouvez apprendre une langue
étrangère quand on reste à la maison). Pour résumer,
quand on veut traduire l'idée de "n'importe quel
individu", il est préférable de choisir le pronom *you*
(vous).

(6)   "*Honey*" (miel) est un petit nom affectueux qu'utilisent
les amoureux ou les couples mariés. Il existe d'autres
mots semblables : *sweetie*, *sugar*, *darling*, *doll* et *cutie*.

5 – Mais comment peut-on compter sur soi-même
quand l'économie va (est) si mal ?

6 – Eh bien, Jeremy dit toujours que travailler pour
soi-même c'est se (est) connaître soi-même.

7 – Chérie, que fait ton adorable petit Jeremy
pour gagner sa vie ?

8 – Jeremy ? Eh bien, il dirige sa propre maison
de pompes funèbres !

9 – [Ça] c'est sympa !

NOTES (suite)

(7) L'expression *"for a living"* veut dire "pour gagner sa
vie": *What do you do for a living?* (Que fais-tu pour
gagner ta vie ?). On emploie aussi souvent le verbe *"to
earn"* pour rendre la notion de "gagner de l'argent". Par
exemple : *How does she earn a living?* (Comment gagne-
t-elle sa vie ?), *It's hard to earn a living today* (C'est dur
de gagner sa vie aujourd'hui) ou encore *How much does
your brother earn?* (Combien gagne votre frère ?).

(8) Ici, le mot *fun* (super, génial, sympa) est bien sûr utilisé
de manière ironique car cela n'est guère amusant de
diriger une maison de pompes funèbres. D'ailleurs, la
langue américaine ne manque pas d'expressions ou
d'interjections fortement empreintes de sarcasme. Ainsi,
les termes *great* (génial), *wonderful* (fantastique),
beautiful (beau) et *nice* (agréable) sont souvent cités dans
un contexte humoristique où ils signifient exactement le
contraire de leur vrai sens.

Exercise

1 I work for myself but I'm not happy. **2** She works for Jackie Brown, in his funeral parlor. **3** I wonder if it pays to work for someone else. **4** They rely on themselves. **5** It's better to rely on oneself.

Exercice

1 Je travaille à mon compte (pour moi-même) mais je ne suis pas heureux. **2** Elle travaille pour Jackie Brown, dans sa maison de pompes funèbres. **3** Je me demande si ça vaut la peine de travailler pour quelqu'un d'autre. **4** Ils comptent sur eux-mêmes. **5** Il vaut mieux compter sur soi-même.

****

Thirty-seventh Lesson (Zeurdissève-nZ lèsse-n)

I'm Going to Buy a House (1)

1 – I'm **go**ing to **rent** an **apart**ment in Man**hat**tan. **(2)**

PRONUNCIATION
aïm **go**-i-ng tou **baï** e **Ha**ouss
1 aïm **go**-i-ng tou **rènt** e-na**part**me-nt i-n mèn**Ha**teu-n

NOTES

(1)   En anglais, il existe deux manières de conjuguer le futur. D'une part, on peut utiliser l'auxiliaire *will*, suivi de l'infinitif sans *to* : *I will tell you the truth* (Je vous dirai la vérité). D'autre part, on peut prendre le verbe *to be* et le faire suivre de "*going to*", puis du verbe qu'on veut conjuguer au futur : *She is going to buy a car next week* (elle va acheter une voiture la semaine prochaine). Ceci dit, la différence d'utilisation entre les deux temps est difficile à définir. En général, la première forme renvoie à une action qui n'est pas située dans le temps, alors que la deuxième traduit une intention qui se réalisera dans un avenir plus ou moins proche. Par exemple, *I will find a job in advertising* (Je trouverai un travail dans la

Fill in the missing words

1   *Servez-vous !* (pluriel)
        . . . . !

2   *Elle ne devrait pas compter sur lui.*
        She . . . .* rely . . . . . .

3   *Elle dirige une banque.*
        She . . . . a bank.

4   *Comment gagnez-vous votre vie ?*
        What . . . . for . . . . ?

Les mots qui manquent :
1 Help yourselves! 2 shouldn't, on him 3 runs 4 do you do, a
living

****

Trente-septième leçon

Je vais acheter une maison

1 –   Je vais louer un appartement à (dans)
        Manhattan.

NOTES (suite)

publicité) veut dire que cela arrivera sans doute un jour
mais si on dit *I'm going to find a job in advertising*, cela
sous-entend qu'on va commencer à chercher très bientôt.
Finalement, notez que le présent progressif peut aussi
avoir un sens futur : *I'm leaving for Chicago tomorrow*
(Je pars pour Chicago demain). Si vous avez des doutes, le
plus simple est de vous limiter à la forme avec "*going to*".

(2)   Les Américains disent "*apartment*" pour appartement et
non "*flat*", comme c'est le cas en Angleterre. Un deux-
pièces se dit "*one-bedroom apartment*", un trois-pièces
"*two-bedroom apartment*", et ainsi de suite. Notez que le
verbe *to rent* signifie louer mais que le nom *rent* veut dire
loyer : *She rents a two-bedroom apartment in Manhattan*
(Elle loue un trois-pièces à Manhattan) mais *I don't pay
a high rent* (Je ne paye pas un loyer élevé).

Leçon 37

2 – We're **go**ing to buy a **cot**tage by a **lake** in **Maine**. (3)

3 – We **bought** a **Time**-Share **vil**la in Lake **Ta**hoe. (4)(5)

4 – That's **beau**tiful. We **stay**ed at the Lake Tahoe **Hil**ton three **years** ago. (6)(7)

5 – We're **go**ing to Man**hat**tan next **Fri**day to **see** a play on **Broad**way.

6 – I'm **go**ing to start "a**part**ment **hun**ting" this **week**end. (8)

2 oui-r **go**-i-ng tou **baï** e **ko**tèdge **baï** e **lëïk** i-n **mëïn** 3 oui **bo-t** e **taïm**chère **vil**a i-n **lëïk** **taa**Ho-o 4 dzats **biou**tifeul oui **stëïd** att dze **lëïk** **taa**Ho-o **Hil**to-n Zrii i-**èrz** ego 5 ouir **go**-i-ng tou me-n**Ha**teu-n nèxt **fraï**dèï tou **sii** e **plëï** o-n **bro**douèï 6 **aïm** **go**-i-ng tou sta-art a**part**me-nt **Heu-n**ti-ng dziss oui**ikè**-nd

NOTES (suite)

(3) Un *cottage* est une petite maison ou une maison de campagne dans la forêt et souvent près d'un lac ou d'une rivière. Comme nous, les Étasuniens aiment bien passer leurs vacances dans une résidence secondaire, loin de la ville.

(4) *Bought* est le passé irrégulier du verbe *to buy* : *I bought five new books yesterday* (J'ai acheté cinq nouveaux livres hier). Attention à la prononciation et à l'orthographe de ce verbe irrégulier ! Il existe d'autres verbes semblables à celui-ci ; revoyez la leçon 35 et si nécessaire, consultez votre appendice grammatical.

(5) Le *"Time-Sharing"* est un phénomène typiquement américain qui consiste à partager la jouissance d'un appartement ou d'une maison de campagne à plusieurs selon un planning défini à l'avance. Concrètement, un petit nombre d'amis achètent ou louent une maison ensemble, mais chaque personne n'y passe que quelques semaines. Cela a l'avantage de revenir beaucoup moins cher car vous ne payez que votre propre séjour. De plus, cela permet une plus grande disponibilité. Cette formule convient particulièrement aux retraités car ils ont tout

2 – Nous allons acheter une petite maison près
d'un lac dans [le] Maine.

3 – Nous avons acheté une villa en "time-share"
sur [le] lac Tahoe.

4 – C'est magnifique. Nous avons séjourné au
Hilton du Lac Tahoe (au Lac Tahoe Hilton) il
y a trois ans.

5 – Nous allons à Manhattan vendredi prochain
pour voir une pièce sur Broadway.

6 – Je vais commencer à "chasser l'appartement"
ce week-end.

NOTES (suite)

leur temps pour voyager, mais aussi aux "jeunes cadres
dynamiques" qui ne peuvent se permettre de gaspiller
leur temps libre. Lake Tahoe est une station touristique
de l'État du Nevada, à l'ouest du pays, non loin de Las
Vegas et de Reno, les deux grandes métropoles du jeu.

(6) Attention à la prononciation de l'adjectif *beautiful* et du
nom correspondant *beauty* (beauté).

(7) *Stayed* est le passé régulier du verbe *to stay*. Souvenez-
vous, quand un verbe se termine par une consonne + "y",
ce dernier se transforme en "i" au prétérit : *I carry books*
(je porte des livres) mais *I carried books* (j'ai porté des
livres). En revanche, si le verbe se termine par une voyelle
+ "y", le "y" reste un "y" : *she stayed in Manhattan with
her brother* (elle a séjourné à Manhattan avec son frère).
To stay : séjourner, rester. Revoyez la leçon 35.

(8) Le fait de chercher un appartement en location se traduit
par l'expression "*apartment-hunting*" (*to hunt* veut dire
chasser). De même, "*house-hunting*" signifie que l'on
cherche activement à acheter une maison ou un pavillon.

Leçon 37

7 – **Hur**ry up, we **need** a place to **stay** in New **York**.

8 – O**kay**, but **watch** out, I'm **go**ing to **vi**sit you in **Maine**! (9)(10)

7 **Hè**ri-eupp oui niid e **plè**ïs tou **stè**ï i-n nou-**iork** 8 o-o**kè**ï beutt ou**atch**aout **a**ïm **go**-i-ng tou **vi**zit iou i-n **mè**ïn

NOTES (suite)

(9) Il y a plusieurs manières de dire "attention" : *watch out, mind, pay attention, be careful, take care, beware.*

(10) L'État du Maine, connu pour ses côtes escarpées et ses succulents homards, se trouve dans la partie nord-est des États-Unis, tout près du Canada, dont il partage la frontière. C'est l'une des régions les plus rurales et les plus boisées du pays.

*****

Exercise

1 Watch out, they're going to visit you! **2** I just bought a two-bedroom apartment in Seattle. **3** Is she going to stay in her aunt's villa? **4** We are going to stay in New York. **5** He rented that beautiful villa five years ago.

*****

Fill in the missing words

1   *Est-ce que tu vas en Floride, l'été prochain ?*
    Are you . . . . Florida . . . . summer?

2   *J'irai en Inde un jour.*
    I . . . . India one day.

7 – Dépêche-toi, nous avons besoin d'un endroit pour séjourner à (dans) New York.

8 – D'accord, mais attention, je vais vous rendre visite (vous visiter) dans [le] Maine !

Exercice

1 Attention, ils vont te rendre visite ! **2** Je viens d'acheter un trois-pièces* à Seattle. **3** Est-ce qu'elle va séjourner dans la villa de sa tante ? **4** Nous allons rester à New York. **5** Il a loué cette magnifique villa il y a cinq ans.

* Revoyez la note 2

*****

3　　*Je vais à Manhattan ce week-end.*
　　...* ..... to Manhattan .... week-end.

4　　*Je reste avec toi.*
　　I'm .... with ....

Les mots qui manquent :
1 going to, next **2** will go to **3** I'm going, this **4** staying, you.

Thirty-eighth Lesson (ZeurdièïZ lèsse-n)

When I'm **Six**ty I'll Re**tire** (1)

1 – How **long** have you **work**ed for **Ford**? (2)
2 – **Thir**ty-two **years**!
3 – **Wow**! **When** will you re**tire**? (3)
4 – I'll re**tire** when I am **six**ty, in two years.
How a**bout** you? (4)
5 – I'll **tell** you to**mor**row.
6 – Why will you **tell** me to**mor**row?

PRONUNCIATION

ouèn aïm **six**ti aïl ritaïeu
1 Hao lo-ng Hav iou oueurkt for ford **2 Zeur**titou i-èrz **3** oua-ou
ouèn ouil iou ritaïeu **4** aïl ritaïeu ouèn aïm **six**ti i-n **tou** i-èrz **Hao**
ebaout iou **5** aïl **tèll** iou teu**mor**-ro **6** ouaï ouil iou **tèll** mi
teu**mor**-ro

NOTES

(1) Nous avons déjà abordé deux façons d'exprimer le futur
à la leçon 37. Aujourd'hui, nous en rencontrons une très
simple : le présent précédé de *when* – *When I'm sixty-
four* (Quand j'aurai soixante-quatre ans) – Célèbre titre
des Beatles ! Mais revenons à la forme avec *will*... Elle
ne présente aucune difficulté, puisque la forme est la
même à toutes les personnes ! Par exemple : *You will see
my sister this afternoon* (Vous verrez ma sœur cet après-
midi) ou *I will call you* (Je te téléphonerai). Dans la
conversation courante, on emploie plutôt les formes
contractées. Voici donc la conjugaison de ce temps futur,
y compris les contractions :
*I will (I'll), you will (you'll), he will (he'll), she will
(she'll), it will (it'll), we will (we'll), you will (you'll)* et
they will (they'll).

(2) L'expression *"How long"* se place toujours au début
d'une question et veut dire "Combien de temps" : *How
long did you stay in Florida?* (Combien de temps avez-
vous séjourné en Floride ?) ou *How long is the flight to
Miami?* (Combien de temps dure le vol pour Miami ?).

Quand j'aurai (j'ai) soixante ans, je prendrai ma retraite

1 – Combien de temps avez-vous travaillé pour Ford ?
2 – Trente-deux ans !
3 – Ça alors ! Quand prendrez-vous votre retraite ?
4 – Je prendrai ma retraite quand j'aurai soixante ans (quand j'ai soixante), dans deux ans. Et vous (et comment au sujet de vous) ?
5 – Je vous dirai [ça] demain.
6 – Pourquoi me direz-vous [ça] demain ?

NOTES (suite)

(3) *"Wow!"* est une interjection qui marque l'étonnement ou la surprise. "Prendre sa retraite" se dit tout simplement *to retire*.

(4) Aux États-Unis, l'âge de la retraite tourne autour de 55 à 60 ans, mais parfois les gens sont contraints de travailler jusqu'à un âge plus avancé parce qu'ils ont peu ou pas de retraite. Tout dépend de la politique de l'entreprise dans ce domaine, car il ne semble pas y avoir de règlementation au niveau national. La retraite anticipée se traduit par *early retirement* : il s'agit d'un accord passé entre un employé et son employeur, selon lequel le premier est autorisé à cesser ses activités professionnelles avant l'heure moyennant de l'argent ou des avantages en nature, voire les deux. Quand les conditions sont extrêmement avantageuses pour l'employé, cet arrangement porte le nom de *"golden handshake"* ou *"golden parachute"*. *Golden* (en or), *handshake* (poignée de main).

Leçon 38

7 – I'm **go**ing to **ask** my **boss** for a **ra**ise. If
   he **says no**, I will **quit**. (5)(6)
8 – I'll **pray** for you!

7 aïm **go**-i-ng tou **ask** maï **boss** for e **rë**ïz if Hi sèz **no-o** aï ouil
kou**itt** 8 aïl **prè**ï for iou

NOTES (suite)

(5) *"Boss"* est un terme usuel pour désigner son patron ou
     son supérieur hiérarchique.

(6) Le verbe *to quit* est le terme le plus courant pour dire que
     l'on démissionne de son poste.

*****

Exercise

1 I'll go to the cinema everyday when I retire. 2 When will
you retire? 3 When I'm eighty-five. 4 Wow! I'm retiring
tomorrow... 5 My boss just gave me a golden handshake.

*****

Fill in the missing words

1   *Combien de temps sont-elles restées à Chicago ?*
     ... . did .... stay .. Chicago?

2   *Tu devrais demander une augmentation.*
     You ...... ask ... a ......

7 – Je vais demander une augmentation à mon patron (Je vais demander mon patron pour une augmentation). S'il dit non, je partirai.
8 – Je prierai pour vous !

WHEN I'M SIXTY I'LL RETIRE

Exercice
1 J'irai au cinéma tous les jours, quand je serai à la retraite. **2** Quand prendrez-vous votre retraite ? **3** Quand j'aurai quatre-vingt-cinq ans. **4** Ça alors ! [Moi] je pars à la retraite demain... **5** Mon patron vient de m'offrir un pont d'or (de me donner une poignée de main en or).

*****

3 *Je t'appellerai cet après-midi.*
I .... you this ....

4 *Et vous / toi ?*
... . you?

Les mots qui manquent :
1 How long, they, in **2** should, for, raise **3** will call, afternoon
4 How about

Thirty-ninth Lesson (ZeurdinaïnZ lèsse-n)

Will **Rocky Win** the **Fight**? **(1)**

1 – Mrs. (**mis**sus) **Tru**man, **you**'re a **fortune-tel**ler, **will** I get **mar**ried soon? **(2)(3)**
2 – Young **man, you** will **find** an **eligible candi**date with**in** the **next three mon**ths.
3 – But **will** she say **yes**?
4 – **She will** say **yes** if she is the **right wo**man. **(4)**
5 – But...
6 – **That** will be **twen**ty **dol**lars, young **man**.

PRONUNCIATION
ouil roki oui-n dze **faït**
1 **mis**siz **trou**me-n i**or** e **for**tioun **tè**leur ouil aï guett **mè**rid sou-n **2** io-ng mèn **iou** ouil **faïnd** e-n **è**lidjibeul **kan**didèït ouiZi-n dze nèxt Zrii **mo-nZz 3** beutt ouil chi sèï **ièss 4** chi ouil sèï ièss if chi iz dze **raït** ou-**ou**me-n **5** beutt **6 dzat** ouil bi touèni **do**lerz io-ng mèn

NOTES
(1) *To win* est le contraire de *to lose*, *winning* est le contraire de *losing*. Ne confondez pas *lose* avec *loose*, qui signifie desserré, flottant. Celui qui gagne est *a winner*, et celui qui perd est *a loser*. Les Américains ont tendance à être stimulés par la compétition. Sans faire de généralisation abusive, on peut dire qu'ils aiment à s'identifier aux gagnants, et attachent beaucoup d'importance et de valeur au fait de gagner, socialement, économiquement, dans le sport ou les loisirs. Vince Lombardi, le célèbre entraîneur de football des Green Bay Packers, est l'auteur du fameux dicton, *"Winning isn't everything, it's the only thing"* ("Gagner n'est pas tout, c'est la seule chose qui compte"). Ceci est à l'opposé de la conception plus anglaise du bon esprit sportif, exprimée dans le dicton *"It's not whether you win or lose, it's how you play the game."* ("L'important n'est pas de gagner ou de perdre, mais la manière de jouer le jeu.")

Trente-neuvième leçon

Rocky gagnera-t-il le combat ?

1 – Mme Truman, vous êtes [une] voyante, est-ce que je me marierai bientôt ?

2 – Jeune homme, vous trouverez un bon parti (une candidate convenable) dans les prochains trois mois.

3 – Mais est-ce qu'elle dira oui ?

4 – Elle dira oui si c'est la femme de votre vie (si elle est la bonne femme) !

5 – Mais...

6 – Ça fera (sera) vingt dollars, jeune homme.

NOTES (suite)

(2) Les voyants prédisent l'avenir et emploient en conséquence le temps futur *will*. Les Américains aiment à "regarder dans leur boule de cristal" pour voir ce qui va se passer, ce que l'avenir leur réserve.

(3) Les gens se marient dans les églises ou dans d'autres lieux de culte (voir Leçon 42), dans les mairies ou tout autre lieu public ou privé, à condition qu'un membre du clergé, un juge, un juge de paix, un sheriff, ou un capitaine de bateau soit présent pour conduire la procédure. Un témoin doit signer le certificat de mariage. Les mariages sont enregistrés au tribunal ou à la mairie du comté, mais il n'est pas obligatoire que la cérémonie s'y déroule.

(4) Rappel à propos de *right. The right choice* ou *the right one* : le bon choix, celui qui convient. Dans la quête d'un partenaire, les femmes disent parfois rechercher *Mr. Right*, c'est-à-dire l'homme idéal, l'homme de sa vie.

7 – Mrs. (**mis**sus) **Tru**man, I'm **kin**d of
   broke. **Tell** me, will **Rocky win**
   to**mor**row **night's prize**-fight? I have
   pla**ced** a **twen**ty **dol**lar **bet**. **(5)(6)(7)**
8 – **What** are the **odds? (8)**
9 – **Twen**ty-**five** to **one**.
10 – I will **tell** you on **Wed**nesday at our **next**
   seance! **(9)**

7 **mis**siz **trou**me-n aïm **kaïn**deu **bro-**ok tèll mi ouil **ro**ki oui-**n**
teu**mor**-ro naïts **praïz faït** aï Hav **plèïst** e touèni **do**ler bèt 8 ouat
a-ar dze odz 9 touèni**faïv** tou oua-**n** 10 aï ouil tèll iou o-**n**
ouè**n**zdèï èat **a**oueur nèxt **sé**ance

NOTES (suite)

(5)   *Kind of* ou *sort of*, qu'on prononce souvent *kinda* ou
      sorta, sont couramment employés en anglais américain
      parlé, comme affirmations faibles ou atténuantes. Ces
      expressions affaiblissent le caractère direct d'une
      réponse affirmative. En français châtié, on pourrait
      l'exprimer par "quelque peu".
         I'm kind of hungry : j'ai plutôt faim
         She's kind of pretty : elle est assez jolie
         I'm kind of tired : je suis un peu fatigué

(6)   *To be broke* signifie être à court d'argent. *Busted, flat
      broke, tight* en sont d'autres synonymes. Le contraire de
      being broke est *being loaded* ("être chargé, plein aux as").

*****

Exercise
1 The fortune-teller is broke. **2** She placed a fifty dollar bet on
a loser. **3** Tell me, will Rocky get married soon? **4** That will
be thirty-three dollars. **5** I'll pay you at our next seance.

7 – Mme Truman, je suis plutôt fauché. Dites-moi, est-ce que Rocky gagnera le combat professionnel de demain soir (nuit) ? J'ai placé un pari de vingt dollars.

8 – Quelle est la cote ?

9 – Vingt-cinq contre un.

10 – Je vous dirai [ça] mercredi à notre prochaine séance !

THAT WILL BE THIRTY-THREE DOLLARS.

NOTES (suite)

(7) *To place a bet* ou *a wager* veut dire parier de l'argent sur les résultats d'un événement sportif ou d'une course hippique. À l'hippodrome, on parie sur un cheval *to win*, *place* ou *show*, c'est-à-dire finissant respectivement en première, seconde ou troisième position.

(8) *The odds* représentent les probabilités statistiques d'un résultat particulier, exprimé en pourcentage. *Twenty-five to one* signifie simplement que pour une personne pariant sur Rocky gagnant, vingt-cinq parient sur la victoire de son adversaire.

(9) *Seance* signifie session ou rencontre.

*****

Exercice

1 La voyante est fauchée. **2** Elle a parié cinquante dollars sur un perdant. **3** Dites-moi, Rocky se mariera-t-il bientôt ? **4** Ça fera trente-trois dollars. **5** Je vous paierai à notre prochaine séance.

Fill in the missing words

1   *Il a fait le bon choix.*
     He made ... .

2   *Elle va lui dire [ça] samedi.*
     She ....

****

Fortieth Lesson (fordi-eZ lèsse-n)

We've Been Preparing for This Since June (1)(2)

1 – Are you **read**y for the **ex**am?
2 – As **read**y as **ev**er. **We**'ve been **stud**ying
    since **noon**. (3)

PRONUNCIATION
oui Hav **bii-n** pripèri-ng si-nss **djoune**
1 a-ar iou **rè**di for dzi ig**zam** 2 az **rè**di az **è**veur ou**i**ve bii-n
steudii-ng si-nss nou-n

NOTES

(1) *We've*, comme vous le savez déjà, est la contraction de *we
     have*. La construction *to have + to be* + un verbe au temps
     présent avec la forme gérondif *-ing* correspond au temps
     present perfect et *indique que l'action ou l'état décrit par
     le verbe a commencé dans le passé et s'applique toujours
     au moment où l'on parle.* Par exemple :
     I have been waiting for the postman (j'attends le facteur
     = je l'attendais et je l'attends toujours).
     My mother has been worrying about me (ma mère
     s'inquiète à mon sujet = elle s'inquiète toujours).
     The children have been playing all day in the park (les
     enfants ont joué dans le parc toute la journée = sont
     toujours en train de jouer). Ce temps n'est pas toujours
     facile à traduire, car il n'a pas de parfaite équivalence en
     français. Selon le cas, on le traduira donc par un présent
     ou un passé. Nous en reparlerons.

3   *J'ai plutôt soif.*
         I'm .... .. thirsty.

4   *Et [lui], il est assez fatigué.*
         And ....* ....

Les mots qui manquent :
1 the right choice **2** will tell him on Saturday **3** kind of **4** he's kind
of tired.

****

Quarantième leçon

Nous nous préparons (pour ça) depuis juin

1 –   Êtes-vous prêts pour l'examen ?
2 –   Aussi prêt que jamais. Nous étudions depuis
         midi !

NOTES (suite)

(2)   *Since*, en tant qu'indication temporelle, signifiant depuis,
         montre la continuité de l'action ou de l'acte exprimé dans
         le verbe. Exemples :
         I have been waiting for you since noon (Je t'attends
         depuis midi) ;
         Jack has had his driver's licence since May (Jack a son
         permis de conduire depuis mai).

(3)   *As... as* (aussi... que) est une structure communément
         utilisée pour indiquer une comparaison et souvent une
         métaphore : *I am as hungry as a bear* (j'ai une faim
         d'ours)...
         Il y a toujours un adjectif ou un adverbe entre le premier
         et le second *as*. Par exemple, *I am as tall as my father* (je
         suis aussi grand que mon père), *the house is as far as the
         train station* (la maison est aussi loin que la gare), *it's not
         as cold in Florida as it is in New York* (il ne fait pas aussi
         froid en Floride qu'à New York). Remarquez que la
         structure est la même pour les comparaisons négatives.
         Jack is not as smart as his neighbor (Jack n'est pas aussi
         intelligent que son voisin), *I am not as hungry as I
         usually am* (Je n'ai pas aussi faim que d'habitude).

Leçon 40

3 – **Noon**! I **thought** you **said** that **you**'ve **been** reviewing since **June**! **Have** you been **read**ing **chap**ters **one** through **four**teen? **(4)**

4 – We've been **memoriz**ing the vo**cabular**y list **like** you **told** us.

5 – **Have** you been **list**ening to the cas**set**tes **reg**ularly?

6 – I have been **play**ing them **o**ver and **o**ver in my **car** this **morn**ing and **Tom** has been **learn**ing the **dialog**ues by **heart**. **(5)**

7 – I have been **prep**ping you for **this** imp**ort**ant **day** for **mon**ths. To**day you** will be **a**ble to **tast**e the **fruits** of your **labor**, I **hope**. **(6)**

8 – We **like fruit**, but **I** have been **think**ing **more** about **cheese**burgers and a **lar**ge coke **af**ter the exam. **(7)**

3 si-nss nou-n **aï** Zo-t iou sèd iou Hav bii-n rivi**ou**-i-ng si-nss djou-n Hav iou bii-n **rii**di-ng **tchap**teurz oua-**n** Zrou **for**tii-n **4** ouive bii-n **mèmo**raïzi-ng dze vo**ka**biouleri list **laïk** iou **to**-old euss **5** Hav iou bii-n **li**sseu-ni-ng tou dze ke**ssètts règ**uiouleuli **6 aï** Hav bii-n **plèï**-i-ng dzèm **o**veur **è**a-nd **o**veur i-n **maï ka**-ar dziss **mo**-orni-ng **è**a-nd tom Haz bii-n **leur**ni-ng dze **da**ïeulogz **baï** Hart **7 aï** Hav bii-n **prèp**i-ng iou for dziss imp**ort**eunt **dèï** for mo-n**Zz** tou**dèï** iou ou**ill** bi **èï**beul tou **tèï**st dze **frou**-outss ov ior **lèï**beur **aï Ho**-o-p **8** oui **laïk frou**-out beutt **aï** Hav bii-n **Zi**-nki-ng **mo**re ebaout **tchiiz**beurgue-rz **è**a-nd e **la**-ardj **ko**-ouk **af**teur dzi ig**zam**

NOTES (suite)

(4) *Noon* signifie midi, lorsque le soleil est à son zénith. *Midnight* se situe entre 6 PM (post meridiem = après-midi) et 6 AM (ante meridiem = matin). Techniquement, 12 AM et 12 PM n'existent pas.

3 – Midi ! Je pensais [que] vous aviez (avez) dit [que] vous révisiez depuis juin ! Avez-vous lu les chapitres un à quatorze ?

4 – Nous avons mémorisé la liste de vocabulaire comme tu nous as dit (tu as dit nous).

5 – Vous avez écouté les cassettes ?

6 – Je les ai passées (J'ai joué elles) encore et encore dans ma voiture ce matin, et Tom a appris les dialogues par cœur.

7 – Je vous prépare pour ce jour important depuis [des] mois. Aujourd'hui vous allez pouvoir récolter (goûter) le fruit (les fruits) de votre travail, je [l'] espère.

8 – Nous aimons [les] fruit[s], mais je pensais plutôt à des cheeseburgers et [à] un grand coca, après l'examen.

NOTES (suite)

(5) *Over and over* est un moyen d'exprimer la répétition, comme *again and again*, ou *time and time again*.

(6) *Prepping* est un raccourci du verbe *to prepare* (préparer). Notez aussi l'orthographe américaine de *labor*. Les Britanniques écrivent *labour*. Voir la leçon 21 pour une liste des particularités orthographiques américaines.

(7) *To think about* signifie réfléchir, penser à quelque chose, considérer.

Leçon 40

Exercise
1 They've been playing in the garden since nine AM. **2** Have you been working all night? **3** I have been thinking about you. **4** Are they ready? **5** As ready as ever.

Notes personnelles :

Exercice
1 Ils jouent dans le jardin depuis neuf heures du matin. **2** As-tu travaillé toute la nuit ? **3** Je pense à toi [depuis quelque temps]. **4** Sont-ils prêts ? **5** Aussi prêts que jamais.

*****

Fill in the missing words

1   *Nous écoutons les cassettes régulièrement.*
        We' ..* .... listening .. the cassettes regularly.

2   *De midi à minuit.*
        From .... to ....

3   *J'espère qu'il aime les cheeseburgers.*
        I .... likes cheeseburgers.

4   *Tu pourras dormir demain.*
        You ...* .. .... to sleep tomorrow.

Les mots qui manquent :
1 ve been, to **2** noon, midnight **3** hope he **4** 'll be able

Forty-first Lesson (fordi**feurst** **lè**sse-n)

Can I Take Your Order? (1)

1 – **Hi**, my **name**'s Kar**en**, and **I'm** your
   waitress to**night**.
2 – **Hi**.
3 – **Can I take** your **or**der? (2)
4 – Can you **bring** us some **wa**ter **first**? (3)
5 – **Sure**. Can I **tell** you to**night's** spe**cials**? (4)
6 – **Sure**, o**kay**, **great**.

PRONUNCIATION

kè-n aï **tè**ïk ior **or**deur
1 Haï maï **nè**ïmz **ka**re-n **è**a-nd aïm ior ouè**ï**tress tou**na**ït 2 Haï
3 kè-n aï **tè**ïk ior **or**deur 4 kè-n iou bri-ng euss som oua**a**deur feurst
5 **chou**re kè-n aï **tèll** iou tou**na**ïts spè**chel**z 6 **chou**re o-**okè**ï grèït

NOTES

(1) Les serveurs (*waiters*) et les serveuses (*waitresses*) dans
   les restaurants américains, sont en général ouvertement
   amicaux et attachés à fournir avec le sourire un service
   irréprochable. Le service est essentiel, avant tout parce que
   les Américains attendent et exigent d'être traités de façon
   amicale et plaisante, avec un service efficace et rapide. Le
   service n'est jamais inclus dans la note. Les serveurs et les
   serveuses vivent des pourboires, leur rétribution horaire
   fixe correspondant souvent au salaire minimum ou moins.
   En général, plus le service est bon, plus le pourboire est
   élevé. Et un mauvais service suffit à tuer un restaurant. Le
   pourboire représente généralement 15% de la note, et
   parfois 20% lorsque les gens sont généreux, ou quand le
   service est particulièrement bon. Les serveurs et les
   serveuses, en uniforme, portent souvent un badge avec
   leur prénom. En règle générale, les Américains s'appellent
   par leur prénom. Votre guichetier à la banque sera Bill ou
   Mandy, Cindy ou Steve vous serviront à table, etc.

(2) Les serveuses et les serveurs commencent presque toujours
   par demander : *Can I take your order?* (Puis-je prendre
   votre commande ?) ou *Are you ready to order?* (Êtes-vous
   prêt à commander ?) ou *Do you need a few more minutes?*
   (Avez-vous besoin de quelques minutes de plus ?).

Quarante et unième leçon

Puis-je prendre votre commande ?

1 – Bonjour, je m'appelle (mon nom est) Karen et
je suis votre serveuse ce soir (cette nuit).
2 – Bonjour !
3 – Puis-je prendre votre commande ?
4 – Pouvez-vous nous apporter de l'eau d'abord ?
5 – [Bien] sûr. Puis-je vous annoncer (raconter)
les plats (les spéciaux) de ce soir (cette nuit) ?
6 – [Bien sûr], d'accord, super.

NOTES (suite)

(3) Dans tous les restaurants, on vous servira
automatiquement de grands verres d'eau glacée (même
en hiver). Vous aurez l'impression que les garçons/filles
de salle remplissent constamment votre verre d'eau, car
en fait les pichets ou les carafes d'eau sont rarement
posés sur la table. Ce n'est que dans les restaurants
coûteux ou à l'européenne que les gens commandent des
bouteilles d'eau. Commander de l'eau minérale, nous
l'avons déjà mentionné, peut être perçu comme un peu
prétentieux ou snob, et n'est pas nécessaire pour des
raisons d'hygiène.

(4) Les restaurants américains et leur choix de cuisine ont,
dans leur ensemble, considérablement évolué depuis la fin
des années 70, au moment où la génération du babyboom
d'après-guerre est arrivée à l'âge de participer activement
à la détermination des choix des consommateurs. Dans les
centres urbains en particulier, mais aussi dans les
banlieues, attendez-vous à des menus relativement
sophistiqués. Toutefois, les plats très exotiques ou
contenant des viandes peu traditionnelles (les abats,
particulièrement) ne se trouvent pas très facilement, et sont
encore peu appréciés. Plus que les plats eux-mêmes, ce
sont plutôt les noms des plats, des sauces, des
assaisonnements, des garnitures et des préparations qui ont
évolué. Les *specials* équivalent à nos plats du jour.

7 – We have **fresh lem**on-**bast**ed **sword**fish from **Flor**ida, which comes with **crab-stuf**fed zuc**chi**ni and a **bak**ed pota**to** and **tos**sed **sal**ad with our **own** house **dress**ing, **ras**pberry vinai**grette**.

8 – That **sounds great**. **I'll** have the **fish**.

9 – **Anything** to drink **oth**er than the **wat**er? **(5)**

10 – **Yeah**, can **I** have a large **cran**berry **juice** with **lime** and **not** too much **ice**? **(6)**

7 oui Hav frè-ntch **lèmo**-n **bëïst**id **sord**fich from **flor**eda ouitch komz oui**Z krab**steuft dzou**ki**ni èa-nd e **bëïk**t petë**ïdoe** èa-nd tosst **sal**ed oui**Z** a**oueur o-oun Haouss drèss**i-ng **ras**beri vinè**grètt** 8 dzat **sa**-oundz **grèït** a**ïl** Hav dze fich 9 è**niZi**-ng tou dri-nk **o**dzeur dza-n dze **oua**deur 10 i**èa** kèa-n a**ï** Hav e **la**-ardj **krèn**bèri djouss oui**Z laïm** èa-nd not tou meutch a**ïss**

Exercise

1 Can you tell me tonight's specials? **2** I'll have two baked potatoes with stuffed zucchini. **3** Does the fish come with salad? **4** Sure, and with homemade raspberry vinaigrette. **5** Can I have a large cranberry juice without lime and lots of ice?

7 –   Nous avons de l'espadon frais de Floride
       arrosé de citron, servi avec (qui vient avec)
       [des] courgettes farcies au crabe et une
       pomme de terre cuite au four et [une] salade
       assaisonnée avec notre propre sauce maison,
       [une] vinaigrette framboise.
8 –   Cela a l'air (sonne) délicieux. Je prendrai
       (J'aurai) le poisson.
9 –   Quelque chose à boire autre que de l'eau ?
10 – Oui, puis-je avoir un grand jus d'airelles avec
       [du] citron vert et pas trop [de] glaçons ?

NOTES (suite)

(5)   La plupart des restaurants aux États-Unis servent du vin
      ou de la bière, bien qu'il soit parfois possible de trouver
      un restaurant qui ne possède pas de licence pour vendre
      des boissons alcoolisées. Dans la plupart des États, on ne
      peut pas commander de boissons alcoolisées, y compris
      la bière, avant midi ou 13h. Les Américains ne boivent
      en général pas de vin avec le déjeuner, en commandent
      parfois avec le dîner, mais rarement dans les restaurants
      familiaux.

(6)   Le jus d'airelles peut être consommé soit dans un
      cocktail populaire (*Long Island Ice Tea, Sea Breeze*), soit
      nature, comme boisson accompagnant un repas. Les
      airelles sont des baies rouge foncé qui poussent dans les
      tourbières, surtout dans le Massachusetts, et qu'on utilise
      pour faire du jus, des sauces et des desserts variés. La
      sauce d'airelles est un accompagnement traditionnel de
      la dinde au dîner de *Thanksgiving*.

*****

Exercice
1 Pouvez-vous m'annoncer les plats (spéciaux) de ce
soir ? 2 Je prendrai deux pommes de terre cuites au four
avec des courgettes farcies. 3 Est-ce que le poisson est
servi avec de la salade ? 4 Bien sûr, et avec une vinaigrette
framboise maison. 5 Puis-je avoir un grand jus d'airelles
sans citron vert, et beaucoup de glace ?

Fill in the missing words

1   *Notre serveuse arrive.*
    Our . . . . is . . . .

2   *Elle nous apporte de l' eau.*
    She's . . . . some water.

3   *Ils sont en train de manger de l'espadon frais.*
    They are . . . .

4   *Le serveur va prendre votre commande.*
    The . . . . . . is . . . . . to . . . . your . . . . . .

Les mots qui manquent :
1 waitress, coming 2 bringing us 3 eating fresh swordfish 4 waiter, going, take, order.

*****

Notes personnelles :

Forty-Second Lesson (fordissèke-nd lèsse-n)
Quarante-deuxième leçon

Révisions

Avant d'entamer cette nouvelle leçon de révision, permettez-nous de vous féliciter pour votre persévérance. Tout comme la tortue de la fable, vous avancez lentement... mais très sûrement ! Bien entendu, vous avez encore du chemin à faire, mais votre sens de la régularité vous mènera droit au but.

1. Le futur

Vous commencez à bien le maîtriser. Il y a plusieurs possibilités :

• *will* + **infinitif sans** *to* s'emploie plutôt pour exprimer une **action future non déterminée dans le temps** :
> *I will go* (ou *I'll go*) *to Chicago some day.* – J'irai à Chicago un jour.
> *They will be* (ou *they'll be*) *back soon.* – Ils seront de retour bientôt.

Mais ce même temps peut également exprimer une **certitude dans le futur** :
> *I'll be there at seven thirty.* – Je serai là à sept heures et demie.

• *going* + **infinitif avec** *to* exprime un **futur plutôt proche et une intention certaine** ; il correspond à la forme française avec "aller" :
> *It's going to rain.* – Il va pleuvoir.
> *She's going to see him tomorrow.* – Elle va le voir demain.

• Tout comme en français, **le futur peut être exprimé par un présent**, en l'occurrence le présent progressif (en *-ing*) accompagné d'une indication de temps :
> *We're (we are) leaving for Los Angeles tomorrow.* – Nous partons pour Los Angeles demain.
> *She's (she is) getting married on Saturday.* – Elle se marie samedi.

2. Les formes progressives

• Le **présent progressif** exprime une **action en train de se réaliser** ; il est formé de *to be* + *-ing* :

> *I'm singing.* – Je suis en train de chanter / Je chante [en ce moment].
>
> *It's raining.* – Il pleut [au moment où on parle].

• Le **futur progressif**, *will be* + *-ing*, s'emploie pour exprimer qu'une action **sera en train de se dérouler** à un moment dans l'avenir :

> *At seven o'clock, she'll be cooking dinner.* – À sept heures, elle sera en train de préparer (cuire) le dîner.
>
> *On Saturday morning I'll be thinking of you.* – Samedi matin je penserai [serai en train de] penser à toi.

Le futur progressif peut remplacer le futur simple lorsqu'on veut exprimer une affirmation de manière moins catégorique, ou encore formuler une question de manière plus polie :

> *I won't be going.* – Je n'irai pas [simple affirmation] alors que *I won't go* sous-entend un véritable refus.
>
> *Will you be going to the supermarket?* – As-tu l'intention d'aller au supermarché ? [question polie] mais *Will you go to the supermarket?* – Est-ce que tu vas au marché ? [sous-entendu je souhaite que tu y ailles]

• Le **prétérit progressif**, *was* +...*-ing*, indique que quelque chose **était en train de se passer** :

> *It was raining.* – Il pleuvait / il était en train de pleuvoir.

3. *Some* et *any*

Ces deux petits mots, vous les avez rencontrés plusieurs fois au fil des leçons. Observons-les plus en détail.

• *Some* apparaît généralement dans des **phrases affirmatives** et équivaut à du, de la, des, ou encore à en. *Some* sous-entend que la quantité de ce dont on parle est plutôt petite et imprécise :

> *Could I have some milk, please?* – Pourrais-je avoir du lait / un peu de lait, s'il vous plaît ?
>
> *We would like some hot tea.* – Nous voudrions du thé chaud.

Employé dans une question, *some* sous-entend qu'une réponse affirmative est attendue :

Have you got some milk, please? – Avez-vous du lait, s'il vous plaît ?

• *Any*, en revanche, apparaît plus souvent dans des **phrases négatives**, mais aussi dans des **phrases interrogatives**. Il prend les mêmes sens que *some* :

She doesn't have any friends. – Elle n'a pas d'amis.
Have you got any money? – As-tu de l'argent ?
Don't you have any bread? – Tu n'as pas de pain ?
She doesn't have any. – Elle n'en a pas.

• *Some* et *any* sont parfois interchangeables dans des questions :

Have they got some/any money? – Ont-ils de l'argent ?

• Rappel : du, de la, des ne se traduisent pas systématiquement (revoir le paragraphe "L'absence d'article", leçon 21) :

They want honey! – Ils veulent du miel !

4. La religion aux États-Unis

La religion est assez visible au quotidien. Le protestantisme, avec ses nombreuses ramifications – Baptistes, Méthodistes, Épiscopaliens, Luthériens –, est de loin la plus représentée. Viennent ensuite les catholiques. Bien que 3% seulement de la population des États-Unis soit juive, cette communauté y est plus importante qu'en Israël. Dans la mesure où l'immigration aux États-Unis était au départ en grande partie fondée sur la quête d'un lieu où pratiquer librement sa religion, liberté garantie par la Constitution américaine, la diversité des groupes religieux est très importante, avec entre autres également les mormons, les adventistes du septième jour, les témoins de Jéhovah, sans oublier les musulmans, les bouddhistes, les hindous, les bahaïs et bien entendu de très nombreuses petites sectes qui prospèrent ici et là.

La religion se pratique non seulement dans les différents lieux de culte mais aussi par l'intermédiaire de la radio et de la télévision, où certains prédicateurs ultra-conservateurs remportent un succès colossal.

En gros, on peut cependant dire que malgré tout ce qu'on peut voir et entendre sur les "extravagances" de la culture américaine, la mentalité est à prédominance chrétienne, culturellement très *WASP* – prononcez "ou**asp**" – (*white anglo saxon protestant* – protestant anglo-saxon blanc), et donc profondément puritaine.

5. *Thanksgiving*

Cette fête, une des plus importantes pour les Américains, fait revivre chaque année (le dernier jeudi de novembre) la célébration de la première récolte après l'arrivée des Pères

* *

Forty-third Lesson (fordi**Zeurd** lè**s**se-n)

Vous avez maintenant acquis une bonne maîtrise de la prononciation américaine. Pour cette raison, nous ne vous donnerons plus, dorénavant, que la prononciation des mots difficiles ou qui pourraient vous poser un problème.

Hold on Plea**s**e! (1)

1 – Hi. Is **Ju**lie there plea**s**e? (2)

NOTES

(1)   On utilise *hold on* ou *hang on* pour faire patienter les gens au téléphone. Le phénomène du "*Call Waiting*" ("signal d'appel"), c'est-à-dire la possibilité technique de recevoir un second appel sur la même ligne alors que l'on est déjà en train de parler avec quelqu'un, a créé le besoin de jongler avec les appels. Aux États-Unis, société particulièrement tournée vers le téléphone, les gens se placent toujours les uns les autres "*on hold*" ("en attente"), en disant : *hang on* (patientez), *don't hang up* (ne raccrochez pas), *hold a second* (attendez un instant), *don't go away* (ne partez pas), *don't move* (ne bougez pas).

pèlerins. La tradition de cette première fête donnée en remerciement à Dieu (d'où son nom), à laquelle furent conviés les Indiens (qui avaient très généreusement aidé les Blancs et sans lesquels aucune récolte n'aurait été possible), se perpétue sous la forme d'un merveilleux repas familial généralement composé d'une (souvent énorme) dinde (*turkey*) farcie, accompagnée de confiture d'airelles (*cranberries*), de patates douces (*sweet potatoes*) parfois gratinées à la guimauve (*marshmallows*), de tartes aux pommes (*apple pie*), aux noix de pécan (*pecan pie*), et au potiron (*pumpkin pie*).

****

Quarante-troisième leçon

Un instant, s'il vous plaît !

1 –   Bonjour. Est-ce que Julie est là, s'il vous plaît ?

NOTES (suite)

(2)   On enseigne aux enfants américains le savoir-vivre au téléphone, car un grand nombre d'activités sociales et commerciales sont conduites au téléphone. Lorsque vous demandez quelqu'un, vous pouvez dire : *Is Julie there, please?* (Est-ce que Julie est là, s'il vous plaît ?), *May I please speak with Julie?* (Puis-je parler à Julie, s'il vous plaît ?).

Leçon 43

2 – **Par**don, I **did**n't **hear** you. The **TV** was **on**. **(3)**

3 – Can **I speak** with **Ju**lie please?

4 – **Who**'s **cal**ling, **plea**se?

5 – **This** is **Jim Ha**zel**ton** from **Ju**lie's gui**tar** class. **(4)**

6 – I'm **sorry Jim** but she's not **here right** now.

7 – **Oh.** Do you know **when** she'll be **back**?

8 – She **should** be **here a**round **four**. Can I **take** a **mes**sage?

9 – **Sure.** Can you **tell** her that **Jim call**ed?

10 – Sure **thing. Jim**, hold **on** a **sec**ond, **I** have a**noth**er **call**. **(5)**

11 – I'll **hang on**.

PRONUNCIATION
5 ... gue**ta**-ar ... 8 ... **mé**ssedge ... 10 ... e**no**dzeur ... 11 ... hè-ng o-n ...

NOTES (suite)

(3) Le poste de télévision, qu'on appelle communément *the TV*, tend à être le centre de nombreux foyers américains. Le nombre des postes de télévision a considérablement augmenté avec les années, et reste au centre de la vie familiale et des loisirs. Ainsi, de nombreuses familles américaines ont converti leur salon en "centre de divertissement à domicile", un endroit pour regarder les centaines de chaînes hertziennes et les chaînes câblées émettant 24h sur 24, mais aussi les vidéos louées ou achetées, les événements sportifs en direct, le gouvernement américain en action, etc., souvent sur de grands écrans. En moyenne, un Américain regarde la télévision plus de six heures par jour, dont deux heures et demie de publicité ! Avec un système de son stéréo de haute technologie, l'image haute définition et le développement des communications digitales, les postes de télévision se placent de plus en plus au centre du foyer, point de convergence technologique pour les vidéos, les informations, les ordinateurs, les téléphones et les fax, tous regroupés sur le même écran.

2 – Excusez-moi, je ne vous ai pas entendu. La télévision était allumée.

3 – Puis-je parler à (avec) Julie, s'il vous plaît ?

4 – Qui est à l'appareil (qui appelle), s'il vous plaît ?

5 – C'est Jim Hazelton, du cours de guitare de Julie.

6 – Je suis désolé, Jim, mais elle n'est pas là (ici) en ce moment.

7 – Oh. Savez-vous quand elle sera de retour ?

8 – Elle devrait être là vers quatre [heures]. Puis-je prendre un message ?

9 – Oui (sûr). Pouvez-vous lui dire que Jim a appelé ?

10 – Bien sûr (sûre chose). Jim, attendez un instant, j'ai un autre appel.

11 – Je patiente (Je vais rester accroché).

NOTES (suite)

(4) Profitons de la guitare pour voir quelques autres instruments de musique :
bass (contrebasse) ; *cello* (violoncelle) ; *clarinet* (clarinette) ; *drum* (tambour) / *drums* (batterie) ; *flute* (flute) ; *French horn* (cor) ; *oboe* (hautbois) ; *piano* (comme son nom l'indique) ; *saxophone* (idem) ; *trombone* (encore idem) ; *trumpet* (trompette) ; *violin* (violon, prononcez "vaï-e-**li-n**").

(5) *Sure thing* est une expression idiomatique. Le mot *"thing"* rajouté n'a pas vraiment de signification. On utilise cette expression uniquement en anglais parlé, pour exprimer de manière familière une réponse affirmative. Il existe d'autres expressions servant à affirmer que l'on est d'accord : *Right you are; Will do; Okeedok; Yesiree;* etc.

Leçon 43

Exercise

1 May I please speak with Jim? **2** Hold on a second. **3** She should be here but she isn't. **4** Can you take a message? **5** Sure thing, but hold on, I have another call.

*****

Exercice

1 Est-ce que je peux parler à Jim, s'il vous plaît? **2** Attendez un instant. **3** Elle devrait être là mais elle n'y est pas. **4** Pouvez-vous prendre un message ? **5** Bien sûr, mais attendez, j'ai un autre appel.

****

Forty-fourth Lesson (fordiforZ lèsse-n)

Sorry about that!

1 – **Sorry** a**bout that**. Do you **want** her to **call** you **back**? **(1)**
2 – **That**'d be **great**. **(2)**
3 – Does she **have** your **num**ber?

PRONUNCIATION
2 ... **dzat'** ed...

NOTES

(1)   Notez que les Américains disent : *I'll call you back* ou *I'll give you a buzz* ou *a shout* (je vous rappellerai), tandis que les Britanniques disent : *I'll ring you* ou *I'll ring you up*. À propos du téléphone, remarquez également que, pour les Américains, un numéro ou une ligne peut être *busy* (occupé), tandis qu'en anglais britannique, on dira : *the line is engaged*. Ne dites jamais cela aux États-Unis, personne ne vous comprendrait.

Fill in the missing words

1 *Jim n'est pas là en ce moment.*
   Jim isn't ....

2 *Il sera de retour vers quatre heures.*
   He'll .. .. four.

3 *Qui est à l'appareil ?*
   .....* ....?

4 *C'est la sœur de Julie.*
   .... .. Julie's ....

Les mots qui manquent :
1 here right now 2 be back around 3 Who's calling? 4 This is, sister.

****

Quarante-quatrième leçon

Désolé (de cela) !

1 – Désolé (de cela). Voulez-vous qu'elle vous rappelle ?
2 – Ce serait génial.
3 – A-t-elle votre numéro ?

NOTES (suite)

(2) Notez une nouvelle fois combien les Américains aiment le mot "*great*" (très bien, magnifique, super, génial) et l'utilisent à tout propos. Les Britanniques disent plus volontiers *grand* ou *brilliant*. Les Américains n'utilisent jamais le mot *grand*, à moins qu'ils ne parlent d'un piano ou du Grand Canyon en Arizona. Seuls Einstein ou le soleil seront *brilliant* pour un Américain.

4 – **Yes**, but I'll **give** it to **you again**, **just** in case... **(3)**

5 – Hold **on**, I'll **get** a pen. I'll be **right back**. **(4)(5)**

6 – Okay, I'll hold. **(6)**

7 – **Good**, don't **go away**.

8 – **Don't worry**. I'm **not mov**ing.

4 ... kèïss ... 5 ... raït bak ... 8 ... mouvi-ng...

NOTES (suite)

(3)   Notez que l'expression "*in case*", comme la plupart des conjonctions, est suivie ou précédée du présent ou du futur.
In case it rains, I'll take an umbrella with me (Je vais prendre un parapluie, au cas où il pleuvrait)
I'll call you tomorrow, just in case you forget to call me (Je t'appellerai demain, au cas où tu oublierais de m'appeler).

(4)   *To get,* rappelons-le, est un verbe qui, combiné avec différents mots, prend des sens multiples. Quelques exemples : *to get on the phone / to get on the train* (prendre le téléphone / monter dans le train), *to get off the phone / to get off the train* (raccrocher le téléphone – dans le sens de terminer une conversation téléphonique – / descendre du train) ; *to get over something* (surmonter quelque chose) ; *to get cold* (prendre froid) ; *to get wet / burned* (se mouiller / se brûler) ; *"Do you get it?"* (Est-ce que tu saisis ?), etc. N'oubliez pas que le sens premier de *to get* est "aller chercher, obtenir".

*****

Exercise
1 Can you get me a pen, please? 2 Okay, I'll be right back.
3 He says she has his number. 4 Give it to me, just in case.
5 Please tell Julie to call me back.

4 – Oui, mais je vais vous le redonner (je vous le redonnerai), (juste) au cas [où]...

5 – Un instant, je vais chercher (je chercherai) un stylo. Je reviens tout de suite.

6 – Je vais attendre (j'attendrai).

7 – Très bien, ne partez pas.

8 – Ne vous inquiétez pas. Je ne bouge pas.

NOTES (suite)

(5) Puisque nous en sommes aux fournitures de bureau, complétons :
pen (stylo) ;
fountain pen / cartridge pen (stylo-plume) ;
pencil (crayon) ;
eraser (gomme) ;
pencil sharpener (taille-crayon) ;
scissors (ciseaux) ;
stapler (agrafeuse) ;
paper clips (trombones) ;
envelope (enveloppe) ;
scrap paper (papier de brouillon) ;
recycled paper (papier recyclé) ;

(6) *To hold*, littéralement "tenir", se traduit par "attendre" uniquement dans le contexte d'une conversation téléphonique. Cet usage vient sans doute du fait que, lorsqu'on attend, on continue à tenir le téléphone. "Raccrocher" se dit *to hang up*.

*****

Exercice

1 Pouvez-vous aller me chercher un stylo, s'il vous plaît ? **2** D'accord, je reviens tout de suite. **3** Il dit qu'elle a son numéro. **4** Donnez-le-moi, au cas où. **5** S'il vous plaît, dites à Julie de me rappeler.

****

Forty-fifth Lesson (fordifiZ lèsse-n)

"This is 911" (1)

1 – This is 911. Please hold.
2 – Hurry up, someone is shooting at me! (2)(3)

PRONUNCIATION
2 ... Hèri-eupp ... choudi-ng ...

NOTES

(1) Le 911 est le numéro national et gratuit pour les urgences.
Le réseau est organisé de telle sorte qu'un appel au 911
sera dirigé sur un opérateur local qui notera l'information,
puis le transmettra électroniquement à la police locale, aux
pompiers ou au service des ambulances d'un hôpital. Ces
dernières années, le taux de criminalité dans la plupart des
villes américaines a nécessité la modernisation du réseau
911 pour parer à la multitude d'appels. Par exemple : il y
a plus de 800 meurtres par an dans la capitale des États-
Unis, Washington, D.C. Par contre, la ville de New York a
enregistré une forte baisse des crimes violents depuis le
début des années 90.

Fill in the missing words

1 *Je suis désolé (pour ça).*
   Sorry . . . .

2 *Je vais lui dire (à elle) de vous rappeler.*
   I'll . . . . to . . . . you . . . . .

3 *S'il te plaît, ne pars pas.*
   Please, don't . . . .

4 *Je ne bouge pas.*
   I'm . . . .

Les mots qui manquent :
1 about that 2 tell her, call, back 3 go away 4 not moving.

****

Quarante-cinquième leçon

*Sans doute l'avez-vous remarqué, nous faisons de moins
en moins appel aux parenthèses et aux crochets, car vous
avez déjà acquis le sens de la langue et n'avez plus guère
besoin de ces aides.*

"Ici 911"

1 – Ici le 911. Attendez, s'il vous plaît.
2 – Dépêchez-vous, quelqu'un me tire dessus
   (quelqu'un tire vers moi) !

NOTES (suite)

(2) *Someone*: quelqu'un.

(3) Lorsque vous êtes "*in a hurry*" (pressé), vous direz
     "*hurry up*" ou "*hurry*". Vous remarquerez que le petit
     mot "*up*" est accolé à de nombreuses expressions telles
     que : *hurry up* (dépêche-toi), *shut up* (tais-toi), *don't mess
     up* (ne te trompe pas). Il n'y a pas de règle, il faudra
     simplement vous y habituer.

Leçon 45

3 – Okay, **where**'s the **man** with the **gun** now, sir? **(4)**

4 – He's **park**ed in a **blue Chev**y at the **cor**ner of **Bak**er and **Main** Street. **(5)(6)**

5 – Did you **see what** he's **wear**ing?

6 – A **black leath**er **jack**et and a **blue** Ha**wai**ian shirt with **birds** on it.

7 – Can you **see the lic**ense plate **num**ber of the **car**? **(7)**

8 – **No, hur**ry, he's **get**ting **out** of his **car**.

9 – **Don't pan**ic, a po**lice car** is **on** its way!

4 ... **chè**vi ... 5 ... ou**èri**-ng ... 6 ... **lèd**zeur ... He-ou**aïe**-n... beurdz 7 ... **laïsse**-nss ...

NOTES (suite)

(4) *Gun:* Les lois sur le contrôle des armes varient selon les différents États américains. Il faut se souvenir que le débat national sur la législation concernant les armes est largement orchestré par le puissant lobby dirigé par la NRA (*National Rifle Association*) et les fabricants d'armes, qui profitent tous les deux de cette industrie lucrative, et défendent le droit constitutionnel des Américains à "porter des armes" (*the right "to bear arms"*). Dans beaucoup d'États, et malgré la législation tendant à devenir limitative, il est relativement facile d'acheter des armes de poing ou des armes automatiques d'attaque très dangereuses, soit directement dans un magasin, soit par correspondance.

(5) Les couleurs : *red* (rouge), *blue* (bleu), *green* (vert), *yellow* (jaune), *white* (blanc), *black* (noir), *brown* (marron), *purple* (violet), *orange* (orange) ; "clair" se dit *light* et "foncé" *dark*.

*****

Exercise

1 Don't panic, your green leather jacket is in the red Chevy. **2** Can you see the birds on his shirt? **3** Someone is getting out of my car! **4** Hurry, he's going to shoot at you! **5** What was she wearing last Sunday?

3 – D'accord, où est l'homme avec l'arme (à feu)
   maintenant, Monsieur ?
4 – Il est garé dans une Chevrolet bleue, au coin
   de Baker et Main Street.
5 – Avez-vous vu ce qu'il porte ?
6 – Une veste de cuir noir et une chemise
   hawaïenne bleue avec des oiseaux (sur elle).
7 – Pouvez-vous voir la plaque d'immatriculation
   de la voiture ?
8 – Non, dépêchez-vous, il sort de sa voiture.
9 – Ne paniquez pas, une voiture de police arrive
   (est sur son chemin) !

NOTES (suite)

(6) *Chevy* est le surnom de la marque Chevrolet, l'une des
principales voitures fabriquées par General Motors. GM
fabrique également les Oldsmobiles, les Pontiacs et les
Buicks. La *Chevy* est par tradition une marque populaire et
bon marché d'automobile, accessible à la classe moyenne.
Chrysler et Ford sont les autres principaux fabricants de
voitures aux États-Unis, ainsi que les nouveaux venus sur
le marché américain tels que Nexus sans compter les
nombreux fabricants étrangers.

(7) *License plate :* plaque d'immatriculation. Chaque État
délivre ses propres plaques, avec sa couleur, son
emblème et sa devise particulière. Nombre d'entre elles
symbolisent la philosophie et la tradition de l'État. Le
New Hampshire, par exemple, un État réputé pour son
individualisme stoïque, inscrit sur ses plaques
d'immatriculation *"Live Free or Die"* ("Vivre Libre ou
Mourir"). La Floride se nomme plus simplement *"The
Sunshine State"* ("l'État Ensoleillé"), tandis que l'Illinois
est *"The Land of Lincoln"* ("Le Pays de Lincoln").

*****

Exercice

1 Ne panique pas, ta veste en cuir vert est dans la Chevrolet
rouge. 2 Peux-tu voir les oiseaux sur sa chemise ?
3 Quelqu'un sort de ma voiture ! 4 Dépêche-toi, il va tirer
sur toi ! 5 Que portait-elle dimanche dernier ?

Leçon 45

****

Forty-sixth Lesson (fordi**six**Z **lè**sse-n)

How Did it **Hap**pen? **(1)**

1 – **Mom**my, I have a **big prob**lem.
2 – **What's** the **mat**ter, dear? **(2)**

PRONUNCIATION
2 ... **ma**ddeur ...

NOTES

(1)   Le mot *happen* est très utilisé en anglais américain, et ce
dans différents contextes. Vous entendrez souvent cette
expression familière de salut : *what's happening?*
signifiant *what's new?* (Quoi de neuf ?) *What's going to
happen?* (Qu'est-ce qui va se passer ?) *Did it happen, did
it occur / take place?* (Cela est-il arrivé ou cela s'est-il
produit, passé ?). L'autre utilisation de *happen* exprime
généralement un état de fait :
I happen to be the president of this company (Il se trouve
que je suis le président de cette société). *It happens to be
my birthday* (Il se trouve que c'est mon anniversaire).
A happening (un événement) est un terme qui a souvent
été utilisé dans les années soixante pour évoquer un
mouvement populaire ou un événement culturel ou
politique en vogue.

Fill in the missing words

1   *Est-ce que tu portes ma chemise ?*
    ... you .... my .....?

2   *L'as-tu vue ?*
    ... you see ...?

3   *Ma voiture est garée à l'angle de ...*
    My car .. .. at the ....

4   *Où est ta chemise jaune ?*
    ......* your ...... shirt?

Les mots qui manquent :
1 Are, wearing, shirt 2 Did, her 3 is parked, corner of 4 Where's,
yellow.

****

Quarante-sixième leçon

Comment est-ce arrivé ?

1 –   Maman, j'ai un gros problème.
2 –   Que se passe-t-il (Quel est le sujet), chérie ?

NOTES (suite)

(2)   On utilise *matter* dans le sens de substance, matière, par
      exemple dans *gray matter* (matière grise). Plus
      communément, *matter* prend le sens de problème ou
      question :
      *The matter must be dealt with immediately by our executive
      vice-president* (Le problème doit être immédiatement traité
      par notre vice-président). *It's a matter of national security*
      (C'est une question de sécurité nationale).
      It's a matter of life and death (C'est une question de vie
      ou de mort).
      On utilise aussi fréquemment *matter* pour désigner une
      situation ou un état :
      What's the matter, dear? (Que se passe-t-il, chéri(e) ?) ;
      Is something the matter? (Y a-t-il un problème ?) ;
      It doesn't matter (Ça ne fait rien, cela n'a pas
      d'importance).

3 – **Some**thing broke. **(3)(4)**
4 – What **broke**, Jill?
5 – Your **fav**orite **vase** fell **off** the **ta**ble and
smashed **into** a **mill**ion **pie**ces. **(5)(6)**

5 ... fèïvritt vèïz ... millie-n piissiz.

NOTES (suite)

(3) *Something* (quelque chose), *anything* (n'importe quoi),
someone (quelqu'un), *anyone* (n'importe qui),
everything (tout), *everyone* (tous, chacun), *nothing* (rien),
no one (personne). Ces pronoms impersonnels sont très
employés et souvent mal utilisés, les anglophones n'étant
jamais sûrs de devoir mettre le verbe à la 3e personne du
singulier ou à la 3e personne du pluriel. *Something
happens when I touch this button. Something* peut ici se
traduire par *one thing* (une chose). *Anything* peut être une
chose parmi de nombreuses choses. *Someone* se rapporte
à une seule personne, tandis que *anyone* peut être une
personne parmi de nombreuses autres. *Everything*
signifie toutes les choses englobées dans un seul concept
et requiert donc la forme singulière du verbe. *Everything
bothers me* (Tout me dérange). *Everything about the
house is problematic* (Tout est problématique dans la
maison). C'est la même chose pour *everyone*, signifiant
toutes les personnes mais exprimé en un seul concept.
Everyone here lives in Chicago (tout le monde ici vit à
Chicago). *Everyone who is over 18 years old has the
right to vote* (toute personne de plus de 18 ans a le droit
de voter). *Nothing* signifie "aucune chose" et le verbe qui
suit sera à la 3e personne du singulier.

(4) *Broke* est un exemple d'une forme passée irrégulière du
verbe *to break*. Souvenez-vous que *broke* est aussi un
terme argotique qui signifie être à court d'argent.

(5) Petit rappel : la forme passée des verbes réguliers prend
simplement la terminaison -*ed* : *I walked* (j'ai marché / je
marchais) ; *it smashed* (ça s'est fracassé / ça se fracassa) ;
She played (elle a joué / elle joua) ; *My boss yelled* (mon
patron a crié / mon patron cria). Notez que la construction
verbale *to fall off* signifie "tomber de" quelque chose.

3 –   Quelque chose [s']est cassé.
4 –   Qu'est-ce qui [s']est cassé, Jill ?
5 –   Ton vase préféré est tombé de la table et s'est
       brisé en mille (un million) morceaux.

NOTES (suite)

(6)   Les Américains aiment beaucoup utiliser le terme
      hyperbolique de un million.
      Something breaks into "a million pieces" (quelque chose
      se casse en "un million de morceaux") : *If I had a million
      dollars* (Si j'avais un million de dollars) ; *There are a
      million reasons why I won't join your company* (Il y a un
      million de raisons pour lesquelles je ne rejoindrai pas
      votre société) ; *This place is a million miles from
      nowhere* (Cet endroit est à un million de kilomètres de
      nulle part) .
      Le million est le chiffre abstrait par excellence pour
      symboliser quelque chose de vaste, ou de grand.

Leçon 46

6 – Oh **no, not** the **pink, flowery one. (7)**
7 – I'm **sor**ry **mom**my. **(8)**
8 – **Jill, how** did it **hap**pen?
9 – I **can't tell you**.

6 ... **flaou**-eri ...

NOTES (suite)

(7)   Il est souvent possible de transformer un nom en adjectif en y ajoutant la terminaison "y". Si vous voulez suggérer un aspect fleuri, vous direz *"flowery"*. Mais, prudence, ne créez pas des mots qui n'existent pas ! N'hésitez pas à consulter un dictionnaire. Lorsque vous rencontrez un mot qui se termine par *-ly*, il s'agit presque toujours d'un adverbe. De même, vous pouvez souvent transformer un nom en adverbe en ajoutant *-ly*. Encore une fois, faites attention à ne pas inventer des mots qui n'existent pas, même si leur sens est clair. Les petits enfants le font sans arrêt.

*****

Exercise

1 It's a matter of life and death. **2** Did my vase break? – Yes, it broke. **3** The big problem is that the vase smashed into a million pieces. **4** I can't tell you what happened. **5** The pink flowery one was her mother's favorite.

*****

Fill in the missing words

1   *Il se trouve que c'est sa chemise préférée.*
       It . . . . to . . her . . . . shirt.

2   *Que se passe-t-il ? (Quel est le problème ?)*
       What's . . . . ?

3   *Salut, quoi de neuf ?*
       Hi, what's . . . . ?

4   *Quelqu'un est fauché ? – Non, quelque chose s'est cassé !*
       Is . . . . broke? – No, ... broke!

6 – Oh non, pas le rose fleuri.
7 – Je suis désolée, Maman.
8 – Jill, comment est-ce arrivé ?
9 – Je ne peux pas te le dire (je ne peux pas dire toi).

NOTES (suite)

(8) Vous avez déjà rencontré le mot *sorry,* et vous l'entendrez tout le temps. Voici encore quelques exemples :
I'm sorry (je suis désolé(e), je suis navré(e), je m'excuse) ;
Sorry about that (pardon, désolé, excusez-moi) ;
Say you're sorry (dis que tu es désolé(e), que tu regrettes) ;
It's a sorry state of affairs (c'est une situation malheureuse, déplorable) ;
Better safe than sorry (mieux vaut être trop prudent – littéralement "Mieux [vaut être] prudent que désolé [ensuite]".)

*****

Exercice

1 C'est une question de vie ou de mort. **2** Est-ce que mon vase s'est cassé ? – Oui, il s'est cassé. **3** Le gros problème est que le vase s'est brisé en mille morceaux. **4** Je ne peux pas te dire ce qui est arrivé. **5** Le rose à fleurs était le préféré de sa mère (*sous-entendu "le vase"*).

*****

Les mots qui manquent :
1 happens, be, favorite **2** the matter **3** happening **4** someone, something

Forty-seventh Lesson (fordissève-nZ lèsse-n)

I Missed the Train

1 – **How** come you're **two** hours **late**? **(1)**
2 – I **mis**sed my **train** by **five min**utes. **(2)**
3 – And **we mis**sed **you.** We were **short** of **wai**ters to**day** at **lunch. (3)(4)**
4 – It **won't hap**pen a**gain, I prom**ise.
5 – Re**mem**ber, **late**ness is **unaccept**able at **Ho**tel New **Hamp**shire. **(5)**

PRONUNCIATION
2 ... misst ... 4 ... promiss. 5 ... eunaksèptebel ... niou Hèampcheur ...

NOTES

(1) *How come* (comment se fait-il) est un autre moyen de poser la question "pourquoi ?".
How come you're late? = why are you late? (pourquoi êtes-vous en retard ?)
How come the lights are on? = why are the lights on? (pourquoi les lumières sont-elles allumées ?)

(2) Le mot *missed* exprime ici l'idée de "rater", un avion, un train, un rendez-vous, ou de "manquer", une cible, une opportunité.

(3) Le verbe *to miss* peut aussi prendre un autre sens qu'il vous faut connaître. Dans la phrase *"I miss you"*, *miss* signifiera "tu me manques", tandis que *"Do you miss me?"* voudra dire "Est-ce que je te manque ?". Attention à la structure, construite à l'inverse de la structure française.

(4) *"To be short of"* est une autre façon de dire *"not to have enough of"* (manquer de). Le nom commun forgé à partir de l'adjectif est *shortage* (pénurie).

Quarante-septième leçon

J'ai raté le train

1 – Comment se fait-il (comment vient) que vous ayez deux heures de retard (vous êtes deux heures tard) ?

2 – J'ai manqué mon train de cinq minutes.

3 – Et vous nous avez manqué (nous manquions vous). Nous étions [à] court de serveurs aujourd'hui pour le (au) déjeuner.

4 – Cela ne se reproduira plus (cela n'arrivera pas encore), je [le] promets.

5 – Souvenez[-vous], le retard est inacceptable à l'hôtel New Hampshire.

NOTES (suite)

(5) Quelque chose qui est *"unacceptable"* signifie *"not allowed"* (non autorisé), ou *"forbidden"* (interdit). Toutefois, les Américains utilisent peu le mot *"forbidden"*, qui reste trop formel. Le préfixe *un-* est fréquemment utilisé pour créer des adjectifs de forme négative. Mais méfiez-vous du fait que beaucoup d'entre eux prennent aussi les préfixes *in-* ou *im-* au lieu de *un-*. Il vous faudra simplement les apprendre, en essayant les différentes possibilités jusqu'à ce que vous trouviez la bonne.

happy / unhappy	content(e) / mécontent(e)
acceptable / unacceptable	acceptable / inacceptable
believable / unbelievable	croyable / incroyable
known / unknown	connu(e) / inconnu(e)
altered / unaltered	changé(e) / inchangé(e)
certain / uncertain	certain(e) / incertain(e)
mais :	
possible / impossible	possible / impossible
personal / impersonal	personnel(e) / impersonnel(e)
probable / improbable	probable / improbable
mature / immature	mature / immature

Leçon 47

6 – You don't **have** to re**mind me**, **Mis**ter **Swen**son, **I** know. **(6)**

7   **By** the **way**, can **I** have **next Thurs**day **off**? **(7)(8)**

8 – Get **your bow**tie on **first**. We'll **talk** a**bout** it **lat**er. **(9)**

6 ... rima**ï**nd ... **8** ... **bo**-ota**ï** ...

NOTES (suite)

(6)   L'utilisation des verbes *to remind* et *to remember* pose parfois des difficultés à ceux qui apprennent l'anglais. *To remember* signifie se souvenir de, tandis que *to remind* signifie rappeler quelque chose à quelqu'un : *"you remind somebody to do something"* (vous rappelez à quelqu'un de faire quelque chose), ou *"you remind somebody of something"* (vous rappelez quelque chose à quelqu'un), mais jamais *"you remind somebody to something"*. Le nom commun forgé à partir du verbe est *reminder* (rappel).

(7)   On trouve parmi les mots de liaisons fréquents l'expression *"by the way"* (à propos), constamment utilisée dans les conversations. Vous l'emploierez généralement quand vous pensez à quelque chose que vous voulez mentionner à la personne à qui vous parlez. *By the way* implique théoriquement que ce qui va suivre a un rapport avec ce dont vous êtes en train de discuter, mais, en pratique, ce n'est pas toujours le cas. *"By the way, what are you doing tonight?"* (À propos, qu'est-ce que vous faites ce soir ?), *"By the way, have you ever been to Rome?"* (À propos, êtes-vous jamais allé à Rome ?). Il s'agit en fait aussi d'un moyen facile de changer de sujet.

*****

Exercise

1 How come you missed the train? **2** Will it happen again? **3** Do you miss him? **4** You're late again; it's unacceptable! **5** Can we talk about it later?

6 – Vous n'avez pas à me [le] rappeler, M.
Swenson, je [le] sais.
7 À propos, puis-je avoir congé jeudi prochain ?
8 – Mettez d'abord votre nœud papillon. Nous
parlerons (au sujet) de cela plus tard.

NOTES (suite)

(8) Vous verrez parfois le mot *"off"* suivant directement un
verbe, ou placé quelques mots après le verbe.
Généralement, le sens du verbe s'en trouve radicalement
modifié. Par exemple, *"I want to take Thursday off"*. *To
take off* signifie ici "prendre un congé", alors que *to take*
signifie simplement prendre. Notez que *to take off*
signifie aussi "décoller" en termes d'avion, ou "ôter" –
des vêtements, par exemple.

(9) *Later* (plus tard) ; *late* : tard ; *to be late* : être en retard.
Le contraire, tôt, se dit *soon*.
Petit test : quels sont les jours de la semaine ?
Réponse : *Monday, Tuesday, Wednesday, Thursday,
Friday, Saturday, Sunday*. Très bien. Faites vos
exercices, et à demain !

Exercice
1 Comment se fait-il que vous ayez raté le train ? **2** Cela se
reproduira-t-il ? **3** Est-ce qu'il te manque ? **4** Vous êtes
encore en retard ; c'est inacceptable ! **5** Pouvons-nous en
parler plus tard ?

Fill in the missing words

1   *À propos, ton train a du retard.*
     . . . ., your train . . . .

2   *Nous manquons de serveurs, aujourd'hui.*
     We are . . . . waiters today.

* *

Forty-eighth Lesson (fordièïZ lèsse-n)

Mister (Mr) Robertson Has the Actual Prices

1 – I'd **like** to **buy** a **mo**dem for my **PC**. **(1)**
2 – What **speed** would you **like**? **(2)**
3 – The **fast**est **one** you **have**. I **plan** to **surf**
     the **Web** on the **Internet**. **(3)**
4 – **Act**ually, we **just** got a **new ship**ment
     this **morn**ing. **(4)(5)**
5 – **Great,** how much **are** they?

PRONUNCIATION
1 ... pissii . 2 ... ou-**oud** 4 ... aktchueli ...

NOTES

(1)   Si vous n'êtes pas familier avec les modems, vous le serez
       bientôt ! Un modem est un élément informatique *hardware*
       qui permet de relier votre ordinateur avec votre ligne de
       téléphone, et par lequel se transmettent, via Internet, des
       informations, des textes, des images, et même des sons et
       des extraits de vidéos. Les lettres PC représentent les
       initiales de *personal computer* (ordinateur personnel).

(2)   *Would* est un conditionnel. Vous trouverez de plus
       amples explications à la leçon 49.

(3)   Le Web, c'est le World Wide Web, le réseau interface
       graphique qui en est venu à dominer dans l'utilisation
       d'Internet, appelé aussi WWW.

3   *S'il vous plaît, rappelez-moi de prendre mon nœud*
         papillon.
         Please .... to ... my ....

4   *Vous souvenez-vous d'elle ?*
         Do you .... ?

Les mots qui manquent :
1 By the way, is late **2** short of **3** remind me, get, bowtie **4** remember
her.

****

Quarante-huitième leçon

M. Robertson a les prix exacts

1 –   Je voudrais acheter un modem pour mon
         ordinateur.
2 –   Quelle capacité (vitesse) voudriez-vous ?
3 –   Le plus rapide que vous ayez. J'ai l'intention
         de surfer [sur] le Web sur Internet.
4 –   En fait, nous venons de recevoir (nous avons
         juste reçu) une nouvelle livraison ce matin.
5 –   Génial, combien coûtent-ils (sont-ils) ?

NOTES (suite)

(4)   *Actually,* que nous avons déjà rencontré, mérite encore
         un petit rappel, car il est très usité. À l'origine, *actually*
         signifiait "actuellement", et était donc proche du
         français. De nos jours, il signifie "vraiment" et n'a plus
         aucun rapport avec l'expression d'un temps présent.
         Actual (exact). Notez que "actuellement" se traduit
         aujourd'hui par *"currently"*.

(5)   *A shipment* est un synonyme de *a delivery* (une
         livraison). Bien qu'il contienne le mot *ship* (navire),
         l'expression   s'applique   indifféremment   aux
         marchandises venues par avion, par camion, par bateau,
         par la poste.

6 – Hang **on** a se**c**ond, I'll **check**.

7 – No **prob**lem.

8 – **Sorry ab**out **that,** but **they**'re **not mark**ed yet, and **Mr. Rob**ertson, our **store man**ager, has the **actual pric**es, but he just **step**ped **out. (6)**

9 – When **do** you ex**pect** him **back**? **(7)**

10 – **Actually,** you're **in luck, here** he **comes now. Happy surf**ing. **(8)(9)**

8 ... markt ... stèpt aout

NOTES (suite)

(6) *To mark.* Les prix sont indiqués (*marked*) sur les produits. *A mark up,* c'est la marge, la somme ajoutée par le détaillant à son prix d'achat pour en retirer un bénéfice. *To mark down* signifie baisser le prix d'un produit, le solder, afin de vendre la marchandise plus rapidement. D'un produit muni d'une étiquette erronée on dira qu'il est *"mismarked"*.

(7) *To expect* (attendre, s'attendre à, attendre quelque chose de quelqu'un ...) : *to expect the worst* (s'attendre au pire) ; *she's expecting a baby* (elle attend un enfant) ; *I expect you back at seven* (j'attends de toi que tu sois de retour à dix-neuf heures).

(8) *To be in luck* signifie *to have luck* (avoir de la chance) ou *to be lucky* (être chanceux). Son contraire est *to be out of luck* ou *unlucky.*

*****

Exercise

1 How much is the fastest modem you have? **2** When do you expect her back? **3** Actually, here she comes. **4** Can you check the price of that car? **5** I plan to surf the web.

6 – Patientez un instant, je vais vérifier (je vérifierai).

7 – Pas de problème.

8 – Désolé (de cela), mais ils ne sont pas encore marqués, et M. Robertson, notre directeur de magasin, a les prix exacts, mais il vient de sortir (il a juste marché dehors).

9 – Quand pensez-vous qu'il reviendra (Quand attendez vous lui de retour) ?

10 – En fait, vous avez de la chance (vous êtes en chance), le voilà (ici il vient) maintenant. Surfez bien (heureux surf).

NOTES (suite)

(9) *Surfing* dans ce contexte signifie passer au hasard d'un site web à un autre, comme sur des vagues, avec votre ordinateur.

Exercice

1 Combien coûte le modem le plus rapide que vous ayez ? 2 Quand pensez-vous qu'elle reviendra ? 3 En fait, la voilà. 4 Pouvez-vous vérifier le prix de cette voiture ? 5 J'ai l'intention de surfer sur le web.

Leçon 48

Fill in the missing words

1   *Elle est en train de sortir.*
       She's . . . .

2   *Je serai de retour dans quelques minutes.*
       I'll . . . . . . , in . . . . minutes.

3   *Me voici !*
       Here . . . !

4   *Ils viennent de recevoir une nouvelle livraison.*
       They . . . . a new shipment.

Les mots qui manquent :
1 stepping out **2** be back, a few **3** I am **4** just got

*****

Notes personnelles :

Forty-Ninth Lesson (fordi**naï**nZ **lè**sse-n)
Quarante-neuvième leçon

Révisions

1. To get (passé = *got* ou *gotten*)

Ce petit verbe à l'air innocent, qui apparaît un peu partout, est susceptible de vous laisser un peu perplexe. Mais après avoir lu ce paragraphe, vous n'aurez plus, nous l'espérons, aucun doute sur la question.

• *Get* + **objet direct = aller chercher pour apporter, recevoir, acheter**
Can I get you something to drink? – Est-ce que je peux aller te chercher / t'apporter quelque chose à boire ?
You have to get a new pair of shoes. – Tu dois t'acheter une nouvelle paire de chaussures.
Did you get my letter? – As-tu reçu ma lettre ?

• *Get* + **adjectif = devenir, commencer à**
He's getting old. – Il vieillit (devient vieux).
I'm getting hungry. – Je commence à avoir faim.
Autres exemples : *to get sick* (tomber malade) ; *to get well* (guérir) ; *to get dark* (commencer à faire nuit) ; *to get cold* (commencer à faire froid) ; *to get wet* (se mouiller), etc.

• *Get* + **particule exprime un mouvement**
- avec *out / out of* = mouvement vers l'extérieur
- avec *in* = mouvement vers l'intérieur
- avec *down* = mouvement vers le bas
- avec *up* = mouvement vers le haut
- avec *to* = mouvement vers une destination

• *Get* + **participe passé** se traduit soit a) par un **verbe pronominal,** soit b) par un **passif** :
a) *to get married* = se marier ; *to get divorced* = divorcer ; *to get dressed* = s'habiller ; *to get washed* = se laver, etc.
b) *Did you get invited to the wedding?* – As-tu été invité au mariage ? ; *The killer finally got arrested.* – Le tueur a finalement été arrêté.

Tout ceci vous semble compliqué ? Il n'en est rien, ***don't get discouraged*** (ne vous découragez pas), vous assimilerez toutes ces formes et bien d'autres choses encore sans même vous en apercevoir !

2. L'impératif

Rien de plus simple – il correspond à **l'infinitif sans** *to* :
> *Eat your soup!* – Mange ta / mangez votre soupe !
> *Look!* – Regarde / regardez !

• À la forme **négative**, on emploie ***don't*** :
> *Don't drink that water!* – Ne bois / ne buvez pas cette eau !

• Pour l'impératif à la **première personne du pluriel**, on emploie ***let's (= let us)***, ou ***let's not*** à la forme négative :
> *Let's go to the restaurant tonight.* – Allons au restaurant ce soir.
> *Let's not go to the restaurant.* – N'allons pas au restaurant.

• *Always* (toujours) et *never* (jamais) précèdent toujours l'impératif :
> *Never smile at a crocodile.* – Ne souriez jamais à un crocodile.
> *Always say hello to the neighbors.* – Dis toujours bonjour aux voisins.

3. Le conditionnel présent

Il est très facile à reconnaître, jugez-en par vous-même :

• *would* + **infinitif sans** *to* à toutes les personnes
> *We would be glad to see her.* – Nous serions heureux de la voir.
> *She would be surprised!* – Elle serait étonnée !
> *We would like to see him.* – Nous aimerions le voir.

• *should* + **infinitif sans** *to* (= devoir) à toutes les personnes
> *You should go to the cinema.* – Tu devrais / vous devriez aller au cinéma.

They should listen more carefully. – Ils / elles devraient écouter plus attentivement.
She shouldn't buy that dress. – Elle ne devrait pas acheter cette robe.

- *could* + **infinitif sans** *to* (= pouvoir) à toutes les personnes
  We could go to the beach tomorrow. – Nous pourrions aller à la plage demain.
  Could you pass me the sugar, please? – Pourrais-tu / pourriez-vous me passer le sucre, s'il te plaît / s'il vous plaît ?

- *might* + **infinitif sans** *to* est plus rare et s'emploie plutôt dans le sens de "il se pourrait bien que..."
  Don't jump off that tree! You might hurt yourself. – Ne saute pas de cet arbre ! Tu pourrais te faire mal.
  Did you invite Jane? – No, but she might come anyway. – Est-ce que tu as invité Jane ? – Non, mais il se pourrait bien qu'elle vienne quand même.

- Le conditionnel est souvent introduit par *if* (si) + **prétérit**
  *If you **bought** him a present, he **would** (ou he'd) be very happy.* – Si tu lui achetais un cadeau, il serait très heureux.

Rappel : la contraction est possible avec *would* :
  I'd (= I would) like a cup of coffee, please. – Je voudrais une tasse de café, s'il vous plaît.

Vous rendez-vous compte des énormes progrès que vous avez faits en quelques semaines ? Vous allez pouvoir le constater dès la prochaine leçon. En effet, vous arrivez à un stade important de votre apprentissage de l'anglais américain – celui où vous allez pouvoir entamer la phase active ou "deuxième vague". Le principe vous a été expliqué en introduction, nous vous le rappellerons à la cinquantième leçon.

That's all for today, folks!

Fiftieth Lesson

Aerobics (1)

1 – **Are** you **ready**? Okay, **let's go**.
2   **Clap** your **hands** over your **head**. **One,
    two, three, four**. **Five, six, seven, eight**.
    One more **time**. **One, two**...
3   Now, **rai**se your **shoul**ders ... **up** and
    down. **First** the **right shoul**der and **then**
    the **left**. A**gain**, **right shoul**der up, **right
    shoul**der down. Now **left shoul**der up,
    now **left shoul**der down. **Good**. (2)
4   **Point** your **chin** in the **air** and then **point**
    it **down** to the **ground**. Re**peat** that **four**
    times. **Chin** up, **chin** down.

PRONUNCIATION
èrobiks **2** klap ... **3** ... **cho**-older ... **4** ... **poï**-nt ... tchi-n ... ri**piit** ...

*Vous entamez aujourd'hui la phase active – ou "deuxième
vague" – de votre apprentissage de l'anglais américain.
Comment procéder ? C'est très simple : après avoir étudié
votre leçon quotidienne comme tous les jours, vous
reprendrez ensuite une leçon depuis le début (nous vous
indiquerons laquelle). Mais cette fois, après l'avoir revue
brièvement, vous traduirez à haute voix le dialogue français
en anglais. Ne soyez pas timide, parlez bien fort, articulez,
revenez plusieurs fois sur la prononciation d'un son si
nécessaire. Courage ! Ce petit travail supplémentaire, loin
d'être fastidieux, vous permettra de vérifier tout ce que vous
avez appris au fil des leçons, presque sans vous en
apercevoir.*

Cinquantième leçon

Aérobic

1 – Êtes-vous prêts ? D'accord, allons-y.
2 Frappez dans vos mains au-dessus de la (votre) tête. Un, deux, trois, quatre. Cinq, six, sept, huit. Encore une fois. Un, deux...
3 Maintenant, haussez les épaules... en haut et [puis] en bas. D'abord l'épaule droite, puis la gauche. Encore, épaule droite en haut, épaule droite en bas. Maintenant, épaule gauche en haut, épaule gauche en bas. Bien.
4 Pointez le (votre) menton en l'air, puis pointez-le ([en] bas) vers le sol. Répétez cela quatre fois. Menton en haut, menton en bas.

NOTES

(1) Le principe de l'aérobic consiste à se mouvoir continuellement, généralement sur de la musique, pour développer la force et l'endurance tout en éliminant autant de calories que possible.... À l'origine, l'aérobic fut créé pour soulager la mauvaise conscience des gourmands issus de la génération du baby-boom, soudainement soucieux de bonne forme, de santé, et de développement personnel. Aux États-Unis, la mode du jogging prit un essor fulgurant dans les années 70, période à laquelle les clubs de gym se multiplièrent dans tout le pays. Jane Fonda contribua à renforcer cette tendance, avec ses best-sellers, ses vidéos et ses émissions sur la forme physique.

(2) Cette leçon nous donne l'occasion de faire un petit tour de l'anatomie humaine. Pour de plus amples détails, jetez un coup d'œil à la leçon 56.

5 **Raise** your **arms** a**bove** your head and **ro**tate them to the **left**. Now **drop** your **arms** to your **sides**, and now **raise** them a**gain**. Now **ro**tate them to the **right** and **back** to the **left**. **Ro**tate to the **right**, now **back** to the **left**. **Good**. (3)

6 **Bring** your **right** knee to your **chest** and **place** it **back** on the **ground**. Now the **same** thing with your **left** knee. Now the **right** one a**gain**. **Left**. **Right**. **Left**...

7 Take **deep breath**es. **In**hale. **Ex**hale. **In**hale. **Ex**hale. **In**hale. **Ex**hale.

8 **Rest**. It's **time** for a **juice** break; you de**serve** it!

5 rè**ïse** ... drop ... **saïdz** ... ro**tèïte 6** ... nii tchèsst ... **7** ... **diip brèZss. i-n**Hèïle. ex**Hèïle ... 8 ... djou**sse brèïk ... di**zeurv** ...

AEROBICS

Exercise
1 If you're ready, let's go. **2** First raise your right knee and then your left. **3** Good. Right and left. Bring your feet over your head, Mrs. Brown. **4** Okay everybody, take deep breathes. **5** And rest. Time for a break.

*****

Exercice
1 Si vous êtes prêts, allons-y. **2** D'abord levez votre genou droit et puis le gauche. **3** Bien. Droite et gauche. Amenez (apportez) vos pieds au-dessus de votre tête, Mme Brown. **4** D'accord tout le monde, respirez profondément. **5** Et repos. C'est l'heure de la pause.

5 Levez les bras au-dessus de la tête et tournez-les vers la gauche. Maintenant laissez tomber les bras sur les(vos) côtés, puis levez-les à nouveau. Maintenant, tournez-les vers la droite puis encore la gauche. Tournez vers la droite, puis encore la gauche. Bien.

6 Amenez (apportez) votre genou à la poitrine puis reposez-le au sol. Maintenant, la même chose avec votre genou gauche. Maintenant, le droit encore. Gauche. Droite. Gauche...

7 Respirez profondément (prenez des profondes respirations). Inspirez. Expirez. Inspirez. Expirez. Inspirez. Expirez.

8 Repos. C'est l'heure pour une pause-jus [de fruit]. Vous le méritez !

NOTES (suite)

(3) Vous voyez ici en contexte la manière dont on emploie les petits mots qui indiquent une direction et que nous avons déjà abordés à la leçon 49, avec *to get*.

*****

Fill in the missing words

1 *Il peut toucher son menton avec ses genoux*
He can touch ... . with ... .

2 *Quel est le son d'une main en train de taper ?*
What's the sound of one .... clapping?

3 *Ses bras sont plus gros que mes jambes.*
His .... are ...... than .. ..

4 *Vous méritez une pause.*
You ....

5 *Est-il monté ? Non, il est descendu.*
Did he .. ..? No, he ....

Les mots qui manquent :
1 his chin, his knees **2** hand **3** arms, bigger, my legs **4** deserve a break **5** go up, went down.

Fifty-first Lesson

A Visit with a Realtor (1)

1 – **This** is the **kitchen. N**otice the **walk**-in **pan**try **and the built**-in **cup**boards. **(2)(3)**
2 – **That's very prac**tical. We **love** the **oak cab**inets. **(4)**

PRONUNCIATION
ri-elteur 1 ... kitche-n ... pèntri ... bilti-n kebeurdz. 2 ... praktikel ... o-ok kabinètss.

NOTES

(1)   *A realtor* ou *a real estate agent* s'occupe de vendre ou de louer des maisons, des appartements et des propriétés. Aux États-Unis, les agents immobiliers doivent être commercialement agressifs, tout en étant constamment prêts à rendre service aux clients. La qualité du service est essentielle, car la concurrence est rude, et les agents sont payés à la commission. La principale société immobilière des États-Unis est Century 21, dont les agents sont connus pour porter une veste couleur dorée, l'uniforme de la société.

(2)   Les cuisines américaines sont souvent spacieuses, et les éléments qui la composent sont généralement plus grands qu'en Europe. Le réfrigérateur est conçu pour contenir non seulement de grandes quantités de nourriture, mais aussi des bouteilles, des pots et des packs de jus de fruit ou de lait de plusieurs litres (par exemple de 1 gallon = 3,785 litres). Les Américains font leurs courses moins souvent que les Européens, mais achètent en plus grande quantité à chaque fois. Le réfrigérateur sert souvent à transmettre des informations pratiques ou personnelles en y fixant, à l'aide d'aimants, des morceaux de papier, des coupons de réduction ou des maximes populaires telles que *"Have a Nice Day"* (Passez une bonne journée).

Cinquante et unième leçon

Une visite avec un agent immobilier

1 – Voici la cuisine. Remarquez la réserve à provisions de plain-pied et les placards encastrés.
2 – Ça c'est très pratique. Nous adorons les placards en chêne.

NOTES (suite)

(3) Notez les mots composés qui indiquent la fonction de l'objet : *Walk-in* signifie qu'il est possible d'entrer dans la réserve à provisions, il s'agit donc à priori d'un grand placard. *Built-in* exprime l'idée d'une installation permanente. Les éléments principaux de la cuisine sont : *the kitchen table* (la table de cuisine), *the kitchen sink* (l'évier) notez l'expression *"everything but the kitchen sink"*, qui signifie une accumulation de choses ou de bric-à-brac, *the kitchen drawers* (les tiroirs de cuisine), *the stove* (la cuisinière), *the oven* (le four), *the dishwasher* (le lave-vaisselle), *the toaster* (le grille-pain), *the coffee maker* (la cafetière électrique), *the electric can opener* (l'ouvre-boîte électrique), *the blender* (le mixer)...

(4) Le chêne (*oak*) est une des essences de bois les plus fréquemment utilisées dans les maisons américaines, tant pour les meubles que pour les sols. Parmi les autres types de bois, il y a *maple* (**më**ïpel – érable) ; *birch* (beurtch – bouleau) ; *elm* (orme) ; *pine* (pin) ; *mahogany* (me**Ha**goni – acajou) ; *walnut* (noyer). Le bois se dit *wood*.

Leçon 51

3 – And over here is the **din**ing room. **N**otice
   the **par**quet **floors** and the **French** doors.
   (5)
4 – **L**ovely.
5 – **Up**stairs, on the **sec**ond **floor**, there are
   three bedrooms and **two full bath**rooms
   with a **guest** room. The **mas**ter **bed**room
   has a **walk**-in **clos**et and a ja**cuz**zi in the
   bathroom. **(6)(7)**
6 – What **lux**ury! Let's **see** it.

3 ... **flo**-orz 5 ... **baZ**roumz ... dje**kou**zi ...

NOTES (suite)

(5)   Les autre éléments principaux d'une maison américaine
   typique sont : *the front hall* (le couloir d'entrée) ; *closets,*
   cupboards, ou *kitchen cabinets* (placards) ; *the basement*
   ou *cellar* (sous-sol ou cave) ; *the attic* (grenier) ; *the front*
   yard (cour ou jardin devant la maison) ; *the back yard*
   (cour ou jardin derrière la maison) ; *driveway* (allée
   menant au garage).
   Remarquez l'influence française dans la décoration
   intérieure. Les *French doors* se situent généralement
   entre la salle à manger et le salon, ce qu'on considère
   comme plus esthétique. Les fenêtres américaines
   s'ouvrent de bas en haut, grâce à une poulie et à un
   système de poids installé dans le mur. Les fenêtres qui
   s'ouvrent vers l'intérieur ou l'extérieur sont appelées
   French windows.
   Remarque : *over here* (ici), *over there* (là-bas) sous-
   entendent qu'il y a un mouvement, un déplacement, alors
   que *here*(ici) et *there* (là, là-bas) sont plus statiques.

3 – Et voici la salle à manger. Remarquez les parquets (parquet sols) et les portes-fenêtres (portes françaises).

4 – Très joli.

5 – En haut, au premier étage, il y a trois chambres et deux salles de bains complètes, et (avec) une chambre d'amis (hôtes). La chambre à coucher principale (maître-chambre) a un "dressing" (placard où l'on peut entrer) et un jacuzzi dans la salle de bains.

6 – Quel luxe ! Allons voir ça.

NOTES (suite)

(6) Les salles de bains américaines sont elles aussi spacieuses, avec une baignoire et une douche, un lavabo simple ou double, et des toilettes pratiquement toujours dans la même pièce. Les maisons américaines de base peuvent adopter différents styles : *split-level*, c'est-à-dire que la maison comporte au moins deux niveaux ; *ranch house*, avec un seul niveau sans sous-sol ; *colonial*, construit sur le modèle de l'ancienne esthétique et "fonctionnalité" anglo-américaines ; ou *modern*, c'est-à-dire contemporain. Les maisons urbaines, qu'on appelle parfois *townhouses* (de *town* = ville et *house* = maison) sont généralement étroites et hautes, et se trouvent surtout dans les vieilles villes de la côte Est : Boston, New York, Philadelphie, Baltimore, etc. Les *townhouses* pourvues d'un escalier raide qui descend jusqu'au trottoir sont appelées *brownstones* (pierre brunes), du nom de la pierre dont elles sont traditionnellement construites. Les maisons de banlieue sont pour la plupart des maisons individuelles, tandis que les *townhouses* et les résidences sont communes ou semi-individuelles. Souvenez-vous que le *second floor* est le premier étage, le *first floor* (ou *ground floor*) étant le rez-de-chaussée.

(7) Le *walk-in closet* (c'est-à-dire un placard où on peut "entrer en marchant") correspond à ce que les Français appellent... "dressing". Quant au *jacuzzi*, bassin chauffé à remous, il fait partie des éléments indispensables au confort des familles aisées...

7 – **Down**stairs is a large **den** or **fam**ily room, **laun**dry fa**cili**ties, and a **two**-car **gar**age.**(8)**

8 – **May**be you should **tell** us the **price first.**

9 – **First**, let's **fin**ish the **tour. (9)**

7 ... guera-age

NOTES (suite)

(8) *Upstairs* (en haut) et *downstairs* (en bas) se composent tous deux de la particule indiquant la direction et du mot *stairs* (marches), donc littéralement en haut/en bas des marches. *Laundry* signifie "lessive". *To do the laundry* (faire la lessive). La lessive dans le sens de produit pour laver le linge se dit: *washing detergent*.

(9) *First* (premier) signifie aussi "d'abord".

Exercise

1 Are the bedrooms upstairs? 2 The kitchen is very practical. 3 The guest room on the third floor has a walk-in closet. 4 Maybe you should see the bathroom first. 5 The tour isn't finished; let's see the attic.

*****

Exercice

1 Est-ce que les chambres sont en haut ? 2 La cuisine est très pratique. 3 La chambre d'amis au deuxième étage a un "dressing". 4 Vous devriez peut-être voir la salle de bains d'abord. 5 La visite n'est pas terminée, allons voir le grenier.

7 – En bas, il y a un grand salon ou pièce familiale, une buanderie (facilités pour la lessive) et un garage [pour] deux voitures.

8 – Peut-être devriez-vous d'abord nous dire le prix.

9 – D'abord, finissons la visite.

*****

Fill in the missing words

1   *Quel luxe !*
    . . . . !

2   *Les invités adorent notre jacuzzi.*
    The . . . . . . love . . . jacuzzi.

3   *Avez-vous remarqué les placards en érable ?*
    . . . you . . . . . . the . . . . . cupboards?

4   *Terminons la visite !*
    . . . . .* finish the . . . . !

Les mots qui manquent :
1 What luxury 2 guests, our 3 Did, notice, maple 4 Let's, tour.

Deuxième vague : Second Lesson

Fifty-second Lesson

When I Was Young (1)

1 – When I was **young** I **us**ed to **vis**it my **grandpar**ents on their **farm** in **up**state New **York**. **(2)**

2 I loved **go**ing there be**cause** their **house** was on a **lake** and we **us**ed to **feed** the **ducks** and **swans**. **(3)**

3 **Gran**dma **us**ed to **bake whole** wheat **bread** and we would **al**ways **get** to eat **whole loaves** when they were **still** warm. **(4)**

4 **Gran**dpa **taught** me **how** to **milk cows**. **(5)**

5 My **cous**in **Ben**ny and I would get a **kick** out of **scar**ing the **chick**ens. **(6)**

PRONUNCIATION
1 ... eupstèït ... 2 ... lèïk ... deuks ... soa-nz. 3 ... lô-ovz ... 4 ... ka-cz. 5 ... tchike-nz

NOTES

(1) *To be young / old* (être jeune / vieux). Les jeunes (c'est-à-dire la catégorie des jeunes en général) se dit *the young*. Selon le même principe, on a *the dead* (les morts), *the sick* (les malades), *the blind* (les aveugles), *the poor* (les pauvres), *the rich* (les riches), etc. Le verbe qui s'y rapporte est toujours au pluriel.

(2) La forme *"used to"*, souvenez-vous, indique une habitude, une action régulièrement répétée dans le passé. L'équivalent français serait par exemple une phrase commençant par "avant" ou "autrefois", etc. et conjuguée à l'imparfait. *Jim used to shave every morning but now he has a beard* (Avant, Jim se rasait tous les matins, mais maintenant il a une barbe). Si vous avez encore des hésitations, retournez à la leçon 35.

Cinquante-deuxième leçon

Quand j'étais jeune

1 – Quand j'étais petit (jeune), j'allais (j'avais l'habitude de) rendre visite à mes grands-parents dans leur ferme au nord de l'État de New York.

2 J'adorais aller là-bas parce que leur maison était près (sur) d'un lac et nous allions (avions l'habitude de) nourrir les canards et les cygnes.

3 Grand-mère cuisait (avait l'habitude de cuire) du pain complet au froment et nous arrivions toujours à en manger des miches entières lorsqu'elles étaient encore tièdes.

4 Grand-père m'a appris (comment) à traire les vaches.

5 Mon cousin Benny et moi (je) nous amusions à faire peur aux poules.

NOTES (suite)

(3) Un peu de vocabulaire ayant trait à l'eau : *lake* (lac) ; *pond* (mare, étang) ; *sea* (mer) ; *bay* (baie) ; *river* (rivière, fleuve), *brook* (ruisseau) ; *stream* (courant).

(4) *Whole* (complet, entier), à ne pas confondre avec *hole* (trou, espace vide) – les deux mots se prononcent exactement de la même façon : **Ho**-ole. À la leçon 56, vous aurez l'occasion d'apprendre tout ce que vous avez toujours voulu savoir sur les pains américains.

(5) *Taught* est le passé irrégulier de *to teach* (enseigner, apprendre quelque chose à quelqu'un). *Milk* (lait), to milk (traire). *Cow* (vache), *veal* (veau), *bull* (taureau), *ox* (bœuf), *cattle* (bétail), sans oublier le *cowboy*, que vous connaissez bien sûr déjà !

(6) *To get a kick out of* (aimer, apprécier, se faire plaisir avec quelque chose). Remarquez également la manière dont s'exprime l'imparfait dans cette phrase. Nous y reviendrons à la leçon 56.

6 I remember the day **Gran**dma and **Gran**dpa's black **lab**rador, **Wil**lie, gave **birth** to a **lit**ter of **six pup**pies. The **runt** of the **lit**ter, a **skin**ny one with a **white** spot on his head, was my **fa**vorite. **(7)**

6 ... lidde-r ... reun-t ...

NOTES (suite)

(7) *Puppy* (chiot), *kitten* (chaton). Et si les animaux vous intéressent, notez aussi : *pack of wolves* (bande de loups), *herd of reindeer* (harde de rennes), *horde of mosquitos* (nuée de moustiques), *gaggle of geese* (troupeau d'oies), *flock of sheep* (troupeau de moutons)...

Exercise

1 His grandparents used to live on a farm. **2** They would always feed the ducks and milk the cows. **3** Grandma taught me how to bake bread. **4** The skinny puppy was his favorite. **5** Their house was on a lake and I loved going there.

*****

Fill in the missing words

1   *Je me souviens du jour où tu as fait peur aux poulets.*
    I .... you ...... the chicken.

2   *Tu buvais toujours le lait quand il était encore tiède.*
    You .... drink the milk when it was
    ....

6 Je me souviens du jour [où] le labrador noir de Grand-Mère et de Grand-Père, Willie, a donné naissance à une portée de six chiots. Le plus petit (nabot) de la portée, un [tout] maigrichon avec une tache blanche sur la (sa) tête, était mon préféré.

Exercice
1 Ses grands-parents habitaient une ferme. **2** Ils donnaient toujours à manger (nourrissaient) aux canards et trayaient les vaches. **3** Grand-mère m'a appris à cuire le pain. **4** Le chiot maigre était son préféré. **5** Leur maison était près d'un lac et j'adorais y aller.

*****

3 *Ils donnaient à manger aux canards.*
They . . . . the ducks.

4 *Quand j'étais jeune, j'habitais à New York.*
When I . . . . . . , I . . . . in New York.

Les mots qui manquent :
1 remember the day, scared **2** would always, still warm **3** used to feed **4** was young, used to live.

Deuxième vague : Third Lesson

Fifty-third Lesson

What a Mix! (1)

1 – **Hi, where** are you **from**?
2 – **We**'re from Al**be**rta, **Can**ada.
3 – **Ah, Can**adians, **huh**? I **thought** you were
   Irish or **Scot**tish. (2)(3)
4 – **No**, but my **fath**er was **born** in **Ire**land and
   my **wife**'s **fam**ily **com**es from **Scot**land. (4)
5 – I'm A**mer**ican but my **grand**father on my
   mother's **side** was **Pol**ish and **his** wife
   was **Ger**man. (5)
6 – From **Pol**and, **eh**? My **broth**er's **first**
   wife **was** a **Pole**. And his **cur**rent **wife** is
   half **Swiss**, half **Welsh**. (6)

NOTES

(1) On utilise les articles *a* ou *an* après *what* ou *such* lorsque
le nom qui suit est au singulier et dénombrable : ***What a***
nice painting! (Quel beau tableau !) ; ***Such a*** *terrible*
story! (Quelle histoire affreuse !) ; ***What a*** *disaster !*
(Quel désastre !) ; ***What a*** *nice couple!* (Quel couple
sympathique !). Souvenez-vous, en revanche, de la leçon
51, où nous avions *"what luxury"*, sans article, car le luxe
est indénombrable...

(2) Les Étasuniens ajoutent souvent *"huh?"* sur un ton
interrogateur à la fin d'une question, alors que les
Canadiens anglophones disent plutôt *"he?"* – c'est une
manière simple et amusante de les reconnaître.

(3) *I thought you were Irish or Scottish* : Remarquez tout
d'abord la tournure verbale, identique à son équivalent
français – Je pensais [que] vous étiez – et donc facile à
retenir. Pour ce qui est des nationalités, nous les avons

Cinquante-troisième leçon

Quel mélange !

1 – Bonjour, d'où venez-vous ?
2 – Nous sommes de l'Alberta, [au] Canada.
3 – Ah, [des] Canadiens, hein ? Je pensais que
vous étiez Irlandais ou Écossais.
4 – Non, mais mon père est (était) né en Irlande
et la famille de ma femme vient d'Écosse.
5 – Je suis Américain mais mon grand-père du
côté de ma mère était Polonais et sa femme
était Allemande.
6 – De Pologne, hein ? La première femme de
mon frère était Polonaise. Et sa femme
actuelle est moitié Suisse, moitié Galloise.

NOTES (suite)

déjà vues en détail à la leçon 28 et notre leçon
d'aujourd'hui vous donne un petit complément.
Signalons qu'aux États-Unis, la loi garantit la nationalité
américaine à quiconque est né sur le territoire. La
nationalité américaine est également garantie à tout
enfant de père ou de mère américain(e), quel que soit le
pays de naissance de l'enfant.

(4)   Retenez bien la construction passive *"I was born"* (Je
suis né). La formule est la même à toutes les personnes :
you were born, he was born, she was born, etc. Pour
"naître", l'anglais utilise donc la structure passive *"to be
born"*. Au futur par exemple, on dira *"Her baby **will be
born** in July"* – Son bébé naîtra en juillet.

(5)   *My mother's side* (Le côté de ma mère).Vous souvenez-
vous du cas possessif ? Nous l'avions abordé à la leçon
34 et nous y reviendrons plus en détail à la leçon 56.

(6)   Et vous avez ici le fameux *"eh?"* qui différencie les
Canadiens des Étasuniens !

7 – **What** a **mix**! All that's **mis**sing in the **fam**ily is an **A**pach**e**. **(7)**

8 – **Wait** a **min**ute, my **cous**in in **Sioux** Falls, **South** Dako**ta married** a **man** who is part **Nav**ajo and they **gave** their kid the **nick**name "**Run**ning **Wild**." **(8)**

PRONUNCIATION
7 ... apatchi. **8** ... ? sou? **fo**-olz ... **n**ava**Ho** ... oaïld.

NOTES (suite)

(7)   Les premiers habitants de l'Amérique du Nord étaient des tribus issues de différentes peuplades venues d'Asie et que l'Histoire a pris l'habitude de désigner par "Indiens" suite à l'erreur bien connue de Christophe Colomb qui, en essayant de rejoindre "les Indes", "découvrit" l'Amérique. Aujourd'hui, ces peuples, qui ont été littéralement décimés par l'oppression politique, raciale et économique, sont appelés *native Americans*. Au nombre des principales nations tribales qui ont encore des réserves en Amérique du Nord, on compte entre autres les Apaches, les Sioux, les Navajos, les Hopis, les Iroquois, les Mohawks, les Inuits, les Cherokees etc.

(8)   *Running Wild* signifie littéralement "courant sauvage", que nous traduisons par "celui-qui-fait-le-fou". Ce mot composé est formé d'un gérondif suivi d'un adjectif. Les formes en *-ing* sont très employées en anglais. Pour de plus amples explications, reportez-vous à la leçon 56.

*****

Exercise
1 Where is your brother-in-law from? **2** I'm from America but my parents were born in Ireland. **3** My aunt's husband comes from Canada. **4** My sister wants to marry an Italian because she thinks they're romantic. **5** Ah, what an excellent dinner!

*****

Exercice
1 D'où est votre beau-frère ? **2** Je suis d'Amérique mais mes parents sont nés en Irlande. **3** Le mari de ma tante vient du Canada. **4** Ma sœur veut se marier avec un Italien parce qu'elle pense qu'ils sont romantiques. **5** Ah, quel excellent dîner !

7 –   Quel mélange ! Tout ce qui manque dans la
       famille, [c'] est un Apache.
8 –   Attendez une minute, ma cousine de (dans)
       Sioux Falls, [dans le] Dakota du Sud, a
       épousé un homme qui est en partie Navajo et
       ils ont donné [à] leur enfant le surnom de
       "Celui-qui-fait-le-fou".

AH, WHAT AN EXCELLENT DINNER !

Fill in the missing words

1   *Ma nièce est à moitié Suisse.*
       My ..... is ....

2   *Son grand-père du côté de son père était Amérindien.*
       His .... on his .... was a Native
       American.

3   *Elle est née en Pologne.*
       She ... . in Poland.

4   *Quel drôle de surnom !*
       .... . funny .... !

Les mots qui manquent :
1 niece, half Swiss 2 grandfather, father's side 3 was born
4 What a, nickname

Deuxième vague : Fourth Lesson

Leçon 53

Fifty-fourth Lesson

Under the Weather (1)

1 – **Harry** is **un**der the **weath**er. He **went** to **work** but he **was**n't **feel**ing well.
2 – He's had the **flu three** times this **win**ter. And **now** his **si**nus condi**tion** is **kick**ing up a**gain**. (2)(3)
3 – It's been a **tough year**. The **kids** both had the **mea**sles, and then I **broke** my **wrist** when I **slip**ped on the **ice**. It's **bet**ter now, but it **hurt** for weeks. (4)(5)(6)

PRONUNCIATION
2 ... flou ... **saï**ness ... **3** ... teuf ... **mii**zelz ... slipt ...

NOTES

(1) *To be under the weather* signifie "être patraque, barbouillé, pas dans son assiette...". Vous noterez au passage que *weather* désigne "le temps qu'il fait". À ne pas confondre avec d'une part *time* – le temps qui passe – et *whether*, qui indique une interrogation indirecte : *I wonder whether...* (Je me demande si).

(2) Les quatre saisons sont, rappelons-le, *winter, spring, summer, fall* (ou *autumn*). Pour être plus précis, vous pouvez dire par exemple, *late spring* (la fin du printemps), *early fall* (début d'automne) ou *mid-winter* (le milieu de l'hiver). Un petit mot sur *condition* : il a généralement les mêmes acceptions qu'en français, mais on l'emploie aussi dans le sens d'état (*to be in good/bad condition* = être en bon / mauvais état) ou encore pour ce qui a trait à une maladie : *He has a heart condition / a liver condition*, etc. (Il a un problème au cœur / au foie...).

(3) Deux verbes à ne pas confondre : *kick* et *kick up*. La combinaison verbale *to kick up* veut dire "démarrer" ou "se déclencher soudainement". Exemples : *My backache is kicking up again* (ma sciatique refait des siennes / me reprend) ou *If the problem in the engine kicks up again,*

Cinquante-quatrième leçon

Pas dans son assiette (sous le temps)

1 – Harry n'est pas dans son assiette (est sous le temps). Il est allé travailler mais il ne se sentait pas bien.

2 – Il a eu la grippe trois fois cet hiver. Et maintenant ses ennuis de sinus (l'état de ses sinus) recommencent (fait du chahut de nouveau).

3 – Ç'a été une année difficile. Les enfants ont eu[tous les] deux la rougeole et puis je me suis cassé le poignet (j'ai cassé mon poignet) en glissant (quand j'ai glissé) sur la glace. Ça [va] mieux maintenant mais ça [m'a] fait mal pendant des semaines.

NOTES (suite)

we'll have to stop the car (Si notre problème de moteur réapparaît tout d'un coup, nous serons obligés d'arrêter la voiture). Une autre combinaison avec *kick* : *kick off*, terme de football américain qui désigne le début du match et par extension le début de quelque chose : *Let's kick off this meeting at ten* (Démarrons cette réunion à dix heures). Notez aussi qu'un *kick-back* est un pot-de-vin.

(4) Faites bien attention à l'orthographe de mots comme *tough*, qui se prononce "teuf". D'autres mots avec "*ough*" peuvent se prononcer très différemment : *cough* "**ko**-of" (toux), *though* "**dzo**-ou" (cependant), *thought* "**Zo**-ot" (pensée, passé du verbe *to think*)...

(5) Les maladies infantiles courantes sont *measles* (la rougeole), *mumps* (les oreillons), *chicken pox* (la varicelle) et *German measles* (la rubéole).

(6) *It rained for weeks* (Il a plu durant des semaines) pour exprimer la **durée d'une action**, on emploie *for* : *I slept for ten hours* (J'ai dormi durant 10 heures). *During*, en revanche, indique à quel moment quelque chose a lieu (a eu lieu, va avoir lieu), et non pas une durée : *I'll go swimming during the week* (J'irai nager pendant la semaine).

4 We **need** a **week** in **Flori**da, but **Har**ry **does**n't get **any time** off **work** until **Mar**ch and we **can't** afford to take an **un**paid vacation. **(7)**

5 We'll just **have** to **tough** it **out** and **drink** lots of **or**ange **juice**. **(8)**

6 – **Hop**efully, it'll **stop snow**ing soon. **(9)**

NOTES (suite)

(7) *Time off* désigne des jours de congés, payés ou non. *Time out* signifie que le chrono s'est arrêté, au sens propre ou figuré ; cette expression s'emploie beaucoup en sport, pour le basketball par exemple. Et lorsque le chrono se remet en route et que le match reprend, on parle de *time in*.

(8) Retenez bien l'expression *to tough it out* : tenir le coup, faire front. *To toughen* : s'endurcir. *Tough*, selon le contexte, pourra également se traduire par dur, difficile, etc.

(9) *It'll stop snowing* : Il va s'arrêter de neiger. Remarquez à nouveau la forme en *-ing*. Cette forme s'emploie obligatoirement à la place de l'infinitif avec *to* après certains verbes, ici *stop*. Rendez-vous à la leçon 56 pour une liste plus complète de ces verbes.

*****

Exercise

1 He still feels under the weather. **2** I'm not sure whether it's the flu or the measles. **3** My back hurt for weeks after the accident. **4** We would like to spend a week on vacation. **5** Do you think it's going to rain tomorrow?

*****

Fill in the missing words.

1 *Je me suis cassé la jambe en glissant sur la glace.*
I broke .. ... when I .... the ice.

2 *Il n'a pas les moyens de s'offrir une voiture.*
He .....* ....

3 *Il a neigé pendant dix jours.*
It .... ten days.

4 Nous aurions [avons] besoin d'une semaine en Floride, mais Harry n'aura pas de vacances (au travail) avant mars et nous n'avons pas les moyens [nous ne pouvons offrir] de prendre un congé sans solde (vacances impayées).

5 Nous devrons juste tenir le coup et boire beaucoup de jus d'orange.

6 – J'espère qu'il (avec espérance, il) s'arrêtera de neiger bientôt.

Exercice
1 Il n'est toujours pas dans son assiette [à cause du temps].
2 Je ne sais pas (suis pas sûr) si c'est la grippe ou la rougeole.
3 Mon dos m'a fait mal pendant des semaines après l'accident. **4** Nous aimerions bien passer une semaine en vacances. **5** Penses-tu qu'il va pleuvoir demain ?

*****

4 *Ma belle-mère a passé une année difficile.*
  My . . . . had a . . . .

Les mots qui manquent :
1 my leg, slipped on **2** can't afford a car **3** snowed for **4** mother-in-law, tough year.

Deuxième vague : Fifth Lesson

Fifty-fifth Lesson

Future Parents

1 – But Dr. (**doc**tor) **Scott**, we've been **try**ing for **o**ver two **years** to con**ceive**. (1)(2)
2 – I **know that**, **Car**ol, but **have** you been **try**ing at the **right ti**mes? **You** know your **cy**cle **bet**ter than **any**one else. (3)

PRONUNCIATION
fi**ou**tcheur 1... ke-n**ssiiv** 2 ... sa**ïk**el ...

NOTES

(1)   Revenons un peu à cette fameuse structure "*have been +
verbe en -ing*" qui sert à exprimer une action dont la
caractéristique est qu'elle **démarre dans le passé et se
prolonge jusqu'à l'instant présent**. Très facile, vous
allez voir :
I have been studying all year signifie que j'ai commencé
à étudier en début d'année et que je continue au moment
où je parle, donc "Ça fait un an que j'étudie". *Jack has
been traveling in Asia since July* signifie que Jack
voyage en Asie depuis le mois de juillet (et il y est encore
à l'heure où nous parlons de lui). *We've been sitting here
since 8 am* – nous nous sommes assis ici à 8 h du matin
et nous y sommes encore, donc "Nous sommes assis ici
depuis 8 h du matin".
Si l'action s'est étalée sur une certaine durée dans le
passé mais qu'elle est maintenant terminée, on utilise le
passé de l'auxiliaire *to have* (toujours "had") :
I had been studying for the exam until that Friday
(J'avais travaillé à mon examen jusqu'à ce vendredi-là).
Jack had been traveling in Asia when the cyclone hit
(Jack voyageait en Asie depuis un certain temps lorsque
le cyclone s'est déclaré). *We had been sitting there for an
hour, but you didn't arrive so we left* (Nous t'avons
attendu assis là durant une heure mais tu n'arrivais
toujours pas, alors nous sommes partis).

Cinquante-cinquième leçon

Futurs parents

1 – Mais, Dr. Scott, nous essayons depuis plus de
deux ans d'avoir un enfant (de concevoir).

2 – Je sais (cela), Carol, mais avez-vous essayé
aux bons moments ? Vous connaissez votre
cycle mieux que n'importe qui (d'autre).

NOTES (suite)

(2) *Over* indique généralement que quelque chose est sur,
dessus, au-dessus, par-dessus une autre, ou encore qu'il y
a excès. C'est ainsi qu'on le retrouve dans de nombreux
mots comme *overdose, to overfeed* (suralimenter), *to
overbuild* (surbâtir), *overgrowth* (surcroissance), *to
overheat* (surchauffer), ou encore dans *overalls*
(salopette, bleu de travail), etc. La construction de ces
mots est si simple et si logique qu'il n'est vraiment pas
difficile de les comprendre même sans les connaître.
Utilisé avec une expression de temps, *over* se traduit par
"plus de" : *over an hour* (plus d'une heure). En termes
sportifs, *"over-time"* est le temps nécessaire "en plus", à
la fin d'un match nul, pour déterminer le vainqueur.

(3) Revenons un peu sur les adjectifs et pronoms possessifs :
Adjectifs : *my, your, his, her, its, one's, our, your, their*
(ma / mon / mes, ta / ton / tes, etc.)
Pronoms : *mine, yours, his, hers, ours, theirs* (le mien/la
mienne / les miens / les miennes, etc.). Vous voyez que
l'anglais est vraiment plus facile que le français, puisque
ces possessifs ne changent ni en genre ni en nombre : *My
aunt lives in Chicago. My brothers live in Chicago.
These six cars are mine. This book is mine.*, etc.
On peut aussi ajouter la préposition *of* devant le pronom
possessif pour former un adjectif possessif : *a friend of
mine* = un de mes amis, *an uncle of yours* = un de tes
oncles.

3 – **Well**, I've been **tak**ing my **tem**perature **every morn**ing, and when **nec**essary Bob has been **leav**ing for work a bit **lat**er than usual. **Is**n't that **so**, Bo**bb**y? **(4)(5)**

4 – Well, Dr. (**doc**tor) **Scott**, you could **say** that on the **whole** I've been **play**ing my part. **(6)(7)**

5 – I've been a fer**til**ity **spec**ialist for **o**ver 20 (**twen**ty) years and my **rec**ord has been on the **whole pret**ty **good**. My ad**vice** is to **keep try**ing. There's **no rea**son for **this** not to work. **(8)(9)**

6 – We've been **eat**ing those al**fal**fa sprouts like you **told** us, **doc**tor, and **Bob** has been **tak**ing those **gar**lic **tab**lets. **(10)**

7 – You'll con**ceive**, **mark** my **word**.

8 – **Let's** go **home**, dear.

3 ...**tè-m**pretcheur ... **5** ... feur**til**idi **spè**chelist ... **6** ... **spra**outss ...

NOTES (suite)

(4) Rappelez-vous : *each* se traduit par "chaque" et *every*, généralement par "tout" ou "tous". L'expression "each and every" marque une insistance emphatique : *Each and everyday I think how fortunate we are to be alive* = Il n'est pas un seul jour où je ne pense à la chance que nous avons d'être en vie. *Each and every one of us should vote for the best candidate* = Chacun d'entre nous sans exception doit voter pour le meilleur candidat.

(5) *Is that so?* ou sa forme négative *Isn't that so?* sont tout simplement d'autres façons de dire "n'est-ce pas ?".

(6) *You could say*, littéralement "vous pourriez dire", équivaut en fait ici à "on peut dire". En effet, "on" n'a pas d'équivalent direct en anglais et s'exprime soit par *one*, qui est un peu formel, soit par *you* lorsqu'il s'agit d'un "on" très général. Lorsque le "on" familier est en fait un "nous", l'anglais utilise *"we"* : *Last week, we went to the zoo* (La semaine dernière, on est allés au zoo).

3 – Eh bien, je prends ma température tous les matins et, si (quand) nécessaire, Bob part au travail un peu plus tard que d'habitude. N'est-ce pas (n'est-ce pas comme ça), Bobby ?

4 – Eh bien, Dr. Scott, on peut dire (vous pourriez dire) que dans l'ensemble j'apporte ma contribution (je joue mon rôle).

5 – Je suis (un) spécialiste de la fertilité depuis plus de 20 ans et mes résultats sont dans l'ensemble très (joliment) bons. Mon conseil est de continuer d'essayer. Il n'y a pas de raison que ça ne marche pas.

6 – Nous mangeons ces germes de luzerne comme vous nous [l'] avez dit, docteur, et Bob prend ces pastilles à l'ail.

7 – Vous aurez un enfant (concevrez), croyez-moi (marquez mon mot).

8 – Rentrons à la maison, chéri.

NOTES (suite)

(7) *On the whole* est une des manières de dire "en général", "dans l'ensemble", "en gros". Autre expression équivalente : *by and large*.

(8) L'adjectif *pretty* signifie initialement "joli". Utilisé comme adverbe, il signifie "assez, passablement, pas mal" : *He's a pretty good player* (C'est un assez bon joueur).

(9) Attention : *advice*, prononcez "ed**va**ïss", (conseil) est un substantif et s'écrit avec un *c*, tandis que *advise* , prononcez "ed**va**ïz" (conseiller) est un verbe et s'écrit avec un *s*.

(10) C'est bien connu, les aliments peuvent avoir toutes sortes de vertus... Retrouvons-nous à la leçon 56 pour une savoureuse liste de légumes !

Exercise
1 I've been trying to call you since yesterday. **2** Do you think your dog will bite me? **3** On the whole I feel pretty good. **4** I've been on a diet for over one month, but these overalls are still too small!

*****

Exercice
1 J'essaye de te téléphoner depuis hier. **2** Est-ce que tu penses que ton chien me mordra ? **3** Dans l'ensemble, je me sens assez bien. **4** Je suis un régime depuis plus d'un mois, mais cette salopette est toujours trop petite !

Fill in the missing words

1 *Nous prenons des pastilles à l'ail depuis trois mois.*
We've . . . . garlic tablets . . . three months.

2 *Ses résultats étaient plutôt bons.*
His . . . . were . . . . . . good.

3 *Elle le connaît mieux que n'importe qui (d'autre).*
She knows . . . . anyone else.

4 Continuons de manger.
. . . . . * . . . .

Les mots qui manquent :
1 been taking, for **2** results, pretty **3** him better than **4** Let's keep eating

Deuxième vague : Sixth Lesson

Fifty-sixth Lesson

Cinquante-sixième leçon

Révisions

1. Anatomie humaine

Nous vous avions promis une petite liste, la voici. Ainsi vous serez par exemple en mesure de faire de l'exercice en anglais sans confondre le coude et le genou...

arm	bras
cheek	joue
chin	menton
ear	oreille
elbow	coude
eye	œil
eyebrow	sourcil
eyelash	le cil
finger	doigt
foot, feet	pied, pieds
hand	main
knee	genou
lip	lèvre
mouth	bouche
nose	nez
shoulder	épaule
toe	orteil
tongue	langue
tooth, teeth	dent, dents
wrist	poignet

2. Les pains

Bien que les boulangeries traditionnelles tendent à disparaître, on peut encore trouver toutes sortes de pains, parfois même très bons, y compris dans les supermarchés. La plus grande variété de pains a été introduite à l'origine par les immigrés venant d'Europe de l'Est. Si vous avez l'occasion de les goûter, n'hésitez pas, c'est tout un voyage gustatif en perspective !

Sachez tout d'abord que lorsque vous commandez un sandwich, on vous demande toujours de choisir une sorte de pain, version nature ou grillée (*toasted*). Le plus classique est le *white bread* (la marque la plus connue dans les supermarchés est Wonder Bread), équivalent du pain de mie, mais plus blanc que le français et très mou (à l'air, il reste mou durant plus d'une semaine, ce qui est un peu suspect...). Les autres pains, également toujours en tranches, sont le *whole wheat*, se rapprochant du pain complet ; *rye bread*, plus noir et qui contient souvent des graines de carvi ou de cumin ; et le *pumpernickel*, carrément noir et très dense. Les Étasuniens mangent également beaucoup de *bagels*, petit pain rond troué au milieu, provenant à l'origine des Juifs d'Europe centrale via New York, où la communauté juive est importante et où l'eau municipale est, paraît-il, particulièrement bien adaptée à la fabrication de ces pains. Les *bagels* existent en de multiples variétés, de la version "nature" aux versions *garlic* et *onion*, et sont traditionnellement mangés avec du *cream cheese* et du *lox* (saumon fumé) : *bagels and lox*.

3. L'imparfait, rappel

Vous connaissez déjà l'imparfait avec *used to* (cf. leçon 35). À la leçon 52, nous avons vu que l'imparfait pouvait également être rendu par *would*. Ces deux formes expriment des actions ponctuelles, répétées, qui ont eu lieu dans le passé :

> *When you were a child, you used to go / would go swimming once a week* (Quand tu étais enfant, tu allais nager une fois par semaine) : action ponctuelle et répétée dans le passé.

Mais seul *used to* peut être utilisé pour parler d'un état permanent du passé :

> *When you were a child, you used to hate cabbage* (Quand tu étais enfant, tu détestais le chou) état permanent du passé.

Si vous avez des doutes, contentez-vous de *used to*.

4. Les possessifs

Nous avons déjà largement abordé les adjectifs et les pronoms possessifs, nous n'y reviendrons donc pas ici. Parlons plus en détail du cas possessif qui se caractérise par l'ajout :
• d'un 's après un nom singulier ou un pluriel irrégulier (c'est-à-dire ne se terminant pas par *s*) : *Angela's brownies* (les brownies d'Angela) ; *the children's books* (les livres des enfants)
• de la simple apostrophe ' après un pluriel en *-s* : *my parents' books* (les livres de mes parents)

Rappelons que **l'ordre des mots est l'inverse du français** et que **le possessif ne s'emploie que pour les êtres vivants, les groupes et les collectivités** (au sens large, comme un pays ou une ville, par exemple) :
  My mother's car (la voiture de ma mère)
  The bear's honey (le miel de l'ours)
  The company's offices (les bureaux de l'entreprise)
  Everyone's favorite drink (la boisson préférée de tout le monde)
  Madrid's famous museum (le célèbre musée de Madrid)
S'il s'agit d'un objet, on exprimera la "possession" au moyen de *of* :
  The windows of the house (les fenêtres de la maison), etc.

Le cas possessif est également employé dans certaines **expressions liées à une date ou une durée** : *a three weeks' journey* (un voyage de trois semaines) ; *today's paper* (le journal d'aujourd'hui), etc.

Dans certains cas, on peut employer un **"possessif incomplet"** :
• *Whose car is this ? It's Bob's.* (À qui est cette voiture ? À Bob.)
• Lorsqu'on sous-entend *house* ou *shop*, par exemple : *Are you going to Angela's* (sous-entendu *house*) *tonight?* (Est-ce que tu vas chez Angela ce soir ?) ; *She went to the butcher's* (sous-entendu *shop*). (Elle est allée chez le boucher.)

5. Diverses formes en *-ing*

• La forme en *-ing* peut se traduire en français par un **infinitif** ou par un **nom, exprimant "le fait de faire quelque chose", une activité courante** : *She loves swimming* (Elle adore nager / la natation) ; *Waiting can be painful* (Le fait d'attendre / L'attente peut être douloureuse) ; *They spend all their time traveling* (Ils passent tout leur temps à voyager)...

• La forme verbale en *-ing* est **obligatoire**, à la place de l'infinitif avec *to*, **après certains verbes**, dont :
– *to avoid* (éviter) → *You can't avoid seeing her* (Tu ne peux pas éviter de la voir)
– *to consider* (envisager une possibilité) → *Could you consider moving to Brussels ?* (Pourrais-tu envisager d'aller vivre à Bruxelles ?)
– *to dislike* (ne pas aimer)
– *to enjoy* (aimer, prendre plaisir à)
– *to feel like* (avoir envie de)
– *to finish* (terminer, finir)
– *to give up* (abandonner, arrêter de manière définitive)
– *to imagine* (imaginer)
– *to keep on* (continuer à, faire quelque chose sans s'arrêter)
– *to mind* (être dérangé par)
– *to suggest* (suggérer)

• Certains verbes peuvent aussi bien être suivis de l'infinitif avec *to* que de la forme en *-ing* (sauf dans les cas de *would like*, *would love*, *would hate* et *would prefer*, où l'infinitif avec *to* est de rigueur). Il s'agit principalement de *to begin* (commencer) , *to start* (commencer), *to continue* (continuer), *to like* (aimer), *to love* (aimer, adorer), *to hate* (détester), *to prefer* (préférer), *to stop* (arrêter de). Exemples :

She says she will stop smoking (Elle dit qu'elle va arrêter de fumer) ;

She likes going to the beach (Elle aime aller à la plage) mais *She would like to go to the beach* (Elle aimerait àller à la plage), etc.

• On emploie la forme en *-ing* **après toutes les prépositions** (*at, about, after, before, by, for, from, in, of, on, with, without*...) cette forme se traduit par un infinitif en français :

> *They talked about moving to Miami.* (Ils ont parlé de déménager à Miami.)
> *Close the door before opening the window.* (Ferme la porte avant d'ouvrir la fenêtre.)

Nous n'entrerons pas davantage dans les détails pour aujourd'hui. Souvenez-vous également que la forme verbale en *-ing* équivaut très souvent à "être en train de" (voir leçon 42).

7. Et pour terminer, savourons quelques légumes :

broccoli	(brocoli)
Brussel sprouts	(choux de Bruxelles)
carrot	(carotte)
cauliflower	(chou fleur)
corn	(maïs)
cucumber	(concombre)
eggplant	(aubergine)
green pea	(petit pois)
lettuce	(laitue)
onion	(onion)
parsley	(persil)
potato	(pomme de terre)
spinach	(épinard)
squash	(courge)
string beans	(mange-tout)
tomato	(tomate)
turnip	(navet)

Deuxième vague : Seventh Lesson

Fifty-seventh Lesson

Of **Mice** and **Men** (1)

1 – **San**dy, I **hate** to **tell** you, but there's a
mouse in the **kitch**en. **(2)(3)(4)**
2 – I **know**. There are **mice** in this
a**part**ment. Don't **wor**ry, they're
harmless. I **on**ly bought **two**. **(5)(6)**
3 – **What**! I **told** you be**fore** we were **mar**ried
that I **did**n't want either **pets** or **chil**dren!

PRONUNCIATION
maïss **1** … **ma**-oss …

NOTES

(1) Le titre de cette leçon est tiré du roman de John Steinbeck
(*Des souris et des hommes*), un des auteurs les plus
importants de la littérature américaine du XXe siècle.

(2) Petit rappel : *there's* est la contraction de *there is* (il y a).

(3) L'expression *I hate to…* est un bon exemple d'hyperbole
américaine. En réalité, la signification du mot *hate*
(détester) est moins forte qu'il n'y paraît. *Hate*, dans
cette construction, n'est souvent qu'une manière
familière d'exprimer le chagrin ou le regret. *Hate* peut
également apporter une notion d'excuse à ce que le
locuteur est sur le point de dire. Autres exemples de
constructions utilisant *hate* :

I hate to tell you…	j'ai le regret de te dire que…
I hate to complain, but…	je suis désolé(e) de me plaindre, mais…
I hate to think that…	j'ai bien peur de penser que…
I hate to remind you…	je suis désolé(e) de te rappeler que…
I hate to think what…	j'ai peur de penser à ce que / ce qui … (je préfère ne pas y penser).

Cinquante-septième leçon

Des souris et des hommes

1 – Sandy, j'ai le regret de te dire (je déteste te dire, mais) qu'il y a une souris dans la cuisine.
2 – Je sais. Il y a des souris dans cet appartement. Ne t'inquiète pas, elles sont inoffensives. J'en ai seulement acheté deux.
3 – Quoi ! Je t'avais dit avant que nous [nous] mariions que je ne voulais pas d'animaux domestiques ni (ou) d'enfants !

NOTES (suite)

(4)   *Mouse* est un mot piège qui prend une forme irrégulière au pluriel : *mice*. Autres exemples de noms d'animaux irréguliers : *sheep* (mouton) et *fish* (poisson), qui gardent la même forme au singulier et au pluriel.

(5)   Encore un rappel : *they're* prononcé, vous le savez déjà, comme *there* et *their*, est la forme contractée de *they are*.

(6)   Exemples de formes plurielles irrégulières :
Child (prononcez "**tcha**ïld" – enfant) devient *children*. (pron. "**tchi**ldre-n")
Man (pron. "**mèa**-n" – homme) devient *men*. (pron. "**mè**-n")
Woman (pron. "ou-**ou**ma-n" – femme) devient *women*. (pron. "**ou**imi-n")
Cactus (pron. "**kak**teuss" – cactus) devient *cacti* (pron. "**kak**taï")
Crisis (prononcez "**kra**ïssiss" – crise) devient *crises* (pron. "**kra**ïssiiz"), comme *thesis* (pron. "**Zi**ssess" – thèse) devient *theses* (pron. "**Zi**ssiiz") et *analysis* (pron. "**ana**lissis" – analyse) devient *analyses* (pron. "**ana**lissiiz"). De même, *alumnus* (pron. "**aleum**neuss" – ancien élève) devient *alumni* (pron. "**aleum**naï") *foot* (pron. "**foutt**" – pied) devient *feet* (pron. "**fiit**") et *tooth* (pron. "**touZ**" – dent) devient *teeth* (pron. "**tiiZ**").
Il ne vous reste qu'à les apprendre !

4 – **You're be**ing a **child**! **Grow** up al**ready**!
It's **only** a **mouse**. (7)(8)
5 – Of **all** the **wo**men I **could** have **mar**ried,
why did I **pick** a do**mes**tic **zoo**keeper? (9)
6 – **Okay, you** win, I'll re**turn** the **boa** and the
i**guan**a to the **pet** store, but the **mice** stay.

NOTES (suite)

(7)   *Grow up. To grow* signifie pousser ou croître, mais *to grow up* signifie grandir à la fois en âge et en maturité émotionnelle. Dire à un adulte *to grow up* peut être insultant, car cela implique qu'il ou elle se comporte comme un enfant. Notez également que *a grown-up* est utilisé par les adultes pour parler aux enfants d'autres adultes.

(8)   Nous avons déja parlé des animaux domestiques (leçon 33). Encore quelques renseignements : À propos des "sorties" de votre chien, vous risquez, dans la plupart des villes américaines, d'avoir une amende qui peut atteindre 100 $ si vous ne nettoyez pas après qu'il ait "décoré" la rue. Les New Yorkais sont très consciencieux dans le domaine du ramassage des crottes de chien. Ainsi, vous pourrez voir à Manhattan des femmes en manteau de fourrure qui suivent leur basset avec un sac en plastique ou un gant. Il existe des sociétés qui vendent "des pelles ramasse-crottes" (*"pooper scoopers"*) dans presque toutes les villes.

*****

Exercise
1 I hate to think what will happen to him if she leaves.
2 There's always a book by John Steinbeck on lists of great American literature. 3 They're going to read a poem by Walt Whitman in class. 4 Take that hat off and grow up!
5 Don't worry, these cacti aren't prickley.

4 – Tu es puéril (tu es en train d'être un enfant) !
        Deviens adulte (déjà) ! Ce n'est qu'une souris.
5 – De toutes les femmes que j'aurais pu épouser,
        pourquoi ai-je choisi une gardienne de zoo à
        domicile ?
6 – D'accord, tu gagnes, je vais rendre le boa et
        l'iguane à l'animalerie, mais les souris
        restent.

NOTES (suite)

(9) Notez les différentes acceptions du terme *domestic* : "à
        domicile", comme dans notre dialogue, mais aussi
        "intérieur", comme dans *domestic flight* (vol intérieur),
        domestic mail (correspondance à destination de
        l'intérieur)… Et puis peut-être connaissez-vous *domestic
        life* – la vie de famille ?

*****

Exercice

1 J'ai peur de (penser à) ce qui lui arrivera [à lui] si elle
s'en va. **2** Il y a toujours un livre de John Steinbeck sur les
listes de la grande littérature américaine. **3** Ils vont lire un
poème de Walt Whitman en classe. **4** Enlève ce chapeau et
deviens adulte ! **5** Ne t'inquiète pas, ces cactus ne sont pas
épineux.

Fill in the missing words

1   *J'ai toujours pensé que Mary avait eu plusieurs
       moutons.*
       I always .... Mary had several ......

2   *Mes pieds me font mal depuis que nous avons fait de la
       randonnée.*
       ...... have been hurting me ..... we went hiking.

3   *Les témoins ont vu deux hommes et une femme.*
       The witnesses saw two ... and ....

****

Fifty-eighth Lesson

Set the Table, Billy

1 – Set the **ta**ble, **Bil**ly. Your **fat**her will be
     home soon. **(1)**
2 – Should I put **out** the **good** plates, mom?
     And the **fan**cy **sil**verware? **(2)**

PRONUNCIATION
tèïbel **2** ... plèïtss ... silver-ouère

NOTES

  (1)   *To set the table* - mettre la table - consiste à mettre les
         assiettes, fourchettes, couteaux, cuillères, verres et
         serviettes ainsi que sel et poivre, sans oublier le ketchup
         et la moutarde. La table américaine, exception faite des
         occasions spéciales et des repas où l'on reçoit, a tendance
         à être simple et colorée, pratique mais pas très raffinée.
         On ne mange pas de pain systématiquement, et quand on
         en mange c'est du pain de mie, ou alors du pain fantaisie
         pour lequel les jeunes citadins marquent une préférence
         – du pain français ou italien, que l'on trouve dans des
         boulangeries spécialisées.

4   *Maman, est-ce que les adultes croient au Père Noël*
        (Saint Nicolas) ?
        Mommy, do ..... - ... believe in Santa Claus?

Les mots qui manquent :
1 thought, sheep **2** My feet, since **3** men, a woman **4** grown-ups

---

Deuxième vague : Eigth Lesson

****

Cinquante-huitième leçon

Mets la table, Billy

1 –   Mets la table, Billy. Ton père sera bientôt à la
        maison.
2 –   Est-ce que je dois (devrais) mettre les belles
        (bonnes) assiettes, maman ? Et les jolis
        (élégants) couverts ?

NOTES (suite)

(2)   L'argenterie (*silverware*) n'est pas nécessairement en
        argent (*silver*)... Notez les adjectifs *fancy* (élégant) et
        good qui, dans le contexte de ce dialogue, est traduit par
        "beau" et non pas "bon". Notez, dans cette phrase,
        "should I...?", qui se traduit tout simplement par "est-ce
        que je dois... ?".

3 – Yes, and the **cryst**al wine **glas**ses that were your **grand**parents'. Your **fath**er and I are **celebrat**ing our tenth **wed**ding anni**vers**ary to**night**. **(3)(4)**

4 – I **know** mom. You **told** me al**read**y. Can I have **wine** or **beer** to**night** too?

5 – Just a sip be**cause** it's a **spec**ial oc**cas**ion.

6 – What's for **din**ner by the way? **(5)**

7 – Your father's **fav**orite, **egg**plant **parm**esan, **gar**lic bread, **cole** slaw, and **cheese**cake with **fresh cher**ries for des**sert**. **(6)**

8 – I guess it **pays** to be **mar**ried ten years! **(7)(8)**

3 … **kris**tel … ani**ver**seri … **5** … o**kè**ïjeu-n **7**… **fè**ïvritt … **è**gpla-nt … **ko**leslo-o … di**zeurt**.

NOTES (suite)

(3) Remarquez au passage *your father and I* et non pas *your father and me* : lorsqu'on a un double sujet, on emploie le pronom personnel sujet – mais ne vous en faites pas, même les Américains font souvent la faute.

(4) Un *wedding anniversary*, ou tout simplement *anniversary*, célèbre la date anniversaire du mariage. *To celebrate* : célébrer, fêter. L'anniversaire d'une naissance se dit toujours *birthday*.

(5) *What's for dinner?* équivaut à *What are we having for dinner?* ou à *What are we eating…?* (Qu'est-ce qui est prévu pour le dîner ?).

(6) Le *garlic bread* est tout simplement un pain français ou italien coupé et beurré, à l'intérieur duquel on glisse quelques gousses d'ail frais puis que l'on sert chaud après l'avoir passé au four. Le *cole slaw* est une salade de chou blanc rapé mélangé à une mayonnaise ou à un assaisonnement quelconque, souvent légèrement sucré. Le *cheesecake* est un dessert typiquement new-yorkais, à base de fromage crémeux sucré et assez dense, souvent accompagné d'un épais coulis de cerises ou de fraises.

3 – Oui, et les verres à vin en cristal qui étaient à tes grands-parents. Ton père et moi (je) célébrons notre dixième anniversaire de mariage ce soir (nuit).

4 – Je sais, maman. Tu me l'as déjà dit (tu disais moi déjà). Puis-je avoir du vin ou de la bière ce soir [moi] aussi ?

5 – Juste une gorgée parce que c'est une occasion spéciale.

6 – Qu'est-ce qu'il y a pour [le] dîner, à propos ?

7 – Le [repas] favori de ton père, des aubergines [au] parmesan, du pain à l'ail, de la salade de chou et du gâteau au fromage avec des cerises fraîches pour le dessert.

8 – Eh bien (Je devine que) ça vaut la peine (ça paye) d'être marié dix ans !

SET THE TABLE, BILLY!

NOTES (suite)

(7) *To guess* : deviner. Vous entendrez assez souvent ce verbe dans la conversation courante où il prendra le sens de "je suppose, j'ai l'impression que…" ou tout simplement "eh bien…".

(8) *It pays* : ça vaut la peine – la formulation anglo-américaine est très parlante… Quoi qu'il en soit, retenez bien cette expression car vous l'entendrez en maintes occasions.

249

Exercise
1 Can you set the table for dinner? **2** Her parents celebrated their 25th wedding anniversary on Wednesday. **3** By the way, what did you make for dessert? **4** He wears his fancy suit on special occasions. **5** It never pays to mix wine and beer.

*****

Notes personnelles :

Exercice

1 Peux-tu mettre la table pour le dîner ? **2** Ses parents ont célébré leur vingt-cinquième anniversaire de mariage mercredi. **3** À propos, qu'est-ce que tu as preparé pour le dessert ? **4** Il porte son beau costume en des occasions spéciales. **5** Ça ne vaut jamais la peine de mélanger du vin avec de la bière.

*****

Fill in the missing words.

1   *Leur anniversaire de mariage et l'anniversaire de leur fille seront fêtés le même jour.*
     Their wedding . . . . and their . . . .
     . . . . will . . celebrated the . . . . day.

2   *Qu' y a-t-il pour le petit déjeuner ?*
     What's . . . . ?

3   *Bill est en train de mettre la table.*
     Bill . . . . the table.

4   *Est-ce que ce verre est à elle ?*
     . . this glass . . . . ?

5   *Est-ce que ça vaut la peine ?*
     . . . . ?

Les mots qui manquent :
1 anniversary, daughter's birthday, be, same **2** for breakfast **3** is setting **4** Is, hers **5** Does it pay.

Deuxième vague : Ninth Lesson

Fifty-ninth Lesson

Politics

1 – There are **nu**merous **ben**efits to our e**lec**tion-year **plat**form and **new** so**cial pro**gram. (**1**)(**2**)
2 – Such as? (**3**)
3 – **Well**, for ex**am**ple, if you **or**der a new car be**fore** the end of the **fis**cal year you'll have the **chan**ce to **ben**efit from a large **va**riety of tax **re**bates de**pen**ding on your **in**come and your tax **brack**et – if we're e**lec**ted in No**vem**ber... (**4**)(**5**)(**6**)(**7**)

PRONUNCIATION
fèïk **3**... tax **bra**kett ...

NOTES

(**1**) Vous souvenez-vous que *there are* (il y a) est la forme plurielle de *there is* ? *There is a mouse in my shoe* (Il y a une souris dans ma chaussure), *there are several fake friends in this lesson* (il y a plusieurs faux amis dans cette leçon)...

(**2**) *Benefit* : avantage, profit, allocation, indemnité. Attention, le mot français "bénéfice" se dit *profit* ! Non, non, ne devenez pas chèvre... Le verbe *to benefit* signifie "faire du bien, être avantageux, profiter à quelqu'un ou à quelque chose".

(**3**) *Such as* : tel que / telle que / tels que / telles que peut aussi tout simplement se traduire par "par exemple".

(**4**) *An order* est une commande, *to order* signifie "commander", mais *a command* est un ordre et *to command* se traduit par "ordonner" ! Perdez-y votre latin, si vous voulez, mais pas votre anglais.

(**5**) *Depending on* (selon, en fonction de...) est à retenir tel quel. Notez bien aussi que "dépendre de" se dit *to depend on*.

Cinquante-neuvième leçon

La politique

1 – Il y a de nombreux avantages dans notre
programme de l'année électorale et dans
notre nouveau programme social.

2 – Par exemple ?

3 – Eh bien, par exemple, si vous commandez
une nouvelle voiture avant la fin de l'année
fiscale, vous aurez la possibilité (chance) de
profiter de tout un éventail (d'une grande
variété) d'abattements fiscaux, en fonction de
vos revenus et de votre tranche fiscale – si
nous sommes élus en novembre…

NOTES (suite)

(6) Aux États-Unis, le 15 avril est le jour le moins populaire :
c'est la date à laquelle on doit rendre sa déclaration d'impôts.
Les Étasuniens éprouvent une grande réticence à se délester
d'une partie de leurs revenus au profit du gouvernement
fédéral. Et cependant, le système fiscal américain repose sur
le sens moral de chaque individu puisqu'en effet chaque
contribuable déclare et calcule le montant de son imposition
en se basant sur les instructions et réglementations officielles.
4% seulement des déclarations d'impôts américaines sont
soumises à un contrôle par le IRS (*Internal Revenue
Service*), le fisc. Les États-Unis connaissent un taux
d'imposition parmi les moins élevés du monde, et tout
homme politique qui parle d'en augmenter le montant,
quelle qu'en soit la raison, se rend politiquement vulnérable.

(7) Toutes les élections fédérales et locales du pays ont lieu
le premier mardi qui suit le premier lundi du mois de
novembre. Ce jour-là, les employeurs sont dans
l'obligation légale d'accorder à leurs employés le temps
nécessaire pour se rendre aux urnes et voter.

4 – In my ex**per**ience, there is no **e**vidence
that this **pol**icy works; these de**duc**tions
tend **o**nly to **ben**efit the rich. **(8)(9)**

5 – That kind of **think**ing **does**n't **fig**ure **in**to
our **na**tional **pol**icy of **e**qual distri**bu**tion
of ad**van**tages to **tax**payers. No, it's not in
the figures! **(10)(11)**

6 – **That**'s what the **oth**er **par**ty claims. **(12)**

4 ex**pi**ri-e-nss … di**deuk**che-nz …

NOTES (suite)

(8) Encore un faux ami : *an evidence* est une preuve, et non
une évidence – rien à voir avec Monsieur de la Palisse,
mon cher Watson…

(9) Attention au mot *policy*, dont le sens est "règle de
conduite" et que l'on peut aussi traduire par "politique",
toujours dans le sens de "règle de conduite". La politique
dans le sens de "manière de gouverner" se dit *politics*.
Notez également *insurance policy* (contrat d'assurance).
Remarquez dans cette même phrase du dialogue le terme
deduction : abattement.

(10) *A figure* est un chiffre ou une forme, ou encore le corps,
dans son sens esthétique (ligne, silhouette). Pas du tout la
même chose, donc, que le sens de "figure" en français (et
qui en anglais se dit *face*). Quelques exemples : *These
figures are not right* (Ces chiffres ne sont pas justes) ; *She
has a good figure* (Elle a un corps harmonieux). *To figure* :
apparaître dans, figurer sur – *Your name doesn't figure on
the list* (Votre nom ne figure pas sur la liste). *To figure
out* : calculer, comprendre quelque chose – *I can't figure
it out* (Je n'y comprends rien / Ça me dépasse).

4 – D'après ce que j'ai pu voir (dans mon expérience), il n'est pas prouvé que cette politique fonctionne ; ces allègements ont tendance (tendent) à ne profiter qu'aux riches.

5 – Ce mode de raisonnement ne cadre pas avec notre politique nationale de répartition équitable d'avantages aux contribuables. Non, ça n'entre pas en ligne de compte !

6 – C'est [précisément] ce que prétend l'autre parti.

NOTES (suite)

(11) Les *taxpayers* sont les contribuables, et les *public funds* (fonds publics) proviennent de l'argent versé par ces mêmes *taxpayers*. Les Étasuniens veillent au grain en surveillant d'aussi près que faire se peut la manière dont le gouvernement fédéral dépense l'argent. Ainsi les élus ont-ils intérêt à faire très attention à leurs *spending policies* (règles de conduite en matière de dépenses), car les faux-pas peuvent leur coûter cher ! Les candidats qui prêchent pour une augmentation des impôts n'ont pour ainsi dire aucune chance d'être élus – c'est là une différence de mentalité fondamentale entre Étasuniens et Européens.

(12) *To claim* : réclamer, demander, prétendre, affirmer. *A claim* : une réclamation, une demande, une revendication.

7 – The Re**pub**licans? **(13)**
8 – No, the **Dem**ocrats.
9 – That's us!

7 ... ri**pe**ublike-nz ...

NOTES (suite)

(13)   Le système politique des États-Unis s'appuie sur la coexistence de deux partis – les *Democrats* et les *Republicans*. Malgré certaines différence idéologiques, on peut dire qu'en pratique la politique de ces deux partis est très similaire. Les *Democrats* ont traditionnellement la réputation d'être plus "libéraux", plus "progressistes", socialement plus engagés, alors que les *Republicans* sont plus conservateurs et tendent à favoriser l'individualisme. Les premiers pensent que les fonds publics doivent servir au bien de tous les membres de la société, alors que les seconds sont en faveur d'un gouvernement moins présent, qui laisse davantage de responsabilités et d'initiative à l'individu. Par conséquent, les *Democrats* ont tendance à réclamer (discrètement) davantage d'impôts, alors que les *Republicans* favorisent le *big business* et les réductions d'impôts, et limitent sévèrement les projets sociaux. Dans la réalité, nous l'avons dit, ces différences fondamentales sont toutefois souvent peu visibles.

*****

Exercise
1 There are numerous Democrats in our family. **2** There is no evidence that he did it. **3** Your figures don't figure on his report. **4** The taxpayers will elect him depending on what he says tomorrow.

*****

Exercice
1 Il y a de nombreux Démocrates dans notre famille. **2** Il n'est pas prouvé qu'il l'a fait. **3** Vos chiffres ne figurent pas dans son rapport. **4** Les contribuables l'éliront en fonction de ce qu'il dira demain.

7 – Les Républicains ?
8 – Non, les Démocrates.
9 – [C'est-à-dire] nous (C'est nous) !

*****

Fill in the missing words

1   *Pouvez-vous commander une part (tranche) de pizza ?*
    Can you . . . . . a . . . . . of . . . . ?

2   *J'ai perdu mon contrat d'assurance.*
    I . . . . my insurance . . . .

3   *Elle a une jolie figure.*
    She has a pretty . . . . .

4   *Les contribuables aiment les abattements fiscaux.*
    . . . . like . . . .

5   *Ça ne rentre pas en ligne de compte !*
    It's not . . . . !

Les mots qui manquent :
1 order, slice, pizza 2 lost, policy 3 face 4 Taxpayers, tax deductions 5 in the figures

Deuxième vague : Tenth Lesson

Sixtieth Lesson

Pizza, Deli, or Chinese? (1)

1 – Let's go **out** to eat. It's **Sa**turday **n**ight. (2)
2 – **What** do you **feel** like **ha**ving? **Pi**zza?
Deli **san**dwiches? **Chi**nese? (3)
3 – We had **slic**es of **piz**za at **Ray's** for **lun**ch,
re**mem**ber? (4)
4 – We could **stay** home, **or**der out from
Szechuan **Sam's** and **rent** a **vid**eo. (5)

PRONUNCIATION
pizza dèli 4 … sétchoua-n …

NOTES

(1)   Voici un choix "classique" de divers menus possibles
lorsqu'on veut manger un morceau sur le mode pratique
plutôt que gastronomique. Quant il s'agit de se restaurer,
les Étasuniens apprécient ce qui est à la fois aisé, rapide,
haut en saveurs voire exotique, copieux et peu onéreux.
Bien qu'ils soient aussi à l'occasion friands de dîners
tardifs et qui s'éternisent – ne serait-ce que parce qu'ils
les associent à la France et aux Français –, les
Étasuniens n'ont pas pour habitude de traîner à table
chez eux, ni de faire tout un plat de leur repas… À ce
propos, vous entendrez certainement *"Don't fuss"* ou
"Don't go all that fuss" (Allez, pas de chichis, pas de
complications…).
S'il est inutile de rappeler ce qu'est une pizza ou ce
qu'on mange au restaurant chinois, le *deli* mérite de plus
amples explications : cette dénomination est la forme
abrégée de "delicatessen", un restaurant simple et
convivial où l'on sert principalement des sandwiches et
des charcuteries. Très répandus à New York, les *delis* ont
été introduits pas les Juifs allemands.

Soixantième leçon

Pizza, delicatessen ou chinois ?

1 – Allons manger dehors. C'est samedi soir (nuit).
2 – Qu'est-ce que tu aimerais ? Pizza, sandwiches delicatessen ? Chinois ?
3 – Nous avons mangé (eu) des parts de pizza chez Ray pour [le] déjeuner, [tu te] souviens ?
4 – Nous pourrions rester à la maison, commander [quelque chose] chez "Sam Sechouan" et louer une vidéo.

NOTES (suite)

(2) Petits rappels : *To go out to eat* (Sortir pour manger) ou *to eat out* (manger à l'extérieur) ; *To go out of town* (Partir en déplacement) ; *To go out of one's mind* (sortir de ses gonds) ; *To go in to town* (aller en ville) ; *To go in turns* (Aller à tour de rôle) ; *To go on a trip* (Partir en voyage), etc.

(3) La structure verbale *to feel like* (suivie soit d'un nom, soit d'un verbe en *-ing*) signifie simplement "avoir envie de" : *I feel like (eating) ice cream* (J'ai envie de [manger de la] glace.

(4) Pour un dollar, on trouve des parts de pizza "style new yorkais", c'est-à-dire des pizzas à pâte fine, caractérisées par la grande quantité de fromage et de sauce tomate qui les garnit, dans des pizzerias-fast food ouvertes jour et nuit. Notez qu'une part de pizza se dit *a slice of pizza* (une tranche de pizza).

(5) *To order out* (commander pour emporter) ou *take out food* (nourriture à emporter) remplace, en anglais américain, le *take away* britannique. *To go* signifie tout simplement "à emporter". Aux États-Unis, vous pouvez vous voir livrer à peu près n'importe quoi dans un délai de 30 minutes. Pour les soirées tranquilles à la maison, il est d'usage plus que courant de louer des cassettes vidéo – les tarifs sont dérisoires : environ cinquante cents par film, sans chèque de caution ni frais d'inscription …

5 – **Nah**, let's get fel**la**fuls to **go** and eat in **Cen**tral **Park**. I **love watch**ing all the **cra**zy **pe**ople in the **sum**mer. **(6)(7)**

6 – **Okay**, and **then** we can **get** some **fro**zen **yo**gurt and a *cafè latte* on the **way ho**me. **(8)**

7 – And the *Sunday Times*. **(9)**

8 – What's on **ca**ble to**night**? **An**y good **mo**vies? **(10)**

6 … **fro**ze-n **yo**gueurt… **8** … **kèï**bel …

NOTES (suite)

(6)   Le fallafel (*fellaful* en anglais) est une spécialité originaire du Moyen Orient. Il s'agit d'une poche de pain que l'on garnit de boulettes frites à base de pois chiches, de crudités et d'épices – délicieux !

(7)   À New York, Central Park est un énorme jardin public, dans lequel on peut pratiquer toutes sortes d'activités. Vous pouvez louer un cheval et un attelage pour vous y balader, vous pouvez y aller en voiture, à pied, y faire du jogging, etc. Si vous y allez, vous y découvrirez un inextricable labyrinthe de chemins ou vous ferez le tour du lac. En été, on y donne des concerts de jazz et de rock, et de nombreuses manifestations publiques s'y déroulent. Sachez cependant qu'il est déconseillé de s'y aventurer une fois la nuit tombée, car Central Park se transforme alors en repaire de délinquants et de bandes qui peuvent être véritablement dangereuses.

5 – Bof, achetons (obtenons) [plutôt] des fallafels
à emporter et allons [les] manger dans
Central Park. J'adore regarder tous ces (les)
gens dingues (dans) l'été.

6 – D'accord, et ensuite on peut acheter (obtenir)
du yaourt glacé et un café au lait sur le
chemin de la maison.

7 – Et le *Sunday Times* ?

8 – Qu'est-ce qu'il y a sur le câble ce soir ? Des
bons films ?

NOTES (suite)

(8) Le *frozen yogurt* a fait tilt dans l'imagination de
nombreux citadins américains dans les années soixante-
dix, alors que la révolution de la *health consciousness*
(littéralement "conscience de la santé") battait son plein
– ressemblant à de la glace, mais moins calorique, il
permettait (et permet toujours) d'être gourmand sans
avoir mauvaise conscience… Quant au *café latte*, proche
du *capuccino*, il devint très à la mode vers la fin des
années quatre-vingt .

(9) À New York et dans les autres grandes villes
américaines, la coutume s'est instaurée dans un certain
milieu intellectuel d'acheter la très épaisse édition
dominicale du *New York Times*, le plus prestigieux des
quotidiens Étasuniens, et de passer une bonne demi-
journée à le lire à la maison. À Manhattan, on le trouve
dès le samedi soir tard.

(10) Les chaînes câblées ont surgi partout aux États-Unis dans
les années quatre-vingt. Aujourd'hui, elles existent par
centaines et offrent toutes sortes d'émissions 24 heures
sur 24 moyennant un très faible coût. Dans certaines
régions, on peut capter jusqu'à 500 chaînes. La
révolution numérique ne va que contribuer à diversifier
et accroître ces chiffres.

eztk dzegra nmt wzcoi ea ntct wzei o eibt

9 – **Woo**dy **A**llen's **first** film, "**Take** the
　　 Money and **Run**," is on **HBO**. (11)
10 – We've **seen** it **six ti**mes.
11 – **Seven**, but **who's count**ing!

9 … **tèïk** dze **mo**ni **èa-nd reu-n** … **èïtch-bii-o**-o.

*****

Exercise
1 Let's go out for lunch. 2 What do you feel like seeing?
3 I love ordering take-out food. 4 We've seen it eleven
times. 5 To go?

Exercice
1 Allons déjeuner dehors. 2 Qu'est-ce que tu as envie de
voir ? 3 J'adore commander de la nourriture à emporter.
4 Nous l'avons vu onze fois. 5 À emporter ?

9 – Le premier film de Woody Allen, "Prends l'oseille et tire-toi", passe (est) sur HBO.
10 – Nous l'avons vu six fois.
11 – Sept, mais à quoi bon compter !

NOTES (suite)

(11) HBO – *Home Box Office* – est une chaîne câblée, dont la popularité se fonde sur la diversité des films qu'elle propose aux abonnés. Le HBO fonctionne en fait selon le système du *"pay per view"* (payer en fonction de ce que l'on regarde) : ce système, déjà très répandu dans les hôtels, prend à présent un essor rapide à travers les chaînes câblées et Internet.

*****

Fill in the missing words

1 *Nous pourrions rester à la piscine.*
We could . . . . at the pool.

2 *D'accord, et ensuite on peut acheter de la pizza.*
. . . ., and then we can . . . . . . pizza.

3 *Je meurs de faim ! Commandons de la nourriture chinoise .*
I'm . . . . ! . . . . .* order . . . . Chinese . . . . .

4 *Le premier livre de Bob.*
. . . . book.

5 *De quoi as-tu envie ?*
What do you . . . . ?

Les mots qui manquent :
1 stay **2** Okay, get some **3** dying of hunger, Let's, some, food
4 Bob's first **5** feel like

Deuxième vague : Eleventh Lesson

Sixty-first Lesson

Hidden Paradise (1)

1 – Excuse me, can you recommend a hotel at an affordable price in a safe area near the beach? (2)(3)

2 – It just so happens that I know an excellent little motel with quaint rooms with a seafront view. (4)(5)

PRONUNCIATION
Hidde-n **1** … biitch **2** … èxle-nt … kouèï-nt …siifro-nt viou

NOTES

(1) Et si nous reparlions un peu des participes passés ? Pour les verbes irréguliers – ils sont nombreux –, les terminaisons sont souvent imprévisibles. Le verbe *to hide* devient *hid* au prétérit, et *hidden* au participe passé. Repérons quelques verbes courants dont le participe passé est en *-en* :

drive	*driven*
eat	*eaten*
fall	*fallen*
forget	*forgotten*
freeze	*frozen*
give	*given*
ride	*ridden*
rise	*risen*
speak	*spoken*
steal	*stolen*
take	*taken*
wake	*woken*
write	*written*

(2) Vous le savez maintenant, les Étasuniens ont une conscience aiguë de la juste valeur des choses. Le rapport qualité-prix est essentiel à leurs yeux. Avant de mettre la main au portefeuille, ils se demandent toujours *Is it worth it?* (Est-ce que ça vaut la peine ?), *Can we afford it?* (Pouvons-nous nous le permettre ?) ou *Is it affordable?* (Est-ce abordable ?) puis se décident en fonction de : *We can afford it!* ou *We can't afford it!*

Soixante et unième leçon

Paradis caché

1 – Excusez-moi, pouvez-vous [me]
recommander un hôtel à prix abordable dans
un quartier sûr près de la plage ?

2 – Il se trouve (il se passe) justement que je
connais un excellent petit motel [qui a] (avec)
des chambres pittoresques, et avec vue sur la
mer.

NOTES (suite)

(3) *A safe area* : une zone sûre, un quartier sûr. La question
de la sécurité est primordiale aux États-Unis. En effet, les
grandes villes, les banlieues qui les entourent et les
autoroutes sont marquées, du moins dans certaines zones,
par un taux élevé de délinquance grave pouvant aller du
vol à la tire aux fusillades aveugles et au meurtre. Bien
que la délinquance ait considérablement diminué ces
dernières années, les plus importantes métropoles
américaines continuent de vivre à l'heure du crime, à
telle enseigne que riverains et hôtes de passage sont
obligés d'en tenir compte dans leurs déplacements, en
fonction de la zone, de l'heure du jour ou de la nuit, de
leur mode de transport, etc. Sans vouloir vous rendre
paranoïaque, nous vous recommandons de ne pas vous
aventurer dans des quartiers inconnus sans vous être
renseigné sur la question.

(4) *"It just so happens that..."* est tout simplement une
variante de *"it happens that..."* (il se trouve que...).

(5) Un *motel* est un *motor hotel*, c'est-à-dire un hôtel situé à
proximité d'une route ou d'une autoroute, et donc
facilement accessible avec un véhicule (que l'on peut
généralement garer directement devant la porte de sa
chambre).

3 – That sounds **perfect**. Do you **know** how **much** they **get** a night? **(6)(7)(8)**

4 – **About fif**ty bucks for a **dou**ble with a de**li**cious **buf**fet **break**fast in**clu**ded. Eggs, **ba**con, grits, **muf**fins, fresh **squee**zed **or**ange juice, and **cof**fee. **(9)(10)**

5 – How's the **ser**vice?

6 – The em**ploy**ees are **very frien**dly and the **man**ager is one of the most ac**commo**da**ting guys I know.

7 – How do I find it?

8 – **Fol**low me. I **hap**pen to be the proud **ow**ner of **Hid**den **Para**dise **Mo**tel.

4 **fif**ti beukss … **6** … **frè-nd**li … **ga**ïz … **8** … **pra**-od

NOTES (suite)

(6) Les Américains disent volontiers *"perfect"* ou *"that's perfect"*, ce qui équivaut à "c'est très bien" ou "ça me va", etc.

(7) Comme vous le savez maintenant, le verbe *to get* a d'innombrables acceptions en anglais. En l'occurrence, *How much do they get?* signifie tout simplement "Combien prennent-ils ?", ou "Combien ça coûte ?".

(8) Autres exemples suivant la construction *"a night"* : *How many hours do you work a month?* (Combien d'heures travaillez-vous par mois ?) ; *How many weeks of vacation do you get a year?* (Combien de semaines de congé avez-vous par an ?) ; *How much does the company pay you an hour?* (Combien l'entreprise vous paye-t-elle de l'heure ?).

3 – Ça [me] semble (sonne) parfait. Savez-vous
combien ils prennent [pour] une nuit ?

4 – Environ cinquante dollars, pour une [chambre]
double, comprenant un délicieux buffet pour le
petit déjeuner. Œufs, bacon, grits, muffins, jus
d'orange fraîchement pressé, et café.

5 – Comment est le service ?

6 – Les employés sont très aimables (amicaux) et
le directeur est l'un des types les plus
obligeants que je connaisse.

7 – Comment puis-je le trouver ?

8 – Suivez-moi, il se trouve [que] je suis l'heureux
(fier) propriétaire du Hidden Paradise Motel.

NOTES (suite)

(9) Un des mots d'argot les plus courants de l'anglais
américain est *buck*, qui équivaut à dollar : *Ten bucks* (Dix
dollars). Dans le langage parlé, les gens parlent de
"making a lot of bucks" (gagner beaucoup d'argent), etc.
En langage populaire, on dit aussi *megabucks* ou encore
beaucoup bucks pour décrire de grosses sommes d'argent.

(10) Vous ne connaissez pas les *grits* ? Eh bien ne manquez
pas la prochaine occasion d'y goûter. Il s'agit d'une
spécialité céréalière, originaire du sud du pays, que l'on
mange au petit déjeuner agrémentée de beurre fondu et
de sel ou encore de sucre et de cannelle. On aime ou on
déteste – et vous ? Les muffins sont des petits gâteaux
ronds et légers dont il existe une multitude de variétés –
vous en trouverez sûrement quelques-unes à votre goût.
Quelques mots sur votre prochaine chambre d'hôtel aux
États-Unis : elle sera presque systématiquement équipée
de deux grands lits et d'une vraie salle de bain, surtout si
votre hôtel fait partie d'une grande chaîne telle que
Holiday Inn, Howard Johnsons, Hilton, Sheraton,
Ramada Inn, etc. Vous paierez le tarif simple si vous
voyagez seul, le tarif double si vous êtes deux.

Exercise

1 That hotel is very affordable; you should go there. **2** It has quaint rooms, and the employees are very friendly. **3** It just so happens that my sister works there. **4** Is it located in a safe area? **5** Yes, and it's near the beach.

Notes personnelles :

Exercice
1 Cet hôtel est très abordable ; vous devriez y aller. **2** Il possède des chambres pittoresques et les employés sont très aimables. **3** Il se trouve que ma sœur y travaille. **4** Est-il situé dans un quartier sûr ? **5** Oui, et il est près de la plage.

*****

Fill in the missing words

1   *Je ne peux pas me permettre d'acheter ce paradis caché.*
    I .....* ...... to buy that ....

2   *Avez-vous du jus de pamplemousse fraîchement pressé ?*
    .... fresh .... grapefruit juice?

3   *Bob est un type très obligeant.*
    Bob is a very ....

4   *C'est cinq dollars pour le plus délicieux petit déjeuner.*
    It's five ..... for the ....

Les mots qui manquent :
1 can't afford, hidden paradise. **2** Have you got, squeezed
3 accommodating guy **4** bucks, most delicious breakfast.

Deuxième vague : Twelfth Lesson

Sixty-second Lesson

An Unlucky Experience (1)

1 – The atmosphere was dreadful and the
food was lousy. (2)
2 – What a shame! And it wasn't cheap, was
it? (3)
3 – No, it was rather pricey. Plus, the service
was horrible. The waiter spilled soup on
my jacket. My steak was burned. And the
baked potato was hard and cold.
4 – But surely there was something positive
about the restaurant.
5 – No, the cuisine was repulsive, the
maître d' was nasty and the prices were
unreasonable.

PRONUNCIATION
eunleuki ixpirie-nss **1** ... **drèd**fel ... **la**ozi. **2** ... tchiip ... **3** ...
radzer ... **Hor**ribel **5** ... **mè**deurdii ... eun**riz**-nebel.

NOTES

(1) Vous vous souvenez sûrement du préfixe *un-*, que nous
avions vu à la sixième leçon. L'une des manières
d'exprimer le contraire d'un mot est d'ajouter le préfixe
négatif *un-*. Le contraire de *lucky* est donc *unlucky*.

(2) Le suffixe *-ful* permet de transformer un nom en adjectif :
dread (épouvante) → *dreadful* (épouvantable). Ce même
suffixe sert aussi à former des noms indiquant une
quantité : *mouthful* (bouchée), *handful* (poignée),
spoonful (cuillerée)... *Lousy* (littéralement "pouilleux"),
selon le contexte, se traduit par infect, vraiment
décevant, vraiment mauvais, moche...

Soixante-deuxième leçon

Une mauvaise (malchanceuse) expérience

1 – L'ambiance était affreuse et la nourriture (était) infecte.
2 – Quel dommage (honte) ! Et ce n'était pas bon marché, n'est-ce pas ?
3 – Non, c'était plutôt cher. En plus, le service était horrible. Le serveur a renversé de la soupe sur ma veste. Mon steak était brûlé. Et la pomme de terre au four était dure et froide.
4 – Mais il y avait sûrement quelque chose de bien (positif) dans le restaurant ?
5 – Non, la cuisine était répugnante, le maître d'hôtel était désagréable et les prix n'étaient pas raisonnables.

HE'S A LOUSY WAITER

NOTES (suite)

(3) *What a shame!* est synonyme de *What a pity!* (Quel dommage !), le premier étant plus américain. Pour exprimer le regret, on dira aussi *That's too bad!*, *Too bad!*, *That's unfortunate!* – Comme c'est dommage ! Parmi les utilisations de *shame*, retenez *That's a shame!* (C'est une honte !) ; *Shame on you!* (Honte à toi !). Le verbe *to be ashamed* signifie "avoir honte" : *You should be ashamed of yourself* (Tu devrais avoir honte de toi [même]).

6 – It sounds like you had a com**ple**tely
   negative ex**per**ience.
7 – No, I **learn**ed not to go back to that
   restaurant. **(4)(5)(6)**
8 – **Bet**ter luck next time.

7 ... leurnd ...

NOTES (suite)

(4)   Rappel : le démonstratif *this* désigne un objet qui se
      trouve près de la personne qui parle, alors que *that*
      désigne quelque chose de plus éloigné. Les pluriels
      respectifs sont *these* et *those*.

(5)   Souvenez-vous que *to* précède immédiatement le verbe à
      l'infinitif, y compris dans les tournures négatives avec
      not to (ne pas) et *never to* (ne jamais) : *I try not to speak*
      English when I'm in Montreal (J'essaie de ne pas parler
      anglais quand je suis à Montréal) ; *He promised never to*
      tell anyone my secret (Il a promis de ne jamais répéter
      mon secret à quiconque).

*****

Exercise
1 He's a lousy waiter – he spilled everything on my wife's
new pants. **2** The kitchen is not clean and the cuisine is
dreadful. **3** They learned not to spill their soup. **4** It sounds
like they weren't very lucky. **5** What a shame!

*****

Exercice
1 C'est un très mauvais serveur – il a tout renversé sur le
nouveau pantalon de ma femme. **2** La cuisine n'est pas
propre et la nourriture (cuisine) [est] infecte. **3** Ils ont
appris à ne pas renverser leur soupe. **4** On dirait qu'ils
n'ont pas été très chanceux. **5** Quel dommage !

6 – On dirait que (ça sonne comme) tu as eu une expérience complètement négative.

7 – Non, j'ai appris [que] je ne reviendrai pas (ne pas revenir) dans ce restaurant.

8 – [Tu seras] plus chanceux (Meilleure chance) [la] prochaine fois.

NOTES (suite)

(6) *To go back* signifie revenir, retourner quelque part. Quelques autres exemples avec *to go* :

to go ahead with	poursuivre, progresser dans quelque chose
to go forward	avancer
to go backward	régresser, revenir en arrière
to go up	monter, grimper
to go down	descendre
to go around	circuler, faire des tours et des détours, contourner
to go in	entrer

*****

Fill in the missing words

1   *La cuisine américaine peut être excellente.*
    American cuisine . . . . . excellent.

2   *Deux cuillerées de sucre et une bouchée de pain.*
    Two . . . . of sugar and a . . . . of bread.

3   *Pourquoi renverses-tu toujours du lait sur la table ?*
    Why do you . . . . the table?

4   *Essaye de ne jamais rencontrer cet homme.*
    Try . . . . meet . . . . man.

Les mots qui manquent :
1 can be 2 spoonfuls, mouthful 3 always spill milk on 4 never to, that

Deuxième vague : Thirteenth Lesson

Sixty-third Lesson

Révisions

1. Les faux amis

Nous vous les avions promis, les voici, ou du moins en voici quelques-uns !

agenda	ordre du jour (agenda se dit *diary*)
ancient	très vieux (ancien, dans le sens de "précédent", se dit *former*)
cave	grotte (cave se dit *cellar*)
chance	hasard, possibilité (chance se dit *luck*)
comprehensive	complet dans le sens de "exhaustif" (compréhensif se dit *understanding*)
conference	congrès, réunion de travail (conférence se dit *lecture*)
eventually	finalement (éventuellement se dit *possibly*)
inhabited	habité (inhabité se dit *uninhabited*)
large	grand (large se dit *wide*)
library	bibliothèque (librairie se dit *bookshop* ou *bookstore*)
preservative	agent de conservation dans la nourriture (préservatif se dit *condom*)
to pretend	faire semblant (prétendre se dit *to claim* mais prétentieux se dit bien *pretentious*)
to rest	se reposer (rester se dit *to stay*, *to remain*)
savage	féroce (sauvage se dit *wild*)
sensible	raisonnable (sensible se dit *sensitive*)
surname	nom de famille (surnom se dit *nickname*)
sympathetic	compatissant (sympathique se dit *nice*, *pleasant*)

Il y en a bien sûr beaucoup d'autres, mais si vous retenez ceux que nous venons de voir, vous saurez déjà très bien vous débrouiller dans la plupart des situations de la vie de tous les jours.

Soixante-troisième leçon

2. *If* ou *whether* ?

Dans les interrogations indirectes (et seulement dans ce cas), on peut employer indifféremment *if* ou *whether* :
> *I wonder whether/if I'll be able to come* (Je me demande si je pourrai venir)

Mais on emploie plutôt *whether* lorsque la phrase exprime la possibilité de choisir :
> *She doesn't know whether she'll be able to come or not* (Elle ne sait pas si elle pourra venir ou non).

Whether s'emploie aussi dans le cas suivant :
> *Whether they like it or not, I'll tell him the truth* (Que ça leur plaise ou non, je lui dirai la vérité).

Rappel : ne confondez pas *whether* avec *weather* (le temps qu'il fait) – leur prononciation est identique.

3. La littérature américaine contemporaine

La littérature américaine du XXe siècle, avec ses nombreux écrivains et poètes, a contribué de manière notoire au monde des Lettres. Bien qu'il soit difficile et dommage de simplifier et de résumer, nous pensons qu'une brève vue d'ensemble de cette littérature pourra vous être utile. Peut-être aurez-vous même envie de vous plonger dans un de ces romans extraordinaires, en version originale ? C'est ce que nous espérons.

William Faulkner, originaire du Mississippi, est sans doute le plus important. Il développa un style narratif très typiquement américain, le "*stream of consciousness*" (littéralement "courant de conscience") et se pencha ouvertement sur la question du racisme, des tensions entre Blancs et Noirs, entre le Nord et le Sud à travers, entre autres, ses romans *The Sound and the Fury*, *Satoris* et *As I lay dying*.

John Steinbeck décrivit de manière poignante les conflits entre *the haves and the have-nots* – les nantis et les démunis –, conflits qui divisèrent cruellement les États-Unis durant les années vingt et trente, et en particulier durant la grande dépression (*the Great Depression*). Son roman le plus marquant : *Grapes of Wrath* (pron. "roZ").

Dans un tout autre style, Ernest Hemingway (*For whom the Bell Tolls*, *A moveable Feast*) et F. Scott Fitzgerald, firent rayonner leurs vies et leurs œuvres sur deux continents – le *Old World* d'Europe et le *New World* d'Amérique. Si vous n'avez encore jamais lu de roman américain, commencez par *The Great Gatsby* (1925), de Fitzgerald – vous y découvrirez la vie des premiers nouveaux riches des États-Unis.

La littérature "*African American*" (Afro-Américaine) mérite elle aussi d'être connue. James Baldwin (*The Fire Next Time* et *Giovanni's Room*) et Richard Wright (*Native Son*) relatèrent leurs expériences de Noirs Américains depuis la terre d'exil auto-imposée que fut pour eux la France.

Le profond individualisme et la constante recherche d'une indépendance spirituelle qui caractérisent depuis toujours le peuple américain, avaient trouvé leur porte-parole en l'œuvre du grand poète américain du XIXe siècle, Walt Whitman (*Leaves of Grass*). Ces aspirations prirent un nouvel élan grâce à la *Beat Generation* des années soixante, avec entre autres Jack Kerouac (*On the Road*), Lawrence Ferlinghetti (*Constantly Risking Absurdity*) et William Burroughs (*Naked Lunch*).

Après les années soixante-dix et le début des années quatre-vingt, durant lesquelles la littérature fut marquée par une exploration nouvelle de la forme et du langage (avec Robert Coover, Frederick Barthelme, William Gass…), la fin des années quatre-vingt et le début des années quatre-vingt-dix connurent le retour du réalisme, avec des descriptions dépouillées de la vie quotidienne aux États-Unis – Truman Capote (*In Cold Blood, Music for Chameleons*), Raymond Carver (*What We Talk About When We Talk About Love, Cathedral*) et Richard Ford (*Rock Springs, Independence Day*).

Les dernières années du siècle nous ont apporté une littérature américaine de plus en plus régionale, de plus en plus diversifiée dans ses origines "ethniques" et non anglo-américaines. Cette littérature est caractérisée par la grande diversité des cultures et par l'ouverture d'esprit qui font partie intégrante de la société américaine d'aujourd'hui.

Les auteurs sont trop nombreux pour être cités ici, mais vous pourrez en apprendre davantage en lisant *The New Yorker*, l'hebdomadaire de référence en la matière.

Deuxième vague : Fourteenth Lesson

Sixty-Fourth Lesson

Nice to **Meet** you **Again** (1)

1 – **Phil Dun**lop, right? **Don't** you re**mem**ber me? We **met** in "The **Wheel** of **For**tune" **Bike** Shop **down**town a**bout** two **months** ago. (2)
2 – **Sure** I do. Of **course** I re**mem**ber. You were **buy**ing your **son** a **moun**tain bike. (3)(4)
3 – And **you** were **try**ing to ex**change** one. (5)
4 – Good **mem**ory. It was too **big** for my **daugh**ter.

PRONUNCIATION

1 ... ouiil ov **for**tioune ... **da**o-ntao-n ... 2 ... mao-nte-n baïk
3 ... ex**tchè**ïnge

NOTES

(1) En anglais, pour indiquer qu'une action se répète, on emploie très souvent *again* (à nouveau, encore) : *to meet again* (rencontrer à nouveau), *to see again* (revoir), etc.

(2) Rappel : *ago* signifie "il y a" dans les expressions de temps.

(3) *"You were buying a bike"* est un passé (prétérit) progressif. Ce temps indique qu'une action était en train de se dérouler dans le passé – "Vous étiez en train d'acheter...". En français, ce temps se traduit souvent tout simplement par l'imparfait : "Vous achetiez...".

(4) Un *mountain bike* est un VTT (vélo tout terrain). Notez que le mot *bicycle* est généralement abrégé en *bike* et que monter à vélo / à cheval se dit *to ride a bike / a horse*.

Soixante-quatrième leçon

Ça fait plaisir de vous revoir
(Agréable de rencontrer vous encore) !

1 – Phil Dunlop, n'est-ce pas ? Ne vous
souvenez-vous pas de moi ? Nous nous
sommes rencontrés au magasin de cycles "La
roue de la fortune", au centre-ville, il y a
environ deux mois.
2 – Mais bien sûr. Bien sûr [que] je [me]
souviens. Vous étiez en train d'acheter un
VTT à votre fils.
3 – Et vous, [vous] étiez en train d'essayer d'en
échanger un.
4 – Bonne mémoire ! Il était trop grand pour ma
fille.

NOTES (suite)

(5)   Faisons une digression culturelle sur les comportements
commerciaux aux États-Unis. Dans pratiquement tous les
magasins, qu'il s'agisse de chaînes ou de petites
boutiques, la politique de retour ou d'échange est plus
que libérale. En effet, les entreprises étasuniennes ont
compris que pour être compétitives, elles se doivent
d'établir une relation de confiance avec la clientèle, donc
d'être à son écoute et de ne rien négliger pour la fidéliser.
Ainsi, il n'est pratiquement pas d'article qui ne soit
intégralement remboursable ou en tout cas échangeable
avec un autre produit. La plupart du temps, un article
acheté dans un magasin peut être remboursé ou échangé
dans un autre point de vente de la même chaîne – et
toujours avec le sourire ! Si une chemise, des draps ou
des pneus ne sont pas disponibles dans un point de vente,
il se trouvera toujours un vendeur pour téléphoner aux
autres magasins pour essayer de vous procurer l'article
que vous désirez.

5 – It was **nice bump**ing **in**to you a**gain**. **(6)**
6 – **Like**wise. **By** the **way**, **what's** your **name again**?

NOTES (suite)

(6) *A bump* est une collision, un choc, un heurt, ou encore une bosse. *To bump* signifie par conséquent "frapper", "cogner", "entrer en collision", etc. Quant à l'expression *to bump into someone* (littéralement "entrer en collision avec quelqu'un"), elle se traduira au sens figuré par "tomber sur quelqu'un", ou encore par "rencontrer quelqu'un par hasard".

Exercise

1 Don't you remember me, Dave? **2** You were walking in the mountains. **3** You were trying to buy a house in the suburbs. **4** It was too small for my Aunt Julia. **5** It was a pleasure bumping into you at the baseball game.

5 – C'est (c'était) sympa de tomber sur (dans) vous à nouveau !

6 – [Pour moi] de même. Au fait, quel est votre nom déjà (encore) ?

Exercice

1 Vous ne vous souvenez pas de moi, Dave ? **2** Tu marchais (*ou* étais en train de marcher) dans la montagne. **3** Vous essayiez d'acheter (*ou* étiez en train d'essayer…) une maison en banlieue. **4** C'était trop petit pour ma tante Julia. **5** C'est un plaisir de tomber sur vous au match de baseball.

Fill in the missing words

1   *Vous étiez en train d'acheter un chien à votre fille.*
You .... a dog for ....

2   *Vous ne vous souvenez pas de moi ?*
..... you .... me?

3   *C'était sympa de tomber sur vous de nouveau.*
It was .... into you ......

4   *Pour moi de même.*
Like .....

5   *Vous étiez en train d'essayer d'échanger la robe.*
You were ...... to .... the ......

Les mots qui manquent :
1 were buying, your daughter **2** Don't, remember **3** nice bumping, again **4** wise **5** trying, exchange, dress

Deuxième vague : Fifteenth Lesson

Sixty-fifth Lesson

We **Moved** Away (1)

1 – I **liv**ed in **Tex**as when I was **young**er, but we **mov**ed away when I was in **high** school. **(2)**

2 – By the **time** I was **ten,** we had al**read**y **mov**ed six **time**s. I was **nev**er **long**er than **two** years in **any one place**.

3 – **That must** have **been tough** on you… **(3)**

4 – Naw, **not real**ly. I **sort** of **got us**ed to it. In a **way**, I **kind** of **lik**ed **chang**ing schools every **coup**le **years**, **see**ing **dif**ferent **towns** and **meet**ing new **peo**ple. **(4)**

PRONUNCIATION
1 … **yo-ng**-er … 3 … taf … 4 … **mii**di-ng ni**ou pii**pel

NOTES

(1) L'expression *to move away* caractérise un déménagement lointain (*away* apporte la notion de "loin", "au loin"). Les professionnels qui emballent et transportent le contenu de votre maison s'appellent des *movers* ou *moving men* (déménageurs). *To put one's stuff in storage* : déposer ses biens (*stuff* = affaires, choses) au garde-meubles. En règle générale, les Étasuniens déménagent plus fréquemment que les Européens et font souvent leurs déménagements eux-mêmes en louant camions et camionnettes. Une des entreprises les plus connues en la matière est "U-Haul" (U = *you* et *haul* = tirer, tracter, remorquer, donc littéralement "vous remorquez") – un nom qui s'impose. Depuis les années quatre-vingts, un nouveau service s'est développé un peu partout dans le pays : le *"self-storage"* (stockage individuel, un peu comme une consigne), où l'on peut, à relativement peu de frais, entreposer des biens à plus ou moins long terme tout en y ayant accès à tout moment.

(2) Vous devez à présent bien connaître les formes comparatives et superlatives des adjectifs. Rappelons tout de même que *younger* est la forme comparative de *young*, *older* celle de *old*, *bigger* celle de *big*… Le superlatif est *the youngest* (le plus jeune ou la plus jeune), *the oldest* (le plus vieux, la plus vieille) et *the biggest* (le plus grand, la plus grande). Vous souvenez-vous comment ça marche pour *good* et *bad* ? *Good – better – the best* ; *bad – worse – the worst*.

Soixante-cinquième leçon

Nous avons déménagé

1 – J'habitais au Texas quand j'étais plus jeune, mais nous avons déménagé lorsque j'étais au collège.
2 – Au moment où j'ai eu dix ans, nous avions déjà déménagé six fois. Je ne suis jamais resté (été) plus de deux ans au même endroit.
3 – Ça a dû être dur pour (sur) vous…
4 – Non, pas vraiment. Je m'y suis en quelque sorte habitué. D'une certaine façon, j'aimais bien changer d'école tous les deux ans, voir d'autres villes et rencontrer des gens nouveaux.

NOTES (suite)

(3) En vrac, quelques expressions avec le mot *tough* : *tough luck* (pas de chance, malchance) ou, dans le même sens mais plus argotique, *tough cookies*. Une viande qui n'est pas tendre est *tough*. Un adolescent ou un homme violent ou difficile est un *tough guy* (un garçon / un homme dur). Une question à laquelle il est difficile de répondre est *"a toughie"* (une colle / une énigme)…

(4) *Naw* : il s'agit en fait de *no*, prononcé un peu différemment.
Kind of et *sort of* , nous en avons déjà entendu parler à la leçon 40. Le substantif *kind,* lorsqu'il n'est pas suivi de la préposition *of,* signifie simplement "sorte", "type", "genre". *What kind of car do you have?* (Quelle sorte de voiture avez-vous ?) *We have two kinds of pizza* (Nous avons deux variétés de pizzas). *To be kind* veut dire être sympathique, aimable et attentif. Vous entendrez souvent *"That's kind of you"* (C'est très aimable) ou simplement *"That's very kind"* . *That's a kind gesture* (C'est un geste très gentil). *Kindly* ou *please* s'emploient indifféremment dans la même acception : *Kindly / Please remove your shoes when you enter the house* (Veuillez retirer vos chaussures quand vous entrez dans la maison SVP). Et pour ce qui est des expressions avec *"kind of"* et *"sort of"* , elles peuvent se traduire par "en quelque sorte", "d'une certaine façon". Le contexte vous aidera à trouver la bonne traduction.

5 – Where did you **meet** your **wife**? **(5)**
6 – Good **ques**tion. Which **one**? I've had
   quite a collec**tion**. **(6)(7)(8)**
7 – You're **kid**ding of **course**.
8 – I **wish** I **were**! **(9)**

6 … koaiett … 8 aï ou**ich** aï ou**èr**

NOTES (suite)

(5) Vous en connaissez probablement déjà beaucoup sur les
husbands and wives, mais saviez-vous que vous pouvez
de manière argotique désigner votre épouse, votre petit
copain ou petite amie de *"significant other"*, de *"main
squeeze"* (de *main* = principal(e) et *squeeze* = étreinte,
compression – à vous de trouver la bonne traduction !),
ou encore de *"better half"* (meilleure moitié), cette
dernière appellation étant vraiment très datée. Les
couples divorcés parlent de leur ancien(ne) partenaire en
disant *"former wife"* ou *"ex-wife"* (ancienne femme ou
ex-femme) et *"former husband"* ou *"ex-husband"*.

(6) *Which* ou *what* ? Dites *which* lorsque le choix est limité.
Exemple : *Which dress do you prefer, the red one or the
blue one?* (Quelle robe préfères-tu, la rouge ou la bleue ?)
Which kids in the class are coming to the party? (Quels
enfants de la classe vont venir à la fête ?). Mais en
revanche : *What is your favorite color?* (Quelle est ta
couleur préférée ?) *What kind of party do you want to
have?* (Quel genre de fête veux-tu organiser ?). *Which*
peut aussi se traduire par "lequel ?", "laquelle ?" : *Which
of these books do you prefer?* (Lequel de ces livres
préfères-tu ?). *Do you like my dress? – Which one?*
(Aimes-tu ma robe ? – Laquelle ?).

(7) *I have had (I've had) many wives* (J'ai eu beaucoup de
femmes). Le temps employé ici est le *present perfect*
simple, qui correspond au passé composé français. Il se
forme toujours avec l'auxiliaire *have* suivi du participe
passé. Rien de compliqué, donc, au niveau de sa
construction. Attention cependant : *present perfect* et
preterit peuvent tous deux correspondre au passé
composé français, mais on ne peut pas les employer dans
les mêmes circonstances. Vous apprendrez à faire la
différence à la leçon 70.

5 – Où avez-vous rencontré votre femme ?
6 – Bonne question. Laquelle ? J'en ai eu toute
une collection.
7 – Vous plaisantez, bien sûr.
8 – J'aimerais bien !

NOTES (suite)

(8) Quelques mots sur *quite* : Cet adverbe se traduit, entre
autres et selon le contexte, par "tout à fait",
"entièrement", mais aussi par "tout un… / toute une…" :
quite a collection (toute une collection / une belle
collection) ; *it is quite interesting* (c'est tout à fait
intéressant / ça ne manque pas d'intérêt) ; *it was quite a
surprise* (ce fut une véritable surprise), etc. Notez que
quite a bit of / *quite a lot of* / *quite a few* équivalent à "pas
mal (de)" : *We have quite a bit of* / *a lot of work* (Nous
avons pas mal de travail) ; *They have quite a few friends*
(Ils ont pas mal d'amis). Attention, ne confondez pas
quite et *quiet* (calme, silencieux, tranquille) – tous deux
ont la même prononciation.

(9) Eh oui, le subjonctif existe aussi en anglais ! Rassurez-
vous, il n'est pas difficile à manier ! La forme la plus
fréquente est *were*, qui remplace *was*, et que l'on trouve
(mais pas systématiquement) après *if* ou à la suite de *I
wish* : *If I weren't so tired I'd drive you home* (Si je
n'étais pas si fatigué, je te raccompagnerais chez toi). *I
wish I were in Greece right now* (J'aimerais bien être en
Grèce en ce moment / Que ne suis-je en Grèce en ce
moment !). *I wish I were a lot taller so I could play
basketball* (J'aimerais vraiment être plus grand pour
pouvoir jouer au basketball). En anglais américain, on dit
cependant tout aussi facilement *"I wish I was…"*.

Leçon 65

Exercise

1 They moved away when I left for university. **2** Tough luck! **3** I kind of like going to school. **4** Where did you meet your husband? **5** We wish we were on vacation in Texas.

WHERE DID YOU MEET YOUR HUSBAND?

Notes personnelles :

Exercice

1 Ils ont déménagé quand je suis parti à l'université. **2** Pas de chance ! **3** D'une certaine façon, j'aime bien aller à l'école. **4** Où as-tu rencontré ton mari ? **5** Nous aimerions bien être en vacances au Texas.

*****

Fill in the missing words

1   *Combien de variétés de pizzas avez-vous ?*
        How . . . . pizzas do you have?

2   *John était pire que Max, mais Jack était le pire.*
        John was . . . . Max, but Jack was . . .   .

3   *A-t-il eu beaucoup d'enfants ?*
        . . .   . many children?

4   *Pas vraiment.*
        . . .   .

5   *Lequel de tes deux frères était le plus grand ?*
        . . . . your two brothers was . . .   . ?

Les mots qui manquent :
1 many kinds of **2** worse than, the worst **3** Has he had **4** Not really **5** Which of, the biggest

Deuxième vague : Sixteenth Lesson

Sixty-sixth Lesson

Back at the Window (1)(2)

1 – Ex**cuse** me, do you speak **Eng**lish?
2 – **No**, not **ver**y well, but I'll **try** to **help**
   you, **non**ethe**less**. (3)
3 – **Thank** you, you're very **mod**est. I wish
   my Japa**nese** was **half** that **good**! I want to
   send this **pack**age to New **York**, but it **has**
   to ar**rive** be**fore** the **tenth** of the month.
   It's my **mom's fif**tieth **birth**day. (4)(5)(6)
4 – We have a **spec**ial ex**press mail ser**vice
   in our country. To the US it'll take **for**ty-
   eight **hours**.
5 – That'll **do**. (7)

PRONUNCIATION
2 ... **non**edze**lèss** 3 ... **beurZ**dèï ... 5 ...dzèt-l-**dou**.

NOTES

(1) *Back* exprime un retour en arrière, un retour vers le point
   de départ. Il peut accompagner un verbe – *to come back*
   (revenir), *to go back* (retourner), *to send back*
   (renvoyer),etc. ou se suffire à lui-même, comme ici :
   back at the window (de retour au guichet).

(2) *A window* est bien sûr tout d'abord une fenêtre, mais
   aussi un guichet, une vitrine, une devanture.

(3) *Nonetheless* (quand même, néanmoins, toutefois, etc.) a
   pour synonyme *nevertheless*.

(4) *I wish*, que nous avons déjà vu à la leçon précédente, se
   traduit généralement par "je voudrais", "j'aimerais", etc.
   Conjuguons : *I wish, you wish, he / she wishes, we wish,
   you wish, they wish*. Remarquez que la 3ᵉ personne du
   singulier prend *-es* pour une question d'euphonie. *A wish*
   (un désir, un vœu) ; *Best wishes* (Meilleurs vœux).

Soixante-sixième leçon

De retour au guichet

1 – Excusez-moi, vous parlez anglais ?

2 – Non, pas très bien, mais je vais essayer de vous aider malgré tout.

3 – Merci, vous êtes modeste. J'aimerais que mon japonais soit à moitié aussi bon [que le vôtre] ! Je voudrais envoyer ce paquet à New York mais il faut qu'il arrive (il a à arriver) avant le dix (dixième) du mois. Ce sera (C'est) le cinquantième anniversaire de ma maman.

4 – Nous avons un service spécial pour courrier express chez nous (dans notre pays). Pour les États-Unis ça va prendre quarante-huit heures.

5 – Ça fera [l'affaire].

NOTES (suite)

(5) *Half that good* ou *half as good as* (à moitié aussi… que…). Dans la direction contraire, vous avez *twice as good* (littéralement "deux fois aussi bien", donc "deux fois mieux" en bon français), *twice as bad* (deux fois pire), etc. *Once* (une fois), *twice* (deux fois), *three times, four times*, etc. Souvenez-vous bien que pour établir une comparaison, il vous faut dire *as* (*as good as…* ; *twice as…*).

(6) Cette phrase vous donne l'occasion de revoir (ou de voir, si vous ne l'avez pas encore fait) les nombres ordinaux – vous les apprendrez en lisant le numéro de chaque leçon ! Remarquez que pour indiquer le jour du mois, on emploie les ordinaux : *"the tenth of the month"*, et non *"the ten"*, contrairement au français.

(7) *That'll do* – ça fera l'affaire. Retenez bien cette expression, elle pourra vous être utile.

6 – But for **three ki**los and 250 (two **hun**dred
  and **fif**ty) grams it'll **cost** you an **arm** and
  a **leg**! **(8)**

7 – For my **mom**, the **sky's** the **lim**it. **(9)**

8 – But it'll be over a hundred **dol**lars!

9 – A **hun**dred **dol**lars! That's **crazy**. That's
  more than I **paid** for the **gift**. I'll just **call**
  her. Thanks. **(10)**

NOTES (suite)

(8) Chaque langue a ses expressions imagées – alors que pour les
  francophones, le summum du sacrifice semble être "la peau
  des fesses" ou "les yeux de la tête", pour les anglophones ce
  serait plutôt "un bras et une jambe"…Voici d'autres
  expressions exprimant le même type d'idée : *That will cost
  you a pretty penny* (littéralement "ça va vous coûter un joli
  sou") ; *You'll pay through the nose* (Vous allez payer par le
  nez) ; *It costs a chunk of change* (Ça coûte un gros morceau
  de monnaie)… Notez que le mot *dear* (cher), qui s'emploie
  en anglais britannique pour exprimer que quelque chose est
  cher au sens propre comme au figuré, ne s'emploie en anglais
  américain que pour exprimer une valeur sentimentale.

Exercise

1 Two hundred and sixty-six dollars for a dress? That's
crazy! **2** I'm not feeling well but I'll go to work
nonetheless. **3** Can you try to help me? **4** My sister goes to
Alabama twice a year. **5** It'll be over five hundred dollars.

*****

Fill in the missing words

1   *Il sera de retour le quinze du mois.*
    He'll .. .... the .... of the month.

2   *Elle vous envoie ses meilleurs vœux.*
    She sends you ... .

3   *Ça fera l'affaire.*
    ....' .. * ...

6 – Mais pour trois kilos deux cent cinquante grammes, ça va vous coûter la peau des fesses (un bras et une jambe) !

7 – Pour ma maman, rien n'est trop cher (le ciel est la limite).

8 – Mais ça fera plus de cent dollars !

9 – Cent dollars, c'est fou ! C'est plus que [ce que] j'ai payé pour le cadeau. Je l'appellerai tout simplement. Merci.

NOTES (suite)

(9) *"The sky's the limit"* signifie en fait qu'il n'y a pas de limite. En français, on dirait que "rien n'est trop beau / trop cher".

(10) *More than / less than* – souvenez-vous de cette forme du comparatif et ne dites jamais *"more that"* (c'est une faute affreuse assez courante chez les francophones !).

Exercice

1 Deux cent soixante-six dollars pour une robe ? C'est de la folie ! **2** Je ne me sens pas bien mais j'irai travailler malgré tout. **3** Pouvez-vous essayer de m'aider ? **4** Ma sœur va en Alabama deux fois par an. **5** Ça fera plus de cinq cents dollars.

*****

4   *La peau des fesses.*
     An ... ...

5   *Il est plus vieux que toi. – Combien de fois ? – Au*
     moins cinquante fois !
     He's .... you. – ... . ? – At least
     ....!

Les mots qui manquent :
1 be back, fifteenth **2** her best wishes **3** That'll do. **4** arm and a leg **5** older than, How many times, fifty times.

Deuxième vague : Seventeenth Lesson

Leçon 66

Sixty-seventh Lesson

I'll **Switch** my Ap**point**ment (1)

1 – I was sup**pos**ed to go to **Pitts**burgh on the five-**thir**ty flight, but **Pitts**burgh is **snow**ed-in and I **won't** be **a**ble to **get** out un**til morn**ing. (2)(3)(4)

2 So I **think** I'll **switch** a**round** my ap**point**ments and **catch** the **six**-**thir**ty flight to Or**lan**do and **fly** back **up** to **Pitts**burgh on **Thurs**day to meet **Char**lie **Jen**kins. Will **that** be o**kay** with the **guys** in the **plan**ning **of**fice? (5)

3 – No **prob**lem here. It **makes** no **dif**ference on **this** end. (6)

PRONUNCIATION

1 ... se**po**-ozd ... **sno**ed-i-n ... **2** ... sou**itch** ... e**po**ï-tme-ntss...

NOTES

(1) Le verbe *to switch* signifie "changer, modifier, ajuster", ou encore "inverser l'ordre" : *We switched seats at the opera because I couldn't see over the head of the man in front of me* (Nous avons changé de place à l'opéra parce que je ne pouvais pas voir par-dessus la tête de l'homme qui était [assis] devant moi). *A switch*, dans son acception la plus courante, est un interrupteur de courant. *To switch off the light* signifie couper la lumière, éteindre, et *to switch on* – vous l'aurez deviné –, c'est allumer.

(2) Nous avions déjà rencontré *"to be supposed to"* à la leçon 23. Le voici au passé : *I was supposed to...* – j'étais censé / supposé... ou, tout simplement, je devais... Au passé, ce verbe s'emploie généralement pour dire que l'on devait théoriquement faire quelque chose mais que, pour une raison ou une autre, on n'a pas pu.

(3) *Snowed-in* indique que quelque chose est entouré de neige, prisonnier de la neige, submergé par la neige. Dans le même registre, *"rained-out"* signifie généralement que quelque chose a dû être annulé ou reporté à cause de la pluie.

Soixante-septième leçon

Je vais modifier mon rendez-vous

1 – Je devais (J'étais supposé) aller à Pittsburgh par (sur) le vol de 5 h 30, mais Pittsburgh est bloquée par la neige et je ne pourrai pas partir avant le (jusqu'au) matin.

2 Alors je pense que je vais inverser mes rendez-vous et attraper le vol de 6 h 30 pour Orlando, et reprendre l'avion pour Pittsburgh jeudi pour rencontrer Charlie Jenkins. Est-ce que les gens (du bureau) du planning seront d'accord ?

3 – Aucun problème (ici). Ça ne fait aucune différence pour nous [sur ce bout].

NOTES (suite)

(4) *Until / till* : jusqu'à (avec notion de temps, de durée). *Not until* : pas avant. Quelques exemples : *She'll be there till three* (Elle sera là jusqu'à trois heures) ; *She won't* (= contraction de *will not*) *come until after dinner* (Elle ne viendra pas avant la fin du dîner / Elle ne viendra qu'après le dîner). Remarquez, dans la phrase du dialogue, que l'on dit *until morning* (et non *"until the morning"*). De même, on dira *until evening* (jusqu'au soir) / *not until evening* (pas avant le soir).

(5) Avez-vous vu la superbe illustration de ce que l'anglais peut exprimer en quelques petits mots ? *To fly back up*, que nous avons platement traduit par "retourner à", nous donne des renseignements très précis, impossibles à rendre en si peu de mots en français : avec *fly* (voler), nous apprenons que la personne qui parle prend l'avion ; *back* implique un retour en arrière, un rapprochement vers le point de départ, et *up* rend l'idée de "monter" (il suffit de s'imaginer une carte géographique). Monsieur Jackson va donc prendre l'avion pour Orlando puis remonter vers le nord, en direction de Pittsburg, en avion !
To be okay with… : être bon pour, recevoir l'accord de…, etc. *That's okay with me!* (En ce qui me concerne, c'est d'accord ! / Ça me va !)

(6) *No*, selon la phrase, peut se traduire par "non", "pas de", "aucun"… *No problem* (Pas de problème / Aucun problème) ; *It makes no difference* (Ça ne fait pas de / aucune différence).

4 – **Oth**erwise, I would have **had** to sleep-over at the **air**port and **hope** to God that the **weath**er im**prov**ed by **morn**ing. **(7)**

5 – **Okay**, I'll send an **e**-mail to the plant in Or**lan**do and **tell** them you're **com**ing in to**night**. Do you **need** a hotel? **(8)**

6 – Or**lan**do's the **home** of **Mic**key and **Min**nie. I can **stay** with **them**.

7 – **Ver**y **fun**ny, Mr. (**mis**ter) **Jack**son!

4 o**d**zerwaïz … i-m**prou**vd… **5** … i-**mèïl**

NOTES (suite)

(7) Et voici le conditionnel passé (j'aurais fait / tu aurais dit…) ! C'est simple, il se forme comme en français : *would have* + **participe passé**. Comparons : *I help* (j'aide) – *I helped* (j'aidais / j'ai aidé) – *I would help* (j'aiderais) – *I would have helped* (j'aurais aidé). Avec le verbe devoir (*to have to*), nous aurons *I have to* (je dois) – *I had to* (je devais / j'ai dû) – *I would have to* (je devrais) – *I would have had to* (j'aurais dû). Est-ce clair ? Quelques exercices, et ça viendra !

(8) *E-mail* (ou *email*) – *electronic mail* (courrier électronique) est très vite devenu un moyen de communication courant dans le monde entier, en commençant par les États-Unis. En passant par le réseau Internet, on reçoit et on envoie du texte à quelqu'un n'importe où dans le monde au moyen d'un ordinateur, via les lignes téléphoniques ou le satellite. Le e-mail est vraiment entré dans les mœurs aux États-Unis. Ainsi, on vous demandera le plus naturellement du monde *"What's your e-mail address ?"* ou on vous dira *"I'll e-mail you"*. L'*Internet* (ou tout simplement le *Net*), et plus spécifiquement le *World Wide Web* sert aussi à rechercher des informations sur les sujets les plus divers, à faire des achats, à voyager, à s'amuser… Notez également que *a web* est quelque chose de tissé (un tissu) ; *a web of lies* (un tissu de mensonges) ; *a spider's web* (une toile d'araignée). Quant au *net*, c'est un filet, un réseau.

4 – Sinon il aurait fallu que je dorme [j'aurais dû dormir] à l'aéroport et que je prie Dieu (espérer à Dieu) que le temps s'améliore avant le matin.

5 – D'accord, je vais envoyer un courrier électronique à l'usine d'Orlando et leur dire que vous arrivez ce soir. Avez-vous besoin d'un hôtel ?

6 – Orlando est la patrie de Mickey et Minnie. Je peux dormir chez (rester avec) eux.

7 – Très drôle, Monsieur Jackson !

Notes personnelles :

8 – **No**, it's okay **Luke**. I'll call the **Hil**ton's 800 (**eight hun**dred) **num**ber. (9)

NOTES (suite)

(9)   Les *"800 numbers"* sont des *"toll free numbers"* – des numéros auxquels on accède sans avoir à payer la communication. Ce système est largement répandu aux États-Unis, où les entreprises et les organismes les plus divers le mettent au service de leur clientèle. Ce système favorise les affaires, dans la mesure où le client potentiel n'hésitera pas à décrocher le téléphone pour se renseigner, puisque la communication sera gratuite pour lui, qu'il appelle de New York ou de Californie. Les *"900 numbers"* existent aussi : ils sont liés à des services et, pour y accéder, il faut généralement payer des forfaits. Souvenez-vous que la société étasunienne est, depuis longtemps, très "télécommunicante". Tout peut se faire par téléphone. Le pays est divisé en *area codes* (codes de zones), matérialisés par l'indicatif à trois chiffres. Lorsqu'on appelle un *area code* différent du sien, on fait un *"long distance call"* (ou *toll call*) et on doit alors faire précéder l'indicatif du chiffre 1. Un numéro de téléphone type se présente comme suit : 1 (617) 557-9234.

*****

Exercise

1 We won't be able to go to Orlando until tomorrow evening. **2** Weren't you supposed to call the guy to tell him you were coming in tonight ? **3** I just sent him an e-mail. **4** Excuse me, operator, I got a wrong number. **5** Is this 508-8237? No? Sorry!

Fill in the missing words

1   *J' aurais aimé aller en Afrique avec toi.*
        I . . . . to go . . Africa . . . . you.

2   *Si tu avais appelé, nous t' aurions aidé.*
        If you had . . . . . . , we . . . . you.

3   *Est-ce qu'ils seraient venus ?*
        Would . . . . ?

4   *Nous étions censés aller (en avion) à Orlando puis retourner à Boston (vers le nord, en voiture).*
        We . . . . to Orlando and then . . . . Boston.

8 – Non, c'est bon, Luke. Je vais appeler le numéro vert (huit cents) du Hilton.

NOTES (suite)

On accède à la *directory assistance* (l'équivalent des "renseignements téléphoniques") en composant le 411 pour obtenir un renseignement local, ou en faisant le 1 + l'indicatif + 555-1212 si on cherche un numéro en dehors de son propre *area code*.

Aux États-Unis, les services téléphoniques sont privés. Les trois compagnies les plus importantes sont AT&T (Ma Bell), Sprint et MCI. Il est bon d'avoir une carte téléphonique sur soi pour téléphoner d'une cabine, sans quoi une voix synthétique vous demandera d'introduire dans l'appareil un montant précis que vous n'aurez pas forcément sur vous.

Sachez que si vous avez fait un mauvais numéro (*a wrong number*) ou si vous avez été coupé (*cut-off* ou *disconnected*), il vous suffit de composer le 0 et de demander à l'*operator* de vous créditer pour le montant ainsi perdu.

*****

Exercice

1 Nous ne pourrons pas aller à Orlando avant demain soir. **2** N'étais-tu pas censé appeler le gars pour lui dire que tu arriverais (arrivais) ce soir ? **3** Je lui ai simplement envoyé un e-mail. **4** Excusez-moi (, opérateur), j'ai fait (j'ai eu) un mauvais numéro. **5** Êtes-vous (Est-ce que c'est) le 508-8237 ? Non ? Pardon !

5   *Sinon, nous aurions dû rester avec Minnie.*
. . . . , we . . . . stay with Minnie.

Les mots qui manquent :
1 would have liked, to, with **2** called, would have helped **3** they have come **4** were supposed to fly, drive back to **5** Otherwise, would have had to

Sixty-eighth Lesson

My Cardiologist Warned Me (1)(2)

1 – **Here**, have one of **mi**ne. (3)
2 – Thanks a **bun**ch but I don't **want** to keep **smo**king yours. (4)(5)
3 – Don't be **silly**, go a**head** and **take** one of **mi**ne. (6)

PRONUNCIATION
kardiolodjist... 3 ... go-o e**Hèd** ...

NOTES

(1) Quelques mots de vocabulaire pour commencer. Nous resterons dans le domaine médical : *physician* (pron. "fiziche-n" – médecin généraliste) ; *pediatrician* (pron. "pidia**tri**che-n" – pédiatre) ; *dermatologist* (pron. "deurma**to**lodjist" – dermatologue) ; *eye-ear-throat specialist* (pron. "aï-iir-**Zro**-ot **spè**chelist" – oto-rhino-laryngologiste) ; *gynecologist* (pron. "gaïne**ko**lodjist" – gynécologue) ; *surgeon* (pron. "**seur**dje-n" – chirurgien) ; *orthopedist* (pron. "orZo**pi**dist" – orthopédiste) ; *psychiatrist* (psychiatre – prononcez "saï**kaï**-etrist"). Le pharmacien est *the pharmacist* ou *the druggist* et non *the chemist* (vocabulaire britannique).
To warn : mettre en garde, avertir, prévenir – sous-entendu d'un danger. *A warning* : un avertissement.

(2) Remarquez, dans cette première phrase du dialogue, que pour dire "tiens" on dit en fait "ici" – *here*. Notez également **have** *one of mine* (prends une des miennes), littéralement "aie une des miennes". En effet, on emploie souvent le verbe *to have* pour exprimer que l'on prend quelque chose que l'on va mettre à la bouche (nourriture, boisson et... cigarette) : *I'll have a sandwich* (Je prendrai un sandwich) ; *Did you have breakfast this morning?* (As-tu pris un petit déjeuner ce matin ? ; *Have your tea* (Prends ton thé).

Soixante-huitième leçon

Mon cardiologue m'a prévenu

1 – Tiens (Ici), prends une des miennes.
2 – Merci beaucoup, mais je ne veux pas [tout le temps] continuer à fumer les tiennes.
3 – Ne sois pas bête (niais), vas-y, (et) prends une des miennes.

NOTES (suite)

(3) *One of mine* – vous souvenez-vous des possessifs ? Si ce n'est pas tout à fait le cas, revoyez les leçons 25 et 56.

(4) *Thanks a bunch* est une expression familière qui équivaut à *thanks a lot* : merci beaucoup. *A bunch* peut être une botte (de radis, par exemple), un bouquet, une grappe, un trousseau (de clés), un régime (de bananes), ou encore un groupe de personnes, une bande.

(5) À la leçon 55, nous avions vu *"keep trying"* (continuez d'essayer). *To keep* (ou *to keep on*) suivi d'un verbe en *-ing* exprime l'idée de continuer de faire quelque chose / ne pas arrêter de faire quelque chose : *I don't want to keep smoking* (Je ne veux pas continuer de fumer) ; *I keep bumping into her* (Je n'arrête pas de tomber sur elle), etc. Rappel : *to keep* signifie également "garder", "maintenir"…

(6) *Go ahead !* est une expression à retenir telle quelle : Allez !, Vas-y !, Continuez ! etc.

4 – **Well**, the **tru**th is that I'm **try**ing to **kick** the **hab**it. **(7)**

5 – **You** too! **You**'re the **third** per**son** to**day** I've met who's **try**ing to **quit**. This is **get**ting **down**right de**pres**sing. **(8)(9)**

6 – My **card**io**log**ist **warn**ed me. My **girl**friend **threat**ened me. My of**fice work**ers sent a**round** a pe**ti**tion a**gainst smok**ers at **work**. And at **lunch**time, I get **dir**ty looks from **stran**gers. **(10)**

7 – So **why** do you **want** to **quit**?

6 … **Zrète**-nd … **pèt**icheun … **deur**di … **strëïn**djerz. 7 … **kou**itt

NOTES (suite)

(7) *To kick* : donner un coup de pied, pousser du pied. *To kick the habit* est donc une expression très imagée – donner un coup de pied à une habitude, vouloir la perdre. Autres emplois de ce verbe : *I felt like kicking myself* (Je me serais donné des claques) ; *to kick a goal* (marquer un but) ; *to kick off* signifie "enlever d'un coup de pied", mais aussi "marquer le début de quelque chose" : *To kick off the event, we have a jazz band.* (Pour marquer l'événement, nous commencerons avec un groupe de jazz.), etc.
Notez aussi *"to kick the bucket"* (donner un coup de pied dans le seau) – l'équivalent de notre "casser sa pipe". *To get a kick out of something* = trouver quelque chose très amusant : *I get a kick out of watching the kids play with the puppies* (J'adore / Ça m'amuse énormément de regarder les enfants jouer avec les chiots).

(8) Nous avons déjà vu que le verbe *to get* peut être employé de multiples façons. Ici, il s'agit de "devenir" : *it is getting depressing* (ça devient déprimant) ; *it is getting dark* (il commence à faire sombre, littéralement "c'est en train de devenir sombre")… Vous trouverez un récapitulatif des principales acceptions de *to get* à la leçon 70.

4 – Eh bien, à vrai dire (la vérité est) je suis en train d'essayer d'arrêter de fumer (de perdre l'habitude).

5 – Toi aussi ! Tu es la troisième personne que je rencontre aujourd'hui (aujourd'hui j'ai rencontré) [et] qui est en train d'essayer d'arrêter (quitter). Ça devient franchement déprimant !

6 – Mon cardiologue m'a averti [du danger]. Ma petite amie m'a menacé. Mes employés de bureau ont fait circuler une pétition contre la tabagie au travail (les fumeurs au travail). Et à l'heure du déjeuner, les gens me lancent des regards noirs (je reçois de sales regards des étrangers).

7 – [Ben] alors, pourquoi est-ce que tu veux arrêter ?

IT'S NOT EASY TO KICK ONE'S HABITS.

NOTES (suite)

(9) *Downright* : tout à fait, carrément, complètement. Notez aussi *a downright lie* (un mensonge flagrant) ; *a downright no* (un non catégorique). Quant à *upright*, il signifie "droit, correct, ouvert, honnête" : *an upright citizen* (un honnête citoyen).

(10) *A stranger* est une personne qu'on ne connaît pas, mais pas forcément un étranger. Une personne d'un autre pays est *a foreigner*.

Exercise

1 It's not easy to kick one's habits. **2** The truth is that I can't stop smoking. I tried many times, but… **3** Did you speak with your doctor? **4** I spoke to my physician, then to my cardiologist, and he sent me to a psychiatrist. **5** So, what did he say? – He said: "Have one of mine"! – What a bad joke!

*****

Notes personnelles :

Exercice

1 Ce n'est pas facile de se débarrasser de ses habitudes.
2 La vérité est que je n'arrive pas à m'arrêter de fumer. J'ai essayé de nombreuses fois, mais… **3** As-tu parlé avec ton médecin ? **4** J'ai parlé à mon généraliste, ensuite à mon cardiologue, et il m'a envoyé chez un psychiatre. **5** Alors, qu'est-ce qu'il a dit ? – Il a dit : "Prenez une des miennes" ! – Quelle mauvaise plaisanterie !

*****

Fill in the missing words

1   *J'essaie de m'arrêter de fumer. – Moi aussi !*
        I'm . . . . stop . . . . – Me . . . ! ou . . . . . !

2   *T'a-t-il menacé ?*
        Did he . . . . ?

3   *Non, il m'a seulement lancé des regards noirs.*
        No, he just gave . . . .

4   *[Des] inconnus dans la nuit…*
        . . . . …

5   *Tu aurais dû la prévenir !*
        You . . . . !

Les mots qui manquent :
1 trying to, smoking, too **ou** So do I. **2** threaten you **3** me dirty looks. **4** Strangers in the night… **5** should have warned her.

Deuxième vague : Nineteenth Lesson

Sixty-ninth Lesson

Back to the Drawing Board (1)

1 – What were you **do**ing **last** year? **(2)**
2 – I was **work**ing for an inter**na**tional **soft**ware **com**pany, but they were **bought**-out by a **big**ger **com**pany that was **then down**sized and I **lost** my **job**. In **fact** the whole **shop** was **shut** down. **(3)**
3 – What are you **do**ing **now**?
4 – I am **writ**ing a **book** on the **dis**advantages of **down**sizing. **(4)**
5 – Have you **star**ted **look**ing for a **pub**lisher or **have** you **found** one al**read**y?

PRONUNCIATION
dro-i-ng **bord** 2 … i-nter**na**chenel **soft**oère **co-m**peni … cheutt … 4 … dissad**vèn**tedgiz …

NOTES

(1) L'expression *"back to the drawing board"* remonte à l'époque où les idées, les inventions, dans les entreprises, étaient dessinées dans un "drawing room" (une salle de dessin). Dans quelques années, cette expression sera peut-être remplacée par *"back to the computer screen"* (… écran d'ordinateur) ou *"back to the hard drive"* (… disque dur), qui sait ?

(2) *What were you doing ?* (littéralement "qu'étiez-vous en train de faire ?") se traduit en français par "que faisiez-vous ?". Il s'agit du passé progressif (cf. leçon 42).

(3) *Bought out* est le passé de *to buy out*. Ce verbe qui, par l'intermédiaire de la particule *out*, exprime que la totalité de quelque chose a été vendue, est presque exclusivement employé dans le contexte de l'entreprise, lorsqu'elle est rachetée par une autre. *To sell out* (vendre "entièrement") a deux sens : Lorsqu'un magasin a vendu la totalité d'un produit, le marchand vous dira *"We're all sold out"* ; et quand quelqu'un a abandonné ses principes en échange

Soixante-neuvième leçon

Retour à la case zéro
(Retour à la planche à dessin)

1 – Que faisiez-vous l'année dernière ?
2 – Je travaillais pour une compagnie
internationale de logiciels, mais ils ont été
rachetés par une entreprise plus grande qui,
par la suite, a été restructurée (diminuée en
taille), et j'ai perdu mon travail. En fait, la
boîte (boutique) entière a été fermée.
3 – [Et] que faites-vous maintenant ?
4 – J'écris un livre sur les désavantages de la
restructuration.
5 – Avez-vous [déjà] commencé à chercher un
éditeur ou en avez-vous déjà trouvé un ?

HE SEEMS TO BE HAPPY

NOTES (suite)

d'une somme d'argent par exemple, c'est un vendu –
quelqu'un qui s'est laissé acheter, exemple : *They are sure
that their leader will never sell out* (Ils sont sûrs que leur
leader ne se laissera jamais acheter)..

(4) Le *downsizing* est le fait de réduire les effectifs, le nombre
d'employés d'une société dans le but de réduire les frais de
gestion d'une entreprise et donc d'obtenir davantage de
bénéfice. Une façon "élégante" de traduire ce terme est
"restructurer"… Être licencié : *to be layed-off*.

6 – I had been **look**ing for the **bet**ter part of a **year** and **then** at the Chi**ca**go **Book Fair** I was **luck**y e**nough** to find a **pub**lisher that **seem**ed to be **per**fect, an **out**fit **cal**led **Rough** and **Read**y Books, lo**ca**ted in **Bal**timore. Do I **need** to **tell** you **more**? **Last** month, they were **forc**ed to **down**size and they **can**celled my **book** con**tract. (5)(6)(7)**

7 – You're **back** to the **draw**ing board.

6 lokèïtid … **kèn**seld…

NOTES (suite)

(5) *To seem* : avoir l'air, sembler, paraître. Notez aussi la structure *"It seems as if…"* (on dirait que…).

(6) En anglais comme en français, le terme "entreprise" a plusieurs synonymes : *company, establishment, firm, corporation, outfit.* Ce dernier peut être n'importe quel lieu de travail, pas seulement une entreprise en tant que telle – d'ailleurs nous l'avons traduit par "boîte". En termes de mode féminine, *an outfit* est un ensemble.

*****

Exercise

1 He seems to be happy. **2** Yes, he was lucky enough to find the perfect publisher for his book. **3** He had been downright depressed after he had lost his job. **4** Had he been layed-off? **5** Yes, after his company had been bought-out by a bigger one.

6 – Je cherchais depuis près d'un an (la meilleure partie d'une année) et puis, à la Foire du livre de Chicago, j'ai eu la chance de (j'ai été suffisamment chanceux pour) trouver un éditeur qui semblait parfait, une société qui s'appelle (appelée) Rough and Ready Books, située à Baltimore. Faut-il vous en dire plus (Ai-je besoin de vous en raconter davantage) ? [Le] mois dernier, ils ont été forcés de se restructurer et ils ont annulé mon contrat (de livre).

7 – [Et] vous êtes de retour à la case départ.

NOTES (suite)

Attention, "une société" ne peut pas se traduire par *"a society"* en anglais – c'est un faux ami ! Sachez, pour clore cette note, qu'il est assez facile, aux États-Unis, de pratiquer des activités commerciales sans créer de manière formelle une société. L'abréviation *Inc.* (*Incorporated*), est l'équivalent de Sarl (Société à responsabilité limitée) ou SA (Société Anonyme).

(7) *Rough-and-ready* est en fait une expression qui signifie "fait à la hâte", "exécuté grossièrement… *Rough* : rêche, rugueux, grossier, brut…

*****

Exercice

1 Il a l'air heureux. **2** Oui, il a eu la chance de trouver le parfait éditeur pour son livre. **3** Il avait été carrément déprimé après avoir perdu son travail. **4** Avait-il été licencié ? **5** Oui, après que son entreprise ait été (avait été) rachetée par une [entreprise] plus importante (grande).

Fill in the missing words

1   *Que faisais-tu dans ce bar, la nuit dernière ?*
      .... in that bar ....?

2   *Je travaillais pour un détective.*
      I ... . a detective.

3   *Comme c'est fascinant ! Et que fais-tu maintenant ?*
      How fascinat ... ! And .... you ..... now?

4   *J'écris un roman policier. Dois-je t'en dire davantage ?*
      I'm .... detective story. Do I ....
      ... .?

5   *Non. As-tu déjà trouvé un éditeur ?*
      No. Have you ..... a publisher ....?

Les mots qui manquent :
1 What were you doing, last night 2 was working for 3 -ing, what
are, doing 4 writing a, need to tell you more 5 found, already

Deuxième vague : Twentieth Lesson

Seventieth Lesson
Soixante-dixième leçon

Révisions

Comment vous sentez-vous, arrivé à ce stade ? Le rythme s'accélère quelque peu, les exercices sont un peu plus corsés... mais nous n'en doutons pas, vous y arrivez !
Lisez bien les notes – nous vous y donnons un complément de vocabulaire que nous réutilisons bien souvent dans les exercices, histoire d'y mettre un peu de piment... Et puis ne négligez pas la deuxième vague : cet exercice complémentaire ne peut que vous aider à parfaire les connaissances acquises.

1. Le prétérit progressif

Nous avons déjà abordé les temps progressifs, qui se caractérisent par une forme composée d'un auxiliaire + un verbe en -ing, à la leçon 42. Penchons-nous aujourd'hui sur le passé.

• Le prétérit progressif décrit une action qui était en train de se dérouler à un moment du passé. Généralement, on le traduit en français par l'imparfait :
    – *What **were you doing** when I called you, last night?*
    – *I **was reading** a novel.*
    Que faisais-tu (qu'étais-tu en train de faire) quand je t'ai appelé, hier soir ? – Je lisais (J'étais en train de lire) un roman.

• Le prétérit progressif est souvent employé en contraste avec le prétérit simple pour décrire une action qui était en train de se dérouler au moment où un événement ponctuel s'est produit – c'est exactement ce qui se passe en français avec l'imparfait et le passé simple :
    I was dreaming of my next vacation when the phone rang.
    Je rêvais à (J'étais en train de rêver à) mes prochaines vacances quand le téléphone sonna.

• Le prétérit progressif ne peut s'employer que dans les cas où en français on peut le traduire par **"être en train de"** à l'imparfait.

Pour exprimer une habitude dans le passé, on utilise la forme *"used to"* (cf. leçons 33 et 35) ou, pour une action qui s'est répétée dans le passé, le mot *often* (souvent) + le prétérit simple :
> *When I was young, I used to go to Florida every summer.*
> Quand j'étais jeune, j'allais en Floride chaque été.

> *When I was young, I often went to Florida in the summer.*
> Quand j'étais jeune, j'allais souvent en Floride l'été.

2. Too

a. *Too* = "trop" ou "aussi". Récapitulons :
> *These shoes are too small for me.* (Ces chaussures sont **trop** petites pour moi.)
> *For me too!* (Pour moi **aussi** !)

b. "Trop" (ou "trop de") peut se traduire de différentes façons en anglais :

• *Too* + adjectif ou adverbe :
> *They are too small.* (Elles sont trop petites.)
> *He drives too fast.* (Il conduit trop vite.)

• *Too much* + nom au singulier (le nom peut être sous-entendu) :
> *I have too much work.* (J'ai trop de travail.)
> *He drinks too much.* (Il boit trop – sous-entendu "d'alcool".)

• *Too many* + nom au pluriel (ce nom peut aussi être sous-entendu) :
> *They have too many things to do.* (Ils ont trop de choses à faire.)

3. Le *present perfect*

a. Le *present perfect* **simple**

Nous l'avons vu, il se forme comme le passé composé français : ***have* ou *has* + participe passé** (cf. leçon 65). On l'emploie dans les cas suivants :

• Quand le moment où l'action a eu lieu n'est pas indiqué et qu'il y a une relation entre cette action ou ce fait et le moment présent :
   I've had many wives (J'ai eu beaucoup de femmes – sous-entendu ce n'est pas terminé, j'en ai une en ce moment).

• Quand le moment de l'action est donné au moyen d'une expression de temps telle que *already* ou *ever* (déjà), *never* (jamais), *yet* et *so far* (jusqu'à présent) :
   Has he ever climbed this mountain ? (A-t-il déjà escaladé cette montagne ?)
   I have never been to Tunisia. (Je ne suis jamais allé en Tunisie.)…

b. Le *present perfect* **progressif**

Il se forme à l'aide du *present perfect* simple de *to be* : ***have* ou *has been* + *-ing***. On l'emploie :

• Pour parler d'actions et de faits qui ont débuté dans le passé et qui continuent encore au moment où on parle, ou bien qui viennent tout juste de s'achever :
   It has been snowing all day. (Il a neigé toute la journée – sous-entendu et ce n'est pas terminé.)
   I'm sweating, I've been running. (Je transpire, j'ai couru).

• Avec *for* (depuis) pour exprimer une durée, ou avec *since* (depuis), qui indique un point de départ :
   I have been studying English for two months. (J'étudie l'anglais depuis deux mois.)
   I have been studying English since January. (J'étudie l'anglais depuis le mois de janvier.).

4. *Preterit* ou *present perfect* ?

Vous le savez, ces deux temps se traduisent en français par le passé composé. Mais comment savoir quand le passé composé se traduit par un *preterit*, et quand par un *present perfect* ?

• Quand le moment de l'action n'est pas indiqué, mais qu'il y a une relation entre le passé et le moment présent, on utilise le *present perfect* (voir ci-avant, paragraphe 3. a.). En revanche, **s'il n'y a pas de rapport entre l'action terminée et le moment présent, on emploie le *preterit***. Si par exemple quelqu'un dit *"I've had many wives"*, cela sous-entend qu'il est encore marié à l'heure actuelle. Si en revanche il dit *"I had many wives"*, cela veut dire qu'il n'en a plus au moment où il le dit.

• Avec des expressions de temps qui expriment l'idée de "jusqu'à présent" (cf. paragraphe 3.a.), on utilise le *present perfect*. Mais **lorsque l'expression de temps indique que l'action est terminée (hier, la semaine dernière, il y a trois ans, etc.), on emploie le prétérit**. Exemples :
> *I haven't seen that film yet* . (Je n'ai pas encore vu ce film – mais je peux encore aller le voir)
> *I didn't see that film.* (Je n'ai pas vu ce film – la personne qui s'exprime ainsi sous-entend qu'elle ne verra sans doute jamais ce film.).

Si tout ceci n'est pas encore tout à fait clair dans votre esprit, ne vous en faites pas – le temps et la pratique vous aideront.

5. *No*

• Sans entrer dans tous les détails, retenez que *no* équivaut bien sûr à "non", mais aussi à "pas de", "aucun". Ainsi, nous avons vu *"No problem"* (pas de problème / aucun problème), *"It makes no difference"* (Ça ne fait pas de différence / aucune différence) ; et vous pouvez aussi dire *"There is no milk in the fridge"* (Il n'y a pas de lait dans le frigo), etc.

• Sachez également que "ça ne sert à rien" se dit *"it's no use"* :
> *It's no use spending all that money.* (Ça ne sert à rien de dépenser tout cet argent.).

6. *To get*

To get est un verbe à facettes multiples – nous en avons déjà vu quelques-unes au fil des leçons. Récapitulons :

• ***To get* + objet direct = acquérir, recevoir, (s')acheter**, etc. :
> *She got a nice present from her cousin.* (Elle a reçu un beau cadeau de sa cousine.)
> *There is no more milk in the fridge, we'll have to get some.* (Il n'y a plus de lait au frigo, il faudra que nous en achetions.)

• ***To get* + particule = mouvement** : *to get out* (sortir) ; *to get off* (descendre d'un moyen de locomotion) ; *to get on* (monter dans un véhicule) ; *to get up* (se lever), etc.

• ***To get* + adjectif = devenir** : *to get old* (devenir vieux, vieillir) ; *to get tired* (commencer à être fatigué) ; *to get wet* (se mouiller), etc.

• ***To get* + participe passé = verbe pronominal** : *to get married* (se marier) ; *to get dressed* (s'habiller) ; *to get washed* (se laver), etc.

• ***To get* = chercher / aller chercher** :
> *Can you get me some tea, please?* (Peux-tu aller me chercher un peu de thé, s'il te plaît ?)
> *Can you get him at the airport?* (Peux-tu aller le chercher à l'aéroport ?)

Deuxième vague : Twenty-first Lesson

Et maintenant, allez vous reposer !

Leçon 70

Seventy-first Lesson

Let's Not **Make** a **Big** Deal **About** This, Okay?
(1)

1 – **Listen**, you **cut** me **off**. I had the **right** of
way! (2)(3)
2 – You were **driv**ing too **fast**. (4)
3 – That's **not** the **point**. You **ran into** the
rear of my Toyota. (5)
4 – So you ad**mit** you were **driv**ing too **fast**.
You **just** admi**tt**ed it, **did**n't you?

NOTES

(1) *To make a big deal out of something* : faire toute une
histoire de quelque chose, c'est-à-dire exagérer son
importance. *A big deal* peut aussi être employé pour un
événement important. *A deal* : une affaire, un marché.
Lorsque deux interlocuteurs se sont mis d'accord sur les
détails d'un contrat, ils diront bien souvent *"It's a deal"*
et se serreront la main pour confirmer cette affirmation.
Le *handshake* (la poignée de main) a du poids, de même
qu'une parole donnée. Bien entendu, les affaires
conclues se matérialisent généralement par un contrat
écrit, même aux États-Unis, mais la parole donnée y est
tout aussi importante, sans doute davantage que dans les
cultures latines ou germaniques.

(2) *To cut* signifie "couper, tailler..." : *Can you cut me a
slice of bread?* (Peux-tu me couper une tranche de pain ?).
He cut his finger (Il s'est coupé le doigt).
To cut off introduit une nuance supplémentaire : couper
en détachant quelque chose, ou couper, dans le sens
d'interrompre (la parole, le chemin à quelqu'un) – *The
machine cut his finger off* (La machine lui a coupé le
doigt – et le doigt a été détaché de la main, – l'image est
un peu crue, mais l'exemple assez clair). *Don't cut me
off!* (Ne m'interrompez pas !). Une expression très
courante avec le verbe *to cut* : *"Cut it out!"*, synonyme
de *"Stop it!"* (Arrête !).

Soixante et onzième leçon

N'en faisons pas toute une histoire, d'accord ?

1 – Eh (écoutez), vous m'avez coupé [la route]. J'avais la priorité !
2 – Vous conduisiez trop vite.
3 – Ce n'est pas la question. Vous êtes rentré dans (dans l'arrière de) ma Toyota.
4 – Donc vous admettez que vous conduisiez trop vite. Vous venez de l'admettre, n'est-ce pas ?

NOTES (suite)

(3) *The right of way* est la priorité. Sur les routes Étasuniennes, la priorité est signalée (à ceux qui doivent la céder) au moyen du panneau triangulaire *"YIELD"*. *To yield* a divers sens, dont le plus usité est "céder". Contrairement à beaucoup d'autres pays, et en particulier la France, la priorité ne revient pas systématiquement au conducteur arrivant de la droite. Il convient donc de bien observer les panneaux.

(4) Souvenez-vous que *too* a deux sens différents : "trop" (+ adjectif ou adverbe) et "aussi, également" : *He drives too fast, and his father too!* (Il conduit trop vite, et son père également !).

(5) *A point* est, bien entendu, un point, mais *the point* est bien souvent employé dans le sens de "le sujet, la question" : *"That's not the point"* (Ce n'est pas la question), du point de vue de celui qui le dit, signifie que le commentaire de l'interlocuteur est "hors sujet". *The point of something* est la raison principale de quelque chose. Dans les conférences, celui qui parle exposera d'abord ses *main points* (ses principaux arguments). *"What's the point?"* se dit dans le sens de "Pour quoi faire ?" ou "À quoi ça sert ?". Et quand quelqu'un n'a rien compris, on dit *"he missed the point"* …

5 – **You** ran through the **yield** sign with**out**
  yielding! **(6)**

6 – **Hey, list**en the **dam**age is a**bout e**qual to
  both cars. Let's not **make** a **big** deal
  a**bout** this, o**kay**? **(7)(8)**

7 – You **got** to be **out** of your **mind**! It was
  your fault and **I'm go**ing to **take** you to
  the **clean**er's, **bud**dy! **(8)(9)(10)**

PRONUNCIATION
5 ... yi-ild ... 6 ... **da**medge ... 7 ... **kli**neurz ...

NOTES (suite)

(6) *Through* (prononcez **Zrou**-ou) introduit la notion de "à
  travers". Un verbe suivi de *through* se traduira souvent
  par "traverser" en français : *She ran through the crowd*
  (Elle traversa la foule en courant) ; *I drilled a hole
  through the wall* (J'ai percé un trou dans le mur – à
  travers le mur). Apprenez également l'expression *"to be
  through with…"*, "en avoir fini avec quelque chose ou
  quelqu'un" : *I'm through with my dinner* (J'ai terminé
  mon dîner). Quant à l'expression *"through and
  through"*, elle exprime l'idée de "complètement,
  entièrement, pur et dur, jusqu'au bout des ongles, jusqu'à
  la moelle…" : *He's rotten through and through* (Il est
  pourri jusqu'à la moelle).

(7) Dans cette phrase, nous avons les deux sens principaux de
  about : "au sujet de" et "approximativement, en gros,
  environ, à peu près, vers". *We are talking about his new
  book* (Nous sommes en train de parler de – au sujet de –
  son dernier livre) ; *I'm sorry about that* (Je suis désolé
  pour ça – au sujet de ça). *They'll be back in about two
  months* (Ils seront de retour dans environ deux mois) ;
  She's about forty (Elle a la quarantaine – à peu près
  quarante ans). Vous aurez certainement l'occasion
  d'entendre "How about…?" ou *"What about…?"* (Que
  dirais-tu de… ? / Que diriez-vous de… ? / Et si… ?),
  lorsque quelqu'un voudra faire une suggestion de manière
  informelle. Notez également *to be about to* (être sur le
  point de) : *I was about to leave when the phone rang*
  (J'étais sur le point de partir quand le téléphone a sonné).

5 – Vous avez dépassé le stop (couru à travers le signe cédez) sans vous arrêter (céder) !

6 – Bon, écoutez, les dommages sont (le dommage est) à peu près équivalents pour les deux voitures. Ne faisons pas toute une histoire (à ce sujet), d'accord ?

7 – Je crois que vous n'êtes pas bien de la tête ! C'était votre faute et je vais vous le faire payer, mon pote !

NOTES (suite)

(8) *You're out of your mind!* = *You're crazy!* (Tu es fou / folle ! ; "Ça va pas ?", etc.). Autres belles expressions imagées pour dire la même chose : *You're off your rocker!*, *You lost your marbles!*, *You're out of your gourd!*, *You're off the wall!*, *You're nuts!*, *You're coo-coo!*, *You're wacko!* – Nous vous laissons le soin de traduire… Attention, ces expressions peuvent être insultantes ! Remarquez d'ailleurs, dans notre dialogue, que l'homme courroucé est malgré tout prudent : *"You got to be out of your mind"*, littéralement "Vous devez être en dehors de votre esprit – Vous devez être fou". Cette façon de s'exprimer est tout de même un peu moins directe que "Vous êtes fou".

(9) *To take someone to the cleaner's* (littéralement "emmener quelqu'un chez le teinturier"), c'est mener quelqu'un en bateau, le faire marcher, le rouler, voire même le voler. Expressions synonymes : *To rip off* (ou, dans l'autre sens, *to get ripped off* – se faire avoir) – *I got ripped off from a guy who sold me a fake Seiko watch* (Je me suis fait avoir par un type qui m'a vendu une fausse montre Seiko). En anglais moins populaire, on dira *to take advantage of… / to be taken advantage of…* ou *to cheat / to be cheated*.

(10) *Buddy*, en langage familier, signifie "ami, copain, pote". On peut, tout comme en français, l'employer de manière ironique, comme c'est le cas dans notre phrase.

8 – How **about** repeating **that** to my in**sur**ance **com**pany? **(11)**

8 ... i-n**chou**re-ns

NOTES (suite)

(11) Et voici le *"How about...?"* dont nous avons parlé à la note 7. Encore deux exemples : *How about going to the movies tonight?* (Et si nous allions au cinéma, ce soir ?) ; *How about we go to my parents' house in the country next weekend?* (Et si nous allions dans la maison de mes parents, à la campagne, le week-end prochain ?).

Exercise
1 Why do you always have to cut me off when I start to sing? **2** Ken and Bill's weight is about the same. **3** What are you talking about? **4** She is about to have a baby. **5** He lost his marbles.

8 – Et si vous répétiez ça à ma compagnie
d'assurances ?

Exercice
1 Pourquoi dois-tu toujours m'interrompre quand je
commence à chanter ? **2** Le poids de Ken et [celui] de Bill
est à peu près le même. **3** De quoi êtes-vous en train de
parler ? **4** Elle est sur le point d'accoucher (d'avoir un
bébé). **5** Il est devenu fou (Il a perdu ses billes).

Fill in the missing words

1   *Nous avons traversé la forêt en voiture.*
         We . . . .   the forest.

2   *Est-ce que tu as trop mangé toi aussi ?*
         Did you eat . . . much . . . ?

3   *J'en ai fini avec lui !*
         I'm . . . . !

4   *Les deux voitures sont rouges.*
         . . . . cars are . . . .

5   *Pourquoi en faire toute une histoire ?*
         . . . make a . . . . this?

Les mots qui manquent :
1 drove through **2** too, too **3** through with him **4** Both, red **5** Why,
big deal about

Deuxième vague : Twenty-second Lesson

Seventy-second Lesson

See Spot Run!

1 – Come **here**, **Spot**. **Good** boy! **(1)**
2 Now **sit**. **Give** me your **paw**. Your **paw**.
 Beg, Spot. **(2)(3)**
3 Spot, your **paw**. **Good** dog. Yes, you're a
 good pup. **Yes**. **(4)**
4 Spot, **fetch**. **Go** a**head**, **get** it. **Over there**.
 The **stick**, **fetch** it. **No**! You **gave** me
 your **paw** al**read**y. And **don't** lick. **(5)(6)**

PRONUNCIATION
2 … **po**-a … peup …

NOTES

(1)   Spot a longtemps été le nom de chien le plus populaire
      aux États-Unis.
      Nationalement connu, Spot, un beagle tacheté, était le
      héros des livres de lecture des *first grades*. *"See Spot
      run. See Spot jump."*, sont les deux premières phrases
      (presque aussi connues que *"My tailor is rich."*) de ce
      premier livre, qui fut suivi de toute une collection traduite
      par la suite dans le monde entier. *A spot* est un lieu, mais
      aussi une tache ; *to spot* signifie tacher ; *spotted* : tacheté,
      moucheté ; *unspotted* : sans tache, immaculé.

(2)   Vous vous souvenez de l'impératif, n'est-ce pas ? Il se
      forme tout simplement avec l'infinitif sans *to* : *Run!*
      (Cours / Courez !). À la forme négative, on le fait
      précéder de *"don't"* : *Don't run!* (Ne cours pas / Ne
      courez pas !). À la première personne du pluriel, on
      emploie la forme avec *"let's"* : *Let's run!* (Courons !).

(3)   *Good boy* ou *good girl* – c'est en termes de "garçon" et
      de "fille" que les Étasuniens parlent à leur chien… mais
      pas à leur chat, sans doute parce que les chats ne viennent
      que quand ils en ont envie ! Les animaux, du moins bon
      nombre d'entre eux, ont des *paws* – des pattes –, mais pas
      les humains. On demande aux chiens de lever la

Soixante-douzième leçon

Regarde Spot courir !

1 – Viens ici, Spot. C'est bien (bon garçon) !
2   Maintenant, assis. Donne-moi la patte. La
    patte. Lève la patte (mendie), Spot.
3   Spot, la patte. Bon chien. C'est bien, tu es un
    bon chien (chiot). Oui.
4   Spot, va chercher. Allez, va chercher (attrape-
    le). Là-bas. Le bâton, rapporte. Non ! Tu m'as
    déjà donné la patte. Et ne [me] lèche pas.

NOTES (suite)

patte et de mendier (*Lift your paw! Beg!*) pour montrer
leur obéissance au maître. Mais quand le maître est à
table et que son chien lève la patte pour quémander, la
larme à l'œil, juste un tout petit bout de quelque chose,
celui-ci lui dit généralement *"Don't beg!"* – *It's a dog's
life!* (C'est une vie de chien !)

(4) A *pup*, diminutif de *puppy*, est un chiot. Pour les autres
animaux amis de l'homme et leurs petits, notez :*cat* →
kitten (chaton) ; *horse* → *colt* (poulain) ; *deer* → *fawn*
(faon) ; *sheep* → *lamb* (agneau) ; *cow* → *calf* (veau) ; *goat*
→ *kid* (chevreau) ; *chicken* → *chick* (poussin) ; *rabbit* →
bunny (lapereau). Rappelons que le genre des animaux
est généralement neutre, sauf lorsqu'il s'agit de nos *pets*.

(5) Le verbe *to fetch*, bien que souvent utilisé pour donner
des ordres à son chien et donc un peu cru et inélégant, est
tout simplement synonyme de *to go get* (aller chercher) :
I went to fetch the mail at the post office (Je suis allé
chercher le courrier à la poste).

(6) *Here* (ici) et *there* (là, là-bas). On dit aussi *"over here"*
ou *"over there"* lorsqu'on veut insister sur la distance :
*The personnel department is over here while the
maintenance department is over there* (Le service du
personnel est par ici alors que le service de la
maintenance est par là-bas). Il n'y a pas vraiment de
mode d'emploi précis, c'est plutôt "comme on le sent".

5 **Spot**, **stop** it, **would** you! **Give** me **back**
my **shoe**. **That's** one of my **good** ones.
(7)(8)

6 **Spot**, **no**, get **off** the sofa with those **dir**ty
paws.

7 **Spot**, you **dumb mutt**, **get o**ver here.
Lay down. **Good. (9)**

8 Now **roll o**ver. **Roll** over, boy. Don't
worry, **Dad**dy won't **hit** you. **(10)**

9 **Yes**, you're a **good** boy, Spot. **Here's** a
biscuit. **(11)**

7 … deu-m meutt … 9 … biskit.

NOTES (suite)

(7) *Stop it, would you! Would you* (ou *will you*) joue le rôle
de *tag* avec l'impératif. Il se traduit par "d'accord ?" ou
"s'il te plaît !", mais parfois on ne le traduit pas du tout :
Stop smoking, would you? (Arrête de fumer ! / Arrête de
fumer, d'accord ? / Arrête de fumer, s'il te plaît !).

(8) Lorsqu'on ne veut pas répéter un nom, on peut le
remplacer par *"one"* (au singulier) ou par *"ones"* (au
pluriel) : *I like this dress. Do you also have a green one?*
(J'aime cette robe. En avez-vous aussi une verte ?) ;
These shoes are too small, I need bigger ones. (Ces
chaussures sont trop petites, il m'en faut de plus
grandes). Notez aussi *another one* (un / une autre) et
other ones (d'autres) : *I finished my coffee, could you
please bring me another one?* (J'ai terminé mon café,
pourriez-vous, s'il vous plaît, m'en apporter un autre ?).

5   Spot, arrête (ça), s'il te plaît ! Rends-moi ma
    chaussure. C'est une de mes bonnes
    [chaussures].

6   Spot, non, descends du canapé avec tes (ces)
    pattes sales.

7   Spot, espèce de corniaud (toi bête corniaud),
    viens ici. Couché (Couche-toi). Bien.

8   Maintenant mets-toi sur le dos (roule par-
    dessus). Mets-toi sur le dos, mon chien
    (garçon). N'aie pas peur (Ne t'inquiète pas),
    Papa ne va pas te frapper.

9   Oui, tu es un bon chien, Spot. Voilà un
    biscuit.

NOTES (suite)

(9)   Aux États-Unis, *"dumb"* est généralement synonyme de
      "sot, imbécile", ce qui est parfaitement injuste dans la
      mesure où le sens premier de *dumb* est "muet" – et
      chacun sait que "muet" n'a véritablement rien à voir avec
      "sot"… Cependant, vous entendrez souvent *"That was
      real dumb!"* (Ça, c'était vraiment bête !) ou *"What a
      dumb idea!"* (Quelle stupide idée !), etc. Le contraire de
      dumb est *smart* (dégourdi, malin…). "Muet" se dit aussi
      mute. Quant à *mutt*, c'est un corniaud, un bâtard. Une
      chienne est *a bitch*, terme également employé en argot
      américain pour qualifier une femme difficile, méchante,
      ou encore une situation difficile.

(10) *Daddy* ou *Dad* : Papa. Ici, le maître de Spot se considère
      comme son père, ce qui est le cas de bon nombre de
      maîtres de chiens américains et autres…

(11) Le biscuit pour chiens (*dog biscuit*) est la récompense la
      plus courante pour Spot et ses congénères. Attention, ne
      le confondez pas avec les *biscuits* anglais, qui sont des
      petits pains que l'on sert généralement chauds, avec de la
      sauce, et aux humains !

Exercise
1 Don't lick my new shoes; lick the old ones! 2 Get off the bed with your dirty feet! 3 She's mute, but not dumb at all! 4 I'd like to buy some dog biscuits… They look good! Can I try one? 5 Please, Spot, give Daddy your paw!

Notes personnelles :

Exercice

1 Ne lèche pas mes chaussures neuves, lèche les vieilles ! **2** Descends du lit avec tes pieds sales ! **3** Elle est muette, mais pas sotte du tout ! **4** Je voudrais acheter des biscuits pour chiens... Ils ont l'air bons ! Puis-je en goûter un ? **5** S'il te plaît, Spot, donne la patte à Papa !

*****

Fill in the missing words

1 *Rends-moi mon biscuit !*
.... my biscuit!

2 *Ne vous inquiétez pas, il ne vous lèchera pas.*
Don't ....., he .....* .... you.

3 *Dans le jardin, il y a deux poussins, un chevreau tacheté et une vache noire et blanche.*
In the garden there ... two ......, a ....
... and a ..... and ....

4 *N'oublie pas ce que je t'ai dit !*
.....* forget .... I .... you!

Les mots qui manquent :
1 Give me back **2** worry, won't lick **3** are, chicks, spotted kid, black, white cow. **4** Don't, what, told

Deuxième vague : Twenty-third Lesson

Seventy-third Lesson

She Married Her Publisher (1)(2)

1 Maxine Ferguson has had an interesting life.

2 Born and raised in Burlington, Vermont, she attended the University of Alaska, where she majored in marine ecology, minored in Irish literature, and graduated with honors in biology. (3)

PRONUCIATION

2 … rèïzd …etèndid … mèïdjeurd … meriine ikoledji… maïnerd … gradiouèïtid … oneurz … baïoledji.

HER DAUGHTER GRADUATED WITH HONORS.

NOTES

(1) Attention, nous avons affaire ici à quelques faux amis : *a publisher* est un éditeur, mais *an editor* est un rédacteur. *The editor in chief* est le rédacteur en chef, et le *copy editor* est le correcteur. *To publish* : publier, éditer.

(2) *To attend* n'a rien à voir avec "attendre". *To attend someone* : servir quelqu'un, être à son service. *To attend church, school, university* : aller à l'église, à l'école, à l'université. *To attend a course* : suivre un cours.

Soixante-treizième leçon

Elle a épousé son éditeur

1 Maxine Ferguson a eu une vie intéressante.
2 Née et élevée à Burlington, [dans l'État du]
Vermont, elle fréquenta l'université de
l'Alaska où elle se spécialisa en écologie
marine, choisit comme matière secondaire la
littérature irlandaise et obtint son diplôme de
biologie avec mention (honneurs).

NOTES (suite)

(3) Dans les universités américaines, généralement durant leur
troisième année d'études (*Junior year*), les étudiants
choisissent une spécialité (*major*) ainsi qu'un deuxième
sujet d'étude (*minor*). Vous entendrez souvent les étudiants
demander *"What are you majoring in?"* ou *"What's your
major?"* (Quelle est ta spécialité / ta matière principale ?).
Les quatre premières années d'université portent les noms
suivants : *Freshman year* (de *"fresh"*, nouveau) ;
Sophomore year ; *Junior year* ; *Senior year*. Durant ces
quatre ans, l'étudiant est *"undergraduate"*, ce qui signifie
qu'il n'a pas encore de diplôme. Une fois ces quatre années
terminées avec succès, l'étudiant reçoit un diplôme (*to
graduate* = recevoir un diplôme) lors d'une grande
cérémonie accompagnée de festivités, *the graduation* (la
remise des diplômes). Il s'agit là d'un grand moment dans
la vie d'un jeune homme ou d'une jeune femme, et la
famille n'hésite pas à traverser le pays tout entier pour y
assister. Le diplôme obtenu est le *Bachelor's of Arts (BA)* ou
le *Bachelor's of Science (BS)*, qui équivalent, selon
l'université, à notre licence ou à notre maîtrise. Si les notes
de l'étudiant sont particulièrement brillantes, *he graduates
with honors*, avec la mention latine *"suma cum laude"*.
Si l'étudiant poursuit ses études, il va à la *Graduate
school* (ou *"grad school"*), également une université, et
les diplômes sont alors le *Master's of Arts (MA)*, le
Master's of Science (MS), le *"Master's of Business
Administration (MBA)*, le *Master's of Fine Arts (MFA)*,
etc. Et ensuite, il ne reste que les programmes de doctorat
(*Ph. D. programs*).

3 She **spent** two produ**c**tive years as the
resident **biol**ogist on a **re**search ship in
the **frig**id **A**rc**t**ic **Ci**rc**l**e. **(4)**

4 In 1989 (**nine**teen **eighty-nine**) she **won** a
National Science Foun**d**ation **Grant** for
her ad**vanced** work on sea **ot**ters and their
under**wat**er **mat**ing **hab**its. **(5)**

5 Her **book** *Otters and Other Great Marine
Lovers* was **re**cently **publ**ished by
Mc**Graw-Hill** in New **York**. **(6)**

6 In 1996 (**nine**teen **ninety-six**), at the **age**
of 45 (**forty-five**), to **everyone's** sur**prise**,
she **mar**ried her publisher, Mr. (**Mister**)
Greg Simpson, who was **o**nly 24
(**twen**ty-**four**) years **old**.

3 ... **rè**zide-nt ... **ri**sseurtch chip... **fri**djid ... **4** ... **sa**ïe-ns
faoun**dè**ïche-n grènt ... ed**vè**-nst ...

NOTES (suite)

(4) *A resident* est quelqu'un qui a un poste permanent – dans
une institution, qu'il s'agisse d'un hôpital, d'un
laboratoire ou d'une université.

(5) Aux États-Unis, les études universitaires sont payantes,
et généralement (très) chères. 30% des étudiants
parviennent cependant à faire financer leurs études, sous

Exercise
1 My copy editor is attending a course on sea otters. **2** Her
daughter graduated with honors. **3** Will you marry me?
4 We spent two years in Africa. **5** I'm a freshman.

3 Elle passa deux années fructueuses (productives) en tant que biologiste résidente sur un bateau avec des chercheurs (sur un bateau de recherche), dans le (glacial) Cercle Polaire.

4 En 1989, elle gagna une subvention de la Fondation Nationale des Sciences pour son travail approfondi sur les loutres marines et leurs modes de reproduction sous l'eau (leurs habitudes de reproduction sous-marines).

5 Son livre *Loutres et autres merveilleux amants marins* a récemment été publié chez McGraw-Hill à New York.

6 En 1996, à l'âge de 45 [ans], à la surprise générale (de tout le monde), elle épousa son éditeur, monsieur Greg Simpson, qui n'avait que 24 ans.

NOTES (suite)

forme de bourses (*scholarships*) ou autres. *A grant* est une subvention, une somme d'argent octroyée à un bon étudiant, à un chercheur méritant… *A loan* est un prêt, il doit donc être remboursé.

(6) *A lover* (masculin et féminin) peut être un amant, un amoureux, ou encore un amateur. Le contexte permet en général de deviner de quel type de *lover* il s'agit !

Exercice

1 Mon correcteur (ou ma correctrice) suit un cours sur les loutres marines. **2** Sa fille a obtenu son diplôme avec mention. **3** Veux-tu m'épouser ? **4** Nous avons passé deux ans en Afrique. **5** Je suis étudiant de première année.

Fill in the missing words

1   *Je suis un grand amateur de chocolat.*
      I'm a ....

2   *Quelle est ta matière principale ?*
      What's ....?

3   *Il n'avait que 18 ans quand il reçut son diplôme.*
      He ... . 18 .... when he ....

****

Seventy-fourth Lesson

One **Has** to Be **Tole**rant (1)

1 – So, **what** did you **do?** How'd you **han**dle
the **situa**tion with your neu**rot**ic **moth**er-
in-**law?** (2)(3)(4)

PRONUNCIATION
1... neu**ro**dik...

NOTES

  (1)   *One*, ici, équivaut au "il" impersonnel de "il faut" (*one
has to be...*), ou encore à "on" (on doit). Sachez que
quand "on" représente "n'importe qui, les gens en
général", il se traduit souvent par *you* : *You can't read a
book in five minutes* (On ne peut pas lire un livre en cinq
minutes). *One* est l'équivalent, mais dans un style plus
formel.
Rappel : *to have to* = devoir, falloir.

  (2)   *How'd* est la contraction de *how did*, comme dans notre
dialogue, mais aussi de *how would* : *How'd/How did you get
to Brussels?* (Comment êtes-vous arrivé à Bruxelles ?) ;
How'd/How would you like to go to the movies? (Que
dirais-tu d'aller au cinéma ?). Ne vous en faites pas, le
contexte vous fera aisément comprendre de laquelle de
ces deux formes il s'agit.

4 *Je voulais une bourse, pas un prêt !*
I ...... a ...., not a .... !

Les mots qui manquent :
1 great chocolate lover 2 your major 3 was only, years old,
graduated 4 wanted, scholarship, loan

Deuxième vague : Twenty-fourth Lesson

****

Soixante-quatorzième leçon

Il faut être tolérant

1 – Alors, qu'est-ce que tu as fait ? Comment as-
tu pris en main (manié) la situation avec ton
excitée de belle-mère ?

NOTES (suite)

(3) *To handle* : manipuler (un objet), manier (une machine),
mais aussi prendre en main une situation, s'y prendre
(d'une certaine manière avec une personne), etc. Ainsi,
quelque chose ou quelqu'un peut être *hard to handle*
(difficile à manier) ou *easy to handle*. Vous connaissez
certainement la mention *"Handle With Care"* (*care* =
soin), imprimée sur les cartons contenant des objets
fragiles… *The handle* peut aussi être le manche du balai,
la queue de la poêle, une manette, une anse, etc. *The
handle bar* est le guidon du vélo.

(4) Aux États-Unis et en particulier à New York, vous
entendrez probablement le terme *"neurotic"* à tout bout
de champ. Rassurez-vous, nos cousins Étasuniens ne sont
pas davantage sujets à la névrose que nous, ils prennent
simplement ce mot plus à la légère. Ainsi, une personne
pourra-t-elle être qualifiée de *neurotic* simplement parce
qu'elle a certaines habitudes, certaines manies (même
très innocentes), ou parce qu'elle est peut-être un peu
nerveuse.

Leçon 74

2 – Be**lieve** it or not, she **turn**ed out to be a real doll, a **sav**iour, a gem. **(5)**

3 – Is this the same **wom**an that you've **al**ways com**plain**ed a**bout**? The one who **vac**uums **un**der your feet and con**sid**ers **beer**-drink**ing** on **Sun**days a sin? **(6)(7)**

4 – **That**'s the one. But this **sum**mer we con**vin**ced her to stay with the kids **ev**ery night while Diane and I went out.

5 We **man**aged to see five new films. We dis**cov**ered a hip jazz club **cal**led the Kool Kat, and we found a very ro**man**tic French **rest**aurant with a quaint inn next door. **(8)(9)**

2… sèïvieur… djèm. **3**… va**k**ioumz… si-n… **4**… daïè-n…

NOTES (suite)

(5) *To turn* signifie, bien sûr, tourner ; quant à *to turn out*, c'est d'abord "tourner vers l'extérieur" : *Her toes turn out* (Ses pieds sont tournés en dehors) ; mais l'usage le plus courant, aux États-Unis, correspond à "s'avérer, apparaître que…" : *The bag he found turned out to be mine* (Le sac qu'il a trouvé s'est avéré être le mien) ; *It turns out that…* (Il s'avère que, il apparaît que…). *Her son turned out badly* (Son fils a mal tourné).

(6) *To complain* (se plaindre) ; *to complain about…* (se plaindre de…) : *How are you? – Oh, I can't complain…* (Comment vas-tu ? – Bah, je n'ai pas à me plaindre…) ; *I'm going to complain about the food in this hotel* (Je vais me plaindre de la nourriture dans cet hôtel).

(7) *The one who* : celui ou celle qui. Souvenez-vous de cette tournure.
Rappel : *while* = pendant que, tandis que.

(8) *To manage* : gérer, diriger une entreprise, mais aussi arriver à faire quelque chose, venir à bout de quelque chose, ou tout simplement "y arriver". Une expression très couramment employée est *"I'll/We'll manage"* (J'y arriverai / Nous y arriverons / Ça ira).

2 – Crois-moi si tu veux (Crois-le ou pas), elle s'est avérée être un véritable amour (une vraie poupée), un sauveur, un joyau.

3 – S'agit-il bien de la même femme, celle dont tu t'es toujours plaint (Est-ce la même femme que tu as toujours plaint sur) ? Celle qui passe l'aspirateur (qui aspire) sous tes pieds et [qui] pense que c'est un péché de boire de la bière le dimanche (et considère boire de la bière le dimanche un péché) ?

4 – [Oui,] C'est bien elle. Mais cet été, nous l'avons convaincue de rester avec les enfants tous les soirs pendant que Diane et moi [nous] sortions.

5 Nous avons réussi à voir cinq nouveaux films. Nous avons découvert un club de jazz branché qui s'appelle "Le chat kool", et nous avons découvert (trouvé) un restaurant français très romantique juste à côté d'une pittoresque [petite] auberge (avec une pittoresque auberge prochaine porte).

NOTES (suite)

(9) Trouvant leur origine dans le jargon des jazzmen noirs des années vingt, bon nombre de mots sont restés en usage dans le langage populaire, même s'ils datent un peu de nos jours. *Cool* (super, chouette, sympa), très populaire durant les années soixante, tomba peu à peu en désuétude jusque dans les années quatre-vingt-dix avant de reprendre, quelques années plus tard, du poil de la bête ! *Kool* est son synonyme, le "k" ayant pour objectif d'intensifier le caractère *cool* de la chose... Le sens premier de *cool* est, bien entendu, "frais". Un autre synonyme de *cool*, *groovy*, fut un des mots préférés de la génération hippie de la fin des années soixante, de même que *hip* et *hep* – ces deux derniers étant aujourd'hui dépassés.

Notez bien l'expression *"next door"* (à côté, d'à côté, pas loin...) qui, bien que n'ayant aucun rapport avec le langage populaire dont nous venons de parler, est également très employée. *"The girl next door"* se réfère à la tradition d'antan d'épouser une fille du coin, que l'on connaît bien et dont on est sûr qu'elle est saine et pure, conformément aux bonnes valeurs traditionnelles américaines...

6 It was just what we **need**ed to re**new** our re**la**tionship. You know Diane is still a **ve**ry **beau**tiful **wom**an.

7 I'm **tell**ing you, one **has** to be **tol**erant, that's all.

8 – All this thanks to your **moth**er-in-law, huh?

*****

Exercise

1 One should always be friendly. **2** Handle the package with care! **3** Her cake turned out badly. **4** I visited a cool web site on the Internet. **5** My mother-in-law has a neurotic relationship with the manager of the Kool Kat.

6   C'était exactement (juste) ce dont nous
     avions besoin pour nous retrouver (renouveler
     notre relation). Tu sais, Diane est encore une
     très belle femme.
7   Je te le dis, il faut être tolérant, c'est tout.
8 – [Et] Tout ça grâce à ta belle-mère, hein ?

*****

Exercice
1 Il faut toujours être aimable. **2** Manipulez le paquet avec
soin ! **3** Son gâteau était raté. **4** J'ai visité un site web
sympa sur Internet. **5** Ma belle-mère a une relation
"névrotique" avec le gérant du Kool Kat.

Fill in the missing words

1   *Te souviens-tu de la fille d'à côté, celle qui adorait le
     jazz ?*
     . . . . . remember . . . ., the . . .
     . . . loved jazz?

2   *Oui, elle s'est avérée être une musicienne géniale.*
     Yes, she . . . . a great musician.

3   *Elle n'était pas facile à manier.*
     She . . . . . .* . . . .

4   *Elle se plaignait toujours de notre chien.*
     She always . . . . dog.

5   *Elle était un peu fofolle, mais elle y est arrivée !*
     She was a bit . . . ., but . . . . !

Les mots qui manquent :
1 Do you, the girl next door, one who **2** turned out to be **3** wasn't
easy to handle **4** complained about our **5** neurotic, she managed.

Deuxième vague : Twenty-Fifth Lesson

Leçon 74

Seventy-fifth Lesson

To **Ski** or **Not** to **Ski**

1 – But you said you could fix it. **(1)**
2 – I know, but we **could**n't get the ex**haust** pipe from the dis**trib**utor in **Al**bany. It's on **or**der. **(2)(3)**
3 – Why **did**n't you call me be**fore** I got here?
4 – We **could**n't find your phone **num**ber.
5 – Oh, that's great! We're **go**ing **ski**ing this **week**end and we need the car! **(4)**
6 – I can try an**oth**er dis**trib**utor, but I can't **prom**ise **any**thing. **(5)**

PRONUNCIATION
2... dzi i**xo**-ost **paï**p... 6... **pro**miss...

NOTES

(1) Souvenez-vous que dans ce type de structure, *that* est facultatif : *You said (that) you would help me* (Tu as dit que tu m'aiderais). *To fix* : fixer, réparer ("réparer" se dit aussi *to repair*), également "préparer un repas" – *I'll fix you a sandwich* (Je vais te préparer un sandwich).

(2) *Could* peut être soit le passé (prétérit), soit le conditionnel de *can* (cf. leçon 49). Nous reparlerons de *can* à la leçon 77.

(3) *It's on order* : C'est commandé, ça a été commandé. "Sur commande" se dit *"by order"*, et "seulement sur commande" : *"by order only"*.

Soixante-quinzième leçon

Skier ou ne pas skier

1 – Mais vous [m'] aviez dit que vous pouviez la réparer.
2 – Je sais, mais nous n'avons pas réussi à obtenir le tuyau d'échappement par le distributeur à Albany. C'est commandé (c'est sur commande).
3 – Pourquoi ne m'avez-vous pas appelé avant que j'arrive (ici) ?
4 – Nous n'avons pas trouvé votre numéro de téléphone.
5 – C'est [vraiment] super ! Nous partons faire du ski (allons skier) ce week-end et avons besoin de la voiture !
6 – Je peux essayer un autre distributeur, mais je ne peux rien [vous] promettre.

NOTES (suite)

(4) Remarquez les deux i de *skiing* (d'ailleurs on les entend dans la prononciation). Encore quelques mots sur ce sport : le ski de piste se dit *downhill* / *Alpine skiing* ; le ski de fond, *cross country skiing*… Il existe de nombreuses régions aux États-Unis où l'on peut s'adonner aux joies du ski, les plus connues se situant dans les Rocheuses – *the Rocky Mountains* ou *the Rockies* –, dans le Colorado (Vale, Aspen) et dans les *Green Mountains* du Vermont (Stow, Killington). Dans l'Ouest, on trouve également des stations en Californie, dans l'Idaho et dans l'Utah.

(5) Nous avions déjà rencontré *anything* . Rappelons que dans une phrase affirmative, on pourra le traduire par "n'importe quoi" ou par "tout" : *I eat anything* (Je mange n'importe quoi / Je mange de tout) ; dans une phrase interrogative, *anything* équivaut généralement à "quelque chose" : *Do you need anything?* (Avez-vous besoin de quelque chose ?), et dans une phrase négative ou interro-négative, on le traduira par "rien" : *I don't need anything* (Je n'ai besoin de rien) ; *Don't you need anything?* (N'avez-vous besoin de rien ?).

7 – I can **prom**ise you that I **won**'t be back!
(6)

8 – Do you want to go **ski**ing or not? **(7)**

NOTES (suite)

(6) Le pronom *I*, lorsqu'on le prononce de manière accentuée, équivaut au "moi, je" français, pensez-y en parlant !

*****

Exercise
1 Her skis are on order. 2 We're going downhill skiing in Aspen. 3 Personally, I prefer eating ice cream than spinach. 4 Jack couldn't see anything from the window. 5 She promised she could babysit.

7 – [Et moi] Je peux vous promettre que je ne reviendrai pas !

8 – Vous voulez aller faire du ski (skier), ou pas ?

NOTES (suite)

(7)   Un peu de vocabulaire autour du ski, pour terminer : *skis* (des skis), *poles* (des bâtons de skis), *ski binding* (fixation), *goggles* (lunettes protectrices), *ski lift* (remonte-pente, téléski), *rope tow* (téléphérique), *chair lift* (télésiège), sans oublier *a hot chocolate* (un chocolat chaud) !

*****

Exercice

1 Ses skis sont commandés. **2** Nous allons faire du ski de piste à Aspen. **3** Personnellement, j'aime mieux la glace que les épinards. **4** Jack ne pouvait rien voir de la fenêtre. **5** Elle a promis qu'elle pourrait faire du baby-sitting.

Fill in the missing words

1   *Est-ce que vous préférez le ski de fond ou le ski de piste ?*
.. ... prefer .... or
....?

2   *Je n'ai pas pu faire réparer ta voiture.*
I ....* get your car ......

3   *Pourriez-vous me préparer un chocolat chaud, s'il vous plaît ?*
..... you please ... .. a ... .?

4   *Non, je n'ai rien entendu.*
No, I didn't ....

Les mots qui manquent :

1 Do you, cross country skiing, downhill skiing **2** couldn't, fixed
3 Could, fix me, hot chocolate **4** hear anything.

Deuxième vague : Twenty-Sixth Lesson

Seventy-sixth Lesson

Unsweetened Apple Sauce (1)

1 – Let's see. It's **Tue**sday and I can eat two
raw **car**rots, a **grape**fruit half, and four
ounces of unsweetened **ap**ple sauce. **(2)**
2 I should have **start**ed this damn **di**et next
month! **(3)**

PRONUNCIATION
eunsouiite-n-d apel so-oss 1 … grèïp-frou-ou-t… aounssiz

NOTES

(1) *Sweetened* : sucré, par opposition à non sucré. *Sweetened*
sous-entend que du sucre (ou du "faux sucre") a été
ajouté. Le faux sucre (*artificial sweetener*) est très
communément utilisé aux États-Unis. Quelque chose qui
a un goût sucré est *sweet*. *Unsweetened* = "sans sucre
ajouté". *Salted* (salé – par ajout de sel) , *salty* (au goût
salé), *unsalted* ("sans ajout de sel", non salé).

(2) Les États-Unis continuent à utiliser leur propre système
de mesures car les gens, dans l'ensemble, sont
réfractaires au système métrique. Il faudra donc vous y
faire et savoir, en gros, que *16 ounces = 1 pint*, et que *2
pints = 1 quart, 2 quarts = 1/2 gallon*, et que *1 gallon =
3,78 litres*… faites vos calculs ! À ce propos, sachez que
l'essence (qui est très nettement moins chère aux États-
Unis qu'en Europe) se prend toujours au *gallon*. Une
ounce peut être un volume ou un poids. Pour ce qui est
des poids, *1 ounce* = 28 grammes, *32 ounces = 1 pound
(2,2 pounds* = 1 kilo). Les distances se mesurent en *feet*
(pieds) et *inches* (pouces). Il y a *12 inches* dans chaque
foot, et *3 feet = 1 yard*. 1 mètre = ± *39 inches*, et *1 yard*
= ± 91,5 cm… *1 mile = 5280 feet,* soit environ 1,6 km…

Soixante-seizième leçon

Compote de pommes sans sucre

1 – Voyons. On est (C'est) mardi et je peux manger deux carottes crues, un demi-pamplemousse, et 120 grammes (quatre onces) de compote de pommes sans sucre.

2 J'aurais dû commencer ce fichu régime le mois prochain !

LET'S CALL OFF THE PICNIC

NOTES (suite)

(3) *Damn!* (damné) est un juron dont la force s'est beaucoup atténuée avec le temps. On emploie également *damn* (ou *damned* – prononcez "dèamd") comme adjectif, pour donner une description négative de quelque chose : *Where is that damned pen?* (Où est ce fichu stylo ?). L'exclamation *"Damn it!"*, que l'on entend assez fréquemment, équivaut tout simplement à "Zut !".

3 I have a **din**ner with John to**mor**row
night at that new **Tex-Mex rest**aurant,
Pepé Ran**cher**o. What am I **go**ing to eat,
nachos with**out** the **nach**os? **(4)**

4 I **should**n't have been born!

5 I should **real**ly call John and ex**plain** the
whole thing or just call off the date. **(5)**

6 Life is such a drag! **(6)**

7 What did I **do** with that **can** of **whip**ped
cream?

8 Well, I know, I **should**n't, but okay,
Monday I **start** my **di**et...

5 iksplèïn dze hol Zi-ng **7** ouipt kriim

NOTES (suite)

(4) La cuisine mexicaine s'est largement répandue et
popularisée à travers les États-Unis dans les années
quatre-vingt, et ce pas seulement dans les régions où vit
une importante population de *Mexican-Americans* ou de
Chicanos (enfants d'un parent mexicain et d'un parent
étasunien), c'est-à-dire le Texas et le sud de la Californie.
Peut-être avez-vous déjà entendu l'expression
"*wetbacks*" ("dos mouillés") ? Elle se réfère aux
Mexicains qui entrèrent illégalement aux États-Unis en
traversant à la nage le Rio Grande, fleuve qui sépare le
Mexique du Texas. Les États-Unis comptent aujourd'hui
environ 25 millions d'hispanophones, originaires non
seulement du Mexique, mais aussi de Porto Rico, de
Cuba, de République Dominicaine, de Colombie et de
nombreux autres pays d'Amérique Latine. À Miami, par
exemple, et dans tout le sud de la Floride, on peut rester
des heures sans entendre parler un mot d'anglais. Mais
revenons à la nourriture... Les *nachos* sont des galettes
de maïs grillées que l'on remplit de *salsa* (sauce froide à
base de tomates, oignons, piments et épices), d'oignons
verts, de *sour cream* (crème fraîche au goût un peu aigre)
et de *cheddar* fondu. La cuisine tex-mex est une version
américanisée, ou plutôt "texanisée", de la cuisine
mexicaine.

3 Je dîne (J'ai un dîner) avec John demain soir, dans ce nouveau restaurant tex-mex, "Pepe Ranchero". Qu'est-ce que je vais manger, des nachos sans nachos ?

4 Je n'aurais jamais dû venir au monde (pas dû naître) !

5 Il faudrait vraiment que j'appelle John et que je lui explique tout ça, ou alors que j'annule tout simplement le rendez-vous (Je devrais appeler John et expliquer la chose entière ou juste annuler le rendez-vous).

6 Chienne de vie !

7 Qu'est-ce que j'ai fait de(avec) cette boîte de crème fouettée ?

8 Eh bien je sais, je ne devrais pas, mais bon, lundi je commence mon régime…

NOTES (suite)

(5) *To call off* : annuler. Synonyme : *to cancel.. The wedding was called off when it was discovered that the man already had two wives* (Le mariage a été annulé lorsqu'on découvrit que l'homme avait déjà deux femmes). *A date* est un rendez-vous entre amis ou , plus spécifiquement, un rendez-vous sentimental. Une mère et sa fille peuvent aussi *"make a date"* pour déjeuner ensemble ou aller faire du lèche-vitrines. "Sortir avec quelqu'un" se dit *"dating"* ou *"going out together"* : *Craig and Debbie have been dating since January* (Craig et Debbie sortent ensemble depuis janvier). Rappel : un rendez-vous d'affaires ou chez le médecin est un *appointment*.

(6) *It's a drag* : C'est embêtant / rasoir, etc. : *It's a drag getting old* ("C'est pas drôle de vieillir"). L'expression vient du verbe *to drag* (traîner, tirer). *A drag* est également un travesti, *a drag queen* (reine des travestis) est un travesti aux allures particulièrement somptueuses.

343

Exercise
1 Damn it, the whipped cream is unsweetened! **2** I should have made a date with her at the Tex-Mex restaurant. **3** Let's call off the picnic. **4** It's a drag that Stan's coming for dinner tomorrow. **5** An ounce of prevention yields a pound of cure.

*****

Fill in the missing words

1   *J'aurais dû manger ce pamplemousse !*
    I should .... that ....!

2   *Zut, j'ai perdu mon nacho !*
    .... .., I .... my nacho !

3   *John vient d'annuler notre rendez-vous.*
    John just .... / .... our .....

4   *J'aime la nourriture sans sel.*
    I like .... food.

Les mots qui manquent :
1 have eaten, grapefruit **2** Damn it, lost **3** called off / cancelled, date **4** unsalted

*****

Exercice
1 Zut, la crème fouettée n'est pas sucrée ! **2** J'aurais dû lui donner rendez-vous au restaurant tex-mex. **3** Annulons le pique-nique. **4** C'est casse-pieds que Stan vienne dîner demain. **5** Mieux vaut prévenir que guérir (Une once de prévention évite une livre de remède).

Deuxième vague : Twenty-Seventh Lesson

Seventy-seventh Lesson
Soixante-dix-septième leçon

Révisions

1 "On" et ses équivalents anglais

• *One* (style formel) et *you* indiquent qu'il s'agit de tout le monde, de n'importe qui :

> *You / One should always be friendly* (Il faut / On doit toujours être aimable).

• "On" se traduit par "*we*" si on peut s'inclure dans le groupe de personnes dont on parle :

> *We eat a lot of steak in Texas* (On mange beaucoup de steak au Texas) – ici la personne qui parle fait partie de ces Texans mangeurs de steaks.
> *Last week, we went to see my mother-in-law* (La semaine dernière, on est allés voir ma belle-mère) – il s'agit ici du "on" familier, celui qui équivaut à "nous" dans le langage parlé.

• Pour désigner un groupe dont on ne fait pas partie, on emploie "*they*" ou "*people*" :

> *They / People eat a lot of meat in Texas* (On mange / Les gens mangent beaucoup de viande au Texas).

• "On" se traduit généralement par une forme passive lorsque le sujet "on" est moins important que l'action dont on parle :

> *We've been told to be here at noon* (On nous a dit d'être ici à midi).

2 *One, ones*

• Pour éviter les répétitions, on peut remplacer un nom par *one* (au singulier) ou par *ones* (au pluriel) :

> *Which of those two dresses do you prefer, the blue one or the red one* (singulier) ? (Laquelle de ces deux robes préfères-tu, la bleue ou la rouge ?
> *Those gloves are warm, but I need bigger ones* (pluriel) (Ces gants sont chauds, mais j'en ai besoin de plus grands).

• Pour insister sur le nombre un / une, on emploie *one* et non *a* :

> *My sister has one dog and two cats* (Ma sœur a un chien et deux chats) – ici, on insiste sur le nombre ;

en revanche, dans "*my sister has a dog*", on veut simplement dire qu'elle a un chien, le nombre de chiens est secondaire.

• Notez : "Un jour / un soir, etc." = *One day* / *one evening*, etc.

3 Can

• *Can* (pouvoir) est un verbe particulier. Il n'a ni infinitif, ni participes.
À l'infinitif, on emploie "*to be able to...*" (littéralement "être capable de"), **jamais** "*to can*".

• Au **participe passé**, on emploie la forme "*been able to...*", et au **participe présent** "*being able to...*" :

> *He has never been able to drive my car* (Il n'a jamais pu conduire ma voiture) ;
> *He hated not being able to drive my car* (Il détestait ne pas pouvoir conduire ma voiture).

• La forme du **futur** se construit avec "*will be able to*" :

> *I'll be able to visit my friend tomorrow* (Je pourrai rendre visite à mon amie demain).

• *Can* ne prend pas d's à la 3ᵉ personne du singulier et les questions avec *can* se construisent sans "*do*" :

> *Can she come this afternoon ?* (Peut-elle venir cet après-midi ?)

• Au **conditionnel**, *can* devient *could* :

> *Could you please bring me the paper ?* (Pourrais-tu, s'il te plaît, m'apporter le journal ?).

• Au **prétérit**, *can* devient *could* quand il s'agit d'exprimer une aptitude ou une capacité qui existait dans le passé, de façon plus ou moins permanente :

> *She could swim when she was three* (Elle savait nager à l'âge de trois ans)

• Mais pour exprimer la réalisation d'une action précise, on remplace *could* par "*was / were able to...*" :

> *I wasn't able to come last night because my car broke down* (Je n'ai pas pu venir hier soir parce que ma voiture est tombée en panne).

• Les verbes *to see*, *to hear*, *to smell* et *to feel* s'emploient généralement avec *can* lorsqu'ils expriment une **perception** actuelle (qu'elle soit actuelle au présent ou qu'elle ait été actuelle à un moment du passé) :

> *Can you see me?* (Est-ce que tu me vois ?) ;
> *I can hear a plane* (J'entends un avion) ;
> *He could feel the wind in his hair* (Il sentait le vent dans ses cheveux).

4 Abréviations des mesures américaines

Volumes / liquides

ounce	–	oz.
pint	–	pt.
quart	–	qt.
half-gallon	–	1/2 gal.
gallon	–	gal.

Poids

ounce	–	oz.
pound	–	lb.

Distances

inch	–	in.
foot	–	ft.
yard	–	yd.
mile	–	m.

"Miles to go before we sleep.
Miles to go before we sleep."

(Extrait d'un poème de Robert Frost)

Deuxième vague : Twenty-eighth Lesson

Seventy-eighth Lesson

Where do you **Go** to **School**?

1 – When I was **living** in **San** Fran**cis**co last **year** I had **hop**ed to find a **night** course in com**mer**cial **Eng**lish, **since** I was **work**ing **dur**ing the **day**. **(1)**

2 – **That** must **not** have been too **dif**ficult with **all** the con**tin**uing edu**ca**tion **pro**grams at the **univer**sities and com**mun**ity **col**leges in the **Bay** Area. **(2)(3)(4)(5)**

3 – **True**, but it **was**. I **end**ed up **tak**ing **Zen** phi**los**ophy at **Berk**eley with a La**o**tian **monk** and **au**to me**chan**ics at a**dult** school at **Oak**land Vo**ca**tional **High** School. **(6)**

PRONUNCIATION

1... Ho-opt ... **2** ke-n**tin**ioui-ng èdiou**kèï**cheu-n ... bèï èréa. **3** ... **fi**lozofi ... **beur**kli ... laoche-n ... mé**ka**niks ...

NOTES

(1) *Since*, que vous connaissez déjà dans le sens de "depuis" (leçon 40), peut également se traduire par "puisque", comme ici. Le contexte ne laisse généralement aucun doute quant au choix entre l'une et l'autre traduction.

(2) *Must*, que vous avez déjà rencontré de nombreuses fois, exprime généralement une obligation (cf. leçon 14). Ce verbe, qui se traduit par "devoir", peut aussi exprimer une déduction, une supposition, comme dans notre phrase – "Ça n'a pas dû être trop difficile : *It must not have been too difficult*".

(3) La plupart des universités américaines proposent des cours du soir et des cours de formation continue. Ces programmes très flexibles répondent aux besoins de la communauté et représentent une importante source de revenus.

Soixante-dix-huitième leçon

Où faites-vous vos études (allez-vous à l'école) ?

1 – Durant mon séjour (Quand je vivais) à San Francisco, l'année dernière, j'avais espéré trouver un cours du soir en anglais commercial, puisque je travaillais durant la journée.

2 – Ça n'a pas dû être trop difficile, avec tous ces programmes de formation continue dans les universités et les "universités municipales" de la Baie (zone de la Baie).

3 – [C'est] Vrai, mais [en fait,] ça l'a été. J'ai fini par prendre [des cours de] philosophie Zen à Berkeley, avec un moine laotien, et [des cours de] mécanique automobile à l'école pour adultes, au lycée technique d'Oakland.

NOTES (suite)

(4) Bon nombre de *counties* (comtés) et de petites villes rurales ont de petites universités qui proposent soit des mini-programmes de deux ans, soit des programmes de quatre ans qui correspondent au premier cycle universitaire. Ces programmes sont souvent plus techniques ou pratiques que ceux des universités "classiques", dans la mesure où ils ont pour objectif de répondre aux besoins professionnels des habitants du secteur.

(5) La région de San Francisco est communément appelée *"The Bay area"*. Cette région comprend les villes d'Oakland et de Berkeley, dont l'université est de renommée internationale. À l'est de la baie, Oakland et Berkeley sont reliées à San Francisco par le *Oakland Bay Bridge*, tandis qu'à l'ouest le célèbre pont suspendu, *The Golden Gate*, rattache San Francisco à la région nord de la Californie.

(6) *A vocational high school* est l'équivalent d'un lycée technique.

4 – That's in**cred**ible! You **could**n't have
done **that** back **home**! **(7)**
5 – "**Vi**ve la dif**fér**ence," as they **say** in
Cali**forn**ia! **(8)**

NOTES (suite)

(7) *Back home* (chez nous, à la maison) implique que le
"*home*" de celui qui parle est loin.

(8) Les Étasuniens aiment bien parsemer leur conversation
de petits mots ou expressions en français, comme nous le
voyons ici.
Par ailleurs, on fait généralement une différence entre la
"culture" (au sens large) de la côte Ouest (*West coast*) et
celle de la côte Est (*East coast*) : le style de vie de la côte
Ouest, pricipalement en Californie, est considéré comme
plus détendu, moins formel, moins stressant et moins
rigoureux, alors que le mode de vie de la côte Est, en
particulier à New York, apparaît comme plus organisé,
régi par une plus grande logique, avec davantage de
stress dans la vie quotidienne et professionnelle... La côte
Ouest est le berceau de la culture "*New Age*", avec ses
penchants pour une certaine spiritualité, alors que la côte
Est a des traditions culturelles plus "européennes". Mais
il ne faut pas trop généraliser...

*****

Exercise
1 I've been waiting for you since noon. **2** Since I am in
California, I would like to take Zen philosophy at
Berkeley. **3** That must be difficult! **4** I used to go to high
school. **5** She studies mechanics with a Tibetan monk;
isn't that incredible?

Exercice
1 Je t'attends depuis midi. **2** Puisque je suis en Californie,
j'aimerais prendre des cours de philosophie Zen à
Berkeley. **3** Ça doit être difficile ! **4** Avant, j'allais au
lycée. **5** Elle étudie la mécanique avec un moine tibétain,
n'est-ce pas incroyable ?

4 – Ça alors (C'est incroyable) ! Vous n'auriez
    jamais pu faire ça chez nous !
5 – "Vive la différence", comme on dit en
    Californie !

Fill in the missing words

1   *Tu n'aurais pas pu faire ça à Londres !*
    You .... * .... London!

2   *Qu'est-ce qu'on dit en Californie ?*
    .... in California?

3   *Il avait espéré trouver un cours du soir.*
    He ... . a ..... course.

4   *En a-t-il trouvé un ?*
    Did he ....?

5   *Il en a trouvé un, n'est-ce pas ?*
    He .... didn't ..?

Les mots qui manquent :
1 couldn't have done that in **2** What do they say **3** had hoped to
find, night **4** find one **5** found one, he

Deuxième vague : Twenty-ninth Lesson

Leçon 78

Seventy-ninth Lesson

We **Want** to **Go** to **Har**lem! (1)

1 – Please **take** us to the **Cotton Club**. We'd
   like to **vi**sit **Har**lem.
2 – And **I'd** like to be the **Queen** of **Eng**land!
   Sorry ladies, but the **com**pany that **owns**
   this **ta**xi re**fus**es to let us ac**cept** fares that
   take us a**bove** 125th (one **hun**dred and
   twenty **fifth**) Street. **Did**n't you read
   Bonfire of the Vanities by **Tom Wol**fe?
   (2)(3)
3 – No we **haven**'t. Can you **drop** us **off** at
   125th **Street** and we'll **walk** from **there**. (4)

PRONUNCIATION
Harleum 2 ... **bo**-nfaïeu ov dze **vè**nidiiz

NOTES

(1)   Le quartier de Harlem est situé dans la partie nord de
      Manhattan, à New York. La population y est pour ainsi
      dire à 100% noire (n'oubliez pas qu'on dit *African-
      American*). Dans les années vingt, Harlem, centre de la
      culture noire américaine, devint mondialement connu
      grâce à tous ses théâtres, dancings et clubs de jazz dont
      faisait partie le fameux *Cotton Club*. Le quartier de
      Harlem hébergea également de célèbres écrivains – Ralph
      Ellison, Richard Wright, Leroy Jones... sans compter de
      grands leaders tels que Marcus Garvey et Malcolm X.
      Dans les années soixante, Harlem vécut une période
      mouvementée, avec de terribles émeutes raciales. Depuis,
      le quartier ne parvient pas à se défaire de sa réputation
      d'immense et dangereux bidonville, et c'est ainsi que les
      Blancs – qu'ils soient piétons ou qu'ils se trouvent dans un
      véhicule – évitent de s'aventurer au-delà de la 125e rue...

(2)   *To own* : posséder, être propriétaire de... : *They own
      several houses* (Ils sont propriétaires de plusieurs
      maisons). *The owner* : le propriétaire.

Soixante-dix-neuvième leçon

Nous voulons aller à Harlem !

1 – S'il vous plaît, emmenez-nous au Cotton Club. Nous aimerions visiter Harlem.

2 – Et moi, j'aimerais être la reine d'Angleterre ! Désolé, mesdames, mais la société à qui appartient (qui possède) ce taxi refuse de nous laisser accepter des trajets qui nous mènent plus haut que la 125ᵉ rue. Vous n'avez pas lu *Le bûcher des vanités* de Tom Wolfe ?

3 – Non. Pouvez-vous nous déposer à la 125ᵉ rue et nous irons à pied (marcherons) [à partir] de là.

NOTES (suite)

(3) A *bonfire* peut être un feu de joie, mais aussi un feu où l'on fait brûler toutes sortes de choses – bois, papier, pneus... – au moment d'une révolte, ou pour se réchauffer. Le roman de Tom Wolfe, *Bonfire of the Vanities*, qui connut un grand succès aux États-Unis dans les années quatre-vingt, décrit les tensions entre les Blancs riches et les Noirs pauvres à New York.

(4) *To drop someone / something off* : déposer quelqu'un ou quelque chose. *I dropped off my shirts at the cleaner's* (J'ai déposé mes chemises chez le teinturier) ; *Max dropped me off at the bank on his way to work* (Max m'a déposé(e) à la banque en allant à son travail). *To drop in* ou *to drop by* signifie "passer à l'improviste", "se rendre chez quelqu'un sans prévenir" : *When you're in Atlanta next time, please drop in* (Quand vous serez à Atlanta la prochaine fois, n'hésitez pas à passer). Quant à *to drop out*, il est synonyme de quitter, laisser tomber quelque chose : *He dropped out of high school* (Il a abandonné le lycée). Et puis, pour faire le tour de la question, sachez que *to drop* signifie "faire / laisser tomber" : *Accidentally, I dropped the plate on the floor* (Sans faire exprès, j'ai fait tomber l'assiette par terre). *A drop* est une goutte, mais le verbe goutter se dit *to drip* !

353

4 – How about **Bloomingdales** or **Ma**cy's, the **wor**ld's **larg**est de**part**ment store, **la**dies, or **bet**ter yet, Abra**ham** & **Strau**ss; **they**'re **hav**ing a **white** sale. **So**rry for the **pun**. Why not take the **D** train **up**town di**rec**tly to **Har**lem if you **real**ly have your hearts **set** on it? **(5)**

5 – We're too **tir**ed to **spend** hours in the **sub**way. **Plus**, we're not **fam**iliar with the **pub**lic **trans**portation **sys**tem in Man**hat**tan. **(6)**

6 – Might I sug**gest** then the **Bronx Zoo** or the **Cloi**sters? We can **take** the **East** Side Drive, **pass** by the **Wash**ington **Bridge**, and miss **Har**lem **to**tally, and **it**'d be a **good fare** for **me**. **(7)(8)(9)**

7 – You don't **un**der**stand**, **mis**ter, we are **on**ly **here** for a few **days** and we in**sist** on **go**ing to **Har**lem!

4 ... **blou**mi-ngdèïlz ... **mè**ïssiz ... **èï**breumèns**tra**oss ... **5** ... aoeurz ... pleuss ... **6 ma**ït aï seug**djèsst** ... **kloï**steurz

NOTES (suite)

(5) Il n'est pas facile de s'y retrouver, dans le métro new-yorkais ! Il compte de nombreuses lignes ainsi qu'un réseau de trains portant chacun le nom d'une lettre de l'alphabet. Certains trains s'arrêtent à chaque station, d'autres seulement à certaines... Renseignez-vous bien avant de vous y aventurer ! Souvenez-vous également que "*downtown*" est le centre-ville, l'endroit où se trouvent les commerces et les bureaux, alors que "*uptown*" comprend généralement des quartiers plus résidentiels.
L'aviez-vous remarqué ? *Department store* = grand magasin, donc "*a large department store*" devrait théoriquement se traduire par "un grand grand magasin" et "*the largest department store*" par "le plus grand des grands magasins" – ce que nous n'avons pas fait ici...

(6) *To spend* (passé *spent*) : dépenser (de l'argent), passer (du temps). *Familiar* : familier. *To be familiar with something* : bien connaître quelque chose.

4 – Et que diriez-vous de *Bloomingdales* ou
Macy's, les plus grands magasins du monde,
Mesdames, ou mieux encore, *Abraham &
Strauss* ; ils font des soldes sur le blanc (ils ont
un solde blanc). Désolé pour le jeu de mots.
Pourquoi ne prendriez-vous pas la ligne (le
train) D directement jusqu'à Harlem, si vous
ne voulez vraiment pas en démordre (si vous
avez vraiment vos cœurs fixés dessus) ?

5 – Nous sommes trop fatiguées pour passer des
heures dans le métro. Et puis (Plus) nous ne
connaissons pas bien (ne sommes pas
familières avec) le système de transports
publics de (dans) Manhattan.

6 – Puis-je, dans ce cas (alors), suggérer le zoo
du Bronx ou les *Cloisters* (cloîtres) ? Nous
pourrions (pouvons) prendre le *East Side
Drive*, passer devant le *Washington Bridge*
(*bridge* = pont) et complètement sauter
Harlem (manquer Harlem totalement), et ça
me ferait une bonne course (ce serait une
bonne course pour moi).

7 – Vous ne comprenez pas, Monsieur, nous
sommes ici pour quelques jours seulement et
nous insistons pour aller à Harlem !

NOTES (suite)

(7) *The Cloisters* est un cloître du XIXe siècle qui se trouve
dans la partie nord de Manhattan.

(8) *To miss* : manquer, rater. *We just missed the bus* (Nous
venons de rater le bus). Notez bien la tournure *to miss
someone*, qui se construit autrement qu'en français : *I
miss you* (Tu me manques).

(9) *A fare* est généralement le prix d'un billet de transport,
mais on l'emploie également pour "trajet". Dans le
contexte des taxis, il peut aussi bien s'agir du prix de la
course que de la course elle-même.

8 – May I **ask** where you two **la**dies call
home? **(10)**

9 – I'm from Nai**ro**bi and my **pen**pal, Mrs.
(**mis**sus) **Good**man, is from **New**ark, New
Jersey.

10 – Two great **plac**es, if **I** may **say** so
my**self**... **(11)**

NOTES (suite)

(10) *"Where do you call home?"* est une expression populaire
synonyme de *"Where is your home?"*, *"Where do you
live?"* (D'où êtes-vous ? / D'où venez-vous ?).

(11) *May* fait partie du registre plutôt formel. On l'emploie
pour formuler une question polie impliquant une demande
d'autorisation ou pour donner une autorisation. Dans un
style plus familier, on utilise plutôt *can*. Remarquez que
may, tout comme *can*, ne prend pas de *s* à la 3e personne
du singulier (*He may*). Dans notre dialogue, nous avons
traduit *may* par "puis-je", "puis-je me permettre de...".
Autre exemple : *May we go to the movies tonight?*
(Pouvons-nous [sous-entendu "avons-nous l'autorisation
de"] aller au cinéma, ce soir ?). Sachez que dans un autre
contexte, *may* peut également se traduire par "il se peut
que", "peut-être" : *It may snow during the night* (Il se peut
qu'il neige durant la nuit) ; *She may go to Chicago next
week* (Elle ira peut-être à Chicago la semaine prochaine).
Et puis, vous connaissez bien sûr *maybe* (peut-être) !

*****

Exercise

1 I don't want to miss Harlem! **2** I would like to spend a
day or two in Manhattan. **3** Please drop us off at the zoo.
4 The man who owns this taxi refuses to take us to the
Empire State Building! **5** Will you miss me?

Exercice

1 Je ne veux pas manquer Harlem ! **2** J'aimerais passer un
jour ou deux à Manhattan. **3** S'il vous plaît, veuillez nous
déposer au zoo. **4** L'homme à qui appartient ce taxi refuse
de nous emmener à l'Empire State Building ! **5** Est-ce que
je te manquerai ?

8 – Puis-je [me permettre de] demander à ces
     dames d'où elles viennent (où vous deux
     dames appelez maison) ?

9 – Je suis de Nairobi et ma correspondante,
     Madame Goodman, est de Newark, [dans le]
     New Jersey.

10 – Deux endroits superbes, si je puis me
     permettre (si je puis dire ainsi moi-même)...

Fill in the missing words

1   *Puis-je vous demander d'où vous êtes ?*
      .... ask you ....?

2   *Désolé pour le jeu de mots !*
      ....!

3   *J'aimerais être un grand écrivain.*
      I. .* .... writer.

4   *Elle insiste pour aller à Nairobi.*
      She .... Nairobi.

5   *Miami leur manque.*
      .... Miami.

Les mots qui manquent :
1 May I, where you call home **2** Sorry for the pun **3** 'd like to be
a great **4** insists on going to **5** They miss

Deuxième vague : Thirtieth Lesson

Eightieth Lesson

What Are You Saying?

1 – The **bath**rooms in **ur**ban **high** schools are **ter**ribly un**health**y and un**safe**, **breed**ing **drug** use and **sex**ual promis**cu**ity. **(1)**
2 – I don't want to misunder**stand** you or mis**quote** you, but are you **ad**vocating that **pub**lic **rest** rooms should be shut down com**plete**ly in our com**mun**ity's schools? **(2)(3)**

PRONUNCIATION
1 ... **eur**be-n... eun**Hèl**Zi ... **sèk**chouel promiskiou**i**di **2** ... misseu-ndeus**tè-nd** ... misskou**o**-ote ...

NOTES

(1) *To breed* signifie littéralement "faire l'élevage de" : *to breed cattle* (faire de l'élevage de bétail). Au sens figuré, ce verbe équivaut à "favoriser, avoir pour conséquence...". *Breeding* s'emploie aussi pour parler des bonnes manières : *He's a well-bred boy* (C'est un garçon bien élevé, qui a de bonnes manières). On entend également le terme *breed* dans le sens de "type, sorte, marque" : *This is a different breed of product* (Ceci est un autre type de produit).

(2) Le préfixe anglais *mis-* est l'équivalent de notre mé-. Il indique une qualité négative, le sens contraire du mot auquel il est préfixé. Quelques autres exemples : *misadventure* (mésaventure), *to misbehave* (se conduire mal), *miscalculate* (mal calculer), *to misinform* (mal renseigner), *to misjudge* (méjuger), *to misinterpret* (mal interpréter), *to mislead* (induire en erreur), sans oublier *a mistake* (une erreur)...

Quatre-vingtième leçon

Qu'est-ce que tu dis [là]
(Qu'es-tu en train de dire) ?

1 – Les toilettes des lycées urbains sont
   terriblement insalubres et dangereuses,
   favorisant [ainsi] l'usage de la drogue et la
   promiscuité sexuelle.
2 – Je ne veux pas me méprendre ou mal interpréter
   tes paroles (mal te comprendre ou te citer hors
   de propos), mais es-tu en train de préconiser la
   fermeture complète des toilettes dans nos écoles
   publiques (de préconiser que les toilettes
   publiques devraient être fermées complètement
   dans nos écoles de la communauté) ?

NOTES (suite)

(3)   Le terme *community* est couramment utilisé pour parler
   de la population d'une même ville, d'une municipalité,
   ou encore d'un segment de population. Rappelons que le
   système politique étasunien accorde beaucoup de
   pouvoir à tout ce qui est *local government*
   (l'administration locale, les municipalités), favorisant de
   ce fait les décisions prises à l'initiative des citoyens. Le
   concept de *community* est donc important et largement
   employé. Notez *a bedroom community* (une cité dortoir).

3 – Don't **over-re**a**ct**. I **did**n't **exact**ly say
   that, you **knee-jerk**ing **lib**er**al**! **(4)(5)**
4 – Don't get **an**gry and jump to ab**surd**
   con**clu**sions. Try **be**ing more **careful** with
   your an**al**ysis. **(6)**
5 – Are you **say**ing that I'm **care**less in my
   ap**prai**sal of your position? Is **that** it? **(7)**
6 – **No**, but a **bit** more **gen**tleness on your
   part could **on**ly serve to **streng**then our
   friendship and profe**ss**ional rela**tion**ship.
   (8)
7 – **Don't** beat a**round** the **bush**. Do you
   want to **close** them or **not**?

3 ... o-oveuri**akt** ... **nii**djeurki-ng libreul. 4 ... an**al**ississ. 5 ...
epp**rè**ïzel ... 6 dj**è**-n**tel**nèss ... **stre-ng**Ze-n ... **frè-nd**chip ...
ril**è**ïcheu-nchip. 7 ... bouch ...

NOTES (suite)

(4) Rappel : le préfixe *over-* implique la plupart du temps un
   excès, un dépassement. Il s'intègre au mot avec ou sans
   trait d'union, la tendance allant vers une simplification de
   l'orthographe, donc vers la suppression du trait d'union :
   to overrate (surestimer), *to overlook* (ne pas tenir compte
   de quelque chose, omettre), *to oversleep* (se réveiller trop
   tard), *overcooked* (trop cuit), *oversexed* (obsédé par le
   sexe), *overpopulated* (surpeuplé), *overpaid* (sur-payé),
   oversimplified (simplifié de manière exagérée), *an
   overstatement* (une exagération), etc.

(5) Le terme "*knee-jerking*", principalement employé en
   politique, nous vient des pratiques médicales anciennes où
   l'on testait les réflexes des patients en leur donnant un petit
   coup de marteau en caoutchouc sur le genou. Aujourd'hui,
   si vos réactions ou opinions politiques semblent trop
   simples, trop automatiques ou trop purement dans le sens
   d'un courant particulier, vous pourrez vous entendre dire
   que vous êtes un *knee-jerker*, terme difficile à traduire de
   manière très exacte en français. *A jerk* = un crétin.

3 – Ne t'emballe pas (Ne "sur-réagis" pas). Je n'ai pas exactement dit ça, espèce de libéral borné !

4 – Ne te fâche pas et ne tire pas de conclusions [hâtives et] absurdes. Essaye d'être plus prudent dans (avec) tes analyses.

5 – Est-ce que tu es en train de dire que je suis négligent dans la manière dont je juge ta position (que je suis négligent dans mon estimation de ta position) ? Est-ce que c'est ça ?

6 – Non, mais un peu plus de modération (douceur) de ta part ne pourrait que (servirait seulement à) renforcer notre amitié et notre relation professionnelle.

7 – Ne tourne pas autour du pot (Ne bats pas autour du buisson). Est-ce que tu veux les fermer, oui ou non (ou pas) ?

NOTES (suite)

(6) *To jump to conclusions* : tirer des conclusions hâtives. *To jump* : sauter. *Try being* ou *try to be* (essayez d'être) sont deux manières correctes d'exprimer la même idée.

(7) *An appraisal* est une estimation, un jugement que l'on porte sur une situation ou une idée. Le terme *position*, outre tous les sens que nous lui connaissons en français, s'emploie aussi dans le sens de "poste" (au sein d'une entreprise).

(8) *Gentle* (doux) ; *gentleness* (douceur). Le suffixe *-ness* sert à former des noms abstraits à partir d'adjectifs : *kind* (gentil) – *kindness* (gentillesse), *dark* (sombre) – *darkness* (obscurité), etc. *The strength* (la force) ; *to strengthen* (renforcer). Le suffixe *-en* sert à former des verbes à partir d'adjectifs : *short* (court) – *to shorten* (raccourcir), *wide* (large) – *to widen* (élargir), etc.

Exercise
1 I don't want to be misunderstood. **2** Dangerous people breed mistrust. **3** This guy is a jerk. He always jumps to conclusions and doesn't let you speak. **4** If you misbehave, I'll tell your parents! **5** Are you liberal or conservative?

*****

Exercice
1 Je ne veux pas être mal compris. **2** Les gens dangereux génèrent la méfiance. **3** Ce mec est un crétin. Il tire toujours des conclusions hâtives et ne vous laisse pas parler. **4** Si tu te conduis mal, je le dirai à tes parents ! **5** Es-tu libéral ou conservateur ?

****

Eighty-first Lesson

The **Car**penter (1)

1 – **Cin**dy, **who** was that **gen**tleman who **an**swered the **phone** this **mor**ning?
2 – Oh **him**...
3 – Yes **him**. So who **was** it?
4 – He's the **car**penter who is re**mod**eling the top floor of the **house**. (2)

NOTES

(1) Profitons de l'occasion pour élargir notre vocabulaire : *plumber* – prononcez "**pleu**mer" – (plombier) ; *mason* ou *stoneworker* (maçon) ; *builder* (constructeur)...

Fill in the missing words

1   *Ne tourne pas autour du pot !*
        Don't ....!

2   *J'aimerais qu'il soit plus doux.*
        . ... him to be ....

3   *Ce pays est surpeuplé.*
        .... country .. ..

4   *Puis-je fermer la porte et ouvrir la fenêtre ?*
        ... . the door and .... the window?

Les mots qui manquent :
1 beat around the bush 2 I would like, more gentle 3 This, is
overpopulated 4 May I (ou Can I) close, open

Deuxième vague : Thirty-first Lesson

****

Quatre-vingt unième leçon

Le menuisier

1 – Cindy, qui était le monsieur qui a répondu au
      (répondu le) téléphone ce matin ?
2 – Ah, lui...
3 – Oui, lui. Alors, qui était-ce ?
4 – C'est le menuisier qui est en train de refaire
      l'étage supérieur de la maison.

NOTES (suite)

(2)   *To remodel* = refaire, remanier, transformer, remodeler...
      Rappelons que, tout comme en français, le préfixe *re-*
      indique une répétition.

5 – **Oh**, I **thought** that since Steve's
de**par**ture you had a new **hon**ey that you
didn't tell me a**bout**. (3)
6 – **John,** what's your **prob**lem? The
carpenter? Mr. **Clin**ton! And **me**? That's
an **idea** which **nev**er **cros**sed my **mind**!
(4)(5)(6)(7)
7 – Just for**get** I **men**tioned it. **Sor**ry for
being so **jeal**ous. **(8)**

PRONUNCIATION
5 ... **Hon**i ... 6 ... **aïdia** ouitch ... **maï**nd 7 ... **mèn**cheund ... **djè**less

NOTES (suite)

(3) *Honey* (littéralement "miel") fait partie des petits mots
doux que s'échangent les couples étasuniens. Sa version
abrégée, "*hon*", est également très courante. Dans le
même registre, apprenez *sweetie* (de *sweet* – sucré,
mignon), *darling* (un classique), etc.

(4) *"What's your problem ?"* est une question non dénuée
d'agressivité, équivalant, en gros, à notre "Ça va pas ?".

(5) *Which* (qui, lequel / laquelle) ne peut s'employer qu'en
référence à un objet ou une idée, jamais pour une
personne. Pour une personne (ou un animal), on dira
who. Exemples : *Our house, which is located in the town
of Plymouth, is large* (Notre maison, qui se trouve dans
la ville de Plymouth, est grande) mais *My parents, who
live in Plymouth, have very nice neighbors* (Mes parents,
qui vivent à Plymouth, ont des voisins très
sympathiques). Nous avons également déjà vu "*that*"
(qui, que), qui dans de nombreux cas peut aussi bien
remplacer *who* que *which* : *The girl that / who lives next
door is my cousin* (La fille qui habite à côté est ma
cousine) ; *Can you show me the book [that / which] you
bought yesterday?* (Peux-tu me montrer le livre que tu as
acheté hier ?).

5 – Ah, j'ai pensé que depuis le départ de Steve tu avais un nouveau chéri dont tu ne m'avais pas parlé.

6 – John, ça ne va pas (quel est ton problème) ? Le menuisier ? Monsieur Clinton ! Et moi ? Voilà une idée qui ne m'avait (m'a) jamais effleurée (traversé l'esprit).

7 – Oublie ce que j'ai dit (Juste oublie [que] j'ai mentionné ça). Désolé d'être aussi jaloux.

NOTES (suite)

(6) *Never* (ne ... jamais) s'accompagne toujours d'un verbe à la forme affirmative : *I never eat hamburgers* (Je ne mange jamais de hamburgers – littéralement "Je jamais mange...") ; *They never went to Harlem* (Elles ne sont jamais allées à Harlem – littéralement "Elles jamais sont allées...").

(7) *It never crossed my mind* (Ça ne m'a jamais traversé l'esprit / Ça ne m'est jamais venu à l'idée). Expression synonyme (et courante) : *It never occurred to me*.
To cross (traverser) s'emploie bien entendu aussi au sens propre : *The cat crossed the street* (Le chat traversa la rue). Quant au mot *"mind"*, il se réfère à la partie du cerveau qui "pense", ou encore à la "santé mentale". Ainsi, si on vous dit *"you lost your mind"* ou *"you're out of your mind"*, cela signifie que vous avez "perdu la tête" ! Attention : *"mind"* s'emploie aussi dans le sens de "faites attention" : *Mind your step!* (Attention à la marche !) ; *Mind your own business!* (Occupez-vous de vos affaires !). Vous connaissez également l'expression *"Never mind!"* (Ça ne fait rien / Peu importe !) et le verbe *to mind* (être dérangé par) : *Do you mind if I smoke?* (Ça vous dérange, si je fume ?).

(8) *Sorry for being* (Désolé d'être) – remarquez que le verbe prend la forme en *-ing*, retenez bien cette tournure. *"Sorry"* signifie également "pardon, excusez-moi", de même que *"Excuse me"*. **Attention :** *"sorry"* s'emploie pour s'excuser une fois que "le mal est fait", alors que *"excuse me"* se dit d'emblée, avant le dérangement.

8 – Come to **think** about it, Mr. **Clin**ton is
    very **hand**y. **You,** on the **o**ther **hand**,
    can't even **change** a **light** bulb, **John**...
    (9)(10)(11)

8 ... laït bolb ...

NOTES (suite)

(9)   *"Come to think of it"* est une expression à retenir telle
       quelle : "Maintenant que j'y pense", "à bien y réfléchir"...

(10)   *Handy* signifie "commode", "à portée de main" – *It's
       very handy to have several phones around the house* (Il
       est très commode d'avoir plusieurs téléphones chez soi) ;
       I always keep my phone handy (Je garde toujours mon
       téléphone à portée de main) –, mais aussi "adroit de ses
       mains", "débrouillard", ou encore "bricoleur", comme
       Mr. Swenson dans notre dialogue... Un peu de
       vocabulaire autour du bricolage ? *To saw* (scier), *to sand*
       (poncer), *to drill* (percer), *to paint* (peindre), *to lay carpet /
       wall paper* (poser de la moquette / du papier peint), *to tile*
       (carreler, poser des tuiles)...

(11)   *"On the other hand"* ("D'un autre côté"). Autres
       expressions avec *hand* : *to give someone a hand* (donner
       un coup de main à quelqu'un), *to shake hands* (serrer la
       main), *on hand* (en stock), *Hands off!* (Bas les pattes !),
       Hands up! (Haut les mains !)...

*****

Exercise
1 Honey, do you know a good plumber that we can call?
2 Our dog, who is very old, can't walk up the stairs. **3** Please
refill my glass. **4** Sorry for being so unhandy! **5** It never
crossed my mind to study in another country.

Exercice
1 Chéri, est-ce que tu connais un bon plombier que nous
pourrions (pouvons) appeler ? **2** Notre chien, qui est très
vieux, ne peut pas monter les escaliers. **3** Veuillez me
resservir à boire, s'il vous plaît (re-remplir mon verre).
4 Désolé d'être si peu bricoleur ! **5** Ça ne m'a jamais
effleuré l'esprit de faire des études dans un autre pays.

8 – À bien y réfléchir, monsieur Clinton est très
doué de ses mains. Quant à toi, tu ne sais
(peux) même pas changer une ampoule, John...

Fill in the missing words

1   *Il ne lui (masculin) était jamais venu à l'idée qu'elle
     pourrait devenir menuisier.*
     It ... . to ... that she .....
     become ....

2   *Demande-lui si elle peut te donner un coup de main.*
     Ask ... . can ....

3   *Oublie ce que nous t'avons dit.*
     Forget ....

4   *Je ne sais (peux) même pas faire la cuisine !*
     I .....* ..... cook !

Les mots qui manquent :
1 had never occurred, him, could, a carpenter **2** her if she, give
you a hand **3** what we told you **4** can't even

Deuxième vague : Thirty-second Lesson

Eighty-second Lesson

Carol and her Guitar

1 – Carol's **bus** ar**rives** in **Hart**ford at **twel**ve. **(1)**

2 – **When** did it **leave** New **York**?

3 – It was **ei**ther five **to** eight or five **past** eight. I can't re**mem**ber. I **won**der if she re**mem**bered to bring her gui**tar** with her. She's so for**get**ful. **(2)(3)(4)(5)**

4 – I can **al**ways lend her **mine** if she for**gets hers. (6)**

5 – Both my mom and **dad** have e**lec**tric gui**tars. They** could **bring** theirs **o**ver if **push** comes to **shove. (7)(8)**

PRONUNCIATION
3 ... aïdzer ... rimèmbeurd ... forguètfoul **5** bo-oZ ...

NOTES

(1) Le bus (aussi appelé "*coach*") est un moyen de transport bon marché auquel les Étasuniens peu fortunés font largement appel pour les longues distances. Les compagnies les plus connues sont Greyhound et Trailways. Ces bus sont généralement très confortables, équipés de toilettes et branchements vidéo.

(2) *Either... or...* (soit... soit...) / *Neither... nor...* (ni... ni...). C'est très simple : *Either you take it or you leave it* (Soit tu le prends, soit tu le laisses) ; *They can neither read nor write* (Ils ne savent ni lire ni écrire).

(3) Souvenez-vous que *can* exprime (entre autres) la capacité à faire quelque chose, raison pour laquelle on dit souvent "*I can't remember*", dans le sens de "je n'arrive pas à me souvenir", plutôt que "*I don't remember*". Rassurez-vous, les deux versions sont correctes.

(4) *To wonder* signifie "se demander". *A wonder* est un miracle, et *wonderful* signifie "merveilleux".

Quatre-vingt-deuxième leçon

Carol et sa guitare

1 – Le bus de Carol arrive à Hartford à midi.

2 – Quand est-ce qu'il est parti de New York ?

3 – C'était soit à huit heures moins cinq, soit à huit heures cinq. Je ne me souviens plus (ne peux pas me souvenir). Je me demande si elle a pensé à (s'est souvenu de) apporter sa guitare (avec elle). Elle est si étourdie ("oublieuse") !

4 – Je peux toujours lui prêter la mienne, si elle oublie la sienne.

5 – Ma mère et mon père ont tous les deux des guitares électriques. Ils pourraient apporter les leurs si nécessaire.

NOTES (suite)

(5) *Forgetful* n'a pas d'équivalent en un seul mot, en français. La traduction littérale, "plein d'oubli", vous en donne cependant une idée assez précise. Être *forgetful*, c'est être "tête en l'air", avoir une très mauvaise mémoire. Autres adjectifs avec le suffixe *-ful* : *faithful* (fidèle), *truthful* (véridique)... Notez que "plein" (*full*) s'écrit avec deux l.

(6) *To lend* : prêter (passé = *lent*) : *He lent me his coat* (Il m'a prêté son manteau). "Emprunter" se dit *to borrow* : *Can I borrow your pen?* (Est-ce que je peux emprunter ton stylo ?) et "rendre" se dit *to give back* : *I'll give you back your coat tomorrow* (Je te rendrai ton manteau demain).

(7) *Both* : tous les deux, les deux. *Both* peut se placer devant ou derrière un verbe, ou encore devant un nom : *My parents are both musicians / Both my parents are musicians* (Mes parents sont tous deux musiciens) ; *I read both letters* (J'ai lu les deux lettres). Apprenez également *neither of us* (aucun/aucune d'entre nous), *neither of the two* (aucun/aucune des deux), etc.

(8) *When push comes to shove* : si nécessaire. *A push* est une poussée, *a shove* également, mais *a push* est moins fort que *a shove*.

6 – They can **come** to**mor**row at a**round**
seven and **spend** the **ev**ening with **us**.
That way they'll get to **hear** her **play** her
Christmas **car**ols. **(9)**

7 – It's **go**ing to be nice **hav**ing **Car**ol at
home for a few **days**. We **haven**'t been
able to en**joy** her **com**pany since the
Fourth of **July** pi**cnic**. **(10)**

8 – You mean the **Mem**or**ial** Day long
weekend... **(11)**

6 ... **eur**li ...

NOTES (suite)

(9) *A carol* est un chant, une chanson – *a song* est aussi une
chanson, mais pour les chants de Noël, on dit
généralement *"Christmas carols"*... Il n'y a pas de
rapport avec le prénom Carol.

(10) Souvenez-vous (leçon 77) que pour exprimer la réalisation
d'une action précise au passé, on ne peut pas employer
"could" : il faut alors utiliser la forme avec *"able to"*.

(11) *Memorial Day weekend*, toujours vers la fin mai, est une
fête nationale qui honore les soldats morts ou blessés à la
guerre. C'est un long week-end où le lundi est également
férié. Il est l'occasion de parades, de pique-niques, de
barbecues, de jeux divers... Très américain !
*****

Exercise
1 She took the 8 PM coach to Los Angeles. **2** We're either
going to Puerto Rico or Trinidad on our honeymoon. **3**
Can I borrow your car, Dad? **4** What a wonderful song that
is! **5** Both of them were able to find a well-paid job.

Exercice
1 Elle a pris le bus de huit heures du soir pour Los Angeles.
2 Nous irons (allons) soit à Porto Rico, soit à Trinidad pour
notre lune de miel. **3** Est-ce que je peux emprunter ta voiture,
Papa ? **4** Quelle chanson merveilleuse (c'est) ! **5** Tous deux
ont réussi à trouver un travail bien rémunéré.

6 – Ils peuvent venir demain vers (à autour) sept heures et passer la soirée avec nous. De cette façon, ils auront l'occasion de l'entendre (écouter) jouer ses chants de Noël.

7 – Ça va être sympa d'avoir Carol à la maison durant quelques jours. Nous n'avons pas eu le plaisir d'être avec elle (Nous n'avons pas pu savourer sa compagnie) depuis le pique-nique du Quatre Juillet.

8 – Tu veux dire [depuis] le long week-end de Memorial Day...

*****

Fill in the missing words

1   *Je n'ai jamais réussi à traverser l'Atlantique à la nage.*
I . . . . to . . . . the Atlantic.

2   *Est-ce que tu pourras venir à ma fête d'anniversaire ?*
. . . . my birthday party?

3   *Aucune d'entre elles ne pourra venir.*
. . . . will . . . . to come.

4   *Elle arrive vers neuf heures du matin.*
She . . . . nine . . .

Les mots qui manquent :
1 have never been able, swim across **2** Will you be able to come to **3** Neither of them, be able **4** arrives at around, AM.

*****

Vous avez sans doute remarqué que les traductions sont maintenant moins littérales qu'auparavant. C'est parce que nous pensons que votre assimilation se fait correctement, et que vous avez acquis un sens de la langue suffisant pour vous y retrouver avec de moins en moins de "béquilles". Continuez ! Bientôt, les caractères gras des dialogues disparaîtront, car la musique de l'anglais américain doit maintenant vous être familière.

Deuxième vague : Thirty-third Lesson

Leçon 82

Eighty-third Lesson

Is That All, Mr. Larson?

1 – **Jen**nifer, can you **come** in **here** please?
   And **bring** the **Bur**ton **Brown**ie
   Corporation **file** with you. **(1)**
2 – **Yes**, Mr. **Lar**son.
3 – Send an **e**-mail to **Bur**ton's **as**sistant, **Jas**per
   Billings, to con**firm** our **meet**ing on **Fri**day,
   but pro**pose** 4 PM in**stead** of 3. **(2)**
4 – Are they **com**ing **here** or are we **go**ing
   there?
5 – The **meet**ing is set for **here**. But find out
   if that **jerk** Jim **Rut**iger is **com**ing with
   them to the **sign**ing. I **hope** he's not
   coming... **(3)(4)**
6   And **book** the **con**ference room for two
   hours, and have **six cop**ies of the **con**tract
   ready for **sign**ing. Make **sure** that I'm
   sitting to **Bur**ton's left. **Bur**ton's deaf in
   his right ear. Don't for**get**! **(5)(6)**

PRONUNCIATION
3 ... i-n**stèd** of ... 5 ... **saï**ni-ng ... **ko-n**fre-nss roum ... dèf ... i-ir ...

NOTES
(1) *A file* (un dossier) ; *filed* (classé) ; *to keep something on file* (garder quelque chose – un courrier, par exemple – en attente).

(2) *Instead of* (au lieu / à la place de) : *Let's go to that new French restaurant instead of the Chinese one we always go to* (Allons à ce nouveau restaurant français au lieu du chinois où nous allons toujours).

(3) *To be set* (être fixé) ; *set* (fixe) : *set prices* (des prix fixes), *set ideas* (des idées toutes faites)...

Quatre-vingt-troisième leçon

Est-ce que c'est tout, Monsieur Larson ?

1 – Jennifer, pouvez-vous venir (entrer ici), s'il vous plaît ? Et apportez le dossier [de la] Burton Brownie Corporation (avec vous).

2 – Oui, Monsieur Larson.

3 – Envoyez un courrier électronique à l'assistant de Burton, Jasper Billings, pour confirmer notre rendez-vous de vendredi, mais proposez 16 heures au lieu de 15 [heures].

4 – Est-ce qu'ils viennent ici, ou est-ce que nous allons là-bas ?

5 – Le rendez-vous est prévu (pour) ici. Mais essayez de savoir (d'apprendre) si ce crétin [de] Jim Rutiger vient avec eux pour (à) la signature. J'espère qu'il ne vient pas...

6 Et réservez la salle de conférence pour [une durée de] deux heures, et préparez six exemplaires du contrat (ayez six copies du contrat prêtes) pour la signature. Faites en sorte (Assurez-vous) que je sois assis à la gauche de Burton. Burton est sourd de l'oreille (dans son oreille) droite. N'oubliez pas !

NOTES (suite)

(4) *To find out* (apprendre, découvrir, se renseigner) : *She found out the truth* (Elle a appris / découvert la vérité) ; *I'm going to find out if there is a train tonight* (Je vais voir [me renseigner] s'il y a un train ce soir). *To try to find out* : essayer de se renseigner sur quelque chose, essayer de savoir si...

(5) *To book = to reserve.*

(6) *To make sure* : s'assurer, faire en sorte que... *Make sure that you buckle your seatbelt in the car* (Assurez-vous de bien boucler votre ceinture de sécurité dans la voiture).

7   And we'd **bet**ter have a **bot**tle of Dom
      Perig**non** on ice... **(7)(8)**

8   Then call **Ran**dy in our **le**gal de**part**ment
      in the Bay **A**rea **of**fice and make **sure**
      he's on **hold** and **read**y to jump **in** if we
      hit a **snag**. It'll be 1 PM on the West
      Coast. Got it? **(9)(10)(11)(12)**

9 – Is that **all**, Mr. **Lar**son?

10 – No. Ask Raph**a**el if he can cut my hair at
      11 in my **of**fice...

NOTES (suite)

(7) *I had better (I'd better), you had better (you'd better),*
etc. On emploie cette tournure pour donner des ordres ou
des conseils. Le sens est présent ou futur, malgré
l'emploi de "*had*" : *I'd better buy some bread for tonight*
(Je ferais bien d'acheter du pain pour ce soir) ; *you'd
better tell me what you did* (Tu as intérêt à me dire ce que
tu as fait / Tu ferais mieux de me dire ce que tu as fait) ;
they'd better take their dog to the vet (Ils devraient
emmener leur chien chez le vétérinaire). Attention : cette
tournure est toujours suivie de l'infinitif sans *to*.

(8) Comme vous le savez, les Américains adorent la glace
sous toutes ses formes... Les boissons sont toujours noyées
dans des mers de glace, et il n'existe pas d'hôtel sans
machine à fabriquer des glaçons – à la disposition des
clients. On peut également acheter des sacs de glace dans
la plupart des stations-service, et la majorité des
réfrigérateurs américains sont équipés d'un distributeur de
glaçons. Quelque chose de très froid est "*ice cold*". *To put
something on ice*, c'est le refroidir en le couchant sur un lit
de glaçons.

Exercise

1 His file contained a strange letter signed Santa Claus...
2 Bob will be sailing to Europe instead of flying. **3** The
wedding plans are on hold until we find enough money to
pay for the party. **4** Please make sure that the dog does not
sleep on the bed. **5** Why don't you call the legal
department?

7   Et on aurait intérêt à mettre (avoir) une bouteille
     de Dom Pérignon au frais (sur glace)...
8   Ensuite, appelez Randy, de (dans) notre
     service juridique, au bureau de la *Bay Area*,
     et faites en sorte qu'il soit prêt à répondre au
     téléphone (en attente) et (prêt) à intervenir en
     cas de pépin (si nous frappons une souche). Il
     sera treize heures sur la côte Ouest. Compris ?
9 – Est-ce que c'est tout, Monsieur Larson ?
10 – Non. Demandez [à] Raphaël s'il peut me
     couper les cheveux à onze heures, dans mon
     bureau...

NOTES (suite)

(9)   *On hold* (en attente). Souvenez-vous de *"Hold on,
      please"* (Ne quittez pas, s'il vous plaît).

(10) *To jump into a conversation*, c'est interrompre une
      conversation, ou intervenir soudainement dans la
      conversation.

(11) *A snag* est une souche, un écueil, une entrave. Quant à
      l'expression *"to hit a snag"*, elle se traduit par "tomber
      sur un os", "avoir un pépin", etc.

(12) *"Got it?"* est une manière familière de dire *"Did you
      understand?"* – "Compris ?", "Pigé ?"...

Exercice
1 Son dossier contenait une lettre étrange signée Saint
Nicolas... 2 Bob va se rendre en Europe en voilier plutôt
qu'en avion. 3 Les projets de mariage sont en attente
jusqu'à ce que nous trouvions assez d'argent pour financer
la fête. 4 Veuillez faire en sorte que le chien ne dorme pas
sur le lit. 5 Pourquoi est-ce que tu n'appelles pas le service
juridique ?

Fill in the missing words

1   *Veuillez m'apporter deux exemplaires du contrat.*
Please . . . . two . . . . contract.

2   *Il doit être muet, mais pas sourd.*
He . . . . .. mute (dumb), but . . . .

3   *Ce crétin n'a que des idées toutes faites !*
That . . . . only has . . . . !

4   *Je ne pige pas !*
I don't . . . .. !

Les mots qui manquent :
1 bring me, copies of the **2** must be, not deaf **3** jerk, set ideas
4 get it

Deuxième vague : Thirty-fourth Lesson

Eighty-fourth Lesson
Quatre-vingt-quatrième leçon

Révisions

1. *Must*

• Tout comme *can*, *must* ne prend pas d'*s* à la 3e personne du singulier. Les questions avec *must* se forment sans *do*, et la négation sans *don't*. La contraction négative est *mustn't* :

Must he really leave tomorrow? (Doit-il vraiment partir demain ?)

You mustn't smoke in this room (Tu ne dois pas fumer dans cette pièce)

He mustn't see me (Il ne faut pas qu'il me voie)

• *Must* n'existe qu'au présent. Aux autres temps et à l'infinitif, on utilise *to have to* (*had to, will have to...*) :

I had to go open the door, that's why I didn't answer the phone (J'ai dû aller ouvrir la porte, c'est pour ça que je n'ai pas répondu au téléphone)

They will have to come back next week (Ils vont devoir revenir la semaine prochaine)

• *Must* sert aussi à exprimer une supposition, une déduction :

You must be crazy! (Tu dois être fou/folle !)

He doesn't answer the phone, he must have left the office (Il ne répond pas au téléphone, il a dû quitter le bureau)

• **Attention !** Alors que *must not* exprime une interdiction, *do not have to* exprime simplement l'absence d'obligation :

You mustn't go there (Il ne faut pas que tu ailles là-bas)

You don't have to go there (Tu n'es pas obligé d'aller là-bas)

2. *Never* et *ever*

Nous les avons rencontrés à diverses reprises au fil des leçons. Voyons ça d'un peu plus près...

• *Never* correspond à "jamais", "ne...jamais". Il ne s'emploie pas conjointement à d'autres mots négatifs (contrairement au français), et le verbe qui l'accompagne est toujours à la forme affirmative :

I've never seen such a beautiful flower! (Je n'ai jamais vu une aussi belle fleur ! – littéralement "J'ai jamais vu...").

Carol never eats Chinese food (Carol ne mange jamais de nourriture chinoise – littéralement "Carol jamais mange...").

Comme vous le constatez, le seul mot négatif de la phrase est *never* qui, par ailleurs, se place toujours devant le verbe.

• Mais comment fait-on avec un verbe à la forme négative ? On utilise *ever* :

*He **didn't** believe he would **ever** be able to swim again* (Il ne croyait pas qu'il serait jamais capable de nager à nouveau).

Avec *never*, il faudrait dire : *He **believed** he would **never** be able to swim again.*

• Dans une question, *ever* s'emploie également dans le sens de "parfois" :

Does she ever smile? (Est-ce qu'il lui arrive de sourire ? / Est-ce qu'elle sourit parfois ?)

Did he ever go to the opera? (Est-ce qu'il lui arrivait d'aller à l'opéra ? / Allait-il parfois à l'opéra ?)

• Dans une interrogation au *present perfect* (*has / have* + participe passé), *ever* prend le sens de "déjà" :

Has she ever eaten nachos? (A-t-elle déjà mangé des nachos ?)

• Avec un superlatif, *ever* prend le sens de "jamais" :

She's the best dancer I've ever met (Elle est la meilleure danseuse que j'aie jamais rencontrée).

That's the most beautiful flower I've ever seen! (C'est la plus belle fleur que j'aie jamais vue !)

• *If... ever* = si jamais :
    If you ever go to Mexico City, go visit Frida's house (Si jamais vous allez à Mexico, allez visiter la maison de Frida).

3. *Even*

L'adverbe *even* équivaut à "même", sa forme négative – *not even* – à "même pas" :
    Even Carla could do better than that! (Même Carla pourrait faire mieux que ça !)
    Of course he's married, he even has three children! (Bien sûr qu'il est marié, il a même trois enfants !)
    You can't even cook an egg! (Tu ne sais même pas [faire] cuire un œuf !)

Attention : veillez à dire "***not even***", jamais "*even not*" !

• *Even if...* = même si... :
    We should spend the weekend in the country, even if it rains (Nous devrions passer le week-end à la campagne, même s'il pleut).

• *Even though* = bien que... :
    Even though it rained, we enjoyed our weekend (Bien qu'il ait plu, nous avons bien profité de notre week-end).

• Dans un comparatif, *even* équivaut à "encore plus" ou à "encore moins" :
    I love you even more than yesterday (Je t'aime encore plus qu'hier).
    She can swim even better than last year (Elle nage encore mieux que l'an dernier).
    Peter eats even less than Jerry (Peter mange encore moins que Jerry).

Quant à votre anglais, *it will soon be even better than ours... Got it?*

Deuxième vague : Thirty-fifth Lesson

Leçon 84

Eighty-fifth Lesson

Cette leçon marque un nouveau tournant dans votre apprentissage. La "mélodie" de l'anglais américain vous est maintenant suffisamment familière pour que vous puissiez vous passer des caractères gras dans les dialogues. Vous continuerez toutefois à trouver les mots "difficiles à prononcer" ou les cas particuliers au niveau de l'intonation dans le paragraphe "Pronunciation".

Suburban Life (1)

1 – Ben, I'll be right back. I'm heading over to the Kingston Mall. I'm taking the Land Rover. (2)(3)

PRONUNCIATION
Seu**beur**be-n ... **1** ... **Hè**di-ng ... **mo**-ol ... **lèa**-nd **ro**veu

NOTES

(1) *The suburbs* : la banlieue ; *suburban* : de la banlieue, banlieusard (adjectif). Aux États-Unis, l'image typique des banlieues est une combinaison de maisons avec jardin, de centres commerciaux et d'un nombre important de voitures. C'est dans ces *suburbs* que vit la grande majorité des "Américains moyens", la *middle class*. Dans le langage populaire, le diminutif de *suburbs* est *"the burbs"*.

(2) Nous avons déjà rencontré *right* dans le sens de "droite" (*on your right* = à votre droite), par opposition à *left* (gauche). *To be right*, rappelons-le, signifie "avoir raison". Ici, le sens de *right* est encore différent... Quelques exemples : *I'll be right back* (Je reviens tout de suite) ; *I'm going there right away* (J'y vais de ce pas / tout de suite) ; *I'll do it right now* (Je le fais immédiatement / tout de suite) ; *Right in the middle* (Au beau milieu) ; *I'm right behind you* (Je suis juste derrière toi), etc.

Quatre-vingt-cinquième leçon

Vivre en banlieue (Vie banlieusarde)

1 – Ben, je reviens tout de suite. Je vais au centre
commercial de Kingston. Je prends la Land
Rover.

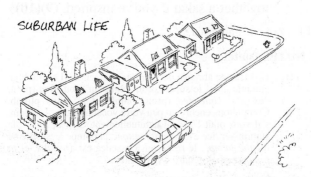

SUBURBAN LIFE

NOTES (suite)

(3) En anglais, de nombreux mots (noms, verbes...) sont formés
à partir de *head* (tête). Nous ne pourrons les voir tous, mais
souvenez-vous que *to head*, dans ses acceptions
américaines les plus courantes, signifie "se diriger vers"
ou tout simplement "diriger, être à la tête de" (un groupe,
un comité, une société...). Notez également que les gros
titres d'un journal se disent *the headlines*.

2   My car needs gas. I won't be long. I have
to pick up some jeans for Kenny at the
Gap. He's outgrown all his clothes again.
(4)(5)(6)

3 – He has shot up like a weed. At this rate
we could own the Gap. I knew I should
have bought stock when the company
went public. **(7)(8)**

4 – I'll be back by six at the latest. Don't
forget to put the chicken in the oven at five
fifteen. Set it at 250° (two hundred fifty
degrees) for forty minutes. And throw
together a salad if you're inspired. **(9)(10)**

4 ... **Zro**-o ... i-ns**pa**ïeud

NOTES (suite)

(4)   *Gas* (forme abrégée de *gasoline*) : essence. Il existe bien
entendu aussi le super (pron. "**sou**peur") ou *Xtra* (pron.
"**extra**"). *Unleaded* (pron. "eun**lè**did") : sans plomb.
Complétons encore un peu votre vocabulaire... "Le plein,
s'il vous plaît !" se dit habituellement *"Fill'er up!"* ; la
station-service est *the gas station* ; la pompe à essence se
dit *the pump* ; le réservoir à essence est *the tank*, et *to
tank* signifie prendre de l'essence.

(5)   Nous avons déjà rencontré *to pick up* à diverses reprises.
Rappelons les sens les plus courants de ce verbe : passer
prendre, aller chercher (des courses ou quelqu'un) ;
ramasser quelque chose, recueillir, décrocher le téléphone,
soulever... Dans un registre plus familier, *to pick up* peut
aussi se traduire par "draguer" : *John tried to pick up the
new girl in his class at the school dance, but she already had
a boyfriend* (John a essayé de draguer sa nouvelle camarade
de classe au bal de l'école, mais elle avait déjà un petit
copain). Notez que *jeans* est toujours au pluriel, comme
d'ailleurs tous les "vêtements à deux jambes" : *pants* (un
pantalon), *shorts* (un short), *pajamas* (un pyjama).

(6)   *To outgrow* (grandir plus vite, devenir plus grand que ou
trop grand pour quelque chose) s'emploie généralement
dans le même contexte que notre dialogue. On peut

2 Ma voiture a besoin d'essence. Je n'en ai pas pour longtemps (Je ne serai pas longue). Je dois aller chercher un jean pour Kenny au Gap. Tous ses vêtements sont à nouveau trop petits.

3 – Il a poussé comme de la mauvaise herbe. À cette allure (à ce taux), on pourrait être propriétaires du Gap. Je savais que j'aurais dû acheter des actions quand la société a été cotée en Bourse.

4 – Je serai de retour à six heures au plus tard. N'oublie pas de mettre le poulet au four à cinq heures et quart. Règle-le à 250° pour [une durée de] 40 minutes. Et fais-nous (jette ensemble) une salade, si tu es inspiré.

NOTES (suite)

cependant aussi utiliser ce verbe au sens figuré, ainsi par exemple *"This company has outgrown its use for that old computer"* signifie que la société en question a maintenant des besoins que son vieil ordinateur ne peut pas satisfaire.

(7) *To shoot up like a weed / to grow like a weed* : Pousser comme de la mauvaise herbe. *To weed* : désherber.

(8) *In the stock market* (à la Bourse), *investors buy shares of stock* (les investisseurs achètent des parts, des actions). *To go public*, pour une société, signifie qu'elle émet des actions disponibles au public, qu'elle devient cotée en Bourse. Aux États-Unis, les trois Bourses principales sont *The New York Stock Exchange*, *The American Stock Exchange* et *The NASDAQ*. L'indice boursier étasunien basé sur le cours de certaines actions représentatives du marché est appelé le *Dow Jones Index*.

(9) Aux États-Unis, la température se mesure en degrés *Fahrenheit* : la température de gel est 32°F, celle à laquelle l'eau bout est de 212°F. Un four à 250°F est à température moyenne, alors qu'à 350°F, il est chaud. 500°F, c'est la température du gril.

(10) *To throw* : lancer. *To throw together* signifie organiser, arranger quelque chose rapidement : *Let's throw together a party on Saturday.*

Leçon 85

5   If you have a problem, call me on the cellular telephone.

6 –   Hon, can you pick up my gray suit at *Sundance Cleaners*? Exit 8. It was ready yesterday but I didn't have a chance to swing around and get it. It's pre-paid so don't pay again. Here's the ticket. **(11)(12)(13)**

5 ... **célliule-r** ... 6 ... **pri**pèïd ...

NOTES (suite)

(11)   Les Étasuniens ont l'habitude de se situer par rapport à la sortie d'autoroute ou de route principale (*interstate, highway, freeway, parkway*) la plus proche.

(12)   *To have a chance* ou *to get a chance* : avoir un moment, le temps, l'occasion (de faire quelque chose).

*****

Exercise
1 In 1983, we moved to the eastern suburbs of Chicago. **2** Don't forget to pick up the kids at the cinema! **3** Ben will be getting off at Exit 11 and going to the airport right away. **4** If you have a chance, please send me a check for the opera tickets I bought you. **5** The stock for Ford Motors has gone up three dollars since ten o'clock.

Exercice
1 En 1983, nous avons déménagé dans la banlieue est de Chicago. **2** N'oublie pas de passer prendre les enfants au cinéma ! **3** Ben va sortir [de l'autoroute] à la sortie [numéro] 11 et aller à l'aéroport directement (tout de suite). **4** Si tu en as l'occasion, s'il te plaît envoie-moi un chèque pour les billets d'opéra que je t'ai achetés. **5** Les actions de Ford Motors ont augmenté de trois dollars depuis dix heures.

5 Si tu as un problème, appelle-moi sur le téléphone portable (cellulaire).

6 – Chérie, est-ce que tu peux passer prendre mon costume gris chez *Sundance Cleaners* (Teinturiers de la danse du soleil)? Sortie 8. Il était [déjà] prêt hier, mais je n'ai pas eu l'occasion (une chance) de passer (et) le prendre. C'est déjà payé (prépayé), alors ne paye pas à nouveau. Voilà le ticket.

NOTES (suite)

(13) *To swing* : (se) balancer, "swinguer". *A swing* : une balançoire. *To swing around* : expression familière pour "passer prendre, passer chercher quelqu'un ou quelque chose". Remarquez la tournure *"I didn't have a chance to swing around **and** get it"* : après certains verbes (également *to come, to go, to try, to wait...*), en particulier dans la langue parlée, on préfère éviter la répétition du "*to* infinitif" pour le remplacer par "*and*".

*****

Fill in the missing words

1 *Décroche le téléphone, s'il te plaît !*
.... .. the phone, please!

2 *La station-service est juste derrière nous.*
The ... . is ....

3 *Quand sera-t-il de retour ?*
When will he .. ....?

4 *Ils sont passés la prendre à dix heures.*
They .... ten o'clock.

5 *Leur voiture a besoin d'essence sans plomb.*
..... car needs ....

Les mots qui manquent :
1 Pick up **2** gas station, right behind us **3** be back **4** picked her up at **5** Their, unleaded gas

Eighty-sixth Lesson

The Joke

1 – What's black and white and read all over? **(1)(2)**
2 – How am I supposed to know? Tell me! **(3)**
3 – A newspaper. **(4)**
4 – I was expecting something funnier. **(5)**
5 – Okay... What's black and white and red all over?
6 – Is this a trick? **(6)**
7 – I'm waiting...

PRONUNCIATION
1 ... rèd... 4 ... ik**spek**ti-ng **so**-mZi-ng **feu**nnieur 5 ... rèd ... 7 ...
zibra.

NOTES

(1) La blague de notre dialogue est construite sur un jeu de
      mots : *read* (passé de *to read* – "tou riid" –, lire) se
      prononce exactement de la même manière que *red* –
      "rèd" – (rouge). C'est là une des grosses difficultés de la
      langue anglaise : des sons très différents peuvent s'écrire
      de la même façon, et vice versa. Mais aucune difficulté
      n'est insurmontable, et en observant bien, vous verrez
      que tout ça possède une certaine logique, et puis les
      anglophones s'y retrouvent bien, alors pourquoi pas vous ?

(2) *All over* : partout. *I've been looking for you all over* (Je
      t'ai cherché partout).

(3) Rappel. *To tell* = "raconter, dire (quelque chose à
      quelqu'un)" alors que *to say* signifie tout simplement
      "dire" : *She told me she was going to Spain* (Elle m'a dit
      qu'elle allait en Espagne) ; *She said she was going to
      Spain* (Elle a dit qu'elle allait en Espagne) ; *Tell me a
      joke!* (Raconte-moi une blague !).

Quatre-vingt-sixième leçon

La blague

1 – Qu'est-ce qui est noir et blanc, et lu partout ?
2 – Comment veux-tu que je sache (Comment suis-je supposé savoir) ? Dis-moi !
3 – Un journal.
4 – Je m'attendais à (J'attendais) quelque chose de plus drôle.
5 – D'accord. Qu'est-ce qui est noir et blanc, et tout rouge (rouge partout) ?
6 – Est-ce que c'est un piège ?
7 – J'attends...

NOTES (suite)

(4) *A newspaper* est un journal ; un quotidien, *a daily* ; un hebdomadaire se dit *a weekly* ; un mensuel, *a monthly* ; un trimestriel, *a quarterly*. Quant à *magazine*, c'est la même chose qu'en français, mais attention, "revue" se dit *journal* (pron. "**djeur**nel") !

(5) *To expect* : s'attendre à, attendre. *I don't know what to expect* (Je ne sais pas à quoi m'attendre) ; *I'm expecting a phone call* (J'attends un coup de fil)...

(6) *A trick* : une ruse, une astuce, un tour d'adresse, un piège. Le jour de Halloween, les enfants sonnent à toutes les portes du voisinage en disant *"Trick or treat"* qui équivaut plus ou moins à "Si tu ne veux pas que je te tende un piège / que je fasse une bêtise, donne-moi des bonbons".

8 – Well, according to you, a newspaper. (**7**)
9 – Wrong. A sunburned zebra! (**8**)

NOTES (suite)

(7) *According to* : selon, d'après... Attention, pour dire "Selon moi, d'après moi", il faut employer *"In my opinion"* ou tout simplement *"I think"*. Quelques exemples : *According to his sister, he's a great cook* (Selon sa sœur, il est très bon cuisinier) ; *In my opinion, that restaurant is very bad* (D'après moi/Je trouve que ce restaurant est très mauvais).

*****

Exercise

1 Have you read the fashion magazine *The Red Zebra*? **2** Tell me a joke! I love to laugh. **3** Teddy was supposed to be home before 6 PM. **4** According to the newspaper, it's going to rain tomorrow. **5** I'm sorry, but these are the wrong size jeans for me!

8 – Eh bien, d'après ce que tu dis (Selon toi), un journal.
9 – Faux. Un zèbre qui a un coup de soleil !

NOTES (suite)

(8) *Sunburned* = "brûlé par le soleil", qui a un coup de soleil – pas d'adjectif équivalent en français...

*****

Exercice
1 As-tu lu le magazine de mode *Le Zèbre rouge* ? **2** Raconte-moi une blague ! J'adore rire. **3** Teddy était censé être à la maison avant six heures du soir. **4** Selon le journal, il va pleuvoir demain. **5** Je suis désolé, mais ce jean n'est pas de la bonne taille pour moi (ces jeans sont la mauvaise taille...).

Fill in the missing words

1 *Nous nous attendions à une histoire plus courte.*
We . . . . à . . . .

2 *Elle a cherché son livre rouge partout.*
She . . . been . . . . book . . .
. . . . .

3 *Selon moi, il ne pourra pas aller en Espagne.*
In . . . ., he won't . . . . to go . . Spain.

4 *Raconte-moi ce que tu as lu dans le journal.*
. . . . what you . . . . in the newspaper.

Les mots qui manquent :
1 were expecting, shorter story **2** has, looking for her red, all over **3** my opinion, be able, to **4** Tell me, read

Deuxième vague : Thirty-seventh Lesson

Leçon 86

Eighty-seventh Lesson

"Cyber-Veggies" (1)

1 – Gene was about to go food shopping for "veggies" for her famous vegetable soup when we saw a program on Channel 13 about an Internet farmer in the San Fernando Valley... **(2)(3)**

2 – In spite of modern technology, I hardly think you can grow fresh food online! **(4)(5)**

PRONUNCIATION
Saïbe-r-vèdjiiz 1 ... fëïmess vèdgtebel soup ... 2 I-n spaït ov ...

NOTES

(1) *Veggies* est l'abréviation populaire de *vegetables*, terme employé en particulier par la génération née dans les années cinquante et par les végétariens.

(2) *To be about to do something* : être sur le point de faire quelque chose, s'apprêter à faire quelque chose.

(3) *To do the shopping / to go shopping* : faire les courses ; *a shop* : une boutique, un petit magasin... Les Américains ont l'habitude de préciser qu'ils vont acheter de l'alimentation : *to go food shopping*.

(4) *In spite of* : malgré. *We had a great time, in spite of the cold* (Nous avons passé un très bon moment, malgré le froid).

Quatre-vingt-septième leçon

"Cyber-légumes"

1 – Gene était sur le point d'aller acheter des légumes pour sa célèbre soupe de légumes quand nous avons vu une émission sur la 13e chaîne, à propos d'un fermier [sur] Internet dans la vallée de San Fernando.

2 – Bien que la technologie soit très avancée (Malgré la technologie moderne), j'ai du mal à croire que l'on puisse cultiver des aliments frais en ligne !

HE HARDLY EVER EATS FISH.

NOTES (suite)

(5) *Hardly* : à peine. *She hardly knows him* (Elle le connaît à peine). Autres mots composés avec *hardly* : *hardly ever* (ne... presque jamais) ; *hardly anybody* (ne... presque personne) ; *hardly anything* (ne... presque rien) ; *hardly any* (ne... presque pas de). Exemples : *They hardly ever go to the cinema* (Ils ne vont presque jamais au cinéma) ; *He hardly likes anybody* (Il n'aime presque personne) ; *We hardly bought anything* (Nous n'avons presque rien acheté) ; *He hardly has any hair on his head* (Il n'a presque pas de cheveux sur la tête). Remarquez qu'avec *hardly*, le verbe est toujours à la forme affirmative.

3 – No, you order your organically-grown
   spinach and green beans and iceberg
   lettuce on his web site, and a basket of
   fresh produce is delivered to your door
   the next morning. Door-to-door service!
   (6)(7)(8)
4 – That's great, but how do you pay?
5 – By credit card, of course.
6 – I'd be afraid of giving my VISA number
   on the Internet... **(9)**
7 – You're so old-fashioned!

3 ... orguènikeli-**gro**-on **spi**nètch ... aïssbeurg **lèd**dess ...
prodiouss iz **dè**liveurd ... 6 ... e**frè**ïd ov **gi**vi-ng ... **vi**ssa ... 7 ...
o-old **fè**cheund.

NOTES (suite)

(6) *Organically-grown* : cultivé sans engrais chimiques.
   Souvenez-vous qu'il est facile de construire toutes sortes
   d'adjectifs composés en anglais. Il suffit de prendre un
   adverbe et de le faire suivre d'un participe passé :
   prematurely-born (prématuré, né prématurément) ;
   artificially-inseminated (par insémination artificielle,
   inséminé artificiellement), etc.

(7) *A produce* peut se traduire par des produits, des denrées,
   un rendement... En relation avec l'agriculture, il s'agit
   également de "fruits et légumes". *To produce* : produire.

*****

Exercise
1 He hardly ever eats fish. 2 How can I marry him, I hardly
know him! 3 The child was afraid of her own shadow.
4 Brad found a partner on the Internet in spite of his
lawyer's warning. 5 Did you pay for this book with cash
or a credit card?

3 – Non, on commande ses épinards, (et) [ses] haricots verts et [sa] salade iceberg bio (organiquement cultivés) sur son site web, et un panier de produits frais vous est livré (est livré à votre porte) le lendemain matin (le matin suivant). [C'est du] service de porte à porte !

4 – C'est super, mais comment paye-t-on ?

5 – Par carte de crédit, bien sûr.

6 – Moi, j'aurais peur de donner mon numéro de carte de crédit (mon numéro VISA) sur l'Internet...

7 – Tu es tellement vieux jeu !

NOTES (suite)

(8) En anglais étasunien, les sens les plus courants de *to deliver* sont : livrer, distribuer (du courrier, par exemple), ou encore accoucher. Une livraison est *a delivery*. Un livreur, *a delivery boy*, *a delivery man*. Et pour terminer, sachez qu'une lettre recommandée se dit *special delivery*.

(9) *To be afraid* : avoir peur ; *to be afraid of something* : avoir peur de quelque chose, craindre quelque chose : *I'm afraid of spiders* (J'ai peur des araignées). *He's afraid of giving his phone number* (Il a peur de donner son numéro de téléphone).

*****

Exercice

1 Il ne mange presque jamais de poisson. **2** Comment puis-je l'épouser, je le connais à peine ! **3** L'enfant avait peur de sa propre ombre. **4** Brad a trouvé un associé (partenaire) sur l'Internet malgré l'avertissement de son avocat. **5** As-tu payé ce livre en liquide ou par carte de crédit ?

Fill in the missing words

1   *J'étais sur le point de prendre une douche.*
        I ... . to take a ....

2   *Malgré tout l'argent qu'il a, il ne part presque jamais*
        en vacances.
        .. .. all the money .. .., he ......
        ..... goes on vacation.

3   *A-t-il vraiment peur d'elle ?*
        Is he really ....?

****

Eighty-eighth Lesson

Forget the Gumbo! (1)

1 – Good morning, can I have your
     reservation number, please?
2 – H59 342 Y.

PRONUNCIATION
Feur**guèt** the **gueum**boe! **2** ... **ë**ïtch faïv naïn-zrii fo-or tou oaï.

NOTES

(1)   Le sens premier de *to forget* (passé = *forgot*, participe
      passé = *forgotten*) est "oublier" : *I forgot his phone*
      number (J'ai oublié son numéro de téléphone). Attention,
      notez que lorsqu'on donne une précision concernant le
      lieu où un objet a été oublié, on emploie généralement *to*
      leave (laisser, passé *left*, participe passé *left*) : *I left my*
      gloves in the car (J'ai laissé / j'ai oublié mes gants dans
      la voiture). Dans notre dialogue, nous avons *"forget"*
      dans le sens de "laisser tomber" : *Forget it!* (Laisse
      tomber !). *"Forget it"* peut aussi prendre le sens de "tu
      peux toujours courir" : *If you think I'm going to lend you*
      my car again, forget it! (Si tu crois que je vais encore te
      prêter ma voiture, tu peux toujours courir !). Ces
      expressions sont très courantes.

4   *Je ne mange que des fruits et légumes cultivés sans*
        engrais chimiques !
        I .... eat .... - ....!

Les mots qui manquent :
1 was about, shower **2** In spite of, he has, hardly ever **3** afraid of
her **4** only, organically-grown produce.

Deuxième vague : Thirty-eighth Lesson

****

Quatre-vingt-huitième leçon

Laissez tomber (Oubliez) le Gumbo !

1 –   Bonjour (Bon matin), pouvez-vous me donner
        (puis-je avoir) votre numéro de réservation,
        s'il vous plaît ?
2 –   H59 342 Y.

3 – Thank you, it's coming up right away. I have your reservation right here, Mr. Webster. Ah, I also have good news! The Ford Fiesta you reserved won't be available for thirty minutes, so you're entitled to a free upgrade with air conditioning, unless you'd rather wait for the Fiesta and benefit from a coupon worth 20 dollars at all Louisiana Gumbo Shops. **(2)(3)(4)(5)(6)(7)**

3 ... **ra**ïdeouèï ... rézeur**vè**ïcheu-n ... evèïlieubel ... i-nta**ï**teld ... **eup**grèïd oui**Z** **èr**keun**di**cheuni-ng ... **ra**dzer ... **kou**pon oueur**Z** ...

NOTES (suite)

(2) Pour dire qu'une information demandée par ordinateur est sur le point d'arriver, sur le point d'apparaître à l'écran, on emploie l'expression "*coming up*" ; il en est de même pour une émission de télévision qui est programmée mais qui n'a pas encore commencé, qu'on ne voit pas encore à l'écran.

(3) Encore quelques expressions avec *right* (nous en avons déjà vu plusieurs à la leçon 85) : *right now / right away* (immédiatement, tout de suite, sur le champ) ; *right here* (juste ici) ; *right after* (juste après) ; *right behind* (juste derrière)...

(4) *To be entitled to* : avoir droit à. *To entitle to* : donner droit à. *This coupon entitles you to a free drink* (Ce bon vous donne droit à une boisson gratuite).

(5) Le verbe *to upgrade* peut s'appliquer à tout produit ou service. Il signifie généralement qu'on améliore la qualité du produit ou du service sans frais supplémentaires. Ainsi par exemple, une compagnie aérienne peut vous faire une faveur et vous installer en classe affaires ou en première classe sans vous faire payer de supplément alors que vous

3 – Merci, elle arrive tout de suite. J'ai votre réservation sous les yeux (juste ici), Monsieur Webster. Ah, j'ai aussi de bonnes nouvelles. La Ford Fiesta que vous avez réservée ne sera disponible que dans trente minutes (ne sera pas disponible durant trente minutes), vous avez donc droit à un modèle de la gamme supérieure, sans frais supplémentaires (gratuitement), avec air conditionné, à moins que vous ne préfériez attendre la Fiesta et bénéficier d'un bon d'achat d'une valeur de (valant) 20 dollars dans tous les magasins Gumbo de Louisiane.

NOTES (suite)

n'avez qu'un billet en classe touriste. De même, une agence de location de voitures peut *"upgrade your reservation"* d'un modèle de classe A à un modèle de classe B, etc. Les sociétés étasuniennes n'hésitent pas à recourir à ce système d'*upgrades*, dans la mesure où c'est un excellent outil de marketing et de promotion qui ne peut que réjouir le client et l'inciter à se fidéliser.

(6) *Unless* : à moins que, sauf si. *I won't be able to go to the party tomorrow, unless someone drives me there* (Je ne pourrai pas aller à la soirée demain, sauf si quelqu'un m'y conduit). Placé en début de phrase, *unless* peut aussi se traduire par "Si... ne... pas..." : *Unless you apologize, I won't speak to you any more* (Si tu ne t'excuses pas, je ne te parlerai plus).

(7) *I would rather* ou *I'd rather* + verbe à l'infinitif sans *to* se traduit par "je préférerais, j'aimerais mieux" ou "je préfère, j'aime mieux" : *I'd rather live in Boston than in New York* (J'aimerais mieux / J'aime mieux vivre à Boston qu'à New York).

4 – Forget the Gumbo, I'd rather take the upgrade and save a few minutes. **(8)**

5 – No problem, just sign here, and off you go! If you belong to any Frequent Flyer programs, you're allowed a free tank of gas as well. **(9)(10)(11)(12)**

6 – Today's my lucky day!

5 ... fri**koue-nt** fla**ïeur** ...

NOTES (suite)

(8) *To save* peut se traduire de trois manières différentes : sauver quelqu'un ; économiser ; garder. Exemples : *You saved my life!* (Tu m'as sauvé la vie !) ; *My father saved half of his salary for thirty years* (Mon père a économisé la moitié de son salaire durant trente ans) ; *I'm coming home late tonight. Please save me some food!* (Je rentre tard ce soir. S'il te plaît, garde-moi quelque chose à manger !). Notez également *the savings* (les économies), *a savings account* (un compte d'épargne).

(9) *Off you go!* est plus ou moins l'équivalent de "Et voilà !". Dans le contexte de notre dialogue, l'employée aurait aussi pu dire *You're on your way!* (Vous êtes [déjà] prêt à partir !). Les sociétés américaines se plaisent à employer ces expressions très positives, l'idée étant de démontrer que leurs services fonctionnent comme sur des roulettes, *quick* (rapide), *easy* (facile) et *speed* (vitesse) étant les grands mots clés de la vie quotidienne étasunienne !

(10) Les programmes *Frequent Flyer* (de *to fly*, voler – comme les oiseaux ou les avions) ont à l'origine été mis au point par les compagnies aériennes dans le but de fidéliser leur clientèle. À chaque voyage sur leurs lignes, les clients

*****

Exercise

1 Do you have a reservation number, Sir? **2** If you think I'm going to lend you my Ferrari, just forget it! **3** Mr. Wilson belongs to twelve Frequent Flyer programs! **4** I'd rather wait a few minutes and buy something at the Gumbo Shop. **5** Why isn't my car available?

4 – Laissez tomber le Gumbo, je préfère prendre
le modèle supérieur et économiser quelques
minutes.

5 – Sans problème. Signez simplement ici et vous
pouvez y aller ! Si vous faites partie d'un
quelconque (appartenez à n'importe quel)
programme de *Frequent Flyer*, vous avez
également droit à un plein d'essence gratuit.

6 – C'est (Aujourd'hui est) mon jour de chance !

NOTES (suite)

gagnent un certain nombre de points (proportionnels au
nombre de kilomètres ou plutôt *miles* parcourus) ; au bout
d'un certain nombre de points, on a droit soit à un billet
gratuit, soit à un *upgrade*. Plus récemment, certaines
compagnies aériennes se sont associées à d'autres, de
même qu'à certaines chaînes d'hôtels, agences de location
de voitures, organismes de cartes de crédit, etc., permettant
ainsi à la clientèle de gagner des points à chaque dollar
dépensé chez les divers partenaires...

(11) *A tank* , nous l'avons déjà vu, est un réservoir (à eau, à
essence, etc.). Dans le contexte de notre dialogue, nous
avons traduit "*a free tank of gas*" par "un plein d'essence
gratuit" plutôt que par "un réservoir d'essence gratuit".

(12) *As well* (également, aussi) est synonyme de *also* et *too*.
Remarquez que ces trois mots, bien que synonymes, ne
se positionnent pas de la même manière dans la phrase :
alors que *also* se place généralement devant le verbe, *too*
et *as well* se placent en fin de proposition. Reprenons la
phrase du dialogue : *You're allowed a free tank of gas as
well* / *You're also allowed a free tank of gas* / *You're
allowed a free tank of gas too*...

*****

Exercice

1 Avez-vous un numéro de réservation, Monsieur ? **2** Si tu
crois que je vais te prêter ma Ferrari, tu peux toujours
courir ! **3** M. Wilson fait partie de douze programmes
"Frequent Flyer" ! **4** Je préfère attendre quelques minutes
et acheter quelque chose chez Gumbo (au magasin
Gumbo). **5** Pourquoi ma voiture n'est-elle pas disponible ?

Fill in the missing words

1   *Nous avons droit à un vol gratuit.*
     We're .... a ....

2   *Il a oublié de passer prendre son costume.*
     He ...... to pick up his .....

3   *Elle laisse toujours ses gants dans la voiture.*
     She always .... gloves in the car.

****

Eighty-ninth Lesson

Peeling an Onion...

1 – My analyst told me that our children were
     grown adults and could take care of
     themselves. **(1)(2)(3)(4)**

PRONUNCIATION
Pi-ili-ng e-n onie-n **1** ... dzèmsèlvz

NOTES

(1)   Rappel : *to tell* (passé *told*, participe passé *told*) =
        raconter, dire quelque chose à quelqu'un, alors que *to say*
        (*said / said*) = dire, tout simplement.

(2)   *Grown*, vous l'avez sans doute reconnu, est le participe
        passé de *to grow* (dont nous avons déjà parlé).
        Littéralement, "*grown adults*" sont "des adultes qui ont
        déjà poussé", donc des adultes à part entière, de "vrais"
        adultes en quelque sorte... Notez aussi *a grown-up* (une
        grande personne), pluriel : *grown-ups*.

(3)   *To care for, to care about* : s'inquiéter de, se soucier de...
        To take care of... : s'occuper de, prendre soin de... Notez
        également l'expression "*I don't care*" (Ça m'est égal) ou
        son contraire, "*I care*" (Ça ne m'est pas égal). Quant à
        "*Take care!*", que les gens disent souvent à leurs amis au
        moment de prendre congé, on peut tout simplement le
        traduire par "Salut !".

4   *Nous ne pourrons pas aller à Honolulu (en avion), à*
       moins que nous n'économisions beaucoup d'argent.
       We won't be able to ... .. Honolulu ...... we
       .... a lot of money.

Les mots qui manquent :
1 entitled to, free flight **2** forgot, suit **3** leaves her **4** fly to, unless,
save

Deuxième vague : Thirty-ninth Lesson

****

Quatre-vingt-neuvième leçon

En épluchant un oignon...

1 – Mon analyste m'a dit que nos enfants étaient
     de vrais adultes (des adultes poussés) et
     [qu'ils] pouvaient se débrouiller tout seuls.

NOTES (suite)

(4) *Themselves* (eux-mêmes, elles-mêmes) est le pluriel de
      himself (lui-même) et *herself* (elle-même). Rappelons les
      autres personnes : *myself* (moi-même) ; *yourself* (toi-
      même / vous-même) ; *ourselves* (nous-mêmes) ;
      yourselves (vous-mêmes).

2 – That sounds like sound advice. **(5)(6)**
3 – I still worry about them...
4 – Why are you crying? **(7)**
5 – I'm not crying. I'm peeling an onion, for goodness's sake! **(8)**
6 – Okay, you don't have to scream!
7 – My analyst said I should think of myself. Taking care of four kids for thirty years is enough! **(9)**

2 ... **sa**ou-ndz **laïk sa**ou-nd ed**vaïss**. **6** ... **skri**-im. **7** ... **i**nof

NOTES (suite)

(5) *A sound* : un son ; *to sound* signifie littéralement "sonner, résonner, retentir", mais on l'emploie très souvent dans le sens de "sembler, paraître, avoir l'air" ou encore "on dirait que" : *She sounds intelligent* (Elle a l'air intelligente) ; *He doesn't sound like someone who knows what he's saying* (Il ne donne pas l'impression d'être quelqu'un qui sait ce qu'il dit). Notez que l'emploi de *to sound*, dans ce contexte, sous-entend que la personne "semble" ou "paraît" suite à quelque chose qu'elle a dit ou que l'on a dit à son sujet. Synonyme plus général : *to seem*.

(6) L'adjectif *sound* équivaut à "sain", "en pleine santé", "robuste"... : *Sound in body and mind* (Sain de corps et d'esprit).

*****

Exercise

1 Were these carrots grown in your garden? **2** It sounds like your honeymoon wasn't too romantic... **3** For goodness's sake, don't walk on the carpet with your golf shoes, hon! **4** My analyst says it's healthy to scream. **5** I don't like to cry, so peel the onion yourself!

2 – C'est un avis qui me semble judicieux (Ça sonne comme un sain avis).

3 – Je m'inquiète encore pour eux...

4 – Pourquoi pleures-tu ?

5 – Je ne pleure pas. J'épluche un oignon, bon sang !

6 – Bon, bon, pas la peine de crier (D'accord, tu n'as pas besoin de crier) !

7 – Mon analyste a dit que je devrais penser à moi (à moi-même). S'occuper de quatre enfants pendant trente ans, ça suffit !

NOTES (suite)

(7) Rappel : *to cry* = pleurer ; *to scream* = crier, pousser des cris ; *to shout* = crier, parler très fort.

(8) *"For goodness's sake!"* est une interjection familière qui exprime l'impatience, l'exaspération, ou tout simplement une légère surprise. Expressions synonymes : *"Gosh!"* ou *"Golly!"*. On peut aussi dire *"For crying outloud!"* ou *"For Christ's sake!"*, ou encore *"Jesus!"* ou *"Christ!"* tout court – mais la mention de Jésus dans ce contexte n'est pas forcément appréciée de tout un chacun...

(9) *To think* : penser ; *to think of, to think about...* : penser à...

*****

Exercice

1 Est-ce que ces carottes ont poussé dans ton jardin ? 2 On dirait que votre lune de miel n'a pas été trop romantique... 3 Bon sang, ne marche pas sur le tapis avec tes chaussures de golf, chéri ! 4 Mon analyste dit que crier est bon pour la santé. 5 Je n'aime pas pleurer, alors épluche l'oignon toi-même !

Fill in the missing words

1   *Durant les vacances d'été, il s'occupe de leur chien.*
       During the summer vacation, he . . . .
       . . . . . dog.

2   *Tout lui est égal !*
       He . . . . anything!

3   *Je pense à toi tout le temps !*
       I . . . . you all the . . . . !

* *

Ninetieth Lesson

Adoption (1)

1 – Hello, may I speak with Mr. Watkins or
         Mr. Birnbaum, please?
2 – This is Mr. Watkins.
3 – Mr. Watkins, this is Mrs. Gillespie of the
         Sunshine Adoption Agency.
4 – Yes...
5 – I have good news for you and Mr.
         Birnbaum. Your request to adopt a child
         has been accepted by the State of
         California. **(2)**

PRONUNCIATION
Edopcheu-n **5** ... rikouèsst ...

NOTES

(1)   L'adoption, aux États-Unis, peut être chère et
       compliquée en ce sens que les lois varient d'un État à
       l'autre et qu'il n'existe pas d'administration supervisant
       les adoptions au niveau national. Pour adopter un enfant,
       on s'adresse donc à des agences et organismes privés, qui
       proposent toutes sortes de services liés à l'adoption... à
       des tarifs souvent faramineux et avec une qualité de
       service très inégale. Les lois sur la paternité varient

4   *Pourquoi les adultes sont-ils souvent si infantiles ?*
Why are . . . . . - . . . often . . childish?

Les mots qui manquent :
1 takes care of their **2** doesn't care about **3** think about, time
4 grown-ups, so

Deuxième vague : Fortieth Lesson

* *

Quatre-vingt-dixième leçon

Adoption

1 – Bonjour, pourrais-je parler à M. Watkins ou
M. Birnbaum, s'il vous plaît ?
2 – C'est M. Watkins [lui-même].
3 – M. Watkins, je suis (c'est) Mme Gillespie, de
l'agence d'adoption "Sunshine".
4 – Oui...
5 – J'ai de bonnes nouvelles pour vous et M.
Birnbaum. Votre demande d'adoption (pour
adopter un enfant) a été acceptée par l'État de
Californie.

NOTES (suite)

également d'un État à un autre, et il n'est pas rare de voir
apparaître un père inconnu qui, soudainement, souhaite
faire valoir ses droits. Dans notre dialogue, le thème de
l'adoption est traité sous un aspect particulier : un couple
homosexuel est autorisé à adopter un enfant. Bien qu'il
s'agisse là d'un cas assez rare, il est intéressant de savoir
qu'en Californie en particulier, l'adoption par des
couples homosexuels est possible.

(2) *A request* : une demande, une requête. *To request, to
make a request* : faire une demande. *Samples sent on
request* : échantillons (envoyés) sur demande. Attention,
en anglais, *a demand* est une exigence.

6 – That's great. I'm so happy I could cry!
Warren always wanted to be a father. **(3)(4)**

7 – Apparently, the State Adoption Board
thought that you'd be good parents.

8 – I hope so! **(5)**

9 – We think so, in any case. Congratulations
again. We'll be sending you some papers
to fill out and an affidavit for you and
Warren to sign. **(6)(7)(8)**

7 ... **bo**-ord **Zo**-ot ... 9 ... ko-ng-gratou**lè**ïcheu-nz ... affi**dè**ïvidt ...
tou **saï**n

NOTES (suite)

(3) Nous avons déjà vu *so* à diverses reprises... Dans cette
phrase, on peut le traduire par "si", "tellement". Nous en
reparlerons à la leçon 91.

(4) *To be **a** father / to be **a** doctor / to be **an** actor*, etc. Notez
bien qu'il faut toujours, au singulier, faire précéder le
nom de métier, de rôle ou d'occupation de l'article.

(5) Apprenez telles quelles les **réponses** : *I hope so* (J'espère /
Je l'espère) ; *I think so* (Je crois / Je le crois) ; *I suppose
so* (Je suppose). Les formes négatives sont : *I hope not*
(J'espère que non) ; *I don't think so* (Je ne crois pas) et *I
suppose not* ou *I don't suppose so* (Je ne pense pas).
Attention, ces tournures avec *so* ne s'emploient que
lorsqu'il s'agit de réponses ! Exemple : *Do you think she
will call me? – I hope so!* (Tu crois qu'elle va m'appeler ?
– Je l'espère !).

*****

Exercise
1 I hope they'll be able to adopt that child. I hope so too.
2 He made a strange request... He asked for a hotel room
with no windows! **3** Bring the affidavit, and your pet
gorilla will belong to the city zoo. **4** Mr. Smith got a fax
with good news. **5** Fill'er up, please!

6 – C'est super. Je suis si heureux que j'en
pleurerais (que je pourrais pleurer) ! Warren a
toujours voulu être (un) père.
7 – Apparemment, le Comité d'Adoption de
l'État a pensé que vous seriez de bons
parents.
8 – Je l'espère !
9 – Nous le pensons, en tout cas. Encore toutes
nos félicitations (Félicitations encore). Nous
allons vous envoyer quelques papiers à
remplir ainsi qu'une déclaration sous serment
que vous devrez signer, Warren et vous (pour
vous et Warren à signer).

NOTES (suite)

(6) *We'll be sending you...* Il s'agit ici du futur progressif,
temps employé pour parler d'un projet qui a déjà été
décidé (comme c'est le cas dans notre dialogue), ou
encore pour parler d'une action qui sera en train de se
dérouler à un moment du futur : *Tomorrow morning I'll
be surfing in Honolulu* (Demain matin je serai en train de
surfer à Honolulu). Revoyez également la leçon 42.

(7) *To fill* : remplir (un récipient), mais pour ce qui est de
remplir un formulaire, il faut employer *to fill in* ou *to fill
out* !

(8) *An affidavit* est un document légal que l'on doit signer
devant un juge ou un notaire : un document certifié, une
déclaration écrite sous serment.

*****

Exercice

1 J'espère qu'ils pourront adopter cet enfant. Je l'espère
aussi. 2 Il a fait une demande étrange... Il a demandé une
chambre d'hôtel sans fenêtres ! 3 Apportez le document
certifié, et votre gorille apprivoisé appartiendra au zoo de
la ville. 4 M. Smith a reçu un fax avec de bonnes
nouvelles. 5 Le plein, s'il vous plaît !

Fill in the missing words

1   *Il veut devenir médecin.*
       He .... become . ...

2   *Avant, elle était actrice puis elle a fait des études pour
       devenir pédiatre.*
       She ... . actress; then she studied . .
       .... pediatrician.

3   *Félicitations !*
       ....!

4   *Bonjour, pourrais-je parler à M. Simpson, s'il vous
       plaît ?*
       Hello, ... Mr. Simpson, please?

Les mots qui manquent :
1 wants to, a doctor **2** used to be an, to become a **3** Congratulations
4 may I speak with

FILL'ER UP, PLEASE !

Deuxième vague : Forty-first Lesson

Ninety-first Lesson
Quatre-vingt-onzième leçon

Révisions

Congratulations! *Vous avez fait d'énormes progrès, votre pratique de la "deuxième vague" doit vous le confirmer. Ne négligez pas cet aspect de votre apprentissage – il vous permet de réviser et de renforcer vos connaissances. Certains points grammaticaux par exemple, qui ont pu vous paraître difficiles à assimiler au départ, vous sembleront sans aucun doute beaucoup plus simples lorsque vous y reviendrez au moment de la deuxième vague.*

Quant à nos leçons de révision, elles s'allègent peu à peu, dans la mesure où nous avons pour ainsi dire fait le tour des bases de la grammaire. Votre vocabulaire s'est également beaucoup étoffé, et vous devriez maintenant être en mesure de commencer à lire des articles ou des nouvelles en anglais. N'hésitez pas, si vous en avez l'occasion, à aller voir des films américains en version originale – de préférence des classiques. Ainsi votre oreille pourra-t-elle s'entraîner à comprendre de véritables conversations...

1. So

Nous avons rencontré ce petit mot à maintes reprises, au fil des leçons. Vous savez déjà qu'il se traduit de diverses manières en français. Récapitulons.

• *So* + **adjectif ou adverbe = "tellement", "si", "aussi", "autant", "tant"**
   I'm so happy I could cry (Je suis si heureux que j'en pleurerais)
   You're so old-fashioned! (Tu es tellement / si vieux jeu !)
   Don't drive so fast! (Ne conduis pas aussi vite !)
   Don't eat so much! (Ne mange pas autant !)
   I love you so! (Je t'aime tant !)

• *Think so, hope so, suppose so* – **pour des réponses courtes**
> *Is Janet coming tonight? – I think so / I hope so / I suppose so* (Est-ce que Janet vient ce soir ? – Je crois / J'espère / Je suppose)

Rappel : la forme négative de ces réponses est *I don't think so / I hope not / I suppose not* ou *I don't suppose so.*

• **"Moi aussi", "toi aussi", etc.**
Nous l'avons vu à la leçon 28, paragraphe 2. Faites un petit retour en arrière, si votre mémoire flanche...
> *I'm very tired. – So am I.* (Je suis très fatigué. – Moi aussi.)
> *Peter loves me. – So does Rick.* (Peter m'aime. – Rick aussi.)

• *So that* : **"pour que", "afin que", "de telle manière que"**
> *He handed her a pen so that she could write* (Il lui passa un stylo pour qu'elle / afin qu'elle puisse écrire)
> *They tied him up so that he could not move* (Ils l'attachèrent de telle manière qu'il ne pouvait pas bouger)

• *So* : **"alors"**
> *So, what did she say?* (Alors, qu'est-ce qu'elle a dit ?)
> *You don't want to go to the opera? So let's go to the cinema!* (Tu ne veux pas aller à l'opéra ? Alors allons voir un film !)

• **Expressions diverses avec** *so*

– *So far* (jusque là, jusqu'à présent) : *Everything is going well so far* (Tout va bien jusqu'à présent)
– *So long!* (Salut !)
– *So there!* (Et toc !)
– *So what?* (Et alors ? / Et après ?)

Il existe encore d'autres acceptions de *so*, mais nous avons passé en revue les plus courantes.

Cette courte leçon de révision vous laissera, nous l'espérons, un peu de temps pour vous plonger dans quelque texte en anglais...

Deuxième vague : Forty-second Lesson

Ninety-Second Lesson

The Prom (1)

1 – I gave him my word, Mom. I have to be able to go with him to the prom next Saturday. And that's that! **(2)(3)(4)**

2 – Over my dead body, little girl! Your father and I told you we don't approve of you riding on the back of a Harley-Davidson with that weirdo. **(5)(6)**

PRONUNCIATION
2 oveu **maï** dèd **bo**di… e**prou**ve… **raï**di-ng… **ouir**doo.

NOTES

(1) En juin, à la fin de l'année scolaire, les lycées de la plupart des villes étasuniennes organisent deux bals très officiels : le *Junior Prom* (pour les élèves en *junior* ou *11th grade*, l'avant-dernière année du lycée) et le *Senior Prom* (pour les élèves de dernière année). Pour les lycéens, l'importance sociale de ces bals est colossale. Cette soirée-là, bien des histoires d'amour commencent et bien des cœurs se brisent… Les filles attendent généralement d'y être invitées en bonne et due forme par un cavalier, mais certaines rompent la tradition et inversent les rôles. Les garçons louent des smokings et les filles achètent des robes longues. Le bal se termine tard dans la nuit, mais les jeunes ne se quittent qu'à l'aube, souvent après avoir fait toutes sortes de "bêtises".

(2) Revoyons les pronoms personnels compléments : *me* (me, moi) ; *you* (te, toi) ; *him / her / it* (le / la, lui, elle) ; *us* (nous) ; *you* (vous) ; *them* (les, leur, eux). Pour de plus amples explications, rendez-vous à la leçon 98.

Quatre-vingt-douzième leçon

Le bal de fin d'année

1 – Je lui ai donné ma parole, Maman. Il faut que je puisse aller avec lui au bal de fin d'année, samedi prochain. Un point c'est tout !

2 – Jamais de la vie, ma petite fille ! Ton père et moi, nous t'avons dit que nous ne voulons pas (n'approuvons pas) que tu montes sur (le dos d') une Harley Davidson avec cet hurluberlu.

NOTES (suite)

(3) *I have to be able to go.* Décorticons rapidement cette intéressante suite de verbes : *I have to* (je dois) + *be able to* (pouvoir) + *go* (aller) – Je dois pouvoir aller *ou* Il faut que je puisse aller… Facile, n'est-ce pas ?

(4) *And that's that!* est une expression que l'on peut traduire par "Et c'est tout !", "Un point c'est tout", "Point final", etc. On peut aussi dire *"That's final"*, ou *"No discussion"*.

(5) *Over my dead body!*, littéralement "Par-dessus mon corps mort", a en fait divers équivalents en français. Suivant la force que l'on veut donner à cette expression, on pourra la traduire par "Il faudra me passer sur le corps !" – peut-être un peu trop dramatique dans le contexte de notre dialogue –, ou encore par "Jamais de la vie !", "Il n'en est pas question !"…

(6) *A weirdo* (ou *a wacko*, *a crackpot*) est un "spécimen", un farfelu, un hurluberlu. L'adjectif correspondant est *weird* (étrange, bizarre…) : *Last night, I heard a weird noise coming from the attic* (La nuit dernière, j'ai entendu un bruit bizarre qui venait du grenier)…

3 – But you drove cross country with Dad in a beat-up van in the sixties when you were only twenty! Did Grandma and Grandpa agree to it? I seriously doubt it. If I did that you'd flip out! **(7)(8)(9)(10)(11)**

4 – That was different, Pam. I lied to them. I told them I was traveling with my cousin Trudy and her German shepherd, Max. Plus, the times were different… **(12)**

3… kross **ko-n**tri… **bi**id-eup vèa-n… **grè**a-nma… **grè**a-npa… sirieussli **da**ot… **4**… **di**ffre-nt…

NOTES (suite)

(7) Un peu de vocabulaire… *To go cross country* : traverser le pays ; *to drive cross country* : traverser le pays en voiture. *Cross-country skiing* : ski de fond. *To cross* : traverser, croiser. *A cross* : une croix. *A crossing* : un croisement. *Crossroads* : carrefour. *Crosswords* ou *crossword puzzle* : mots croisés.

(8) Et encore un peu de vocabulaire … *To beat* : battre (quelqu'un, une équipe, des œufs…). *To beat up* : tabasser. En tant qu'adjectif, *beat-up* signifie "bousillé, cassé, abîmé", etc. Quant à l'expression argotique *"Beat it!"*, vous la traduirez par "Fichez le camp !". Et pour finir, rappelons que *a beat* est un rythme, un battement – *the heartbeat* (prononcez "**Ha**artbiit") : le battement du cœur.

(9) *To agree* : être d'accord. *To agree with someone* : être d'accord avec quelqu'un. *To agree to something* : être d'accord avec, convenir de, approuver quelque chose. *My mother doesn't agree with me* (Ma mère n'est pas d'accord avec moi) ; *I think he's weird. – I agree / I agree with you* (Je le trouve bizarre. – Je suis d'accord / Je suis d'accord avec toi) ; *They agreed to pay for the damage to my car* (Ils ont accepté de payer les dommages (sur) [occasionnés à] ma voiture).

3 – Mais toi, tu as [bien] traversé [tout] le pays avec Papa dans un mini-bus tout cabossé, dans les années 60, alors que vous n'aviez que vingt ans ! Est-ce que Grand-mère et Grand-père étaient d'accord ? J'en doute sérieusement. Si moi je faisais ça, vous deviendriez fous !

4 – C'était différent, Pam. Je leur ai menti. Je leur ai dit que je voyageais avec ma cousine Trudy et son berger allemand, Max. Et puis, c'était une autre époque…

NOTES (suite)

(10) *To doubt* : douter, douter de. Ce verbe facile à reconnaître pour les francophones est très usité en anglais. Quelques exemples : *Do you think Rocky will win the race? – I doubt it!* (Est-ce que tu crois que Rocky va gagner la course ? – J'en doute ! / Ça m'étonnerait !) ; *They doubted my honesty* (Ils doutaient de mon honnêteté)… Mais attention, *to doubt* ne peut pas s'employer pour "se douter de" ! Nous en reparlerons à la leçon 98.

(11) Dans les pays non anglophones, le verbe *to flip* (agiter, secouer) est surtout connu au sens figuré. Dans de nombreuses langues, il est même passé tel quel dans le langage populaire des jeunes, avec "flipper", "flippant", etc. Ainsi, la phrase *"They flipped* (ou *they flipped out) when she told them that she was driving cross country with him"* pourra tout simplement se traduire par "Ils ont flippé (*ou* ils ont complètement flippé) quand elle leur a dit qu'elle allait traverser le pays en voiture avec lui". Autres équivalents en français : devenir fou, être complètement angoissé, déprimé, secoué, remué… Notez aussi que *to flip* peut signifier "jouer à pile ou face" : *Let's flip!* (Jouons à pile ou face).

(12) *Plus*, rappelons-le, se traduit par "plus" (*One plus two equals three* = Un plus deux égale trois), mais aussi par "de plus", "et en plus", "qui plus est", etc.

5 – Guess what mom? I'm going to the prom
with my girlfriend Anne and her pet
shark, Batman. And we'll be chaperoned
by the Green Beret. **(13)**
6 – Pam, I trust you. Don't do it! **(14)**

5... tchèïpre-nd...

NOTES (suite)

(13) *"Guess what?"* équivaut très exactement à "Tu sais
quoi ?". *To guess* signifie deviner, penser, imaginer,
supposer : *Guess where we're going tonight!* (Devine où
nous allons ce soir !) ; *I guess we're going to a good
restaurant* (Je pense / J'imagine / Je suppose que nous
allons dans un bon restaurant)... Apprenez également
tels quels *"I guess not!"* (Je ne crois pas !),*"I guess so!"*
(Je suppose !) et *"Take a guess!"* (Devine !).

(14) *To trust someone* ou *to have trust in someone* : avoir
confiance en quelqu'un.

*****

Exercise
1 Your uncle and aunt don't approve of pre-marital sex.
2 She gave her girlfriend Anne her word. **3** I don't trust
you! **4** My mother agrees with me that I should invite
Harry to the prom. **5** I doubt the Bulls will win the
championship this season.

Exercice
1 Ton oncle et ta tante n'approuvent pas les rapports
sexuels avant le mariage. **2** Elle a donné sa parole à son
amie Anne. **3** Je n'ai pas confiance en toi ! **4** Ma mère est
d'accord avec moi [sur le fait] que je devrais inviter Harry
au bal de fin d'année. **5** Je ne crois pas que / Je doute [du
fait que] les Bulls vont gagner le championnat cette saison.

5 – Tu sais quoi, Maman ? Je vais au bal de fin
    d'année avec ma copine Anne et son requin
    domestique, Batman. Et nous serons
    chaperonnées par le Béret Vert.

6 – Pam, j'ai confiance en toi. Ne le fais pas !

Fill in the missing words

1   *Il faut qu'elle puisse dormir* ou *Elle doit pouvoir*
      dormir.
      She . . . . ou
      She . . . .

2   *Il m'a donné sa parole.*
      He . . . . word.

3   *Elles nous ont prêté un mini-bus.*
      . . . . lent . . a . . . .

4   *Es-tu d'accord avec moi ?*
      Do . . . . with me?

Les mots qui manquent :
1 has to be able to sleep / must be able to sleep. **2** gave me his
3 They, us, van. **4** you agree

Deuxième vague : Forty-third Lesson

Ninety-Third Lesson

Recipe: Brenda's Famous Omelet

1 Beat three fresh eggs in a bowl with a
   whisk. Add a pinch of salt and a dash of
   milk or light cream. **(1)(2)**

2 Grate two ounces of cheddar cheese and
   dice half a ripe tomato. Chop a small
   onion and a quarter of a green pepper.
   (3)(4)(5)

PRONUNCIATION
rèssipii ... **2 grèït**... **a**o-nssiz ov **tchè**dde-r **tchi**iz...

NOTES

(1) *A whisk* est un fouet de cuisine, à ne pas confondre avec
l'instrument de torture qu'est le *whip*, et bien que la
crème fouettée se dise *whipped cream* ! Quelques autres
ustensiles de cuisine : *a ladle* (prononcez "**lè**ïdel" – une
louche) ; *a rolling pin* (un rouleau à pâtisserie) ; *a
colander* (une grande passoire) ; *a strainer* (une petite
passoire) ; et bien sûr *a knife* (pron. "**naï**f" – un couteau) ;
a butter knife (un couteau à beurre) ; *a steak knife* (un
couteau à steak) ; *a fork* (une fourchette) ; *a spoon* (une
cuiller) ; *a teaspoon* (une cuiller à café) ; *a tablespoon* / *a
soup spoon* (une cuiller à soupe) ; *a serving spoon* (une
cuiller pour le service) ; *a spoonful of...* (une cuillerée de).

(2) *A pinch*, en termes de cuisine, est une pincée, un soupçon
de... Synonyme : *a dash, a touch of. A dab*, que vous
rencontrerez à la phrase 3, est une noisette (de beurre), un
petit morceau, bref une toute petite quantité...

(3) En termes de cuisine toujours, *to grate* signifie "râper".
Notez également l'expression *"to grate on someone's
nerves"* (taper sur les nerfs de quelqu'un).

Quatre-vingt-treizième leçon

Recette : La célèbre omelette de Brenda

1 Battez trois œufs frais dans un bol, avec un fouet. Ajoutez une pincée de sel et un soupçon de lait ou de crème allégée.

2 Rapez deux onces (60 grs) de cheddar (cheddar fromage) et coupez une demi-tomate mûre en dés. Hachez un petit oignon et le quart d'un poivron vert.

BEAT NINE EGGS INTO A BOWL WITH A WHISK.

NOTES (suite)

(4) *To dice* : couper en dés (rappel : *a dice* = un dé) ; *to chop* : hacher (*a chop* = une côtelette) ; *to slice* ou *to cut in slices* (couper en tranches, en rondelles).

(5) Rappel. *A quarter* : un quart ; *a half* : une moitié. *Half* s'emploie aussi dans le sens de "demi". Attention, dans ce cas on dit *"half a"* : *half an hour* (une demi-heure), *half a pound* (une demi-livre). "Et demi" se dit *"and a half"* : *an hour and a half* ou *one and a half hour* (une heure et demie).

3   Melt a dab of butter in a frying pan and when it's hot pour in the egg mixture. Stir for a few seconds and then add the cheese, tomato, onion, and green pepper. **(6)(7)(8)(9)(10)**

4   Cook over a high flame for two to three minutes and then flip the omelet. Careful not to break it. **(11)**

5   Turn off the stove and leave the omelet in the pan for another minute. **(12)**

6   Sprinkle on a bit of black pepper and garnish the dish with sprigs of fresh parsley. **(13)(14)(15)**

7   Serve immediately with lightly buttered toast. **(16)**

3… fraïn-g pèa-n… pour… **mix**tcheur. steur…   **6 spri-n**kel… **par**sli. **7** seurv im**mi**dietli… **beud**deurd…

NOTES (suite)

(6)   *To melt* : fondre, faire fondre.

(7)   Encore un peu de vocabulaire de cuisine : *pots and pans* (batterie de cuisine) ; *a frying pan* (une poêle à frire ou sauteuse) ; *a skillet* (une poêle peu profonde, style poêle à crêpes) ; *a pot / a pan* (une casserole) ; *a cover* (un couvercle) ; *a pressure cooker* (une "cocotte minute") ; *a kettle* (une bouilloire) ; *a cake mold* (un moule à gâteau) ; *a pie plate* (une tourtière).

(8)   *To pour* : "verser", mais aussi "pleuvoir à verse".

(9)   *To stir* : remuer, mélanger. *To stir in*, en termes de cuisine, implique que l'on incorpore un ingrédient à un autre en les mélangeant. Le verbe *to stir* s'emploie aussi au sens figuré : *They were stirred by her speech* (Ils ont été remués par son discours).

(10)   *To add*, ajouter. *To add up* : additionner. *Addition* (addition, comme en français). Attention, pour l'addition dans un restaurant, on dit *the check* ou *the bill*. D'autre part, sachez que soustraire se dit *to subtract* ; multiplier, *to multiply* ; diviser, *to divide*.

3   Faites fondre (fondez) une noisette de beurre
dans une poêle à frire et, lorsqu'elle est [bien]
chaude, versez[-y] les œufs (la mixture d'œuf).
Remuez quelques secondes et ensuite ajoutez le
fromage, la tomate, l'oignon et le poivron vert.

4   Faites cuire à feu vif (Cuisez sur une haute
flamme) durant deux à trois minutes et retournez
l'omelette. Attention à ne pas la casser.

5   Éteignez le feu et laissez l'omelette dans la
poêle encore une minute (durant une autre
minute).

6   Ajoutez (saupoudrez) un peu de poivre gris
(noir) et garnissez le plat de brins de persil frais.

7   Servez immédiatement avec des toasts
légèrement beurrés.

NOTES (suite)

(11)   *To cook* : cuire, faire cuire ; *to bake* (cuire au four) ; *to broil* (mettre sous le grill du four, gratiner) ; *to boil* (faire bouillir) ; *to fry* (faire frire) ; *to sauté* (faire sauter) ; *to brown* (faire revenir) ; *to pan fry* (faire frire) ; *to deep fry* (faire frire dans une friteuse).
Remarquez, dans cette même phrase, *"flip the omelet"* (retournez l'omelette).

(12)   *To turn off*, rappelons-le, signifie éteindre, fermer (l'électricité, le gaz, la lumière…). *To turn on* est son contraire.

(13)   *To sprinkle* : asperger, saupoudrer… deux termes qui, en français, ne conviennent pas pour le poivre, raison pour laquelle nous avons traduit ce verbe par "ajouter".

(14)   *To garnish (with)* : garnir, orner… *A garnishing* : une garniture.

(15)   *A sprig* : un brin, une brindille, une petite branche. Et pour terminer cette leçon de cuisine, ajoutons quelques herbes aromatiques *(herbs)* : *thyme* (thym) ; *rosemary* (romarin) ; *oregano* (origan) ; *tarragon* (estragon) ; *dill* (aneth) ; *mint* (menthe) ; *chives* (ciboulette) ; *basil* (basilic).

(16)   *Toast* : pain (généralement pain de mie) grillé. *To toast* : faire griller (du pain).

Leçon 93

Exercise

1 Beat nine eggs into a bowl with a whisk. **2** I don't know how to cook, but I can turn on and off the stove. **3** Serve the steaks with baked potatoes and chives. **4** Stir the soup every half a minute. **5** I'll have two and a half chickens to go, please.

Notes personnelles :

Exercice

1 Battez neuf œufs dans un bol avec un fouet. **2** Je ne sais pas faire la cuisine, mais je peux allumer et éteindre la cuisinière. **3** Servez les steaks avec des pommes de terre au four et de la ciboulette. **4** Remuez la soupe toutes les demi-minutes. **5** Je prendrai deux poulets et demi à emporter, s'il vous plaît.

Fill in the missing words

1   *Verse-moi un peu plus de café, s'il te plaît.*
     . . . . more coffee, please.

2   *Garçon, il y a une erreur dans l'addition. Je n'ai bu que de l'eau.*
     Waiter, ... error on the . . . .
     (ou . . . . .). I only . . . . . water.

3   *Attention, la cuisinière est très chaude !*
     . . . . , the . . . . . is very hot!

4   *Je voudrais la moitié d'une orange et le quart d'un citron.*
     I'd like . . . . orange and . . . .
     lemon.

5   *Une demi-orange et un citron et demi.*
     . . . . orange and one and . . . . . lemon.

Les mots qui manquent :
1 Pour me some **2** there is an, bill (check), drank **3** Careful, stove **4** a half of an, a quarter of a **5** Half an, a half

Deuxième vague : Forty-fourth Lesson

Leçon 93

Ninety-fourth Lesson

Listen to Me (1)

1 Good morning Ladies and Gentlemen.
My name is William H. Bridges and I
know you've come here this morning to
learn more about the "Ten Steps to
Building Better Bridges in Your
Relationships at Home and Work." But in
fact it is you, the participants, who are
really going to teach this seminar! **(2)(3)**

2 Half of you already know the answers,
whereas the other half of you know
precisely what are the right questions to
ask. So, if you're ready, let's begin. Let's
get the show on the road! **(4)(5)(6)**

PRONUNCIATION
lisse-n **1**... **bildi-ng**... **brid**jiz i-n yor rilèïche-nchips... **sèminaar**
2 ouèr-èaz... prissaïssli...

NOTES

(1) Ce dialogue traite de la différence entre *to listen* (écouter,
acte volontaire) et *to hear* (entendre, acte passif). Écouter
quelque chose ou quelqu'un se dit *to listen to something
or someone*.

(2) *To learn* : apprendre, dans le sens de "recevoir un
savoir". *To teach* : enseigner, dans le sens de "transmettre
un savoir". Contrairement au français, où ces deux
verbes peuvent se traduire par "apprendre", *to learn* et *to
teach* ne sont pas interchangeables. Attention, donc :
Teach me how to make brownies! (Apprends-moi à faire
des brownies !) ne peut pas être remplacé par "*learn me*",
qui serait parfaitement incorrect !

Quatre-vingt-quatorzième leçon

Écoutez-moi

1 Bonjour, Mesdames et Messieurs. Je m'appelle William H. Bridges et je sais que vous êtes venus ici ce matin pour [en] apprendre davantage sur les "Dix étapes pour construire de meilleurs ponts dans vos relations à la maison et au travail". Mais en fait c'est vous, les participants, qui allez réellement enseigner [dans] ce séminaire !

2 La moitié d'entre vous connaît déjà les réponses, alors que l'autre moitié d'entre vous sait précisément quelles sont les bonnes questions à poser. Alors, si vous êtes prêts, commençons. Allons-y !

NOTES (suite)

(3) Notez bien la prononciation de *bridges* (**bri**djiz) et sachez qu'en règle générale, après les sons "s", "ch", "tch", "z" et "dj", le pluriel en *-es* se prononce "iz". Quelques exemples : *bus – buses* (**beu**ssiz) ; *brush – brushes* (**breu**chiz) ; *match – matches* (**mat**chiz) ; *rose – roses* (**ro**ziz) ; *garage – garages* (gue**ra**jiz)… *A step* est un pas ou une marche d'escalier et, au sens figuré, une étape ou une démarche.

(4) *Half of you* : la moitié d'entre vous. Remarquez que, dans ce cas, l'anglais ne prend pas d'article. Apprenez également : *"half the battle"* (la moitié de la bataille, la moitié du chemin) ; *half-time* (mi-temps) ; *half and half* (moitié-moitié) ; *"half a second"* ("une minute", "juste un instant") ; *half brother* (demi-frère) ; *half fare / half price* (demi-tarif).

(5) *Whereas* : alors que, tandis que.

(6) *"Let's get the show on the road!"* est une expression imagée qui signifie "Allons-y !", "En avant!", "C'est parti !".

3 The first step is very simple, but it's one that you're likely to forget unless you repeat it to yourself five times a day starting right now. **(7)(8)**

4 It's not good enough to <u>hear</u> someone. In order to maintain a quality relationship you have to <u>listen</u>. **(9)**

5 And after you have listened carefully, you have to be able to act accordingly. **(10)**

6 For example, your wife tells you that she is not pleased that you have cancelled the family vacation to Mexico because of too much work. Does that sound familiar? You're not alone. **(11)**

7 What is she really saying? And what are you going to do about it? **(12)**

4… mëïn**tè**ïn…

NOTES (suite)

(7) *Likely* (*to be likely to*) exprime une probabilité : *They are likely to come* (Ils viendront probablement / Il y a des chances qu'ils viennent) ; *You are likely to forget* (Il y a des chances que vous oubliiez / Vous êtes susceptible d'oublier / Il est probable que vous oubliiez…). Notez également *most likely* (vraisemblablement, très probablement) et *unlikely* (peu probable).

(8) *Unless*, rappelons-le, signifie "à moins que", "sauf si". Les phrases avec *unless* se construisent toujours avec un verbe affirmatif, contrairement au français.

(9) *In order to* : pour, afin de, de manière à…

3 La première étape est très simple, mais c'[en] est une que vous êtes susceptibles d'oublier, à moins que vous [ne] vous la répétiez (à vous-même) cinq fois par jour en commençant dès maintenant.

4 Il ne suffit pas (Il n'est pas assez bon) d'<u>entendre</u> quelqu'un. Pour maintenir une relation de qualité, vous devez <u>écouter</u>.

5 Et après avoir écouté attentivement, vous devez être capables d'agir en conséquence.

6 Par exemple [si] votre femme vous dit qu'elle n'est pas contente [du fait] que vous ayez (avez) annulé les vacances de la famille au Mexique parce que vous avez trop de travail (à cause de trop de travail). Ça vous rappelle quelque chose (Ça sonne familier) ? Vous n'êtes pas [le] seul.

7 Qu'est-elle vraiment en train de dire ? Et comment allez-vous réagir (qu'allez-vous faire à ce sujet) ?

NOTES (suite)

(10) *Carefully* (avec attention, soigneusement, attentivement, prudemment). *Accordingly* (en conséquence). Remarquez que de très nombreux adverbes se terminent en *-ly*.

(11) Rappel : *to sound* se réfère à un son ou encore à des paroles alors que *to look* se réfère à quelque chose de visuel. Le français est plus pauvre en la matière et traduirait de la même manière *"It sounds familiar to me"* et *"It looks familiar to me,"* etc. (Ça me dit quelque chose / Ça me rappelle quelque chose, etc.). Notez par ailleurs, dans cette phrase, l'orthographe du mot *example* (avec un *a* et non un *e*).

(12) *To do something about it (something)*, littéralement "faire quelque chose au sujet de quelque chose", donc réagir à quelque chose, agir suite à quelque chose.

Exercise

1 Five steps to making more money. **2** If you listen to your partner, you have already won half the battle. **3** To surf in the Gulf of Mexico sounds like a great idea. **4** What are you going to do about the broken window? **5** Teach me how to speak Spanish, Carlos; I'm going to Puerto Rico!

Notes personnelles :

Exercice

1 Cinq étapes pour gagner davantage (faire plus) d'argent.
2 Si vous écoutez votre partenaire, vous avez déjà gagné la moitié de la bataille. **3** Surfer dans le Golfe du Mexique semble être une très bonne idée. **4** Qu'est-ce que tu vas faire au sujet de la fenêtre cassée ? **5** Apprends-moi à parler espagnol, Carlos ; je vais à Porto Rico !

Fill in the missing words

1   *Peux-tu m'apprendre à nager ?*
         Can you . . . . . me how to . . . . ?

2   *As-tu appris le chinois au lycée ?*
         Did you . . . . . Chinese in . . . . ?

3   *Son visage (à elle) me dit quelque chose.*
         . . . face . . . . me.

4   *Cette musique leur dit quelque chose.*
         This music . . . .

Les mots qui manquent :
1 teach, swim **2** learn, high school **3** Her, looks familiar to
4 sounds familiar to them.

Deuxième vague : Forty-fifth Lesson

Leçon 94

Ninety-fifth Lesson

Cousins (1)

1 – Mr. Kotimbu, I'm an investment banker. How can I help you?
2 – I'm in Detroit for two weeks doing research for my doctoral thesis at the University of Lagos in Nigeria. I'm tracing my African ancestral roots backwards and I have reason to believe we're cousins. **(2)(3)(4)**

PRONUNCIATION
kozi-nz 2 ... di**tro**ït ... **Z**ississ ... l**èï**goss ... na**ïdj**iria ...

NOTES

(1) Rappel : en anglais, "cousin" et "cousine" se disent tous deux *cousin*. Les cousins germains sont des *first cousins*, alors que des cousins plus éloignés, tels par exemple les enfants de vos grands-oncles et grandes-tantes, sont des *cousins once removed*.

(2) Comme vous le savez, il y a deux verbes "faire" en anglais : *to do* et *to make*. Le premier s'emploie pour parler d'une activité imprécise, d'un travail, alors que le second s'emploie plutôt dans le sens de "fabriquer", "créer quelque chose" : *What do you want to do ?* (Qu'est-ce que tu veux faire ? activité imprécise) ; *She's doing her homework* – Elle fait ses devoirs – idée de "travail") ; *He made her a big chocolate cake* (Il lui a fait un gros gâteau au chocolat – idée de création / construction). À la leçon 98, nous vous donnerons une petite liste d'expressions courantes avec *to do* et *to make*.

Quatre-vingt-quinzième leçon

Cousins

1 – Monsieur Kotimbu, je suis conseiller
   financier (banquier d'investissement). Que
   puis-je faire pour vous aider ?
2 – Je suis à Détroit durant deux semaines, pour
   faire un travail de recherche pour ma thèse de
   doctorat à l'université de Lagos, au Nigeria.
   Je suis en train de rechercher (remonter) mes
   racines ancestrales africaines, et j'ai des
   raisons de penser que nous sommes cousins.

NOTES (suite)

(3) Rappel : *On dit I am / I live / I work*, etc. *in Canada / **in**
   France /**in** the United States, **in** Paris, **in** Vermont*, etc.
   (Je suis / Je vis / Je travaille, etc. au Canada / en France /
   aux États-Unis, à Paris, dans le Vermont, etc.). Et
   lorsqu'il y a déplacement, mouvement vers un lieu, on
   emploie **to** : *I'm going **to** Canada, **to** France, **to** the
   United States, **to** Paris, **to** Vermont*).

(4) *To trace* : "tracer" (un plan), mais aussi "suivre la piste"
   (d'un animal, par exemple), ou encore "suivre",
   "remonter", "faire remonter" – *He traces his family back
   to the sixteenth century* (Il fait remonter sa famille au
   seizième siècle).

3 – Mr. Kotimbu, let me get that straight. You think I, George Jackson of Detroit, Michigan, am related to you because I'm black and you're black. **(5)(6)(7)**

4 – What do you think your family name was before Mr. Jackson of Macon, Georgia bought your great great grandfather in the 1840s?

5 – Don't tell me it was Kotimbu. How would you know, anyway?

6 – Look at these documents, Mr. Jackson. **(8)**

7 – ... Now that you mention it, I do see a bit of a resemblance around the eyes. Wait till I tell my kids that we're Nigerian! **(9)(10)**

4 ... **djor**djia ... **èïtii-n-for**tiz 7 ... ri**zè-m**ble-nss ... naï**dj**irie-n

NOTES (suite)

(5) Nous avons déjà rencontré "*straight*" à maintes reprises. "*To get something straight*" signifie "comprendre clairement".

(6) Il n'est pas toujours facile de s'y retrouver dans un pays aussi immense que les États-Unis. Pour rendre les choses plus simples à leurs interlocuteurs, les Étasuniens ont pris l'habitude de citer les noms de villes en les faisant suivre du nom de l'État dans lequel elles se situent (*Detroit, Michigan ; Macon, Georgia*, etc.)
Pour mémoire, rappelons que Détroit est la plus grande ville du Michigan, la capitale mondiale de l'industrie automobile et siège des célèbres "Motown Records".

(7) "*To be related to someone*" c'est être de la même famille. On l'emploie aussi au sens figuré, pour dire qu'il y a un rapport entre une chose et une autre.
Rappelons qu'un parent, au sens large, se dit *a relative*.

*****

Exercise

1 I'm doing research on my family roots in Norway. **2** Detroit is the automobile capital of the world. **3** Look at these photos of your friends at the prom. **4** Mr. Jackson's great grandfather was a ballet teacher. **5** The accident was related to drugs.

3 – Monsieur Kotimbu, laissez-moi comprendre.
Vous pensez que moi, George Jackson de Detroit
dans le Michigan, j'ai des liens de parenté avec
vous parce que je suis Noir et que vous êtes Noir.

4 – Selon vous, quel était votre nom de famille
(Que pensez-vous votre nom de famille était)
avant que monsieur Jackson de Macon en
Georgie n'achète votre arrière-arrière-grand-
père, dans les [années] 1840 ?

5 – Ne me dites pas que c'était Kotimbu.
Comment le sauriez-vous, de toute manière ?

6 – Regardez ces documents, Monsieur Jackson.

7 – ... Maintenant que vous en parlez, je vois en
effet une petite ressemblance autour des yeux.
Attendez que je dise à mes enfants que nous
sommes Nigérians !

NOTES (suite)

(8) Rappel : "regarder quelque chose" se dit *to look at
something* – *Look at me !* (Regarde-moi !) *Look at those
flowers!* (Regarde ces fleurs !)...
Attention, pour dire "Regarde !" tout simplement,
"*Look*" suffit.
Il existe un deuxième verbe "regarder" : *to watch*. Celui-ci
s'emploie dans le sens d'observer, regarder pour voir ce qui
se passe, surveiller : *Can you watch the kids while I make
dinner?* (Est-ce que tu peux surveiller les enfants pendant
que je prépare le dîner ?) ; *Can you watch the baby while I
go to the store ?* (Peux-tu surveiller le bébé pendant que je
vais au magasin ?) ; *They watched the basketball game on
television* (Ils ont regardé le match (jeu) de basketball à la
télévision) ; *Watch out!* (Fais attention !)

(9) Dans *I do see*, *do* exprime une insistance : "je vois en effet".

(10) *Till* est synonyme de *until*.

*****

Exercice

1 Je fais des recherches sur mes racines familiales en
Norvège. **2** Détroit est la capitale mondiale de l'automobile.
3 Regarde ces photos de tes amis au bal de fin d'année du
lycée. **4** L'arrière-grand-père de M. Jackson était maître de
ballet. **5** L'accident avait un rapport avec la drogue.

433

Fill in the missing words

1   *Mes cousines ont de la famille à Détroit.*
    My .... have .... Detroit.

2   *Qu'est-ce que tu fais ? – Je fais des brownies.*
    What ... you ..... ? – I'm ...... brownies.

3   *Nous avons regardé (observé) les oiseaux s'envoler.*
    We .... the ..... fly away.

****

Ninety-sixth Lesson

Dear Mr. Jones

1   **Great Desserts, Inc.**
    801 Lakeshore Avenue
    Chicago, Illinois 60541
    Tel: (408) 321-5000 Fax: (408) 321-1234
    E-mail: rbailey@greatdesserts.com (1)

2   Mr. Benjamin Jones
    618 Tremont St., Apt. 4B
    Boston, MA 02317

PRONUNCIATION
1 grèït di**zeurtss** i-nk èïdo-oua-**n** lèïkchore aveniou chikago ilinoï sixofaïv fo-or oua-**n** tèleufo-ou-n fo-or-oo-èït Zri-tou-oua-**n**-faïv **Za**ouze-nd fax ... oua-**n**-tou-Zri-for imèïl ar **bè**ïli at grèït di**zeurtss** dott kom **2** ... **bos**te-n **ma**-ass*

* *Les abréviations postales des noms d'États s'écrivent habituellement en deux lettres (majuscules). Notez ici que l'on dit généralement "Mass", pour "Massachusetts", bien que l'abréviation soit "MA".*

4   *Ils ont dansé jusqu'à l'aube.*
They .... dawn.

Les mots qui manquent :
1 cousins, relatives in **2** are, doing, making **3** watched, birds
4 danced till

Deuxième vague : Forty-sixth Lesson

****
Quatre-vingt-seizième leçon

Cher Monsieur Jones

1   **Great Desserts, Inc.**
801 Lakeshore Avenue
Chicago, Illinois 60541
Tel: (408) 321-5000 Fax: (408) 321-1234
E-mail: rbailey@greatdesserts.com

2   Mr. Benjamin Jones
618 Tremont St., Apt. 4B
Boston, MA 02317

NOTES

(1)   Les courriers professionnels peuvent se présenter de deux manières : ou bien toutes les lignes sont alignées au même niveau à gauche – auquel cas on laisse un interligne supplémentaire entre chaque paragraphe –, ou bien on fait débuter chaque paragraphe cinq caractères plus à droite et, dans ce cas, inutile de sauter une ligne entre les divers paragraphes. Remarquez que le code postal (*zip code*) s'inscrit à droite du nom de l'État. La plupart des sociétés indiquent leur adresse e-mail dans leur en-tête.

3 Dear Mr. Jones: **(2)**
Thank you for sending us your résumé for
the position in our advertising department.
As per our telephone conversation of April
15, 2004, I am enclosing a copy of the latest
issue of *Great Desserts*, the leading
magazine on the world's best desserts, which
we publish monthly. **(3)(4)(5)(6)(7)(8)**

4 In your letter you mentioned your
commitment to advertising sales and in
this spirit I am sure you'll find the
enclosed information useful in helping
you understand better our company's
commercial opportunities. **(9)(10)**

3... résoumé...

NOTES (suite)

(2) Même lorsqu'on ne connaît pas encore le personne à
laquelle on adresse un courrier, on commence toujours
par *"Dear Mr. ... / Dear Ms. ..."* (Cher Monsieur ... /
Chère Madame ...) – *"Ms."* est la contraction qui
remplace aussi bien *"Miss"* que *"Mrs"*, le sexisme étant
très mal vu, en particulier en milieu professionnel !

(3) Les Étasuniens font très attention à rendre leur CV
(*résumé*) aussi impressionnant que possible : Il s'agit de
faire preuve à la fois de professionnalisme et d'originalité.
Ainsi est-il tout à fait habituel d'indiquer dans son CV ses
"hobbies", ses principaux centres d'intérêt et toutes les
expériences sortant quelque peu de l'ordinaire que l'on a
pu vivre. L'évaluation d'un CV se fait tant au niveau du
caractère et de la personnalité de la personne qui l'a rédigé
qu'au niveau de ses qualifications professionnelles.

(4) Le mot anglais *position* peut se traduire par "position" en
français (*What's his position on the death penalty* ? :
Quelle est sa position sur la peine de mort ? / *You're not
in the right position!* : Vous n'êtes pas dans la bonne
position !, etc.), mais aussi par "situation, travail, poste",
comme dans le contexte de notre leçon.

3 Cher Monsieur Jones,
Je vous remercie de nous avoir fait parvenir
votre curriculum vitae pour le poste dans
notre Service Publicité. Comme convenu lors
de notre conversation téléphonique du 15
avril 2004, je vous fais parvenir ci-joint un
exemplaire du dernier numéro de *Great
Desserts* (*Grands Desserts*), le plus important
magazine consacré aux meilleurs desserts du
monde, que nous publions mensuellement.

4 Dans votre lettre, vous avez mentionné votre
engagement dans la vente publicitaire et, dans
cet esprit, je suis certain que les
renseignements ci-joints vous aideront à mieux
comprendre les possibilités (opportunités)
commerciales de notre entreprise.

NOTES (suite)

(5) *As per* : conformément à ..., comme convenu lors de ...,
suivant ...

(6) Les Américains écrivent toujours la date de la manière
suivante : *December 6, 1999* ou *12/6/99*. Le *6/12/99*
correspond donc à *June 12, 1999*.

(7) *To enclose* : joindre. *Enclosed* : ci-joint. *Enclosure* : pièce
jointe – abréviation : *encl.* (p.j.)

(8) Nous avons déjà vu *which* (qui, que) à la leçon 81 (note
5). Souvenez-vous que *which* se rapporte exclusivement
aux choses.

(9) *I am sure you'll find the enclosed information useful **in
helping**...* Après les prépositions *at, about, after, before, in
on, with, without* ..., le verbe se met à la forme en *-ing*.

(10) *Opportunity* : occasion, possibilité. *To have the
opportunity to...* : avoir l'occasion de... *We were pleased
to have the opportunity to travel to Europe last summer.*
(Nous avons été heureux d'avoir l'occasion de faire un
voyage en Europe l'été dernier.).

5 We were particularly impressed by your past experience with the marketing of the *Jello* brand and your sales record in the chocolate industry. Please return the enclosed form so that we can process your application and set up an interview. **(11)(12)(13)(14)(15)(16)**

NOTES (suite)

(11) *To be impressed by / with* : être impressionné par ... *To impress* : impressionner, faire impression. *She tried to impress me with her fake British accent. I was not impressed at all.* (Elle a essayé de faire impression sur moi avec son faux accent britannique. Je n'ai pas été impressionné du tout).

(12) *A brand* est tout simplement une marque. *A brand mark* ou *brand name* : une marque de fabrique. Notez aussi l'expression *"brand new"* : flambant neuf.

(13) *Record* est un mot qui a de nombreux sens. Dans notre leçon, il s'agit du bilan ; voici les autres acceptions les plus courantes : disque (musique) – mais attention, "disque compact" se dit *compact disk ;* casier judiciaire : *The man had a police record for theft and tax evasion ;* record : *Carl Lewis broke a world record for the 100 yard race.* Également *: to keep a record of...* (garder une trace de ... ses dépenses, par exemple). *There is no record of his being born in Elizabeth, New Jersey. To record* : enregistrer.

(14) *To process :* traiter (une information, etc.), transformer. *The insurance company is processing your claim.* (La compagnie d'assurances est en train de traiter votre réclamation).
A process est un processus – à ne pas confondre avec le mot français "procès" qui se dit *"trial"* (pron. **"traï**-el").

5   Nous avons été particulièrement impressionnés
par votre expérience (expérience passée) du
marketing de la marque Jello ainsi que par
votre bilan des ventes dans l'industrie
chocolatière. Je vous remercie de bien vouloir
nous retourner le formulaire ci-joint afin de
nous permettre de traiter votre candidature et
d'organiser un rendez-vous.

NOTES (suite)

(15)   Dans le contexte de notre leçon, *an application* est une
demande d'emploi, une candidature. Le verbe
correspondant est *to apply for* : *He applied for a new job*
(Il a posé sa candidature pour un nouveau travail.).

(16)   *To set something up* : organiser, arranger quelque chose.
*I set up an interview with the Marketing Director of the
company.* (J'ai organisé un rendez-vous avec le directeur
du Marketing de la société). *To set something / someone
up* : installer quelque chose / quelqu'un. *We set up our
company in the new office building downtown.* (Nous
avons installé notre société dans le nouvel immeuble de
bureaux au centre-ville).

6   If you have any further questions, don't
hesitate to contact me at the above
address. **(17)(18)**
7   Sincerely, **(19)**

Mr. Robert Bailey
Sales and Marketing Manager

enclosures

6 **feur**dze-r... **Hè**zitèïte

NOTES (suite)

(17)   *Further* : davantage de, supplémentaire... *For further
information, please contact Mr. Calder.* (Pour de plus
amples renseignements, veuillez contacter / vous adresser
à Mr Calder.) *Further* est également un adverbe qui se
traduit par "davantage" ou encore par "plus loin" : *I won't
discuss it any further* (Je n'en discuterai pas davantage) ; *I
can't go any further* (Je ne peux pas aller plus loin).

(18)   *Above* : au-dessus, ci-dessus. *Below* : en dessous, ci-dessous.

Exercise
1 The company's headquarters are located in Chicago.
2 As per our telephone conversation, I am sending you my
résumé. **3** Professor Craig was impressed with my
translations of James Joyce's letters. **4** Don't hesitate to
call me night or day. **5** *Time* magazine is published weekly.

*****

Exercice
1 Le siège de la société se trouve à Chicago. **2** Comme
convenu lors de notre conversation téléphonique, je vous
envoie mon curriculum vitae. **3** Le professeur Craig a été
impressionné par mes traductions des lettres de James
Joyce. **4** N'hésitez pas à m'appeler de nuit comme de jour.
5 Le magazine *Time* est publié toutes les semaines.

6   Pour de plus amples renseignements, n'hésitez
    pas à me contacter à l'adresse ci-dessus.
7   Veuillez agréer, cher Monsieur Jones,
    l'assurance de mes sentiments distingués.

Robert Bailey
Directeur des Ventes et du Marketing

pièces jointes

NOTES (suite)

(19)   Les courriers professionnels étasuniens sont beaucoup
       moins formels que les nôtres. Les formules de salutations
       les plus couramment employées sont *"Sincerely"* ou
       "Yours truly", beaucoup plus rarement *"Respectfully"* ou
       "Respectfully submitted", ces dernières étant réservées
       aux lettres les plus formelles. Lorsqu'on connaît assez
       bien son interlocuteur, on se contente bien souvent de
       "Best wishes" ou tout simplement de *"Best"*. Toutes ces
       formules sont ponctuées d'une virgule et non d'un point.
       Sachez également que les Américains n'envoient jamais
       de lettre manuscrite lorsqu'ils posent leur candidature
       pour un emploi !

Fill in the missing words

1   *Merci de m'envoyer (ou de m'avoir envoyé) votre CV.*
    . . . . . you for . . . . me your résumé.

2   *Il est publié chaque semaine.*
    It's . . . . each . . . . .

3   *Cher M. Wilson.*
    . . . . Mr. Wilson.

4   *N'hésitez pas à m'envoyer un fax à l'adresse ci-dessus.*
    Don't . . . . to fax me at the . . . .

5   *Sincèrement.*
    . . . .

Les mots qui manquent :
1 thank, sending 2 published, week 3 Dear 4 hesitate, above
address 5 sincerely

Deuxième vague : Forty-seventh Lesson

Ninety-seventh Lesson

A Visit to Disney World (1)

1 – Who here has not yet visited Disney World in Orlando? **(2)**
2 – We've been to Disneyland in Anaheim but never to Disney World. **(3)**
3 – Did you like it?
4 – Like it? We loved it! The kids liked the attractions best, but Jim and I loved the Magic Kingdom. **(4)(5)**
5 – How long were you there? **(6)**

PRONUNCIATION
4 ... e**trak**cheu-nz ...

NOTES

(1) Disney World, parc à thèmes qui fait partie de la chaîne des parcs d'attraction de Disney, est situé à Orlando, en Floride. À côté de Disney World se trouve Epcott Center, une attraction spécialement conçue pour les parents – car l'univers de Disney n'est pas seulement populaire chez les enfants...

(2) *Not yet* : pas encore. On peut aussi bien dire "*We have not yet visited Disney World*" que "*We have not visited Disney World yet*" – *yet* se plaçant alors en fin de proposition.
Rappel : dans une question, *yet* (sans *not*) se traduit généralement par "déjà" : *Have you visited Disney World yet?* (Avez-vous déjà visité Disney World ?). Dans les phrases affirmatives en revanche, "déjà" se dit *already* : *We have already visited Disney World* (Nous avons déjà ...).

(3) Disneyland se trouve à Anaheim, en Californie, à une heure de voiture au sud de Los Angeles.

(4) Rappel : Faites bien la différence entre *to like* et *to love* – le premier signifie "aimer", "bien aimer", alors que le second se traduira par "aimer (d'amour)", "adorer" ...

Quatre-vingt-dix-septième leçon

Une visite à Disney World

1 – Qui ici n'a pas encore visité Disney World à Orlando ?

2 – Nous avons été à Disneyland, à Anaheim, mais jamais à Disney World.

3 – Est-ce que vous avez aimé ?

4 – Aimé ? Nous avons adoré ! Les enfants ont surtout aimé (aimé le mieux) les attractions, mais Jim et moi avons adoré le Royaume Magique.

5 – Combien de temps avez-vous passé (été) là-bas ?

NOTES (suite)

(5) *The Magic Kingdom* (Le royaume magique) est un royaume médiéval. Notez que *king* = roi et que *queen* = reine.

(6) *How long* : "combien de temps ?" ou "depuis / pendant combien de temps ?". Quelques exemples : *How long are you staying in the United States*? ((Pendant) combien de temps restez-vous aux États-Unis ? ; *How long have you been studying in Boston*? Depuis combien de temps étudiez-vous à Boston ? – Ici l'emploi du *present perfect progressif* indique que "l'action" a commencé dans le passé et continue dans le présent.

6 – Not as long as we would have liked. Only
two days. But we were able to do lots, all
the major attractions but the new Space
Mountain. **(7)(8)(9)(10)(11)**
7 – Was it as great as they say?
8 – Yeah, it was like living a childhood
dream... and nightmare! **(12)**

8 ... tchaïldHoud driim ... naïtmère

NOTES (suite)

(7) Souvenez-vous : *as... as* = aussi ... que, autant que ; à la
forme négative *not as ... as* = pas aussi ... que : *Ann is as
tall as Max* (Ann est aussi grande que Max). *Steve eats
as much as his father* (Steve mange autant que son père).

(8) Cette phrase comporte les deux acceptions du mot *but* :
la plus courante, "mais", et "sauf / rien que". *But*
s'emploie dans ce dernier sens après *every*, *any*, *no*, *all* et
none : *I work every day this week but Friday* (Je travaille
tous les jours de cette semaine sauf vendredi) ; *I'll do any
job but wash dishes* (Je ferai n'importe quel travail sauf
laver la vaisselle)...

(9) *Lots* est une manière typiquement américaine de dire
"beaucoup", "des tas". Synonyme *a lot* : *For my
birthday, I want lots of / a lot of presents.* (Pour mon
anniversaire, je veux des tas de cadeaux).

Exercise
1 Who has not yet tried parachuting? **2** I like it when you
tell me that you love me! **3** Walt Disney was able to
accomplish a lot. **4** Motherhood is celebrated on Mother's
Day. **5** To visit Death Valley is like visiting another planet.

Exercice
1 Qui n'a pas encore essayé de faire du parachutisme ?
2 J'aime quand tu me dis que tu m'aimes ! **3** Walt Disney
a pu accomplir beaucoup de choses. **4** La maternité est
célébrée le jour de la Fête des Mères. **5** Visiter la Vallée de
la Mort c'est comme visiter une autre planète.

6 – Pas aussi longtemps que nous aurions aimé. Seulement deux jours. Mais nous avons pu faire beaucoup [de choses], toutes les principales attractions sauf la nouvelle *Space Mountain* (Montagne de l'Espace).

7 – Est-ce que c'était aussi génial qu'on le dit ?

8 – Ouais, c'était comme vivre un rêve d'enfance... et un cauchemar !

NOTES (suite)

(10) *Major*, synonyme de *big*, (contraire = *minor / small*), est également un terme bien américain : *I have a major headache* (J'ai un fort mal de tête / J'ai très mal à la tête). Notez la prononciation de *headache* : **Hèd**-èïk. *That kid is a major pain in the neck!* (Cet enfant est un super casse-pieds !).

(11) *Space Mountain* (La montagne de l'Espace) est une des grandes attractions des parcs Disney.

(12) *Like* (à ne pas confondre avec *to like*) = comme. *You are like your brother* (Tu es comme ton frère) Rappel : *To look like* (Ressembler à) ; *to feel like* (Avoir envie de).

Fill in the missing words

1 *Combien de temps resteras-tu à Bombay ?*
... . will you be .... Bombay ?

2 *Je n'ai pas encore décidé.*
I .... decided .... *ou* I .... decided.

3 *Avez-vous déjà goûté (essayé) ses célèbres cookies ?*
Have you tried ... . cookies ... ?

4 *Je suis déjà allé à New York trois fois.*
I've .... been to New York ....

Les mots qui manquent :
1 How long, staying in **2** haven't, yet ou haven't yet **3** her famous, yet **4** already, three times.

Deuxième vague : Forty-eighth Lesson

Leçon 97

Ninety-eighth Lesson

Révisions

1. Les pronoms personnels compléments
Nous les avons tous rencontrés au fil des leçons.
Récapitulons :

me	me, moi
you	te, toi
him / her / it	le / la, lui, elle
us	nous
you	vous
them	les, leur, eux

• Souvenez-vous qu'en anglais les pronoms personnels compléments se placent toujours **derrière** le verbe : *His parents bought **him** a dog* (Ses parents lui ont acheté un chien).
• Lorsque le verbe est suivi d'une particule (*on / out / up* ...), le pronom complément se place entre le verbe et la particule : *Where are my new pants? I want to put them on.* (Où est mon pantalon neuf ? Je veux le mettre.).

2. *To be able to*
Nous avons déjà parlé de *can* à la leçon 77.
• Souvenez-vous que *to be able to* remplace *can* à la forme infinitive : *I'd like to be able to go to Las Vegas with you.* (J'aimerais pouvoir aller à Las Vegas avec toi).
• De même, au futur, on emploie *"will be able to"* : *I will be able to go to Las Vegas with you.* (Je pourrai aller à Las Vegas avec toi).
• Sachez qu'il existe également une forme négative de *to be able to* : *to be **unable** to*. Toutefois, cette tournure est plus formelle que *can't* ou *cannot* ; elle équivaut à "ne pas être en mesure de / être dans l'impossibilité de ..." : *I'm sorry I was unable to attend the meeting.* (Je suis désolé de ne pas avoir été en mesure d'assister à la réunion).
Revoyez également la leçon 77, paragraphe 3.

Quatre-vingt-dix-huitième leçon

3. *To doubt*
Ce verbe est couramment utilisé. Il équivaut aussi bien à "douter" qu'à "douter de" : *I doubt that he will come.* (Je doute qu'il vienne) ; *I doubt his word* (Je doute de sa parole).

Expressions avec *to doubt*

No doubt : sans doute
Beyond a doubt : sans le moindre doute
Without a doubt : sans aucun doute
There is no doubt about it : cela ne fait aucun doute
I doubt it : J'en doute / ça m'étonnerait

4. Expressions avec *make* et *do*
Parmi les (très) nombreuses expressions avec ces deux verbes, retenez d'ores et déjà :

To do a favor (rendre service)
To do business (faire des affaires)
To do one's best (faire de son mieux)
To do the dishes (faire la vaisselle)
To do the shopping (faire les courses)
To do without (se passer de)
The dos and don'ts (les choses à faire et à ne pas faire)

To make the bed (faire le lit)
To make believe (faire croire)
To make an appointment (prendre rendez-vous)
To make a choice (faire un choix)
To make do with (faire avec)
To make an effort (faire un effort)
To make money (gagner de l'argent)
To make it (réussir)
To make noise (faire du bruit)
To make sure (s'assurer de)

Il y en a bien d'autres – vous les apprendrez petit à petit.

Ainsi s'achève votre dernière leçon de révision...

Deuxième vague : Forty-ninth Lesson

Ninety-ninth Lesson

Two Couples at Brunch (1)

1 – I thought the film we saw last night was the best picture we've seen all year. **(2)**

2 – Get lost, Joe. I can't believe you liked it. But then again, considering that you loved movies like *Murphy III* and *The Guerilla*, why should I be surprised? **(3)(4)**

3 – Hey, let's have brunch before we kill ourselves with such caustic insults. They have a great buffet here. We come here at least once a month just for the brunch, and after the eggs and sausage and French toast and pancakes and bagels and lox and cereal, they bring out the hot lunch dishes. So, save room! **(5)**

PRONUNCIATION
kopelz 1 **Zoot** ... **soa** ... 2 ... guerile ... 3 ... **kostik i-n**sseultss ... bufè ... **èt liist** ...

NOTES

(1) Le *brunch* est devenu un repas (du dimanche) très populaire aux États-Unis. Le terme vient de la combinaison de *breakfast* et *lunch*. Dans les restaurants qui proposent cette formule, on peut généralement prendre son brunch à partir de dix heures du matin jusqu'à environ 14 heures. Les *brunches* sont presque toujours servis sous la forme de buffet, avec un grand choix de plats chauds et froids, de boissons, de pains, de "viennoiseries" et de gâteaux, sans oublier, bien entendu, le café et le thé – "*Bottomless cup*", cela va de soi, c'est-à-dire que l'on en boit autant qu'on en a envie pour un seul et même prix (*bottomless* = sans fond).
Une forme de brunch très appréciée des Étasuniens : le brunch chinois ou *dim sun*, une véritable expérience culinaire où l'on vous propose une multitude de petits plats allant des crevettes à la vapeur (*steamed shrimp*) aux succulentes pattes de poulet (*chicken feet*) ...

Quatre-vingt-dix-neuvième leçon

Deux couples lors d'un brunch

1 – Je trouve (J'ai pensé) que le film que nous avons vu hier soir était le meilleur (film) que nous ayons vu [de] toute l'année.

2 – Arrête, Joe. Je ne peux pas croire que tu l'as aimé. Mais bon (là encore), sachant (considérant) que tu as adoré des films tels que (comme) *Murphy III* et *The Guerilla*, pourquoi devrais-je m'en étonner (être surprise) ?

3 – Hé, prenons [notre] brunch avant [de] nous entretuer (tuer nous-mêmes) avec de telles insultes caustiques. Le buffet, ici, est extraordinaire (Ils ont un buffet génial, ici). Nous venons ici au moins une fois par mois rien que (juste) pour le brunch, et après les œufs et [les] saucisses et [le] pain perdu et [les] crêpes et [les] bagels et [le] saumon fumé et [les] céréales, ils apportent (sortent) les plats chauds du déjeuner. Alors gardez de la place !

NOTES (suite)

(2) Rappel : *film* = *movie* = (*motion*) *picture*. Et pour élargir notre vocabulaire en la matière : *actor* / *actress* (acteur / actrice) ; *director* (metteur en scène) ; *filmmaker* (cinéaste) ; *producer* (producteur). Souvenez-vous également que *last night* signifie aussi bien "hier soir" que "la nuit dernière".

(3) L'expression "*then again*" peut se traduire par "là encore", " à bien y réfléchir", "réflexion faite", "d'un autre côté", etc.

(4) *Considering (that)* : étant donné que ..., dans la mesure où ..., sachant que ...
To consider : considérer, mais aussi envisager. Exemples : *Jon considers Max his brother* (Jon considère Max comme son frère) ; *We're considering moving to Houston* (Nous envisageons de déménager à Houston).

(5) Rappel : *To save* signifie bien sûr "sauver", mais aussi "économiser", "garder".

4 – I'll get us a big plate of fresh fruit and a pitcher of orange juice. Why don't you go get toasted bagels and cream cheese for the table, Joe. Sid is already waiting in line for the Belgian waffles. He loves the waffles here. **(6)**

5 – Excuse me, waiter, we need some extra glasses, please. Does anyone want a Bloody Mary to start? Okay, make it two. **(7)**

6 – Coffee first, Mam?

7 – Barb, could you grab me my sweater. It's awfully cool in here with the air conditioning. It's on the back of your chair. Thanks. **(8)(9)(10)**

8 – That film is sure to win an Oscar for special effects. Even if you hated it, you must admit the effects were convincing.

4 ... frèch **frou**-out 5 ... **bleu**ddi **mèri** ... 7 ... souèddeur ... tchèr ... 8 ... iive-n ...

NOTES (suite)

(6) Vous avez eu l'occasion de constater que les Américains ont l'habitude de faire des demandes polies en posant des questions à la forme négative, comme ici, à la phrase 4. Il ne s'agit en fait pas d'une question, mais bien d'une demande, raison pour laquelle nous avons traduit cette phrase par : "S'il te plaît, va chercher ...".

(7) *"Make it ..."* ou *"Make that..."* s'emploie spécifiquement pour commander quelque chose : – *What will you have? – Make it a scotch on the rocks.* (Que prendrez-vous ? Un scotch avec des glaçons.) ou encore lorsqu'on change d'avis concernant ce que l'on voulait commander : – *I'll have a cheeseburger. No, make that a tuna sandwich .* (– Je prendrai un cheeseburger. Non, plutôt un sandwich au thon.).

(8) *To grab* : signifie "prendre / attraper quelque chose rapidement ou brusquement" : *The thief grabbed the*

4 – Je vais aller nous chercher une grande assiette de fruits frais et un pichet de jus d'orange. S'il te plaît, va chercher des *bagels* grillés et du fromage à tartiner pour tout le monde (pour la table), Joe. Sid fait déjà la queue (attend déjà en ligne) pour les gaufres belges. Il adore les gaufres, ici.

5 – Excusez-moi, (serveur,) nous avons besoin de verres supplémentaires, s'il vous plaît. Est-ce que quelqu'un veut un Bloody Mary pour commencer ? D'accord, deux, s'il vous plaît (faites-le deux).

6 – Du café d'abord, Madame ?

7 – Barb, tu peux (pourrais) attraper mon pull ? Il fait affreusement froid ici (dans ici), avec l'air conditionné. Il est sur le dossier de ta chaise. Merci.

8 – Ce film va sûrement (est sûr de) gagner un Oscar pour [les] effets spéciaux. Même si tu l'as détesté, tu dois admettre que les effets étaient convaincants.

NOTES (suite)

money and ran (Le voleur prit l'argent et partit en courant). Au sens figuré, *to grab* signifie également "prendre" dans le sens de "manger rapidement" : *For lunch I'll just grab a quick sandwich* (Pour le déjeuner je prendrai juste un sandwich, vite fait).

(9) *A sweater* est un pull en maille, à ne pas confondre avec *sweat shirt* qui, à l'origine, était un vêtement destiné au sport (de *to sweat* : transpirer). Attention, *sweat* se prononce "sou**ett**" et non "sou**iit**" comme on l'entend souvent en France !

(10) Vous connaissez déjà *here* (ici, là) et *there* (là, là-bas ...). *In here*, que nous traduisons également par "ici", indique plus précisément que "ici" se trouve à l'intérieur (d'une pièce, par exemple). Pour indiquer que quelque chose se trouve là-bas, à l'extérieur, on dira *out there*. Impossible de rendre ces nuances de manière aussi concise en français !

9 – Let's talk about that after we eat. Here comes Sid with the waffles.

10 – Who wants a waffle? Here, take a fork. I asked the waiter to bring us extra maple syrup. **(11)(12)(13)**

11 – We're driving that poor waiter crazy! **(14)**

NOTES (suite)

(11) *Here* , comme vous le voyez, peut aussi se traduire par "Tiens" ou " Voici ...", dans certains contextes.

(12) Petit récapitulatif de vocabulaire dont vous pourrez avoir besoin à table : *fork* (fourchette), *knife* (couteau) – prononcez "**naïf**"–, *spoon* (cuiller), *napkin* (serviette), *plate* (assiette), *bowl* (bol, assiette creuse), *glass* (verre) et... *Enjoy your meal!* (Bon appétit !)

(13) L'adjectif *extra* signifie "de plus, supplémentaire" : *Could you please bring us an extra plate?* (Pourriez-vous, s'il vous plaît, nous apporter une assiette supplémentaire ?).

(14) *To drive someone crazy / mad* : Rendre quelqu'un fou.

*****

Exercise
1 Can we have pancakes and waffles at brunch? **2** Bill and Karen saw three movies this week. **3** Why don't we go shopping while the kids watch TV? **4** It's chilly at night by the lake; you'll need a sweater. **5** I ordered one soft-boiled egg, but make it two, please.

Exercice
1 Est-ce qu'on peut manger des pancakes (crêpes) et des gaufres pour le brunch ? **2** Bill et Karen ont vu trois films cette semaine. **3** Si nous allions faire des courses pendant que les enfants regardent la télé ? **4** Il fait frais le soir, au bord du lac ; tu auras besoin d'un pull. **5** J'ai commandé un œuf à la coque, mais apportez-m'en deux, s'il vous plaît.

9 – Reparlons-en après avoir mangé. Voici (Ici vient) Sid avec les gaufres.

10 – Qui veut une gaufre ? Tiens, prends une fourchette. J'ai demandé au serveur de nous apporter plus de sirop d'érable.

11 – Nous sommes en train de rendre ce pauvre serveur fou !

Fill in the missing words

1 *Elle mange des crevettes à la vapeur au moins une fois par semaine.*
She eats . . . . week.

2 *Sa tante était actrice.*
Her . . . . was . . . .

3 *Gardons un peu de place pour le dessert !*
. . . . a little . . . . for . . . . !

4 *Le serveur leur apporta un verre supplémentaire.*
The waiter . . . .

Les mots qui manquent :
1 steamed shrimp at least once a 2 aunt, an actress 3 Let's save, room, dessert 4 brought them an extra glass.

Deuxième vague : Fiftieth Lesson

Hundredth Lesson

Clichés

1 – As it turns out, my tailor has retired. He had put his nose to the grindstone and made a good buck, just like his father had. **(1)(2)**

2 – As they say, the apple doesn't fall far from the tree... **(3)**

3 – Last year, he bought himself a time-share condominium in Scottsdale, Arizona and now he and his wife spend three months a year in the southwest playing golf, swimming, and dabbling with watercolors. The rest of the time they travel between their house on the Mediterranean and their yacht in Acapulco. **(4)(5)(6)**

PRONUNCIATION
3 ... mèditerrèïnie-n ...

NOTES

(1) Chaque langue a ses propres dictons, expressions, aphorismes, etc. C'est aussi le cas de l'anglo-américain. Les Étasuniens ont pour habitude d'accrocher leurs petites phrases favorites à la porte du réfrigérateur. Parmi les plus populaires : *Have a nice day!* (Bonne journée !), *Thank God it's Friday!* (Dieu merci, c'est vendredi !)... L'expression *"to put one's nose in the grindstone"* (littéralement "mettre son nez dans la meule") signifie "travailler sans relâche". Cette expression remonte à l'éthique du travail calviniste selon laquelle on finit toujours par réussir si l'on sait être modeste, persévérant et surtout si l'on travaille dur... Cette philosophie n'est, aujourd'hui, plus celle de tous les Étasuniens, et il y a aussi ceux, assez nombreux, qui pensent que si l'on met le nez dans la meule on n'en sortira qu'avec un nez ensanglanté !

(2) Nous l'avons déjà vu, *buck* est le mot d'argot pour dollar.

Centième leçon

Clichés

1 – Alors il s'avère que (Comme il s'avère,) mon tailleur a pris sa retraite. Il avait travaillé sans relâche et amassé un beau (bon) pactole, tout comme son père avant lui (juste comme son père avait).

2 – Comme on dit, tel père, tel fils...

3 – L'an dernier, il s'est acheté un appartement en time-share à Scottsdale, dans l'Arizona, et à présent lui et sa femme passent trois mois par an dans le sud-ouest à jouer au (jouant) golf, nager (nageant) et peindre des aquarelles en amateurs (peignant en amateurs...). Le reste du temps, ils font la navette (voyagent) entre leur maison au bord de (sur) la Méditerranée et leur yacht à Acapulco.

NOTES (suite)

(3) Beaucoup de dictons tournent autour des pommes : *An apple a day keeps the doctor away* (Une pomme tous les jours éloigne le médecin) – pour être en bonne santé, essayez donc de manger une pomme tous les jours ! *She's the apple of his eye* (Elle est la prunelle de ses yeux). Quant à *The apple doesn't fall far from the tree* (La pomme ne tombe pas loin de l'arbre), elle équivaut tout simplement, nous l'avons vu, à "Tel père tel fils".

(4) Rappel : les *condominiums* ou *condos* sont des appartements en copropriété. Dans les années cinquante, grâce à son climat sec et chaud, l'Arizona est devenu un lieu de vacances et de retraite privilégié. Villes principales : Phoenix, Tucson et Scottsdale.

(5) Souvenez-vous : une fois **par** jour / semaine / mois / an etc. = *once a day / a week / a month / a year,* etc.

(6) *To dabble* : "humecter, mouiller, barboter," mais aussi "s'occuper un peu de", " faire ... en amateur".

4 – It's a dog's life, huh? But is he happy? You can't judge a book by its cover... **(7)(8)**

5 – It sure looks like he's enjoying himself. He drives a pink Cadillac, drinks Chivas Regal scotch, and wears a platinum Rolex watch studded with rubies. And just look at his utility bills! He spends more to heat the swimming pool than most of us spend on rent all year. To put the icing on the cake, he owns a famous race horse that won the Kentucky Derby this year! **(9)(10)(11)(12)**

6 – So he made so much money from being a famous Parisian tailor that he doesn't have to watch his spending. Good for him! He deserves it. He's your quintessential self-made man. **(13)**

5 ... **platin**eum ... steu**did** ... **rou**biiz ... **6** koui-**n**tèssè-**n**chel ...

NOTES (suite)

(7) *It's a dog's life* (C'est une vie de chien) signifie que la vie n'est pas facile... On dit aussi *Life's a struggle* (La vie est un combat), *Life's a bitch* (La vie est une chienne = "Chienne de vie !")...

(8) Les apparences sont trompeuses... Alors que les francophones disent que "L'habit ne fait pas le moine", les anglophones disent plutôt que l'on ne peut pas juger un livre de par sa couverture (*You can't judge a book by its cover*).

(9) *It looks like* : On dirait que. *It looks like it's going to rain* (On dirait qu'il va pleuvoir). Rappel : *To look like* : ressembler à ... *Your son looks like your father* (Ton fils ressemble à ton père).

(10) *Utilities* : gaz, électricité, eau et téléphone. Les *utility companies* sont toutes privées, aux États-Unis.

4 – (C'est) Une [vraie] vie de chien, hein ? Mais est-il heureux ? L'habit ne fait pas le moine...

5 – [En tout cas] On dirait vraiment qu'il s'amuse bien. Il conduit une Cadillac rose, boit du Chivas Regal (scotch) et porte une (montre) Rolex en platine constellée de rubis. Et (juste) regarde ses factures de gaz et d'électricité ! Il dépense davantage pour chauffer sa piscine que la plupart d'entre nous dépensent pour le loyer de toute une année (en loyer toute l'année) ! Et pour couronner le tout, il est propriétaire d'un célèbre cheval de course qui a remporté (gagné) le Kentucky Derby cette année!

6 – Alors il a gagné tellement d'argent en étant (pour être) un tailleur parisien réputé qu'il n'a pas besoin de regarder à la dépense (de surveiller sa dépense). Tant mieux (Bon) pour lui ! Il le mérite. Il est le *self-made man* par excellence (ton *self-made man* par quintessence).

NOTES (suite)

(11) *To put the icing on the cake* (littéralement "Pour mettre le glaçage sur le gâteau") donne à peu près la même image que son équivalent français "Et pour couronner le tout". Autre expression avec gâteau : *You can't have your cake and eat it too* (On ne peut pas avoir le gâteau et le manger), qui équivaut à notre "Avoir le beurre et l'argent du beurre".

(12) Le Kentucky Derby est la course de chevaux la plus importante des États-Unis. Elle se tient tous les ans, début mai, à Louisville. L'événement s'accompagne de nombreuses festivités, et tout le monde (à condition d'avoir plus de 21 ans) boit des *mint juleps* (bourbon du Kentucky agrémenté de feuilles de menthe).

(13) Il n'est sans doute pas nécessaire d'expliquer ce qu'est le *self-made man*, mais souvenez-vous que l'individualisme américain est fondé sur l'idée que chacun est maître de son propre destin et de sa fortune !

7 – So the American Dream is still possible. I thought it was just a myth. Nobody gets rich from hemming trousers and sewing collars anymore. Can we really look forward to getting rich too? **(14)**

8 – Don't hold your breath! **(15)**

7 ... miz ... **soui**-ng ... 8 ... brèZ

NOTES (suite)

(14) *To look forward to something* : attendre quelque chose avec plaisir, se réjouir à l'idée de quelque chose.

(15) L'expression *Don't hold your breath!* est plus parlante que son équivalent français. En effet, si vous retenez votre respiration dans l'attente de quelque chose d'improbable, vous risquez fort de suffoquer !

*****

Exercise

1 My tailor lives on a boat in Acapulco. **2** The apple doesn't fall far from the tree. **3** It looks like it's going to rain. **4** Betsy is looking forward to riding a camel in Tunisia this summer. **5** I wouldn't hold my breath if I were you.

Exercice

1 Mon tailleur vit sur un bateau à Acapulco. **2** Tel père tel fils. **3** On dirait qu'il va pleuvoir. **4** Betsy est impatiente de faire du chameau en Tunisie cet été. **5** Si j'étais toi, je compterais là-dessus et boirais de l'eau !

7 – Le Rêve Américain est donc toujours
(encore) possible. Je croyais que c'était juste
un mythe. Plus personne ne devient riche en
ourlant des pantalons et en cousant des cols.
Pouvons-nous vraiment nous réjouir à la
pensée de devenir riches [, nous] aussi ?

8 – Compte là-dessus et bois de l'eau !

IT LOOKS LIKE IT'S GOING TO RAIN.

Fill in the missing words

1 *Je me réjouis à l'idée de vous rencontrer.*
   I'm .... to meeting you.

2 *Ils passent leurs vacances d'été en Norvège.*
   They .... summer vacation .. Norway.

3 *Il porte (en ce moment) un pantalon vert et une chemise
   bleue.*
   He's .... and a blue ......

4 *Nous mangeons habituellement trois fois par jour.*
   We .... eat .... day.

Les mots qui manquent :
1 looking forward 2 spend their, in 3 wearing green pants, shirt
4 usually, three times a

Deuxième vague : Fifty-first Lesson

Hundred and first Lesson

The Bridal Shower (1)

1 – Sandy, that is so sweet! I've never seen such adorable pajamas with penguins on the arms and legs. How'd you know I liked penguins?

2 – Jean, I'd wait a few nights before I'd dare wear those! Doug might change his mind... **(2)(3)**

3 Open the big one with the blue bow next, Jean.

4 – Okay. Mom, can you pass that one to me? I wonder what it could be... It's huge! **(4)**

PRONUNCIATION

braï**del cha**oue-r 1 ... ped**ja**mez oui**Z pè**-ngouï-nz 2 djii-n ... deug 4 ... Hioudj

NOTES

(1) Plusieurs mois avant "le grand jour", les parents de la future mariée et ses plus proches amies organisent une fête appelée *shower* (sans doute parce que la future mariée reçoit une pluie / une douche de cadeaux). Seuls les membres de la gent féminine sont invités. C'est l'occasion, pour la jeune femme, de recevoir toutes sortes de cadeaux et de partager ses derniers moments de "jeune fille" avec ses amies. S'il n'y a pas de *showers* pour les hommes, les amis du futur époux organisent cependent eux aussi une fête pour enterrer avec lui sa vie de célibataire. À cette occasion, on boit souvent beaucoup et on sort entre garçons...

Avant la venue d'un bébé, on organise aussi souvent une *"baby shower"* qui réunit une nouvelle fois la famille et les amis de la future maman dans le but de faire toutes sortes de cadeaux au futur nouveau-né.

(2) *To dare* : oser. Retenez aussi *How dare you!* (Comment osez-vous !).

Cent-unième leçon

La "douche" pour la mariée

1 – Sandy, c'est si gentil [de ta part] ! Je n'ai
jamais vu un aussi adorable pyjama avec des
pingouins sur les manches (bras) et les
jambes. Comment savais-tu que j'aimais les
pingouins ?

2 – Jean, [à ta place] j'attendrais quelques nuits
avant d'oser le mettre (avant que j'ose porter
ceux-là) ! Doug pourrait changer d'avis...

3 Ouvre le grand [paquet] avec le nœud bleu,
maintenant (ensuite), Jean.

4 – D'accord. Maman, tu peux me passer celui-là ?
Je me demande ce que ça peut (pourrait)
[bien] être... Il est immense !

NOTES (suite)

(3) *To change one's mind* : changer d'avis. *She had planned
to go to Chicago for the weekend but she changed her
mind at the last minute* (Elle avait projeté d'aller passer
le weekend à Chicago, mais elle a changé d'avis à la
dernière minute).
The mind : l'esprit. Quelques expressions : *To come to
mind* (venir à l'esprit). *Jamaica comes to mind as a great
vacation place* (La Jamaïque [est le pays qui] vient à
l'esprit comme lieu de vacances génial) ; *to keep in mind*
(garder à l'esprit). *Keep in mind that the majority of
families here are poor* (Gardez à l'esprit / N'oubliez pas
que la majorité des familles ici est pauvre) ; *to lose one's
mind* (perdre l'esprit / la tête). *If that noise continues I'm
going to lose my mind!* (Si ce bruit continue, je vais
devenir fou !).
À ne pas confondre avec *to mind* (être gêné par). *Do you
mind if I smoke?* (Est-ce que ça vous gêne si je fume ?).

(4) *To wonder* signifie "se demander" : *I wonder why she left
so early* (Je me demande pourquoi elle est partie si tôt) ...
A wonder est un miracle. *Wonderful* : merveilleux.

5 – I warn you, Jean, it's heavy and it wasn't on your list! **(5)**

6 – Oh, Kaye, you shouldn't have! I can't believe you bought us a lawn mower. We don't even have a lawn!

7 – That's what you think, Jean. Open the envelop, dear.

8 – Mom, what's this all about? Don't tell me that ... Does Doug know? You didn't! Mom! You and Dad made a down payment on that house in Springfield! I'm going to cry... **(6)(7)**

9 – This calls for a little champagne! **(8)(9)**

6 ... Loo-n **mo**-oue-r **9** ... chèm**pë**ïn

NOTES (suite)

(5) La liste de mariage (*gift list*) existe aussi aux États-Unis. Elle permet aux futurs époux de choisir les cadeaux qui leur plaisent et qui leur seront utiles.

(6) *What's this about?* est une expression d'étonnement équivalant à "Qu'est-ce que ça veut dire?".
About, que nous avons déjà rencontré, mérite que nous nous y arrêtions une dernière fois... 1. *about* = à peu près, près de, environ : *He ate about twenty sausages* (Il a mangé près de vingt saucisses / une vingtaine de saucisses). 2. *about* = sur, au sujet de, qui traite de : *A book about elephants* (un livre sur les éléphants). 3. *to be about to* = être sur le point de : *They were about to go to the cinema* (Ils étaient sur le point d'aller au cinéma). 4. *How about...*/ *What about...*? = Et si... ? Que diriez-vous de... ? : *How about a coffee?* (Et si nous prenions un café ? Que diriez-vous d'un café ?)

(7) *A down payment* : un acompte ; *to pay down* : payer comptant. Et toujours dans le domaine de l'argent, *sales / prices are down* : les ventes / les prix sont en baisse – le contraire étant *sales / prices are up*.

5 – Je te préviens, Jean, c'est lourd et ce n'était pas sur ta liste !

6 – Oh, Kaye, tu n'aurais pas dû ! Je ne peux pas croire que tu nous as acheté une tondeuse. Nous n'avons même pas de pelouse !

7 – C'est ce que tu crois, Jean. Ouvre l'enveloppe, [ma] chérie.

8 – Maman, qu'est-ce que ça veut dire ? Ne me dis pas que... Est-ce que Doug est au courant (sait) ? Vous n'avez pas [fait ça] ! Maman ! Papa et toi (Toi et Papa) avez versé un acompte pour (sur) cette maison à Springfield ! Je vais pleurer...

9 – Ça exige un peu de champagne !

NOTES (suite)

(8) *To call for something* : exiger quelque chose. *This calls for action* (Cela exige une action).

(9) *A little champagne* : un peu de champagne ; *a few glasses of wine* : quelques verres de vin.

Leçon 101

463

Exercise
1 That's sweet. Gloria, you're a wonderful friend! **2** A little wine with dinner sounds like a good idea, Harold. **3** I wouldn't dare wear that red tie to the office. **4** We can't afford to make a down payment on the house. **5** Tammy's bridal shower was a big success.

Exercice
1 Ça c'est vraiment gentil, Gloria, tu es une amie merveilleuse ! **2** Un peu de vin pour le dîner me semble une bonne idée, Harold. **3** Je n'oserais pas porter cette cravate rouge au bureau. **4** Nous ne pouvons pas nous permettre de verser un acompte pour la maison. **5** La "douche" de mariage de Tammy fut un grand succès.

****
Hundred and second Lesson

A Book for Mindy

1 – I asked for *The Feminine Mystique*, which I needed for my yoga teacher, Mindy, who's writing about the women's movement in Peru, and you sent me *The Female Eunuch* by Germain Greer, a writer whose work Mindy already knows. **(1)(2)(3)**

PRONUNCIATION
1 ... fimèïl iounek ...

NOTES
(1) *To need* = avoir besoin de. *Jerry needs a new pair of socks* (Jerry a besoin d'une nouvelle paire de chaussettes) ; *I need you* (J'ai besoin de toi) – *To be in need* : être dans le besoin. *A need* : un besoin, une nécessité.

Fill in the missing words

1   *Je n'ai jamais vu de chien aussi laid.*
I've ..... seen such an ugly ....

2   *Barb, tu n'aurais pas dû dépenser autant d'argent.*
Barb, you ....* .... spent so .... money.

3   *Ça exige une "douche de bébé".*
This ..... for a baby ....

4   *Comment oses-tu me traiter de menteur !*
How .... you call me a ....!

Les mots qui manquent :
1 never, dog **2** shouldn't, have, much **3** calls, shower **4** dare, liar

Deuxième vague : Fifty-second Lesson

****

Cent-deuxième leçon

Un livre pour Mindy

1 – J'avais demandé *La Mystique féminine*, dont j'avais besoin pour mon prof de yoga qui est en train d'écrire [un livre sur] les mouvements féministes (des femmes) au Pérou, et vous m'avez envoyé *L'Eunuque Femelle* de Germain Greer, un écrivain dont Mindy connaît déjà l'œuvre.

NOTES (suite)

(2)   Souvenez-vous que *who* (qui) s'emploie uniquement pour les personnes. *Who's* est la forme contractée de *who is* (qui est) – à ne pas confondre avec *whose* (dont).

(3)   "Dont" se traduit par *whose* lorsqu'il est **complément du nom** qui suit : *The woman whose daughter just got married* (La femme dont la fille vient juste de se marier). À la forme interrogative, *whose...?* se traduit par "à qui / de qui ?" : *Whose book is this?* (À qui appartient ce livre ?) ; *Whose daughter are you?* (De qui êtes-vous la fille ?).

2 – Sorry about that. You only asked for a
book which could be relevant to the
subject. You should read Anna Perez, a
woman who has made a great
contribution to the feminist cause. **(4)(5)**

3 – When asking for information in general,
should one indicate both the title and
author of a book? **(6)**

4 – Usually the title is all the information one
needs to find a book which is in the
library collection. **(7)**

5 – How much literature have you acquired
which concerns my topic? **(8)**

5 ... **lit**retcheur ... ekouaïed ...

NOTES (suite)

(4) *To ask (someone) for something* : demander quelque
chose à quelqu'un. *Jane asked me for some sugar* (Jane
m'a demandé un peu de sucre).

(5) Attention – *relevant* : pertinent ; *irrelevant* : hors de
propos.

(6) *When asking for information = When you ask for
information.* Cette tournure avec *when* + verbe en *-ing*
est assez courante et plutôt élégante.

(7) Tout d'abord, notez que le mot *information*
(information(s), renseignement(s)) est toujours employé
au singulier en anglo-américain. De plus, on ne dit jamais
an information. I need some information on... (J'ai
besoin de renseignements sur...).

2 –   Désolée (pour ça). Vous aviez seulement
demandé un livre qui pourrait être en rapport
avec (pertinent pour) le sujet. Vous devriez
lire Anna Perez, une femme qui a grandement
contribué (qui a fait une grande contribution)
à la cause féministe.

3 –   Généralement, quand on demande des
renseignements, doit-on indiquer à la fois le
titre et l'auteur d'un livre ?

4 –   Habituellement, le titre est le seul
renseignement (toute l'information) dont on
ait besoin pour trouver un livre qui se trouve
(qui est) dans la collection de la bibliothèque.

5 –   Combien de livres (Combien de littérature)
avez-vous acquis concernant (qui concerne)
mon sujet ?

THERE ARE THOUSAND WAYS TO COOK CHICKEN.

NOTES (suite)

(8)   *How much* (combien de) s'emploie avec un nom
singulier : *How much money?* (Combien d'argent ?) ;
How much time? (Combien de temps ?).
Avec un nom au pluriel, en revanche, on emploie *how
many* : *How many days are you staying in Miami?*
(Combien de jours restez-vous à Miami ?).

6 – A hundred and sixty-four books in the area of gender studies but only one on women in Peru. **(9)(10)**

6 ... **è**r**é**a ... **oui**mè**n** i-**n** Pe**rou**.

NOTES (suite)

(9) Devant *hundred* (cent) et *thousand* (mille), on emploie généralement *a* ou *one* : *a thousand years* (mille ans), etc. *One* est un peu plus formel, plus précis – on l'emploie pour préciser une somme sur un chèque, par exemple : *One hundred and sixty-five dollars* (Cent soixante-cinq dollars).

(10) La révolution sexuelle de la fin des années soixante a généré une forte prise de conscience au niveau de l'égalité des sexes (*gender* signifie "genre, sexe"). Depuis, la plupart des université ont créé des départements de *women's studies* – où l'on étudie toutes sortes de sujets relatifs aux femmes (littérature, histoire, sociologie, politique ...) –, et de *gender studies* – où divers sujets sont abordés sous l'angle de la spécificité des sexes.

*****

Exercise
1 I asked for vanilla ice cream, not strawberry. **2** This is a writer whose capacity to stimulate the imagination is amazing. **3** The banker who asked for my tax information is from Boise, Idaho. **4** There are a thousand ways to cook chicken. **5** When Sandy asked for her check I lied and told her that it was in the mail.

Exercice
1 J'ai demandé une glace [à la] vanille, pas [à la] fraise. **2** Voici un écrivain dont la capacité à stimuler l'imagination est étonnante. **3** Le banquier qui m'a demandé des renseignements sur mes impôts est de Boise dans l'Idaho. **4** Il y a mille façons de cuire le poulet. **5** Quand Sandy demanda son chèque, j'ai menti et dit qu'il était au courrier.

6 – Cent soixante-quatre livres dans le domaine des *"gender studies"*, mais seulement un sur les femmes au Pérou.

NOTES (suite)

Les années quatre-vingt-dix ont vu apparaître un nouveau mouvement / phénomène (quelque peu puriste) appelé *Political Correctness* (PC). Ce mouvement s'attaque à tout ce qui peut être considéré, de près ou de loin, comme sexiste ou raciste, ou injuste envers certaines catégories de personnes – les handicapés, les homosexuels, par exemple – surtout dans le langage. Cependant, alors que l'intention de départ était des plus louables, le *political correctness* a également entraîné de nouveaux abus et intolérances. Quelques exemples de changement de vocabulaire :

Black → *African-American*
handicapped → *physically challenged*

*****

Fill in the missing words

1 *L'homme dont le chien m'a mordu a besoin d'un médecin.*
The man ..... dog bit .. .. doctor.

2 *T'ont-ils demandé mon adresse ?*
Did .... ask ... ... my address?

3 *De combien de tomates avons-nous besoin ?*
... . tomatoes do we ....?

4 *Combien d'argent a-t-il ? – Au moins mille dollars !*
... . money has he got ? – .. ..
.... dollars!

Les mots qui manquent :
1 whose, me needs a **2** they, you for **3** How many, need **4** How much, At least one thousand.

Deuxième vague : Fifty-third Lesson

Hundred and third Lesson

A Hypocondriac Visits Her Chiropractor (1)

1 – Okay, Mrs. Goldstein, where does it hurt this time? You've come to see me three times this week already. And as much as you know I like treating you, I'm just a bit sceptical about the seriousness of your ailment. **(2)(3)(4)**

2 – Doctor Calder, how dare you imply that I'm faking it? You know I have a chronic lower back problem. I've been coming to see you regularly for ten years now, since Herb's hernia operation, or was it since my second hysterectomy? **(5)(6)(7)(8)**

PRONUNCIATION
Haïpoko-ndriak ... kaïroprakte-r 1 ... goldstii-n ... skeptikel ... 2 ...
Histerektomi

NOTES

(1)   Bien que souvent peu appréciés par les diverses catégories de médecins, les ostépathes jouent un rôle important dans la vie quotidienne des Américains. Tous les jours, des millions d'entre eux se précipitent en effet chez leur *chiropractor* parce qu'ils souffrent du dos ou se sont froissé un muscle...

(2)   *To hurt* : faire mal (à), faire du tort à / nuire à, blesser. *My knees hurt* (J'ai mal aux genoux) ; *Does it hurt?* (Est-ce que ça fait mal?); *The things she said hurt his reputation; She didn't get hurt in the car accident* (Elle n'a pas été blessée dans l'accident de voiture).

(3)   Vous le savez maintenant, *much* se rapporte à un nom singulier, et *many* à un nom pluriel. *As much* as et *as many as* se traduisent tous deux par "autant de... que" : *He has as much money as you* (Il a autant d'argent que toi) ; *I read as many books as you* (J'ai lu autant de livres que toi).

(4)   Le suffixe *-ness* permet de former des noms abstraits à partir d'adjectifs : *serious / seriousness* ; *kind / kindness* ; etc.

Cent-troisième leçon

Une hypocondriaque chez (visite) son ostéopathe

1 – Bon, Madame Goldstein, où est-ce que ça fait mal cette fois-ci ? Vous êtes venue me voir trois fois déjà, cette semaine. Et bien que j'aime beaucoup vous soigner (autant que vous savez que j'aime vous traiter), je suis simplement un peu sceptique pour ce qui est de la gravité (du sérieux) de votre maladie.

2 – Docteur Calder, comment osez-vous insinuer que je fais semblant ? Vous savez que j'ai un problème chronique dans le bas du dos. Je viens vous voir régulièrement depuis dix ans maintenant, depuis que Herb a été opéré d'une hernie (l'opération de la hernie de Herb), ou était-ce depuis ma deuxième hystérectomie ?

NOTES (suite)

(5) *To fake* signifie "faire semblant" ; *a fake* est un faux ; et l'adjectif *fake* signifie, comme vous vous en doutez, "faux, fausse" : *You're faking!* (Tu fais semblant !) ; *This painting is a fake* (Ce tableau est un faux) ; *I only can afford fake diamonds* (Je ne peux me permettre que de faux diamants). *A faker* est quelqu'un qui fait semblant.

(6) Rappel : le *present perfect* progressif, employé avec *for* et *since*, correspond en français au présent avec "depuis" : *He has been singing for two hours* (Il chante depuis deux heures) ; *I have been working since seven AM* (Je travaille depuis sept heures du matin).

(7) Souvenez-vous que *for* exprime une durée, alors que *since* indique un point de départ : *He has been singing for two hours* (durée = 2 heures) ; *I have been working since seven AM* (point de départ = sept heures du matin).

(8) *Now*, vous le savez, signifie "maintenant, à présent". Apprenez également ces quelques expressions : *Now or never* (Maintenant ou jamais) ; *Now and again / Now and then* (De temps à autre / De temps en temps). Sachez d'autre part que *now* est un petit mot que l'on ajoute ici et là sans qu'il ait un sens précis : *Bye, now.* (Bon, ben, au revoir), etc.

3 – Whatever. **(9)**

4 – My third vertebra is acting up again and I'm in agony. I was vacuuming the bedroom when I spotted Herb's boxer shorts – the ones with the seahorses – curiously under the Lazy Boy reclining chair, next to my pride and joy, the Stairmaster. So, I stooped down to pick them up and that's when I heard the crunch in my back. The third vertebra again. **(10)(11)(12)(13)(14)**

5 – Mrs. Goldstein, open your mouth wide please and say "aaahhh."

6 – Doctor, you're a chiropractor and it's my back that's killing me, so what's with the mouth and the stethoscope? **(15)**

4 ... **ver**tebra ... **va**kioumi-ng ... 5 ... **gold**stiin ...

NOTES (suite)

(9) *Whatever* est un de ces mots qui, selon le contexte, se traduisent de manière différente : (tout) ce que ; quoi que ; n'importe quoi ; peu importe. Quelques exemples : *Eat whatever you want* (Mangez ce que vous voulez) ; *Whatever you say, he disagrees* (Quoi que vous disiez, il n'est pas d'accord) ; *I'll take a cheese sandwich or whatever.* (Je prendrai un sandwich au fromage ou n'importe quoi d'autre)...

(10) *To act* : agir, ou encore jouer – dans le sens de "faire du théâtre", cf. *an actor* (un acteur). *To act up* signifie "faire des siennes", "se comporter de manière voyante, indisciplinée". Ce verbe est généralement employé pour décrire le comportement d'un enfant, mais on peut aussi dire *My backache is acting up again* (Mon mal de dos se fait à nouveau sentir / se manifeste à nouveau) ou *The carburator of my car is acting up again* (Le carburateur de ma voiture fait encore des siennes).

(11) Répétons-le une nouvelle fois, les Étasuniens ont un goût prononcé de l'exagération. De plus, leur tolérance de la douleur est plus que limitée... d'où l'emploi d'expressions telles que *I'm in agony*, etc. pour des douleurs qui peuvent être très relatives.

3 – Peu importe.

4 – Ma troisième vertèbre se manifeste à nouveau et je meurs de douleur (j'agonise). J'étais en train de passer l'aspirateur dans la chambre à coucher quand j'ai vu (localisé) le caleçon de Herb – celui avec les hippocampes – curieusement [déposé] sous le fauteuil multi-positions "Lazy Boy", à côté de ma grande fierté, le "StairMaster". Alors je me suis baissée pour le ramasser et c'est là que j'ai entendu le craquement dans mon dos. À nouveau la troisième vertèbre.

5 – Madame Goldstein, ouvrez bien grand la (votre) bouche, s'il vous plaît, et dites "aaahh".

6 – Docteur, vous êtes ostéopathe, et c'est mon dos qui me fait souffrir (me tue), alors pourquoi la bouche et le stéthoscope ?

NOTES (suite)

(12) L'intérieur américain est généralement aménagé de manière très confortable. Ainsi, le *Lazy Boy*, marque de fauteuils très populaire, est devenu le terme générique pour les fauteuils à positions multiples et confortablement rembourrés. Quant aux *"Stairmasters"*, ce sont des appareils destinés à l'exercice physique, sur lesquels on peut faire du jogging et monter / descendre des marches pour se maintenir en forme.

(13) Le *pride and joy* (littéralement "fierté et joie") de quelqu'un est ce qu'il aime le plus au monde, ce qui fait toute sa fierté ...

(14) Le mot *crunch* est ici employé dans le sens de "craquement". *To crunch* signifie croquer, broyer avec les dents, etc.

(15) *What's with...?* est une version écourtée de *What is the story with ...? What is the matter with ...?*, ou encore *What is the progress with...?* (Que devient ... ? / Quoi de neuf avec ... ? etc.)

7 – Just a theory, Mrs. Goldstein. Based on
my diagnosis, I prescribe a baby aspirin
twice a day and two weeks in Florida...
(16)

8 – Doctor Calder, I'm getting a second
opinion! **(17)**

7 ... **Ziori** ... **da** ï **agno**ssiss ...

NOTES (suite)

(16) Les Étasuniens sont de gros consommateurs d'aspirine et
autre substances destinées à soulager la douleur. De plus,
les cardiologues américains recommandent depuis
quelques années la prise quotidienne de faibles doses
d'aspirine (d'où *baby aspirin* – aspirine pour nourrissons)
pour prévenir l'occlusion artérielle entre autres. Sachez
par ailleurs que les médicaments achetés sans
ordonnance (*without a prescription*) sont appelés "*over
the counter medicine*" ou "*drugs*" (médicaments par-
dessus le comptoir).

(17) La "*second opinion*" (deuxième avis) est une habitude très
américaine tant dans le domaine médical que juridique.

*****

Exercise
1 Where does it hurt? 2 I'm a bit sceptical about the
painting. I think it's a fake. 3 Herb was vacuuming the
living-room carpet when he heard the baby cry. 4 As much
as I love to cook pasta, I prefer when others cook for me.
5 – Do you want the chicken or the lamb? – Whatever.

Exercice
1 Où est-ce que ça fait mal ? 2 Je suis un peu sceptique
quant au tableau. Je crois que c'est un faux. 3 Herb était en
train de passer l'aspirateur sur la moquette du salon quand
il entendit le bébé pleurer. 4 Pour autant que j'aime faire
(cuire) des pâtes, je préfère quand les autres font la cuisine
pour moi. 5 – Voulez-vous du poulet ou de l'agneau ?
– Peu importe.

7 – Juste une théorie, Madame Goldstein. Selon mon diagnostic, je prescris une aspirine pour nourrissons (bébé aspirine) deux fois par jour et deux semaines en Floride...

8 – Docteur Calder, je vais demander un deuxième avis !

WHERE DOES IT HURT?

Fill in the missing words

1 *Mon doigt me fait mal depuis plusieurs jours.*
   My finger ... ... several days.

2 *Mon pied gauche se manifeste à nouveau.*
   My left .... is .... again.

3 *Je vais demander un deuxième avis à l'avocat de Jack.*
   I'm .... a second .... from Jack's
   ......

4 *J'ai lu autant de revues que toi.*
   I .... magazines as you.

5 *Soyez gentil (Montrez un peu de gentillesse) et allez me chercher une aspirine pour nourrissons.*
   Show a little .... and get me a ....
   ...., please.

Les mots qui manquent :
1 has been hurting me for 2 foot, acting up 3 getting, opinion, lawyer 4 read as many 5 kindness, baby aspirin

Deuxième vague : Fifty-fourth Lesson

Hundred and fourth Lesson

Congratulations, You're Now an American! (1)

1 – Ladies and Gentlemen, welcome to the
annual swearing-in ceremony for all new
naturalized citizens of the United States.
As you know, you all have successfully
completed the qualification process and
have been approved to receive full
citizenship of this country. We are proud
to add you to the ranks of the American
people. Please rise, place your right hand
on your heart, and repeat after me.
(2)(3)(4)(5)(6)

2 "I pledge allegiance to the flag of the
United States of America." **(7)**

3 – I pledge allegiance to the flag of the
United States of America.

PRONUNCIATION

1 ... souèri-ng **i-n** ... kom**pli**ted ... koualifikèïcheu-n ... eprouvd
... **ris**sive ... **ko**-ntri ... **pra**od ...dzi e**mè**rike-n **pi**pel ... Hart ...
ri**piit** ... 2 aï plèdj allidje-nss ...

NOTES

(1) Pour dire de quelqu'un qu'il est de telle ou telle
nationalité, il faut toujours faire précéder ladite
nationalité de l'article *a(n)*.

(2) *To swear* : jurer. "*Swear words*" sont les gros mots. *To be
sworn in* : prêter serment. *To swear in* : assermenter.
Quelques exemples : *I swear I didn't do it!* (Je jure que je
ne l'ai pas fait !) ; *The jury has just been sworn in* (Le
jury vient de prêter serment).

(3) *To complete* : compléter ou achever. *He would like to
complete his stamp collection* (Il aimerait compléter sa
collection de timbres) : *She completed this painting in
1955* (Elle a achevé ce tableau en 1955).

Cent-quatrième leçon

Félicitations, maintenant vous êtes Américain !

1 – Mesdames et Messieurs, bienvenue à la cérémonie annuelle de prestation de serment pour tous les citoyens des États-Unis nouvellement naturalisés. Comme vous le savez, vous avez tous passé avec succès les différentes étapes de la naturalisation (achevé avec succès le processus de qualification) et votre candidature pour obtenir la citoyenneté de ce pays a été acceptée (et avez été approuvés pour recevoir la pleine citoyenneté de ce pays). Nous sommes fiers de vous compter (ajouter) dans les rangs du peuple américain. Veuillez vous lever, placer votre main droite sur votre cœur et répéter après moi :

2 "Je prête serment d'allégeance au drapeau des États-Unis d'Amérique"

3 – Je prête serment d'allégeance au drapeau des États-Unis d'Amérique

NOTES (suite)

(4) Rappel : *a process* est un processus, mais un procès se dit *a trial*.

(5) *To approve* : approuver, ratifier, homologuer, agréer (un contrat... "Approbation" se dit *approval* (pron. "epr**ou**vel").

(6) *The people* (avec l'article) signifie "le peuple" et englobe tous les citoyens d'un pays. Quant à *people* sans article, ce sont simplement " les gens".

(7) *To pledge* signifie "engager (sa parole) ; faire vœu, faire promesse de ...". *The Pledge of Allegiance* est le serment par lequel on voue obéissance au drapeau des États-Unis. Le drapeau américain est présent dans toutes les salles de classe des écoles publiques américaines, et dans bon nombre d'écoles les enfants récitent le *Pledge of Allegiance* tous les matins avant de commencer la classe.

4 – "And to the Republic for which it stands, one nation, under God, indivisible, with liberty and justice for all." **(8)(9)**

5 – And to the Republic for which it stands, one nation, under God, indivisible, with liberty and justice for all.

6 – By the power entrusted to me from the President of the United States, I officially declare all of you, as of this moment, noon on May 14th 2001, to be full-fledged citizens of the United States. Congratulations. **(10)(11)**

4 re**peu**blik ... i-ndi**vi**zibel ... **6** ... foull **flè**djd ...

NOTES (suite)

(8) Le sens premier de *to stand* est "être debout", "se tenir debout". *To stand for something* ou *stand up for something* ou *someone* signifie "défendre, soutenir quelque chose" ou encore "tenir lieu de, signifier, représenter quelque chose". Notez également "*to take a stand*" : prendre position.

(9) *Liberty* et *freedom* sont tous deux synonymes de liberté. À propos, saviez-vous que la célèbre Statue de la Liberté fut offerte par le gouvernement français au gouvernement américain en 1812 comme cadeau d'amitié ? Elle se trouve au bout de Hudson River à l'entrée du port de New York, entre Manhattan et New Jersey, non loin de la célèbre Ellis Island, lieu de débarquement de la plupart des immigrants de l'époque. Le grand poème d'Emma Lazarus "The New Colossus" (Le Nouveau Colosse) commémore la tradition d'accueil aux étrangers. Il est gravé dans le bronze à l'entrée de la statue. Cette politique favorisant l'accueil des étrangers est à l'origine de ce que l'on appela plus tard le *melting pot* (creuset) des cultures, nationalités et religions.

(10) *To entrust someone with something* : charger quelqu'un d'une tâche, investir quelqu'un (d'une mission, par exemple) etc. *To be entrusted* : être chargé de... Souvenez-vous que *trust* signifie "confiance".

4 – "et à la république qu'il représente, une nation, sous [la protection de] Dieu, indivisible, apportant (avec) liberté et justice pour tous."

5 – Et à la république qu'il représente, une nation, sous [la protection de] Dieu, indivisible, apportant (avec) liberté et justice pour tous.

6 – En vertu du (par le) pouvoir dont m'a investi le Président des États-Unis, je vous déclare tous officiellement, à partir du moment présent, midi, le 14 mai 2001, citoyens des États-Unis à part entière. Félicitations.

THE AMERICAN FLAG CONTAINS FIFTY STARS AND FOURTEEN STRIPES.

NOTES (suite)

(11) Au sens premier, *full-fledged* s'emploie pour les oiseaux dont les ailes ont fini de pousser, sont entièrement développées. Par extension, un *"full-fledged"* capitaine de bateau ou pilote d'avion a ses *"wings"* (ailes), c'est-à-dire l'insigne représentant les ailes sur son uniforme. Il est donc qualifié pour naviguer ou piloter. Cet adjectif est synonyme de "complet, à part entière, qui a de l'expérience", "qui est tout à fait qualifié"...

7 As I call your name, please step forward
to receive your naturalization certificate.
And then proceed to the reception tent, to
your far right, for a welcoming drink
generously provided by the Citrus Fruit
Growers of America. **(12)(13)(14)(15)**

8 Mr. Kim Tran Kim, Ms. Hortensia
Jardinero, Mr. Boris Yazmenskenko, Mr.
and Mrs. Yuri and Yasmina Goshengarian ...

7 ... certifikett ...

NOTES (suite)

(12) *A step* est un pas (ou une marche d'escalier) ; *step by step* :
pas à pas ; *to take a step* : prendre des mesures ; ou *take
a wrong step* : faire une erreur ; *to step forward/back* :
faire un pas en avant / en arrière – avancer / reculer.

(13) *To proceed* : poursuivre, continuer (quel que soit le type
d'action : parler, marcher, etc.). *Your comments are very
interesting! Please proceed.* (Vos commentaires sont très
intéressants! Veuillez poursuivre, s'il vous plaît.)

(14) *A tent* est aussi bien une tente de camping qu'un chapiteau.

*****

Exercise
1 Congratulations, you're now a graduate of Harvard. **2** We
have been approved for a house loan. **3** By the time Brad
was 18 he was a full-fledged pilot in the Air Force. **4** Ms.
Jardinero, step forward, please. I have a present for you.
5 The American flag contains fifty stars and fourteen stripes.

Exercice
1 Félicitations, vous êtes à présent diplômé de Harvard.
2 On nous accorde un crédit immobilier. **3** Au moment où
Brad a eu 18 ans il était pilote à part entière dans l'Air
Force. **4** Mme Jardinero, faites un pas en avant, s'il vous
plaît. J'ai un cadeau pour vous. **5** Le drapeau américain
comporte cinquante étoiles et quatorze rayures.

7 À l'appel de votre nom (quand j'appelle votre nom), veuillez s'il vous plaît vous avancer pour recevoir votre certificat de naturalisation. Vous pourrez ensuite vous rendre sous (poursuivre dans) le chapiteau de réception tout à fait à droite pour une boisson de bienvenue généreusement offerte par les producteurs d'agrumes d'Amérique.

8 M. Kim Tran Kim, Mme Hortensia Jardinero, M. Boris Yazmenskenko, M. et Mme Yuri et Yasmina Goshengarian ...

NOTES (suite)

(15) Le sens premier de *far* est "loin" : *Do you live far from here?* (Habitez-vous loin d'ici ?). En tant qu'adjectif, *far* se traduit également par "lointain, extrême, tout à..." : *the Far East* (l'Extrême-Orient) ; *the far right/left* (l'extrême droite / gauche). *Far* fait aussi partie de diverses expressions dont : *as far as I remember* (autant que je me souvienne) ; *as far as I'm concerned* (en ce qui me concerne) ; *far away* (très loin). Notez aussi que *far* + comparatif donne l'idée de "bien plus" : *She's far more intelligent than him* (Elle est bien plus intelligente que lui).

Fill in the missing words

1 *Nous avons loué le chapiteau pour le mariage.*
We ...... the .... for the wedding.

2 *Il jure qu'il ne l'a pas fait.*
He ...... he didn't .. ...

3 *Bien que le propriétaire soit Britannique, la société est américaine.*
Although the ..... is ...., the company is
....

4 *Félicitations, vous avez été élu président !*
...............! You've .... president!

Les mots qui manquent :
1 rented, tent **2** swears, do it **3** owner, British, American
4 Congratulations, been elected.

Deuxième vague : Fifty-fifth Lesson

Hundred and fifth Lesson

"Breaking Up is Hard to Do" (1)

1 Goodbyes are always difficult and this
   one is no exception. So I'll try not to be
   too sappy. But, you know how
   sentimental Americans can be! (2)

2 We've spent nearly four beautiful months
   together, some thirty minutes each day, and
   I guess you could say that we've gotten
   kind of attached to each other. (3)(4)

3 I'll miss the way you come back to me
   every evening after dinner or each
   morning before work, and faithfully pick
   me off the shelf or your night table,
   gently crack me open to the next lesson,
   and read and repeat the words that I am
   made of, the sentences that I form, the
   dumb little jokes that I love to tell...

PRONUNCIATION
2 ... iitch-odzer   3... fèïZfoulli ...

NOTES

(1) Notre titre est aussi celui d'une chanson qui connut un
     grand succès dans les années soixante. *To break up* (ou *to
     split up*) signifie "se séparer", aussi bien pour un couple
     que pour les associés, dans une entreprise par exemple.

(2) *Sappy* vient de *sap (sève)* et signifie "très sucré" – au
     sens figuré, cet adjectif est synonyme de "très
     sentimental", "très nostalgique", presque à l'excès.

(3) Vous connaissez déja *some* et la plupart des sens de ce
     petit mot : du, de la, des – que nous avons vu dès les
     premières leçons ; "certains, certaines" ; ou encore
     "quelques-uns, quelques-unes", etc. Ici, *some* se traduit

Cent-cinquième leçon

Pour cette ultime leçon, nous nous sommes permis de vous présenter une traduction libre, sans parenthèses ni crochets. Pas de doute, vous comprendrez !

Difficile de se quitter

1 Les au-revoir sont toujours difficiles, et celui-ci n'est pas une exception. Alors je vais essayer de ne pas être trop niais. Mais vous savez combien les Étasuniens peuvent être sentimentaux !

2 Nous avons passé environ quatre mois merveilleux ensemble, quelque trente minutes chaque jour, et je suppose qu'on peut dire que nous nous sommes en quelque sorte attachés l'un à l'autre.

3 La manière dont vous revenez à moi tous les soirs après le dîner ou tous les matins avant le travail va me manquer, de même que la manière dont vous me retirez fidèlement de l'étagère ou de votre table de chevet, la manière dont vous m'ouvrez en faisant doucement craquer ma couverture pour découvrir la leçon suivante, la manière dont vous lisez et répétez les mots dont je suis fait, les phrases que je forme, les petites blagues bêtes que j'aime tant raconter...

NOTES (suite)

tout simplement par "quelque". Autre exemple : *Some hundred people came to her party* (Quelque cent personnes sont venues à sa fête).

(4) *Each other* (synonyme *one another*) : l'un (à) l'autre, les uns les autres... En français, *each other* est souvent remplacé par un pronom réfléchi qui a le même sens : *They like each other / one another* : Ils s'aiment bien (sous-entendu "l'un l'autre " ou "les uns les autres").

4 I know that some of you jumped ahead a
few lessons or skipped a few days, and
others didn't put in the full thirty minutes
or cheated on the exercises, but I always
understood, and I knew deep in my heart
that you'd be coming back, that you'd be
making it to the end. I believed in you from
the start, and I'm proud as any teacher or
parent or good friend would be in the fine
progress you've achieved. **(5)(6)**

5 And remember, you did it yourself – with
just a wee bit of help from the sidelines.
(7)(8)

6 So stand up and take a bow. **(9)**

7 I wish you all the best of everything out
there in the world where American English
has become so important. I'm sure you're
ready for the challenge. As they say to
actors and actresses in Hollywood and on
Broadway: "Break a leg," which means
nothing more than "Good luck!."

4 ... e**Hèd** ... **skip**t e fi**ou** ... **tchi**ited ... bi**lii**vd ... et**chii**vd ... **6** ... **ba**ou
... **7** ... **tcha**lle-ndj ... **ak**terz ... **ak**tressez ... **brè**ïk e **lèg** ... **no**Zi-ng ...

NOTES (suite)

(5) *To put in* (littéralement "mettre dedans") : ajouter,
contribuer, consacrer (du temps ...), investir (en temps, en
argent) ... *She put in a thousand dollars* (Elle a fait une
contribution de mille dollars). *I put in six hours into the
project* (J'ai consacré six heures à ce projet).

(6) *To make it* signifie "réussir" : *Congratulations, you've
made it!* (Félicitations, tu as réussi !) *I want to make it
big!* (Je veux faire une super réussite !) Dans certains cas,
on peut aussi le traduire par "l'avoir" ou " y arriver" : *It's
too late, I won't make it!* (Il est trop tard, je ne vais pas y
arriver !) ; *My train leaves in five minutes – I won't make
it!* (Mon train part dans cinq minutes – je ne vais pas
l'avoir !).

4 Je sais que certains d'entre vous ont sauté quelques leçons ou omis de travailler pendant quelques jours, d'autres n'ont pas consacré les trente minutes prévues à leur étude quotidienne ou ont triché pour les exercices, mais j'ai toujours compris, et je savais tout au fond de mon cœur que vous reviendriez, que vous parviendriez au bout. J'ai cru en vous dès le début, et je suis aussi fier que n'importe quel maître, parent ou ami en voyant les jolis progrès que vous avez faits.

5 Et souvenez-vous, vous avez fait ça tout seul – avec juste un tout petit peu d'aide apporté par les notes.

6 Alors levez-vous et saluez le public.

7 Je vous souhaite tout ce qu'il y a de mieux, là-bas, dans ce monde où l'anglais-américain a pris une telle importance. Je suis certain que vous êtes prêts à relever le défi. Comme on dit aux acteurs et aux actrices à Hollywood et à Broadway : *"Break a leg!"*, ce qui veut tout simplement dire "Bonne chance !".

NOTES (suite)

(7) *A wee bit* : un tout petit peu (en langage familier).

(8) Dans le domaine du sport, et plus précisément dans celui du football américain, les *sidelines* est l'endroit, à l'extérieur du terrain de jeu lui-même, d'où l'entraîneur ou manager de l'équipe donne des conseils à ses joueurs. Le terme de *sidelines* s'emploie aussi au sens figuré. La traduction dépend du contexte. Ici, nous l'avons traduit par "les notes", puisqu'elles jouent un peu le rôle de l'entraîneur, celui qui donne des conseils à vous, les joueurs.

(9) *A bow* : s'incliner, faire la révérence. *To take a bow* : faire la révérence, s'incliner devant le public (pour les acteurs). Attention : *a bow* (prononcé **ba**ou) est une révérence, mais *a bow* (prononcé **bo**-ou) est un nœud – *a bow tie* est un nœud papillon.

8 So, have a nice life, and don't forget to write. You have my address; it's in the book. And, who knows, maybe we'll meet again when you're ready to climb a new mountain. **(10)**

9 Yours truly, *The Book*

10 P.S. Does anyone have a handkerchief?

8 ... **klaïm** ... **maounte**-n ... 10 ... **Hè-ng**keurtchiif

NOTES (suite)

(10) Les expressions avec *to have* sont trop nombreuses pour que nous vous les donnions toutes. Sachez simplement que *Have a good time!* = Amusez-vous bien ! *Have a nice weekend!* = Passez un bon week-end !, etc. *"Have a"* correspond, dans ce cas, à un souhait que l'on émet à l'intention de quelqu'un.

*****

Exercise

1 American films tend to be sentimental. **2** Jack and Jill were devoted to each other. **3** Barney loves to tell dirty jokes. **4** Don't tell your friends to "Break a leg" when they leave for a skiing trip. **5** Have a nice time at the English As a Second Language convention in Sydney. **6** See you later, alligator! – In a while, crocodile!

Exercice

1 Les films américains tendent à être sentimentaux. **2** Jack et Jill étaient dévoués l'un envers l'autre. **3** Barney adore raconter des blagues cochonnes. **4** Ne dites pas à vos amis de "Break a leg" (Casser une jambe) quand ils partent pour un séjour au ski. **5** Amusez-vous bien à la convention sur l'anglais comme seconde langue, à Sydney. **6** À la revoyure ! (Je te vois plus tard, alligator !) – À bientôt ! (Dans un moment, crocodile !)

8   Alors, heureuse vie à vous, et n'oubliez pas
d'écrire. Vous avez mon adresse ; elle est
dans le livre. Et, qui sait, peut-être nous
rencontrerons-nous à nouveau, lorsque vous
serez prêts à gravir une nouvelle montagne.

9   Bien à vous, *Le Livre*

10 P.S. : Est-ce que quelqu'un a un mouchoir ?

*****

Fill in the missing words

1   *Les adieux sont toujours difficiles.*
Goodbyes are . . . .

2   *Elle savait tout au fond de son cœur qu'elle réussirait.*
She knew deep in her . . . . . that she'd . . . .

3   *Veuillez vous lever et faire la révérence.*
Please . . . . and take a . . . .

4   *Merci pour le mouchoir !*
. . . . for the . . . . !

5   *Bonne chance ! Passez une bonne journée.*
. . . . . a . . . ! . . . . . nice day.

Les mots qui manquent :
1 always difficult **2** heart, succeed **3** stand up, bow **4** thank you,
handkerchief **5** break, leg, have a

Deuxième vague : Fifty-sixth Lesson

*Votre première vague s'achève ici. Bravo encore pour
votre persévérance et soyez certain que vos efforts seront
récompensés. Il me reste à vous souhaiter une bonne
continuation et... n'oubliez pas de continuer la deuxième
vague jusqu'à la dernière leçon !*

BREAKING UP IS HARD TO DO

Appendice grammatical

Sommaire

Les points essentiels de la grammaire ont été abordés au fil des leçons. L'index grammatical vous aidera à les retrouver. Nous nous contenterons donc ici de résumer et compléter certaines explications.

1. L'article

• **L'article indéfini** (un / une) – ***a* devant une consonne, *an* devant une voyelle :**

a cat (un chat)   *an eagle* (un aigle)
an American cat   *a huge eagle*
  (un chat américain)   (un aigle immense)

Dans certains cas, la prononciation modifie cette règle, par exemple quand l'article précède un ***h* muet** :
an hour (une heure – pron. "e-**na**oue-r")
an honest man (un homme honnête – "e-**n**onest")

L'article indéfini ***a* / *an* n'a pas de pluriel** :
cats (des chats)   *American cats* (des chats américains)

• **L'article défini *the*** (le / la / les) **:**
the car (la voiture)   *the dog* (le chien)
the cars (les voitures)   *the dogs* (les chiens)

Attention ! *The* se prononce "dze" devant une consonne et "dzi" devant une voyelle ou un *h* muet.

• Lorsqu'on exprime une **généralisation**, on omet l'article défini *the* :
I hate cheese (Je déteste *le* fromage)
I love red cars (J'aime *les* voitures rouges)
Elephants are big animals (*Les* éléphants sont de grands animaux)

• De même, on omet généralement l'article *the* dans les cas suivants :

- **Noms propres à la forme possessive**
Jane's house (*La* maison de Jane)
Tarzan's coat (*Le* manteau de Tarzan)

- Titres suivis d'un nom propre
President Clinton (*le* président Clinton)
Doctor Spot (*le* docteur Spot)
Prince Charles (*le* prince Charles)

- Les sports
Alex loves basket-ball (Alex adore *le* basket-ball)

- Les repas
Lunch will be served at noon (*Le* déjeuner sera servi à midi)

- Les noms de langues
Spanish and Italian have common roots (*L*'espagnol et *l*'italien ont des racines communes)

- Les noms de pays, exception faite des noms pluriels et des pays qui contiennent un nom commun
China (*la* Chine)   *Guatemala* (*le* Guatemala)
mais
the United States (*les* États-Unis, pluriel)
the United Kingdom (*le* Royaume-Uni, nom commun)

2. Le pluriel des noms

• Dans la majorité des cas, le pluriel se forme en ajoutant un *-s* au singulier :
chair – chairs   *house – houses*   *day – days*

• Les mots se terminant en *-s*, *-sh*, *-ch*, *-x*, ainsi que certains mots en *-o*, forment leur pluriel en *-es* :
bus – buses   *bush – bushes*   *lunch – lunches*
fox – foxes   *tomato – tomatoes*   *potato – potatoes*

• Les mots se terminant par *-y précédé d'une consonne* forment leur pluriel en *-ies* :
puppy – puppies   *mystery – mysteries*

• Certains noms en *-f* forment leur pluriel en *-ves* :
half – halves   *calf – calves*
self – selves   *shelf – shelves*
knife – knives   *wife – wives*   *life – lives*
wolf – wolves   *loaf – loaves*
thief – thieves   *leaf – leaves*

Les autres mots en *-f* prennent simplement un *-s* au pluriel.

• Quelques pluriels irréguliers :

child – children	*woman – women*
man – men	*mouse – mice*
foot – feet	*tooth – teeth*
analysis – analyses	*crisis – crises*

Rappel : les vêtements "à deux jambes" sont toujours au pluriel – *shorts, pants, jeans...*

3. L'adjectif épithète

Souvenez-vous : un adjectif épithète qualifie un nom (ou un pronom) et n'est pas relié au nom par un verbe.

• L'adjectif épithète se place **toujours devant le nom** qu'il qualifie :
a great film (un film génial)
a very nice hotel (un hôtel très agréable)
a big expensive foreign car (une voiture étrangère grande et chère)

• Les adjectifs ne prennent **jamais d's** au pluriel :
great films – very nice hotels – big expensive foreign cars

4. Les temps et leurs correspondances françaises

• **Le présent simple**

Exemple : *to smile* (sourire)

Forme affirmative	Forme interrogative	Forme négative
I smile	**do** I smile?	I **do not / don't** smile
you smile	**do** you smile?	you **do not / don't** smile
he / she / it smile**s**	**does** he / she / it smile?	he... **does not / doesn't** smile
we smile	**do** we smile?	we **do not / don't** smile
you smile	**do** you smile?	you **do not / don't** smile
they smile	**do** they smile?	they **do not / don't** smile

Remarques :
- Attention au **-s de la 3ᵉ personne du singulier** – à la forme affirmative, il vient s'ajouter à la fin du verbe ; aux

autres formes il se trouve dans l'auxiliaire (*does*).

- On ajoute **-es** à la 3e personne du singulier après -*s*, -*sh*, -*ch* et -*x* : *he passes, she pushes, it matches, he relaxes*.

- Les verbes terminés en **-y précédé d'une consonne** donnent **-ies** à la 3e personne du singulier : *to try → she tries* ; les autres verbes en **-y** suivent la règle habituelle : *to say → she says...*

• Le présent progressif

Il se forme avec *to be + ...-ing* : *she is / she's smiling, they are laughing...*

Remarques :
- Le présent progressif s'emploie pour indiquer qu'une action est en train de se dérouler au moment où l'on parle.
- Certains verbes n'ont pas de forme progressive, comme par exemple *want*. Pour ces verbes, on emploie donc toujours le présent simple, même si "l'action" a lieu au moment où l'on parle : *I want a hot coffee (now)* – Je veux un café chaud (maintenant).

• Le prétérit simple

Exemples : *to smile* (sourire) et *to begin* (commencer – irrégulier)

Forme affirmative	Forme interrogative	Forme négative
I smiled / began	**did** I smile / begin?	I **did not** smile / begin
you smiled / began	**did** you smile / begin?	you **did not** smile / begin
he... smiled / began	**did** he... smile / begin?	he... **did not** smile / begin
we smiled / began	**did** we smile / begin?	we **did not** smile / begin
you smiled / began	**did** you smile / begin?	you **did not** smile / begin
they smiled / began	**did** they smile / begin?	they **did not** smile / begin

Remarques :
- Le prétérit (*preterit*) correspond selon le contexte au **passé composé**, à l'**imparfait** ou au **passé simple** français.
- La forme des verbes au prétérit est la même à toutes les personnes.
- La forme en -*ed* ne s'utilise qu'à l'affirmative.
- La différence entre verbes réguliers et irréguliers n'apparaît qu'à la forme affirmative.

- Pour les verbes se terminant par -*y* précédé d'une consonne, le -*y* devient -*i* : *to try → I tried* ; lorsque le -*y* suit une voyelle, on ajoute -*ed* sauf pour *to say → said*, *to pay → paid* et *to lay → laid*.

• Le prétérit progressif

Il s'emploie pour indiquer qu'une action était en train de se dérouler à un moment du passé.
On le forme avec *was / were + ...-ing* : *she was smiling, they were laughing*.

• Le futur

Tout comme en français, le futur peut être exprimé de trois manières différentes en anglais.

1) *will* + infinitif sans *to* = **futur simple français** (je sourirai, tu souriras...)

Forme affirmative	Forme interrogative	Forme négative
I **will** (ou **shall**) smile	**will** (**shall**) I smile?	I **will not** smile
you **will** smile...	**will** you smile?...	you **will not** smile...

Remarques :
- *Shall* est peu employé dans ce contexte en anglais américain.
- La contraction de *will* et *shall* est *'ll* : *I'll smile* (Je sourirai) ; celle de *will not* est *won't* : *I won't smile* (Je ne sourirai pas).

2) *going to...* = futur avec "aller" en français

Forme affirmative	Forme interrogative	Forme négative
I'm going to smile	Am I going to smile?	I'm not going to smile
(Je vais sourire)...	(Vais-je sourire ?)...	(Je ne vais pas sourire)...

3) **Futur exprimé par un présent**

a. Présent progressif pour exprimer un **avenir proche** : *What are you doing tomorrow?* (Que fais-tu demain ?)

b. Présent simple pour parler d'**horaires**, d'**activités qui se déroulent régulièrement** : *What time does the bus arrive?* (À quelle heure le bus arrive [sous-entendu "arrivera"] -t-il ?)

• Le futur antérieur

Il s'emploie comme en français pour parler de quelque chose **qui aura eu lieu** à un moment dans l'avenir.
Il se forme avec *will have* + **participe passé** :
*In a few months I **will have finished** this book* (Dans quelques mois j'aurai terminé ce livre)

• Le futur progressif

- Il s'emploie pour parler d'une action qui sera en train de se dérouler à un moment du futur.
- Il se forme avec *will be + ...-ing* :
Tomorrow morning I'll be jogging in Central Park (Demain matin je serai en train de faire du jogging à Central Park).
- Le futur progressif peut aussi s'employer pour demander quelque chose de manière polie à quelqu'un :
Will you be travelling alone? (Est-ce que vous voyagerez seul ?)
ou encore pour refuser quelque chose poliment :
I won't be coming to the party (Je ne viendrai pas à la fête).
- On emploie également le futur progressif pour parler d'un événement qui a déjà été programmé.
Ralph and Liza will be celebrating their tenth anniversary next month (Ralph et Liza vont célébrer leur dixième anniversaire de mariage le mois prochain)

• Le conditionnel présent

- Il se forme avec *would* + **infinitif sans** *to* :
I would not go to that restaurant even if they invited me (Je n'irais pas dans ce restaurant même s'ils m'invitaient).
- Le conditionnel présent s'emploie comme en français, **sauf** pour parler d'une supposition ou d'une information qui n'a pas encore été vérifiée ou confirmée :
Selon elle, David **serait** à New York → *According to her, David is in New York* (et non *David would be in New York*)
- La contraction de *would* est *'d*, celle de *would not*, *wouldn't* :
I would / I'd be glad to help you (Je serais heureux de vous aider) ; *He would not / wouldn't like her* (Il ne l'aimerait pas).

- Le conditionnel est souvent introduit par *if* + **prétérit** :
If I had enough money, I'd spend the summer in Jamaica (Si j'avais assez d'argent, je passerais l'été à la Jamaïque).

• **Le conditionnel passé**

- Il se forme avec ***would have*** + **participe passé** :

Forme affirmative	Forme interrogative	Forme négative
He would have smiled	Would he have smiled?	He would not have smiled
		He wouldn't have smiled

- Le conditionnel passé s'emploie comme en français, avec les mêmes exceptions que pour le conditionnel présent.
- Il est souvent introduit par *if* + *pluperfect* (plus-que-parfait) :
If he had smiled, I would have laughed (S'il avait souri, j'aurais ri).

• **Le *present perfect***

- Il se forme avec ***have / has*** + **participe passé** :

Forme affirmative	Forme interrogative	Forme négative
I have smiled	Have I smiled?	I have not smiled
		I haven't smiled

- On emploie le *present perfect* pour indiquer qu'il y a un rapport entre un événement passé et le présent :
*They can't come to see you because they **have had** a problem with their car* (Ils ne peuvent pas venir vous voir parce qu'ils ont eu un problème avec leur voiture).
(En revanche, lorsqu'il n'y a pas de lien entre le moment présent et une action passée, il faut employer le prétérit)

- On emploie également le *present perfect* avec des adverbes qui expriment ou sous-entendent l'idée de "jusqu'à présent" : *ever, never, already, yet, so far...* :
Has he ever been to India? (Est-il déjà allé en Inde ?) ; *I have never read that book* (Je n'ai jamais lu ce livre).
(En revanche, il faut employer le prétérit avec des mots ou expressions se rapportant à une période achevée : ***Last year I went** to Honolulu* (L'année dernière je suis allée à Honolulu)).

• Le *present perfect* progressif

- Il se forme avec **have / has been + ...-ing** :

Forme affirmative	Forme interrogative	Forme négative
I have been smiling	Have I been smiling?	I have not been smiling
		I haven't been smiling
He has been smiling	Has he been smiling?	He has not been smiling
		He hasn't been smiling

- On emploie le *present perfect* progressif pour parler de faits ou d'actions ayant commencé dans le passé et qui continuent dans le présent (ou qui viennent juste de s'achever) :
It has been snowing all night (Il a neigé toute la nuit).

- Le *present perfect* progressif s'emploie également avec *for* et *since*, là où le français emploie le présent suivi de "depuis" :
*They **have been working for** nine hours* (Ils travaillent depuis neuf heures) ; *She **has been reading since** noon* (Elle lit depuis midi).

• Le *pluperfect*

Il se forme avec **had + participe passé** :
He had come to see me (Il était venu me voir) et correspond généralement au plus-que-parfait français.

Attention : "Je venais de... / tu venais de..." se traduit par *I had just / you had just* + participe passé. Exemple :
*She **had just left** her apartment when the phone rang* (Elle venait de sortir de son appartement lorsque le téléphone sonna).

• Le *pluperfect* progressif

Il se forme avec **had been + ...-ing**, avec le plus souvent *for* et *since*, et correspond alors à l'imparfait français avec "depuis" :
*It **had been raining** for hours* (Il pleuvait depuis des heures) ; *It **had been raining** since the day before* (Il pleuvait depuis la veille).

5. Les verbes irréguliers

Voici la liste des verbes irréguliers les plus courants. Il existe parfois une "différence d'irrégularité" entre l'anglais britannique et l'anglais étasunien.
Nous nous contenterons ici de vous donner la seconde version.
Les traductions sont données à titre indicatif car, selon le contexte, un verbe peut se traduire de différentes façons.

Infinitif	Traduction	Prétérit	Participe passé
abide	*(supporter, se conformer)*	abode	abided
arise	*(surgir)*	arose	arisen
awake	*(s'éveiller)*	awoke, awaked	awoken
bear	*(porter)*	bore	borne
beat	*(battre)*	beat	beaten
become	*(devenir)*	became	become
befall	*(arriver)*	befell	befallen
beget	*(engendrer)*	begot	begotten
begin	*(commencer)*	began	begun
behold	*(apercevoir)*	beheld	beheld
bend	*(courber)*	bent	bent
bereave	*(priver)*	bereaved	bereft
beseech	*(implorer)*	besought	besought
bestride	*(chevaucher)*	bestrode	bestridden
bet	*(parier)*	bet, betted	bet, betted
bid	*(offrir)*	bid	bid
bid	*(commander)*	bade	bidden
bind	*(attacher)*	bound	bound
bite	*(mordre)*	bit	bitten
bleed	*(saigner)*	bled	bled
blow	*(souffler)*	blew	blown
break	*(casser)*	broke	broken
breed	*(élever)*	bred	bred
bring	*(apporter)*	brought	brought
broadcast	*(diffuser)*	broadcast	broadcast
build	*(construire)*	built	built
burn	*(brûler)*	burnt, burned	burnt, burned
burst	*(éclater)*	burst	burst
buy	*(acheter)*	bought	bought
cast	*(jeter)*	cast	cast

catch	(*attraper*)	caught	caught
chide	(*gronder*)	chid, chided	chid, chided
choose	(*choisir*)	chose	chosen
cleave	(*fendre*)	clove, cleft	cloven, cleft
cling	(*s'accrocher à*)	clung	clung
clothe	(*habiller*)	clothed	clothed
come	(*venir*)	came	come
cost	(*coûter*)	cost	cost
creep	(*grimper*)	crept	crept
crow	(*chanter* – coq)	crowed	crowed
cut	(*couper*)	cut	cut
dare	(*oser*)	dared	dared
deal	(*traiter*)	dealt	dealt
dig	(*fouiller*)	dug	dug
dive	(*plonger*)	dove	dived
draw	(*dessiner, tirer*)	drew	drawn
dream	(*rêver*)	dreamt, dreamed	dreamt, dreamed
drink	(*boire*)	drank	drunk
drive	(*conduire*)	drove	driven
dwell	(*demeurer*)	dwelt, dwelled	dwelt, dwelled
eat	(*manger*)	ate	eaten
fall	(*tomber*)	fell	fallen
feed	(*nourrir*)	fed	fed
feel	(*sentir*)	felt	felt
fight	(se *battre*)	fought	fought
find	(*trouver*)	found	found
fit	(*convenir, aller bien à*)	fit	fit
flee	(*s'envoler*)	fled	fled
fling	(*lancer*)	flung	flung
fly	(*voler*)	flew	flown
forbear	(*s'abstenir*)	forbore	forborne
forbid	(*interdire*)	forbade	forbidden
forget	(*oublier*)	forgot	forgotten
forgive	(*pardonner*)	forgave	forgiven
forsake	(*abandonner*)	forsook	forsaken
freeze	(*geler*)	froze	frozen
get	(*obtenir*)	got	gotten
gild	(*dorer*)	gilt, gilded	gilt, gilded
gird	(*ceindre*)	girt, girded	girt, girded
give	(*donner*)	gave	given
go	(*aller*)	went	gone
grind	(*grincer*)	ground	ground

grow	(*pousser*)	grew	grown
hang	(*pendre*)	hung, hanged	hung, hanged
hear	(*entendre*)	heard	heard
heave	(*lever*)	hove, heaved	hove, heaved
hew	(*tailler*)	hewed	hewn, hewed
hide	(*cacher*)	hid	hidden
hit	(*frapper*)	hit	hit
hold	(*tenir*)	held	held
hurt	(*blesser*)	hurt	hurt
keep	(*garder*)	kept	kept
kneel	(*s'agenouiller*)	knelt, kneeled	knelt, kneeled
knit	(*tricoter*)	knit, knitted	knit, knitted
know	(*savoir, connaître*)	knew	known
lay	(*coucher, poser*)	laid	laid
lead	(*mener*)	led	led
lean	(*s'appuyer*)	leant, leaned	leant, leaned
leap	(*sauter*)	leapt, leaped	leapt, leaped
learn	(*apprendre*)	learnt, learned	learnt, learned
leave	(*laisser*)	left	left
lend	(*prêter*)	lent	lent
let	(*laisser*)	let	let
lie	(*se coucher, être couché*)	lay	lain
light	(*allumer*)	lit, lighted	lit, lighted
lose	(*perdre*)	lost	lost
make	(*faire*)	made	made
mean	(*signifier*)	meant	meant
meet	(*rencontrer*)	met	met
melt	(*fondre*)	melted	melted, molten
mow	(*faucher*)	mowed	mown, mowed
pay	(*payer*)	paid	paid
plead	(*plaider*)	pled	pled
put	(*poser*)	put	put
quit	(*quitter*)	quit	quit
read	(*lire*)	read	read
rend	(*déchirer*)	rent	rent
rid	(*débarrasser*)	rid	rid
ride	(*monter à, chevaucher*)	rode	ridden
ring	(*sonner*)	rang	rung
rise	(*se lever*)	rose	risen
run	(*courir*)	ran	run

saw	(*scier*)	sawed	sawn, sawed
say	(*dire*)	said	said
see	(*voir*)	saw	seen
seek	(*chercher*)	sought	sought
sell	(*vendre*)	sold	sold
send	(*envoyer*)	sent	sent
set	(*mettre*)	set	set
sew	(*coudre*)	sewed	sewn, sewed
shake	(*secouer*)	shook	shaken
shear	(*tondre*)	sheared	shorn, sheared
shed	(*perdre, se défaire de, verser*)	shed	shed
shine	(*briller*)	shone	shone
shoe	(*chausser*)	shod, shoed	shod, shoed
shoot	(*abattre, tirer*)	shot	shot
show	(*montrer*)	showed	shown, showed
shrink	(*rétrécir*)	shrank, shrunk	shrunk, shrunken
shut	(*fermer*)	shut	shut
sing	(*chanter*)	sang	sung
sink	(*couler, sombrer*)	sank	sunk, sunken
sit	(*s'asseoir*)	sat	sat
slay	(*tuer*)	slew	slain
sleep	(*dormir*)	slept	slept
slide	(*glisser*)	slid	slid
sling	(*lancer*)	slung	slung
slink	(*s'en aller furtivement*)	slunk	slunk
slit	(*fendre*)	slit	slit
smell	(*sentir*)	smelt, smelled	smelt, smelled
smite	(*frapper*)	smote	smitten
sow	(*semer*)	sowed	sown, sowed
speak	(*parler*)	spoke	spoken
speed	(*aller vite*)	sped, speeded	sped, speeded
spell	(*écrire*)	spelt, spelled	spelt, spelled
spend	(*dépenser*)	spent	spent
spill	(*renverser*)	spilt, spilled	spilt, spilled
spin	(*filer*)	spun	spun
spit	(*cracher*)	spit	spit
split	(*se briser, fendre*)	split	split
spoil	(*abîmer*)	spoilt, spoiled	spoilt, spoiled
spread	(*étendre*)	spread	spread

spring	(*bondir*)	sprang	sprung
stand	(*se tenir*)	stood	stood
steal	(*voler*)	stole	stolen
stick	(*enfoncer, coller*)	stuck	stuck
sting	(*piquer*)	stung	stung
stink	(*puer*)	stank	stunk
strew	(*répandre*)	strewed	strewn, strewed
stride	(*avancer à grands pas*)	strode	stridden
strike	(*frapper*)	struck	struck, stricken
string	(*enfiler*)	strung	strung
strive	(*s'efforcer*)	strove	striven
swear	(*jurer*)	swore	sworn
sweep	(*balayer*)	swept	swept
swell	(*gonfler*)	swelled	swollen, swelled
swim	(*nager*)	swam	swum
swing	(*se balancer*)	swung	swung
take	(*prendre*)	took	taken
teach	(*enseigner*)	taught	taught
tear	(*déchirer*)	tore	torn
tell	(*dire*)	told	told
think	(*penser*)	thought	thought
throw	(*jeter*)	threw	thrown
thrust	(*pousser*)	thrust	thrust
tread	(*marcher*)	trod	trodden
understand	(*comprendre*)	understood	understood
undertake	(*entreprendre*)	undertook	undertaken
wake (up)	(*se réveiller*)	woke, waked	woken, waked
wear	(*porter*)	wore	worn
weave	(*tisser*)	wove	woven
weep	(*pleurer*)	wept	wept
wet	(*mouiller*)	wet	wet
win	(*gagner*)	won	won
wind	(*remonter*)	wound	wound
wring	(*tordre*)	wrung	wrung
write	(*écrire*)	wrote	written

Index grammatical

Cet index vous permettra de retrouver les principales explications grammaticales (ou en relation avec la grammaire au sens large) données dans cet ouvrage, tant dans les notes que dans les leçons de révisions.
Il ne répertorie pas les verbes (sauf les auxiliaires). Pour les verbes, reportez-vous aux lexiques.
Les chiffres renvoient au numéro de la leçon où vous trouverez l'explication, les chiffres en gras correspondent à des leçons de révisions.

503

505

Index thématique

Cet index vous permettra de retrouver les principaux thèmes abordés dans les leçons, le vocabulaire thématique rencontré dans les notes, ainsi que les sujets développés dans les notes culturelles.
Les chiffres renvoient au numéro de la leçon.

511

LEXIQUES

Nos deux lexiques répertorient par ordre alphabétique le vocabulaire contenu dans "L'Américain sans peine". La traduction française correspond à la traduction donnée dans le contexte de nos leçons. Les chiffres renvoient au numéro de la leçon.

Lexique américain-français

about 71	environ
above 79, 96	haut ; ci-dessus
absurd 80	absurde
accept (to ~) 90, 79	accepter
acceptable 47	acceptable
accommodating 61	obligeant
according 86	selon
accordingly 94	en conséquence
achieve (to ~) 105	faire
acquire (to ~) 102	acquérir
act up (to ~) 103	se manifester
actor 105	acteur
actress 105	actrice
actual 48	exact
actually 34, 48	en fait
add (to ~) 93, 104	ajouter
address 105	adresse
admit (to ~) 71, 99	admettre
adopt (to ~) 90	adopter
adoption 90	adoption
adorable 101	adorable
adult 78, 89	adulte
advanced 73	approfondi
advantage 59	avantage
advertising 96	publicité ; publicitaire
advice 55, 89	conseil, avis
advocate (to ~) 80	préconiser
aerobics 50	aérobic
affidavit 90	déclaration sous serment
afford (to ~) 54, 61	avoir les moyens
affordable 61	abordable
afraid (to be ~) 87	avoir peur
after 18	après
afternoon 4, 23	après-midi
again 8, 64, 85, 90, 99, 103, 105	à nouveau, encore
against 68	contre
age 10, 73	âge
agency 6, 90	agence
agenda 63	ordre du jour
aggressive 18	agressif

515

ago 34, 64	il y a
agony 103	douleur
agree (to ~) 92	être d'accord
ailment 103	maladie
air conditioning 88, 99	air conditionné
airport 67	aéroport
alfalfa sprouts 55	germes de luzerne
all 6, 78, 83	tous, tout, toute, toutes ; c'est tout
all over 86	partout
all right 10	d'accord
allegiance 104	allégeance
alone 31, 94	seul
already 8, 57, 58, 65, 69, 94, 102, 103	déjà
altered 47	changé
alumnae 57	anciens élèves
always 9, 36	toujours
analysis 57, 80	analyse
analyst 89	analyste
ancestral 95	ancestral
ancient 63	très vieux
annual 104	annuel
another 43	autre
answer (to ~) 81	répondre
answer 94	réponse
anyone 46, 55, 99, 105	quelqu'un ; n'importe qui
anything 12, 41, 46	tout ; n'importe quoi
anyway 95	de toute manière
apartment 21, 37, 57	appartement
apparently 90	apparemment
apple 13	pomme
apple sauce 76	compote de pommes
application 96	candidature
appointment 67	rendez-vous
appraisal 80	estimation
approve (to ~) 92, 104	approuver, accepter
area 61, 78, 102	quartier ; domaine ; région
arm 50, 56, 66, 101	bras ; manche
around 12, 27, 95	vers ; environ ; autour
arrive (to ~) 19, 66, 82	arriver
ask (to ~) 38, 94, 99, 102	demander ; poser (une question)
aspirin 103	aspirine
atmosphere 62	ambiance
attach (to ~) 105	attacher
attend (to ~) 73	fréquenter
attic 51	grenier
attraction 97	attraction
aunt 35	tante
author 102	auteur
auto 78	automobile
available 88	disponible

cheeseburger 40	cheeseburger
cheesecake 58	gâteau au fromage
cherry 58	cerise
chest 50	poitrine
chick 72	poussin
chicken 52	poule
chicken 85	poulet
chicken pox 54	varicelle
child (children) 16, 33, 57, 89, 90	enfant
childhood 97	enfance
chin 50, 56	menton
chiropractor 103	ostéopathe
chives 93	ciboulette
chocolate 14, 96	chocolat
choice 39	choix
chop (to ~) 93	hâcher
chronic 103	chronique
chunk 66	morceau
cigarette 5	cigarette
cinema 31	cinéma
citizens 27, 104	citoyens
citizenship 104	citoyenneté
citrus fruit 104	agrume
claim (to ~) 59	prétendre
clap (to ~) 50	frapper
clarinet 43	clarinette
class 27, 32, 43	classe
cleaner 71	teinturier
climb (to ~) 105	escalader
close (to ~) 80	fermer
closet 33	armoire
clothes 32, 85	vêtements
cloud 23	nuage
club 74	club
coffee 14, 51, 61, 99	café ; cafetière
cold 62	froid
cole slaw 58	salade de chou
collar 100	col
collection 65, 102	collection
color 21	couleur
colt 72	poulain
combo 4	mélange
come (to ~) 35, 53, 67, 72, 81, 82, 83, 94, 99, 103	venir, arriver
come home (to ~) 28	rentrer
come out (to ~) 20	devenir ; sortir
come up (to ~) 88	arriver
commercial 78, 96	commercial
commitment 96	engagement
community 78, 80	communauté
company 69, 79, 82, 85, 96	compagnie

company 79, 82, 85, 96	société, compagnie, entreprise
complain (to ~) 33, 74	se plaindre
complete (to ~) 104	compléter
completely 62, 80	complètement
comprehensive 63	complet
conceive (to ~) 55	concevoir
concern (to ~) 102	concerner
conclusion 80	conclusion
condition 54	état ; condition
conference 63	congrès
conference room 83	salle de conférence
confirm (to ~) 83	confirmer
congratulations 24, 90, 104	félicitations
consider (to ~) 74	considérer
considering 99	sachant
contact (to ~) 96	contacter
continue (to ~) 17, 56	continuer
continuing 78	continu
contract 69, 83	contrat
contribution 102	contribution
conversation 96	conversation
convertible 32	décapotable
convince (to ~) 74, 99	convaincre
cook (to ~) 28, 93	préparer ; cuire
cool 99	froid
copy 83, 96	exemplaire
corn 56	maïs
corner 45	coin
corporation 69, 83	entreprise, société
cost (to ~) 35, 48, 66	coûter
cottage 37	petite maison
cough 54	toux
count (to ~) 60	compter
country 24, 66, 104	pays ;campagne
couple 53, 65, 99	couple ; tous les deux
coupon 88	bon d'achat
course 78	cours
cousin 35, 36, 52, 53, 92, 95	cousin
cow 52	vache
crab 41	crabe
crack (to ~) 105	craquer
cranberry 41	airelle
crazy 11, 60, 66, 99	fou, dingue
cream 93	crème
credit card 87	carte de credit
crisis 57	crise
cross (to ~) 81, 92	traverser
crunch 103	craquement
cry (to ~) 18, 35, 89, 90, 101	pleurer
crystal 58	cristal
cucumber 56	concombre

fortune-teller 39	voyante
foundation 73	fondation
fountain pen 44	stylo-plume
fox 27	renard
frankly 5, 31	franchement
free 27, 88	libre ; gratuit
freeze (to ~) 61	geler
french fries 4	frites
French horn 43	cor
French toast 99	pain perdu
fresh 22, 41, 58, 61, 87, 93, 99	frais
Friday 14	vendredi 14
friend 15, 42, 105	ami
friendly 6, 61	aimable, amical
frienship 80	amitié
frigid 73	glacial
from 2	de
frozen 60	glacé
fruit 40, 99	fruits
fry (to ~) 93	faire frire
frying pan 93	poêle, sauteuse
full 104	plein
fun 36	sympa
funeral parlor 36	pompes funèbres
funnier 86	plus drôle
funny 26, 67	drôle
further 96	ample
fuss	chichis
future 55	futur
gaggle 52	troupeau
garage 51	garage
garlic 55, 58, 93	ail
garnish (to ~) 93	garnir
garnishing 93	garniture
gas 21, 85, 88	essence
geese 52	oies
gem 74	joyau
general (in ~) 102	généralement
generously 104	généreusement
gentle 80	doux
gentlemen 17, 94, 104	messieurs
gentleness 80	douceur
gently 105	doucement
get (to ~) 11, 19, 44, 49, 60, 61, 68, 70, 85, 99	arriver ; obtenir ; prendre ; chercher
get angry (to ~) 80	se fâcher
get married (to ~) 39, 42, 57	se marier
get off (to ~) 72	descendre
get rich (to ~) 100	devenir riche
get straight (to ~) 95	comprendre
get used to 65	habituer

gift 66	cadeau
gift shop 17	boutique de cadeaux
gin 100	gin
girl 16, 32	fille
girlfriend 68, 92	petite amie, copine
give (to ~) 27, 35, 53, 61, 72, 87, 92	donner
give again (to ~) 44	redonner
give birth (to ~) 52	donner naissance
give up (to ~) 56	abandonner, arrêter de manière définitive
glass 58, 99	verre
go (to ~) 30, 35, 54, 60, 62, 92	aller
go ahead 68	vas-y
go ahead with (to ~) 62	poursuivre
go around (to ~) 62	circuler
go away (to ~) 30	partir
go back (to ~) 62	revenir
go backward (to ~) 62	régresser
go down (to ~) 62	descendre
go forward (to ~) 62	avancer
go home (to ~) 55	rentrer
go in (to ~) 62	entrer
go out (to ~) 74	sortir
go public (to ~) 85	être coté
go up (to ~) 62	monter
God 67, 104	Dieu
goggles 75	lunettes protectrices
golden handshake 38	poignée de main en or
golf 23, 100	golf
good 90	bon
good morning 3, 88, 94	bonjour
good 3, 20, 55, 58, 60, 66, 72, 79, 90, 94, 100	bon, bien
goodbye 105	au revoir
grab (to ~) 99	attraper
grade 16	classe
graduate (to ~) 73	obtenir un diplôme
gram 66	gramme
grandfather 35, 53, 95	grand-père
grandma 52	grand-mère
grandmother 33, 35	grand-mère
grandparents 52, 58	grands-parents
grant 73	subvention
grapefruit 76	pamplemousse
grate (to ~) 93	râper
gray 33, 85	gris
great 16, 36, 41, 44, 48, 73, 79, 87, 90, 95, 99, 102	génial, super, merveilleux, superbe, extraordinaire ; arrière
green 45, 92, 93	vert
green bean 87	haricot vert
green pea 56	petit pois

grits 61	grits
ground 50	sol
grow (to ~) 87, 89	cultiver ; pousser
grow up (to ~) 57	devenir adulte ; pousser
grower 104	producteur
guess (to ~) 58, 92, 105	deviner ; supposer
guest room 51	chambre d'amis
guitar 43, 82	guitare
gun 45	arme
guys 61, 67	types, gens
gynecologist 68	gynécologue
habit 68, 73	habitude
hair 83	cheveux
half 53, 66, 76, 93, 94	moitié ; demi
half brother 35	demi-frère
half sister 35	demi-sœur
hall 17, 51	hall, couloir
hand 32, 50, 56, 104	main
handful 62	poignée
handkerchief 105	mouchoir
handle (to ~) 74	manier
handshake 71	poignée de main
handy 81	doué
hang on (to ~) 43, 48	patienter
hang up (to ~) 44	raccrocher
happen (to ~) 33, 46	arriver, se passer
happens 61	se passe
happy 6, 9, 28, 36, 47, 48, 90, 100	heureuse, content
hard 62, 105	difficile, dur
hardly 87	du mal
harmless 57	inoffensif
hat 32	chapeau
hate (to ~) 56, 57, 99	détester ; regretter
haul (to ~) 65	remorquer
have (to ~) 8, 26, 35, 58, 68, 69, 105	avoir
he 7	il
head 50, 52	tête
head over (to ~) 85	aller
head-hunter 6	chasseur de têtes
hear (to ~) 10, 43, 82, 94, 103	entendre
heart 40, 79, 104, 105	cœur
heartbeat 92	battement du cœur
heat (to ~) 100	chauffer
heavy 101	lourd
hello 8	bonjour
help (to ~) 18, 66, 95, 96	aider
help 105	aide
hem 100	ourlet
her 92	elle
herb 93	herbe
herd 52	harde

here 4, 67, 72, 83	ici
here's 3	voici
hernia 103	hernie
hers 82	sienne
herself 36, 89	elle-même
hesitate (to ~) 96	hésiter
hey 71	bon
hi 8	salut
hidden 61	caché
high 93	haute
high school 15, 65, 80	lycée, collège
him 92	lui
himself 89	lui-même
hip 74	branché
hit (to ~) 72, 83	frapper
hold (to ~) 44, 83	tenir ; être prêt à
hold on 34	ne quittez pas
hole 52	trou
home 4, 29, 58, 60, 67, 78, 82, 94	maison ; patrie
homemade 13	fait maison
honey 16, 28, 36, 56, 81	miel ; chéri
honors 73	honneurs
hope for (to ~) 67, 78, 83, 90	espérer
hopefully 54	avec espérance
horde 52	nuée, horde
horrible 62	horrible
hot 99	chaud
hot chocolate 75	chocolat chaud
hot dog 28	hot dog
hotel 47, 61, 67	hôtel
hour 34, 47, 66, 79, 83	heure
house 24, 37, 41, 52, 81, 100, 101	maison
how 6, 20, 36, 52	comment
how long 38	combien
how many 27	combien
how much 27, 48, 61	combien
huge 101	immense
hundred 27, 66, 102	cent
hungry 22, 27	avoir faim, affamé
hurry up (to ~) 9, 37, 45	se dépêcher
hurt (to ~) 103	faire mal
hypocondriac 103	hypocondriaque
hysterectomy 103	hystérectomie
I 7	je
ice 41, 83	glaçon, glace
ice cream 13	crème glacée, glace
ice the cake (to ~) 100	couronner (fig.)
idea 8, 19, 81	idée
if 84	si
iguana 57	iguane
imagine (to ~) 56	imaginer

kick up (to ~) 54	démarrer
kid (to ~) 2, 65	blaguer, plaisanter
kid 8, 27, 30, 53, 54, 72, 74, 89, 95	enfant ; élève ; chevreau
kill (to ~) 99, 103	entretuer ; souffrir
kilo 66	kilo
kind 6, 59, 80	mode, genre (sorte) ; gentil
kind of 39, 65, 105	plutôt ; en quelque sorte, d'une certaine façon
kindness 80	gentillesse
kingdom 97	royaume
kitchen 51, 57	cuisine
kitten 52, 72	chaton
knee 50, 56	genou
knee-jerking liberal 80	libéral borné
know (to ~) 10, 35, 47, 55, 57, 58, 61, 85, 86, 102	savoir ; connaître
know (to ~) 94, 95, 105	savoir ; connaître
known 47	connu
labor 40	travail
labrador 52	labrador
ladies 79, 94, 104	mesdames
lady 17	dame
lake 37, 52	lac
lamb 72	agneau
large 41, 51, 59, 63	grand
largest 16, 79	le plus grand'
last night 29, 99	hier soir
last 19, 69, 78, 100	dernier
late 9, 28, 47	en retard
lateness 47	retard
later 55	tard
latest 85, 96	au plus tard ; dernier
laugh (to ~) 16	rire 16
laundry 51	buanderie
lawn mower 101	tondeuse
lay (to ~) 72	coucher
leading 96	plus important
learn about (to ~) 40, 62, 94	apprendre
least 99	au moins
leather 45	cuir
leave (to ~) 9, 34, 82	partir
left 17, 83	gauche ; à gauche
leg 66, 101	jambe
legal 83	juridique
lemon 41	citron
lend (to ~) 82	prêter
lesson 1, 105	leçon
let (to ~) 79	laisser
letter 3, 96	lettre
lettuce 56, 87	laitue, salade verte
liberty 104	liberté

library 63, 102	bibliothèque
license plate 45	plaque d'immatriculation
lick (to ~) 72	lécher
lie (to ~) 92	mentir
life 30, 57, 73, 76, 85, 100, 105	vie
light 45, 93	clair ; allégé
light bulb 81	ampoule
like (to ~) 3, 28, 48, 56, 97, 99	aimer, aimer bien ; vouloir
likely 94	susceptible
likewise 1, 64	de même
lime 41	citron vert
limit 66	limite
line 99	queue
lip 56	lèvre
list 101	liste
listen (to ~) 71, 94	écouter
literature 102	littérature
litter 52	portée
little 36, 61, 101, 105	petit ; peu
live (to ~) 3, 16, 33, 65, 78, 97	vivre ; habiter
liver 54	foie
loan 73	prêt
loaves 52	miches
locate (to ~) 69	situer
long 85, 97	longtemps
look 34, 36, 95	regarder
look for (to ~) 6, 69	chercher
look forward to (to ~) 100	se réjouir
lose (to ~) 30, 39, 69	perdre
lot (a ~) 36	plus
lots 54, 97	beaucoup
lousy 62	infect
love (to ~) 25, 34, 51, 52, 56, 60, 97, 99, 105	aimer, adorer
love 97	amour
lovely 51	joli
lover 73	amant
lower 103	bas
lox 99	saumon fumé
luck 48, 105	chance
lucky 69, 88	chanceux ; de chance
lunch 8, 47, 60, 99	déjeuner
lunchtime 68	heure du déjeuner
luxury 51	luxe
mad 21	en colère
magazine 96	magazine
magic 97	magique
mahogany 51	acajou
mail 57, 66	correspondance, courrier
maintain (to ~) 94	maintenir
major (to ~) 73	spécialiser

major 97	principal
make (to ~) 20, 24, 35, 67, 71, 98, 100	faire, fabriquer ; gagner
make it (to ~) 105	réussir
make sure (to ~) 83	assurer
mall 85	centre commercial
man (men) 45, 57	homme
manage (to ~) 74	réussir
manager 48, 61, 96	gérant , directeur
maple 51, 99	érable
maple walnut 14	érable-noix
marine 73	marine
mark (to ~) 48, 55	marquer
market 20	marché
marketing 96	marketing
marriage 18	mariage
marry (to ~) 24, 42, 53, 73	se marier, épouser
marshmellows 42	guimauve
mason 81	maçon
mature 47	mature
maybe 22, 26	peut-être
me 92	moi
mean (to ~) 82, 105	vouloir dire
mean 21	méchant
measles 54	rougeole
mechanics 78	mécanique
meet (to ~) 1, 64, 65, 67, 68, 105	rencontrer
meeting 83	rendez-vous
melt (to ~) 93	fondre
memorize (to ~) 40	mémoriser
memory 64	mémoire
mention (to ~) 81, 95	mentionner ; parler
mice 57	souris
midnight 19, 29	minuit
might 101	pourrait
milk (to ~) 52	traire
milk 42, 52, 93	lait
million 46	million
mind 9 5, 56	être gêné, dérangé par
mind 71, 81, 101	tête ; esprit ; avis
mine 55, 68, 82	mien, mienne
mint 93	menthe
minute 19, 34, 47, 53, 85, 88, 93, 105	minute
misquote (to ~) 80	mal interpréter
miss (to ~) 47, 79, 105	rater, sauter ; manquer
missus 34	madame
mister 12, 34, 48, 79	monsieur
misunderstand (to ~) 80	méprendre
mix 53	mélange
mixture 93	mixture
modem 48	modem
modern 87	moderne

modest 66	modeste
mom 9, 66	maman
moment 104	moment
mommy 9, 46	maman
Monday 13, 14	lundi
money 24, 30, 42, 100	argent
monk 78	moine
monkey 16	singe
month 39, 40, 64, 66, 69, 76, 99, 100, 105	mois
monthly 96	mensuellement
more 40, 80, 100	plutôt ; plus
morning 3, 9, 40, 48, 52, 55, 67, 81, 87, 105	matin
mosquito 52	moustique
most 27, 61	au plus ; plus
motel 61	motel
mother 11, 35	mère
mother-in-law 35, 74	belle-mère
motorcycle 24	moto
mountain 97, 105	montagne
mountain bike 64	VTT
mouse 57	souris
mouth 56, 103	bouche
mouthful 62	bouchée
move (to ~) 18, 65	déménager
movement 102	mouvement
movie 21, 28, 31, 60, 99	film
moviehouse 31	cinéma
much 4, 27	beaucoup
muffin 61	muffin
muffler 12	pot d'échappement
multiply (to ~) 93	multiplier
mumps 54	oreillons
must 10, 14, 78, 84	devoir
my 55	mon, ma, mes
myself 36, 79, 89	moi-même
mystique 102	mystique
myth 100	mythe
nachos 76	nachos
name (to ~) 94	s'appeler
name 15, 64, 95	nom
nasty 62	désagréable
nation 104	nation
national 59	national
naturalization 104	naturalisation
naturalized 104	naturalisé
near 61	près
nearly 105	environ
need (to ~) 17, 37, 67, 85, 99, 102	avoir besoin ; dire
negative 62	négatif

neighbor 33	voisin
nephew 35	neveu
neurotic 74	excité
never 19, 65, 81, 84, 97	jamais
new 48, 59, 65, 74, 81	nouveau
news 88, 90	nouvelles
newspaper 86	journal
next 8, 17, 19, 37, 39, 47, 62, 76, 87, 92, 103, 105	prochain, suivant ; à côté
next door 74	à côté
nice 23, 64, 82	beau ; sympa
nice to meet you 1	enchanté
nickname 53	surnom
niece 35	nièce
night 12, 61, 74, 76, 78, 101	soir ; nuit
night table 105	chevet
nightmare 97	cauchemar
no 5	non
no one 46	personne
nobody 100	personne
nonetheless 66	malgré
noon 12, 40	midi
nose 56	nez
nosey 18	curieux
nothing 46	rien
notice (to ~) 51	remarquer
now 9, 54, 69	maintenant
number 44, 88, 87	numéro
numerous 59	nombreux
oak 51	chêne
oboe 43	hautbois
occasion 58	occasion
ocean 27	océan
o'clock 19	heures
odds 39	cote
of course 3, 64, 65	bien sûr
off 47	congé
offer (to ~) 13	offrir
office 4, 56, 67, 68, 83	bureau ; siège
officially 104	officiellement
okay 5, 17, 57, 67, 71, 99	c'est bon ; d'accord
old 26, 31, 52	âge ; vieux
old-fashioned 87	vieux jeu
omelet 93	omelette
once 10, 13, 33, 99	une fois ; autrefois
one 61	un
one way 21	aller simple
oneself 36	soi-même
onion 56, 89, 93	oignon
online 87	online
only 5, 9, 57, 59, 79, 92, 97	seulement ; que

open (to ~) 101, 103	ouvrir
operation 103	opération
opinion 103	avis
opportunity 96	opportunité
or 3	ou
orange 45, 61, 99	orange
orange juice 54	jus d'orange
order 41	commande
order (in ~ to) 94	afin que
order out (to ~) 59, 60, 75, 87	commander
oregano 93	origan
organically-grown 87	cultivé organiquement
orthopedist 68	orthopédiste
other 41, 59	autre
otherwise 67	sinon
ounce 27, 76, 77, 93	once
ourselves 89, 99	nous-mêmes
outfit 69	société
oven 85	four
over 40, 50, 55, 93	encore ; au-dessus, sur
overheat (to ~) 55	surchauffer
overlook (to ~) 80	omettre
overpaid 80	surpayé
overrate (to ~) 80	surestimer
over-react (to ~) 80	surréagir
overstatement 80	exagération
own (to ~) 33, 79, 85, 100	posséder, être propriétaire
owner 61	propriétaire
pack 5, 52	paquet ; bande
package 66	paquet
paint (to ~) 81	peindre
painting 53	tableau
pajamas 21, 85, 101	pyjama
pal 19	pote
pan 93	poêle
pancake 99	crêpe
panic (to ~) 45	paniquer
pantry 51	garde-manger
pants 21	pantalon
paper 90	papier
paper clip 44	trombone
paradise 61	paradis
pardon 43	excusez-moi
parent 29, 55, 90, 105	parent
park (to ~) 45	garer
park 31	parc
parquet 51	parquet
parsley 56	persil
part 2, 55, 69, 80	partie, part ; rôle
participant 94	participant
particularly 96	particulièrement

runt 52	nabot
safe 61	sûr
salad 41, 85	salade
sale 79	soldes
sales 96	ventes
salt 76, 93	sel
salted 76	salé
same 50, 74	même
sand (to ~) 81	poncer
sappy 105	niais
Saturday 14	samedi
sausage 99	saucisse
savage 63	féroce
save (to ~) 88, 99	économiser ; garder
saviour 74	sauveur
saw (to ~) 81	scier
saxophone 43	saxophone
say (to ~) 19, 35, 55, 78, 80, 105	dire
scare (to ~) 52	faire peur
scarf 30	écharpe
sceptical 103	sceptique
schedule 19	horaire
scholarship 73	bourse
school 15, 29, 65, 78	école
scissors 44	ciseaux
scoop 13	cuillerée
scotch 100	scotch
scrap paper 44	papier de brouillon
scream (to ~) 89	crier
sea otter 73	loutre
seahorse 103	hippocampe
seal 16	phoque
seance 39	séance
second 13, 17, 43, 48, 93, 103	deuxième, second
second floor 51	premier étage
section 20	rayon
see (to ~) 31, 35, 37, 45, 51, 60, 65, 72, 74, 87, 99, 101, 103	voir ; regarder
seem (to ~) 69	sembler
self-storage 65	stockage individuel
sell (to ~) 32, 69	vendre
seminar 94	séminaire
send (to ~) 3, 66, 67, 83, 90, 96	envoyer ; parvenir
send around (to ~) 68	circuler
sensible 63	raisonnable
sentence 105	phrase
sentimental 105	sentimental
seriousness 103	gravité
serve (to ~) 80	servir
service 61, 62, 66, 87	service
set (to ~) 58, 79, 83	mettre ; fixer ; prévoir

set up (to ~) 96	organiser
seven 26	sept
sew (to ~) 100	coudre
sexual 80	sexuel
shame 62	dommage
shark 92	requin
shave (to ~) 52	se raser
she 7	elle
sheep 57	mouton
shelf 105	étagère
shepherd 92	berger
ship 73	bateau
shipment 48	livraison
shirt 45	chemise
shoe 72	chaussure
shoot (to ~) 45	tirer
shoot up (to ~) 85	pousser
shop 32 , 64, 69	boutique, magasin ; boîte
short 80	court
shorten (to ~) 80	raccourcir
should 13	devrais
shoulder 50, 56	épaule
shut down (to ~) 69, 80	fermer
sick 52	malade
side 50	côté
sidewalk 21	trottoir
sign (to ~) 83, 88, 90	signer
signing 83	signature
silly 68	bête
silverware 58	couverts, argenterie
simple 94	simple
sin 74	péché
since 40, 78, 81, 82, 103	depuis
sink 51	évier
sinus 54	sinus
sip 58	gorgée
sir 4, 12	monsieur
sister 30, 35	sœur
sit (to ~) 72, 83	s'asseoir
situation 74	situation
size 10	taille
ski (to ~) 75	skier
ski 75	ski
skinny 52	maigre
skip (to ~) 105	omettre
sky 66	ciel
sleep-over (to ~) 67	dormir
slice 60	part, tranche
slippery 27	visqueux
sly 27	rusé
small 2, 93	petit

theory 103	théorie
there 3, 29	là-bas
these 27	ces
thesis 57, 95	thèse
they 7	ils, elles
thing 43, 50	chose
think (to ~) 26, 30, 32, 34, 35, 40, 53, 67, 81, 81, 87, 89, 90, 95, 99, 100	penser, croire ; réfléchir
think about (to ~) 40, 89	réfléchir, penser à
think of (to ~) 89	penser à
thinking 59	raisonnement
third 68, 103	troisième
thirsty 22	assoiffé
this 3, 4, 35, 40	ce, cette, cet, ci, ceci, ça
those 101	ceux-là
though 30, 54	pourtant, cependant
threatened (to ~) 68	menacer
through 40, 71	jusqu'à ; à travers
throw (to ~) 85	jeter
Thursday 14	jeudi
thyme 93	thym
ticket 85	ticket
tiger 16, 27	tigre
till 95	jusqu'à ce que
time 4, 27, 29, 31, 36, 50, 54, 60, 62, 94, 100, 103	temps ; heure ; fois
times 92	époque
time-share 100	time-share
tired 28	fatigué
toast (to ~) 99	griller
toaster 51	grille-pain
today 9, 40, 47, 68, 88	aujourd'hui
toe 56	orteil
together 85, 105	ensemble
tolerant 11, 74	tolérant
tomato 56, 93	tomate
tomorrow 12, 38, 76, 82	demain
tongue 56	langue
tonight 19, 41, 58, 60, 67	ce soir
too 31, 70, 78, 105	aussi ; trop
too much 94	trop
tooth (teeth) 56, 57	dent
top floor 81	étage supérieur
topic 102	sujet
toss (to ~) 41	assaisonner
totally 79	complètement
tough 27, 54, 65	dur, difficile
tough it out (to ~) 54	tenir le coup
tour 51	visite
town 65	ville
trace (to ~) 95	remonter

traffic 9	circulation
train 47, 79	train
transportation 79	transportation
travel (to ~) 55, 92, 100	voyager
traveler 21	voyageur
treat (to ~) 103	soigner
trick 86	piège
trip 4	voyage
trombone 43	trombone
trousers 100	pantalons
truck 21	camion
true 10, 78	vrai
trumpet 43	trompette
trust (to ~) 23, 92	faire / avoir confiance
truth 22, 68	vérité
try (to ~) 18, 55, 64, 66, 68, 80, 105	essayer
Tuesday 14	mardi
turn (to ~) 17	tourner
turn off (to ~) 93	éteindre
turn out (to ~) 74, 100	s'avérer
turnip 56	navet
TV 43	télévision
twenty 19, 39	vingt
twice 10, 66, 103	deux fois
umbrella 23	parapluie
unacceptable 47	inacceptable
unaltered	inchangé
unbelievable 47	incroyable
uncertain	incertain
uncle 32, 35	oncle
under 74, 103	sous
understand (to ~) 79, 96, 105	comprendre
underwater 73	sous-marin
unemployment 6	chômage
unemployment agency 6	agence pour l'emploi
unfriendly 6	pas aimable
unhappy 6, 47	malheureux ; mécontent
unhealthy 80	insalubre
university 15, 73, 78	université
unknown 47	inconnu
unless 88, 94	à moins que
unlucky 62	malchanceux
unpaid 54	impayé
unreasonable 62	pas raisonnable
unsafe 80	dangereux
unsalted 76	non salé
unsweetened 76	sans sucre
until 54, 67	jusqu'à
unusual 6	inhabituel
up 50	haut
upset 5	énervé

weatherman 23	météorologue
web 48	web
web site 87	site web
wedding anniversary 58	anniversaire de mariage
Wednesday 14	mercredi
wee bit 105	tout petit peu
weed 85	mauvaise herbe
week 8, 25, 30, 95, 103	semaine
weekend 30, 75	week-end
weigh (to ~) 27	peser
weirdo 92	hurluberlu
welcome 3,104	bienvenue
well 20, 29, 34, 68	bon ; eh bien
well-bred 80	bien élevé
west coast 83	côte ouest
what 2, 18	quel, quelle ; quoi
whatever 103	peu importe
wheel 64	roue
when 18, 48	quand
where 2, 17, 18, 29, 31	où
whereas 94	alors que
which 65, 81	lequel ; qui
whipped cream 76	crème fouettée
whisk 93	fouet
white 45, 86	blanc
who 18, 97	qui
whole 55, 69, 76	ensemble ; complet, entier
why 18	pourquoi
wide 103	bien grand
widen (to ~) 80	élargir
wife 5, 30, 53, 65, 94, 100	femme (épouse)
win (to ~) 9, 39, 57, 73, 100	gagner ; emporter
window 32, 56, 66	fenêtre
wine 58	vin
winter 30, 35, 54	hiver
wish (to ~) 65, 66, 105	aimer ; souhaiter
within 39	dans
without 71, 76	sans
wolf 27, 52	loup
woman 39, 57, 74, 102	femme
wonder (to ~) 36, 82, 101	se demander
wonderful 36	fantastique
wood	bois
word 55, 92, 105	mot, parole
work (to ~) 6, 28, 36, 54, 59, 69, 78	travailler
work 6, 68, 73, 94, 102, 105	travail ; œuvre
worker 68	employé
world 2, 79, 96, 105	monde
worry (to ~) 9, 57, 72, 89	s'inquiéter
worth 88	valant

Lexique français-américain

à	through 40
à côté	next door 74 / next 103
à domicile	domestic 57
à gauche	left 17
à moins que	unless 88, 94
à nouveau	again 85, 103, 105
à propos	by the way 47
à travers	through 71
abandonner	give up (to ~) 56
abattement	rebate 59
abordable	affordable 61
absurde	absurd 80
acajou	mahogany 51
acceptable	acceptable 47
accepter	accept (to ~) 90, 79 / approve (to ~) 104
acheter	buy (to ~) 20, 35, 37, 48, 57, 64, 85, 95, 100, 101
acompte	down-payment 101
acquérir	acquire (to ~) 102
acteur	actor 105
actions	stock 85
actrice	actress 105
actuel	current 53
actuellement	currently 34, 48
addition	bill 93 / check 93
admettre	admit (to ~) 71, 99
adopter	adopt (to ~) 90
adoption	adoption 90
adorable	adorable 101 / sweet 36, 101
adorer	love (to ~) 51, 52, 56, 60, 97
adresse	address 105
adulte	adult 78, 89
aérobic	aerobics 50
aéroport	airport 67
affaires	business 6, 30 / stuff 65
affamé	starving 22 / hungry 27
affreusement	awfully 99
affreux	dreadful 62 / terrible 53
agence	agency 6, 90
agence pour l'emploi	unemployment agency 6
agent de conservation	preservative 63
agent immobilier	realtor 51
âge	old 26 / age 10, 73
agité (être ~)	flip (to ~) 92
agneau	lamb 72
agrafeuse	stapler 44
agressif	aggressive 18
agrume	citrus fruit 104

ah bon	well 34
aide	help 105
aider	help (to ~) 18, 66, 95, 96
ail	garlic 55, 58, 93
aimable	friendly 6
aimer	love (to ~) 34, 56, 99, 105 / like (to ~) 3, 28, 56, 97 / wish (to ~) 65, 66 / enjoy (to ~) 30, 56 / feel like (to ~) 60
aimer bien	like (to ~) 97, 99
air conditionné	air conditioning 88, 99
airelle	cranberry 41
ajouter	add (to ~) 93, 104
aliments	food 87
allée de garage	driveway 51
allégeance	allegiance 104
allégement	deduction 59
allégé	light 93
aller	go (to ~) 35, 54, 92 / head over (to ~) 85
aller + infinitif	be going to (to ~) 37
aller simple	one way 21
aller-retour	round trip 21
alors que	whereas 94
amant	lover 73
ambiance	atmosphere 62
améliorer	improve (to ~) 67
amener	bring (to ~) 12, 35
ami	friend 15, 42, 105
amical	friendly 61
amitié	frienship 80
amour	love 97
ample	further 96
ampoule	light bulb 81
an, année	year 18, 25, 32, 54, 59, 65, 69, 73, 78, 89, 99, 100, 103
analyse	analysis 57, 80
analyste	analyst 89
ancestral	ancestral 95
anciens élèves	alumnae 57
aneth	dill 93
Anglais	English 66
animal domestique	pet 33, 57
année électorale	election year 59
anniversaire	birthday 66
anniversaire de mariage	wedding anniversary 58
annoncer	tell (to ~) 41
annuel	annual 104
annuler	call off (to ~) 76 / cancel (to ~) 69, 94
apparemment	apparently 90
appartement	apartment 21, 37, 57
appartenir	own (to ~) 79 / belong (to ~) 88
appel	call 43

appeler	call (to ~) 29, 43, 66, 67, 75, 85
apporter	bring out (to ~) 23, 35, 41, 82, 83, 99
apprécier	enjoy (to ~) 30
apprendre	learn about (to ~) 40, 62, 94 / teach (to ~) 52
approfondi	advanced 73
approuver	approve (to ~) 92
après	after 18
après-midi	afternoon 4, 23
aquarelle	watercolor 100
argent	money 24, 30, 42, 100
arme	gun 45
armoire	closet 33
arrêter	kick (to ~) 68 / stop (to ~) 11, 54, 56
arrêter de manière définitive	give up (to ~) 56
arrière	rear 71 / great 95
arriver	arrive (to ~) 19, 66, 82 / come up (to ~) 88 / get (to ~) 19 / come (to ~) 67, 88
arroser	baste (to ~) 41
ascenseur	elevator 21
aspirine	aspirin 103
assaisonner	toss (to ~) 41
asseoir	sit (to ~) 72, 83
assez	enough 94
assiette	plate 58, 99
assurance	insurance 71
assurer	make sure (to ~) 83
attacher	attach (to ~) 105
attendre	expect (to ~) 48, 86 / wait (to ~) 19, 43, 53, 88, 95, 99
attention	watch out 37
attraction	attraction 97
attraper	catch (to ~) 67 / grab (to ~) 99
au fond	deep 105
au lieu	instead of 83
au moins	at least 99
au plus	most 61
au plus tard	latest 85
au revoir	goodbye 105
auberge	inn 74
aubergine	eggplant 56, 58
au-dessus	over 50
augmentation	raise 38
aujourd'hui	today 9, 40, 47, 68, 88
aussi	too 31 / so 91 / such 101
autant	so 91
auteur	author 102
automne	fall 21, 35, 54
automobile	auto 78
autour	around 95
autre	another 43 / else 36 / other 41, 59 / different 65

autrefois	once 33
avancer	go forward (to ~) 62 / step forward (to ~) 104
avant	before 57, 59, 95 / until 54
avantage	advantage 59, benefit 59
avec espérance	hopefully 54
avérer (s'~)	turn out (to ~) 74, 100
aveugle	blind 52
avion	plane 9
avis	opinion 103 / advice 89 / mind 101
avoir	have (to ~) 8, 26, 35; 58, 69 / keep (to ~) 33
avoir besoin	need (to ~) 17, 37, 85, 99, 102
avoir de la chance	be in luck (to ~) 48
avoir des liens	be related (to ~) 95
avoir droit	be allowed (to ~) 88, entitled (to ~) 88
avoir envie de	feel like (to ~) 56
avoir faim	be hungry (to ~) 22
avoir l'air	sound (to ~) 13
avoir les moyens	afford (to ~) 54
avoir peur	afraid (to be ~) 87
avoir tendance	tend (to ~) 59
bacon	bacon 61
bagel	bagel 99
baie	bay 52
baisser (se ~)	stoop down (to ~) 103
bal de fin d'année	prom 92
banc	bench 31
bande	pack 52
banlieue (de ~)	suburban 85
banquier	banker 95
barbe	beard 52
bas	down 50 / lower 103
bas (en ~)	downstairs 51
basilic	basil 93
bateau	ship 73
bâton	stick 72
battement du cœur	heartbeat 92
batterie	drums 43
battre	beat (to ~) 93
beagle	beagle 33
beau	nice 23 / beautiful 23, 36, 74 / fine 105 / good 58
beaucoup	bunch 68 / lots 54, 97 / much 4 / plenty 9
beau-frère	brother-in-law 35
beau-père	father-in-law 35
beau-père (mari de la mère)	stepfather 35
beauté	beauty 37
belle-mère	mother-in-law 35, 74
belle-mère (femme du père)	stepmother 35
bénéficier	benefit (to ~) 88

bûcher	bonfire 79
buffet	buffet 61, 99
bureau	desk 32 / office 56, 67, 68, 83
bus	bus 19, 82
ça alors	wow 38
câble	cable 60
cabossé	beat-up 92
caché	hidden 61
cactus	cactus 57
cadeau	gift 66
cadrer avec	figure (to ~) 59
cafetière	coffee maker 51
café	coffee 14, 61, 99
cage	cage 16
caleçon	boxer shorts 103
camarade de chambre	roommate 15
camion	truck 21
campagne	country 24
canard	duck 52
candidate	candidate 39
candidature	application 96
capacité	speed 48
cardiologue	cardiologist 68
carotte	carrot 56, 76
carrefour	intersection 21
carte de credit	credit card 87
cas	case 44
case zéro	drawing board 69
casse-pieds	drag (to be a ~) 76
casser	break (to ~) 35, 46, 54, 93
cassette	cassette 40
catalogue	catalog 21
cauchemar	nightmare 97
cause	cause 102
caustique	caustic 99
ce soir	tonight 19, 41, 58, 60, 67
ce, cette, cet, ci, ceci, ça	this 3, 4, 35, 40
céder	yield (to ~) 71
célébrer	celebrate (to ~) 58
célèbre	famous 16, 87, 93, 100
celui-là	that 35
cent	hundred 27, 66, 102
centre	center 21
centre commercial	mall 85
centre-ville	downtown 64
cents	cents 20
cependant	though 54
céréales	cereals 99
cérémonie	ceremony 104
cerise	cherry 58
certain	certain 47 / sure 96, 105

certains	some 30
certificat	certificate 104
c'est bon	okay 17
c'est tout	all 83
ces	these 27
ceux-là	those 101
chacun	everyone 46
chaîne	channel 87
chaise	chair 99
chambre à coucher	bedroom 33, 51, 103
chambre d'amis	guest room 51
champagne	champagne 101
chance	luck 48, 105 / chance 23
chanceux	lucky 69, 88
changer	change (to ~) 65, 81, 101
changé	altered 47
chant	carol 82
chapeau	hat 32
chaperonner	chaperon (to ~) 92
chapiteau	tent 104
chapitre	chapter 40
chaque	each 55, 105
chasseur de têtes	head-hunter 6
chat	cat 33
chaton	kitten 52, 72
chaud	hot 99
chauffer	heat (to ~) 100
chaussette	sock 11
chaussure	shoe 72
chaussures de tennis	sneakers 21
cheddar	cheddar 93
cheeseburger	cheeseburger 40
chemin	way 9
chemise	shirt 45
chêne	oak 51
chèque	check 21
cher	dear 31 / pricey 62
chercher	fetch (to ~) 72 / look for (to ~) 6, 69 / pick up (to ~) 85 / get (to ~) 99
chéri	dear 46, 55 / honey 36, 81
cheval de course	race horse 100
chevet	night table 105
cheveux	hair 83
chevreau	kid 72
chichis	fuss
chien	dog 26, 33, 100
chiot	pup 72 / puppy 52
chirurgien	surgeon 68
chocolat	chocolate 14, 96
chocolat chaud	hot chocolate 75
choix	choice 39

chômage	unemployment 6
chose	thing 43, 50
chou-fleur	cauliflower 56
choux de Bruxelles	Brussels sprouts 56
chronique	chronic 103
ciboulette	chives 93
ci-dessus	above 96
ciel	sky 66
cigarette	cigarette 5
ci-joint	enclosed 96
cil	eyelash 56
cinéma	movies 31, 99
cinéma (lieu)	cinema 31 / moviehouse 31
circulation	traffic 9
circuler	go around (to ~) 62 / send around (to ~) 68
ciseaux	scissors 44
citoyenneté	citizenship 104
citoyens	citizens 27, 104
citron	lemon 41
citron vert	lime 41
clair	light 45
clarinette	clarinet 43
classe	class 27, 32, 43 / grade 16
club	club 74
cochon	pig 27
cœur	heart 40, 79, 104, 105
coin	corner 45
col	collar 100
colère (en ~)	mad 21
collection	collection 65, 102
collège	high school 65
combat	fight 39
combien	how long 38 / how many 27 / how much 27, 48, 61
commande	order 41
commander	order out (to ~) 59, 60, 75, 87
commençant	starting 94
commencer	begin (to ~) 35, 56, 94 / start (to ~) 13, 37, 56, 69, 76, 99
comment	how 6, 20, 36, 52
commercial	commercial 78, 96
communauté	community 78, 80
compagnie	company 69, 79, 82, 85, 96
compatissant	sympathetic 63
complet	comprehensive 63
complètement	completely 62, 80 / totally 79
compléter	complete (to ~) 104
compote de pommes	apple sauce 76
comprendre	get straight (to ~) 95 / understand (to ~) 79, 96, 105
compris	include (to ~) 61

compte	figure 59
compter	count (to ~) 60 / rely (to ~) 36
concerner	concern (to ~) 102
concevoir	conceive (to ~) 55
conclusion	conclusion 80
concombre	cucumber 56
condition	condition 54
conduire	drive (to ~) 24, 35, 61, 71
confirmer	confirm (to ~) 83
congé	off 47
congrès	conference 63
connaître	know (to ~) 10, 61, 94, 102
connu	known 47
conseil	advice 55
conséquence (en ~)	accordingly 94
considérer	consider (to ~) 74
constellé	studded 100
constructeur	builder 81
construire	building (to ~) 94
contacter	contact (to ~) 96
content	happy 47
continu	continuing 78
continuer	continue (to ~) 17, 56 / keep on (to ~) 55, 56
contrat	contract 69, 83
contre	against 68
contrebasse	bass 43
contribuable	taxpayer 59
contribution	contribution 102
convaincre	convince (to ~) 74, 99
convenable	eligible 39
conversation	conversation 96
copine	girlfriend 92
cor	French horn 43
corniaud	dumb mutt 72
correspondance	mail 57
correspondant	penpal 79
costume	suit 85
cote	odds 39
côte ouest	west coast 83
côté	side 50
coucher	lay (to ~) 72
coude	elbow 56
coudre	sew (to ~) 100
couleur	color 21
couloir	hall 51
coup de soleil	sunburn 86
couper	cut off (to ~) 35, 71, 83
couper en dés	dice (to ~) 93
couple	couple 53, 99
cour	yard 51

couramment	fluently 24
courant	stream 52
courge	squash 56
courgettes	zucchini 41
courir	run (to ~) 72
couronner	ice the cake (to ~) 100
courrier	mail 66
courrier électronique	e-mail 83
cours	course 78
course	fare 79
court	short 80
cousin	cousin 35, 36, 52, 53, 92, 95
coûter	cost (to ~) 35, 48, 66
couverts	silverware 58
crabe	crab 41
craquement	crunch 103
craquer	crack (to ~) 105
crayon	pencil 44
crème	cream 93
crème fouettée	whipped cream 76
crème glacée	ice cream 13
crêpe	pancake 99
crétin	jerk 80, 83
crier	scream (to ~) 89
crise	crisis 57
cristal	crystal 58
critique	judgmental 18
croire	think (to ~) 34, 87, 100 / believe (to ~) 74, 99
cru	raw 16, 76
cuillerée	scoop 13 / spoonful 62
cuir	leather 45
cuire	bake (to ~) 20, 52 / cook (to ~) 93
cuire au four	bake (to ~) 93
cuisine	cuisine 62 / kitchen 51, 57
cuisinière	stove 51
cuit au four	baked 41
cultivé organiquement	organically-grown 87
cultiver	grow (to ~) 87
curieusement	curiously 103
curieux	nosey 18
curriculum vitae	resume 96
cyber	cyber 87
cycle, vélo	bike 64 / cycle 55
cygne	swan 52
d'abord	first 41, 51
d'accord	okay 5, 57, 67, 71, 99 / all right 10
dame	lady 17
dangereux	unsafe 80
dans	within 39
danser	dance (to ~) 34

devrais	should 13
diagnostic	diagnosis 103
dialogue	dialog 21, 40
diamant	diamond 100
Dieu	God 67, 104
différence	difference 67
différent	different 92
difficile	difficult 78 / hard 105 / tough 54
dimanche	Sunday 9, 14
diminuer	downsize (to ~) 69
dîner	dinner 28, 58, 76, 105
dingue	crazy 60
dire	say (to ~) 19, 35, 55, 78, 80, 105 / tell (to ~) 36, 38, 43, 55, 57,58, 67, 81, 86, 89, 92, 94, 95
directement	directly 79
directeur	manager 61, 96
diriger	run (to ~) 36
disponible	available 88
distributeur	distributor 75
diviser	divide (to ~) 93
dix	ten 18, 29
dixième	tenth 58, 66
docteur	doctor 55
doctoral	doctoral 95
document	document 95
doigt	finger 56
dollar	dollar 39, 66, 88
domaine	area 102
domicile	domestic 57
dommage	damage 71 / pity 62 / shame 62
donner	give (to ~) 27, 35, 53, 61, 72, 87, 92
donner naissance	give birth (to ~) 52
dormir	sleep-over (to ~) 67 / stay (to ~) 67
dortoir	dorm room 33
dos	back 92, 103
dossier	back 99 / file 83
double	double 61
doucement	gently 105
douceur	gentleness 80
doué	handy 81
douleur	agony 103
douter (de)	doubt (to ~) 92, 98
doux	gentle 80
drapeau	flag 104,
drogue	drug 80
droit	right 50, 104
droite	right 83
drôle	funny 26, 67
du mal	hardly 87
d'une certaine façon	kind of 65

eunuque	eunuch 102
eux	them 92
eux-mêmes	themselves 36, 89
éventail	variety 59
évier	sink 51
exact	actual 48
exactement	exactly 80
exagération	overstatement 80
examen	exam 40, 55
excellent	excellent 61
excepté	except 23
exception	exception 105
excité	neurotic 74
excuser	excuse (to ~) 12, 19, 26, 61, 66
excusez-moi	pardon me 43
exemplaire	copy 83, 96
exemple	example 59, 94
exercice	exercise 105
exiger	call for (to ~) 101
expérience	experience 59, 62, 96
expirer	exhale (to ~) 50
expliquer	explain (to ~) 29, 76
express	express 66
extraordinaire	great 99
fabriquer	make (to ~) 35
fâcher (se ~)	get angry (to ~) 80
facile	easy 36
facilement	easily 27
facilités	facilities 51
façon	way 82
facteur	postman 40
facture	bill 100
faire	do (to ~) 6, 31, 35, 69, 98 / make (to ~) 20, 35, 67, 71, 98 / achieve (to ~) 105
faire / avoir confiance	trust (to ~) 23, 92
faire attention	be careful (to ~) 93
faire frire	fry (to ~) 93
faire mal	hurt (to ~) 103
faire peur	scare (to ~) 52
faire quelque chose sans s'arrêter	keep on (to ~) 56
faire semblant	fake (to ~) 103 / pretend (to ~) 63
fait	fact 4
fait (en ~)	actually 34 / in fact 4, 69, 94
fait maison	homemade 13
familier	familiar 79
famille	family 53, 94, 95
fantastique	wonderful 36
faon	fawn 72
farcir	stuff (to ~) 41
fatigué	tired 28

faute	fault 71
fauteuil multi-positions	reclining chair 103
faux	fake 59 / wrong 86
favori	favorite 58
félicitations	congratulations 24, 90, 104
femelle	female 102
féminine	feminine 102
féministe	feminist 102
femme	woman 39, 57, 74, 102
femme (épouse)	wife 5, 30, 53, 65, 94, 100
fenêtre	window 32, 56, 66
ferme	farm 52
fermer	close (to ~) 80 / shut down (to ~) 69, 80
fermier	farmer 87
féroce	savage 63
fertilité	fertility 55
fête	party 32
feu (cuisinière)	stove 93
fichu	damn 76
fidèlement	faithfully 105
fier	proud 61, 105
fierté	pride 103
fille	girl 16, 32
fille (≠ fils)	daughter 3, 64
film	film 31, 74, 99 / picture 99 / movie 21, 28, 60
fils	son 34, 64
fin	end 59
finalement	eventually 63
finir	end up (to ~) 31, 78 / finish (to ~) 51, 56
fiscal	tax 59 / fiscal 59
fixation	binding 75
fixer	set (to ~) 79
flamme	flame 93
fleuri	flowery 46
flûte	flute 43
foie	liver 54
foire	fair 69
fois	time 4, 31, 50, 54, 60, 62, 94, 103
fois (une ~)	once 10, 13, 99
foncé	dark 45
fonction de (en ~)	depending 59
fondation	foundation 73
fondre	melt (to ~) 93
fontaine à eau	water fountain 17
force	strength 80
forcer	force (to ~) 69
former	form (to ~) 105
formulaire	form 96
fort	strong 27
fortune	fortune 64

fou	crazy 11, 66, 99
fouet	whisk 93
four	oven 85
fourchette	fork 99
frais	fresh 22, 41, 58, 61, 87, 93, 99
fraise	strawberry 14
framboise	raspberry 41
franchement	downright 68 / frankly 5, 31
frapper	clap (to ~) 50 / hit (to ~) 72, 83
fréquenter	attend (to ~) 73
frère	brother 15, 27, 33, 35, 53
frites	french fries 4
froid	cold 62 / cool 99
fromage	cheese 93, 99
fruit	fruit 40, 99
fumer	smoke (to ~) 5, 35, 68
fumeur	smoker 68
futur	future 55
gagner	make (to ~) 24, 100 / win (to ~) 39, 57, 73, 99
garage	garage 51
garçon	boy 16, 72
garde-manger	pantry 51
garder	keep (to ~) 68 / save (to ~) 99
gardien de zoo	zookeeper 57
gare routière	depot 19
garer	park (to ~) 45
garnir	garnish (to ~) 93
garniture	garnishing 93
gâteau	cake 34
gâteau au fromage	cheesecake 58
gauche	left 83
gaufre	waffle 99
geler	freeze (to ~) 61
généralement	general 102
généreusement	generously 104
génial	great 16, 36, 44, 48
genou	knee 50, 56
genre (sorte)	kind 6
gens	people 60, 65 / guys 67
gentil	sweet 36, 101 / kind 80
gentillesse	kindness 80
gérant	manager 48
germes de luzerne	alfalfa sprouts 55
gin	gin 100
glace	ice cream 13 / ice 83
glacé	frozen 60
glacial	frigid 73
glaçon	ice 41
golf	golf 23, 100
gomme	eraser 44

manquer	be missing (to ~) 53 / be short (to ~) 47 / miss (to ~) 105
marcher	walk (to ~) 79
marché	market 20
mardi	Tuesday 14
marguerite	daisy 22
mariage	marriage 18
marier (se ~)	marry (to ~) 24, 42 / get married (to ~) 39, 42, 57
marine	marine 73
marketing	marketing 96
marque	brand 96
marquer	mark (to ~) 48, 55
marron	brown 45
matin	morning 3, 9, 40, 48, 52, 55, 67, 81, 87, 105
mature	mature 47
mauvais	bad 11
mauvaise herbe	weed 85
mécanique	mechanics 78
méchant	mean 21
mécontent	unhappy 47
médecin généraliste	physician 68
meilleur	best 15, 96, 99 / better 69
meilleure chance	better luck 62
mélange	combo 4 / mix 53
même	even 34, 84, 99 / same 50, 74
mémoire	memory 64
mémoriser	memorize (to ~) 40
menacer	threaten (to ~) 68
mendier	beg (to ~) 72
mensuellement	monthly 96
menthe	mint 93
mentionner	mention (to ~) 81
mentir	lie (to ~) 92
menton	chin 50, 56
menuisier	carpenter 81
méprendre	misunderstand (to ~) 80
merci	thank you 13, 88 / thanks 3, 66, 74, 99
mercredi	Wednesday 14
mère	mother 11, 35
mériter	deserve (to ~) 50, 100
merveilleux	great 73 / beautiful 105
mesdames	ladies 79, 94, 104
messieurs	gentlemen 17, 94, 104
météorologue	weatherman 23
métro	subway 79
mettre	put out (to ~) 58, 85 / set (to ~) 58
miche	loave 52
midi	noon 12, 40
miel	honey 16, 28, 36, 56
mien, mienne	mine 55, 68, 82

mieux	better 36, 55, 79, 96 / best 97
million	million 46
mini-bus	van 92
minuit	midnight 19, 29
minute	minute 19, 34, 47, 53, 85, 88, 93, 105
mixture	mixture 93
mode (m)	kind 59
modem	modem 48
moderne	modern 87
modeste	modest 66
modifier	switch (to ~) 67
moi	me 92
moi-même	myself 36, 79, 89
moine	monk 78
mois	month 39, 40, 64, 66, 69, 76, 99, 100, 105
moitié	half 53, 66, 94
moment	moment 104
mon pote	buddy 71
mon, ma, mes	my 55
monde	world 2, 79, 96, 105
monnaie	change 66
monsieur	mister 12, 34, 48, 79, sir 4, 12
montagne	mountain 97, 105
monter	go up (to ~) 62 / ride (to ~) 92
montre	watch 100
morceau	piece 46 / chunk 66
mordre	bite (to ~) 35
morse	walrus 27
mort	dead 52
mot	word 55, 105
motel	motel 61
moto	motorcycle 24
mouchoir	handkerchief 105
mourir	die (to ~) 10, 22
moustique	mosquito 52
mouton	sheep 57
mouvement	movement 102
muffin	muffin 61
multiplier	multiply (to ~) 93
mûre	ripe 93
mystique	mystique 102
mythe	myth 100
nabot	runt 52
nachos	nachos 76
nager	swim (to ~) 28, 100
naître	be born (to ~) 73, 76
nation	nation 104
national	national 59
naturalisation	naturalization 104
naturalisé	naturalized 104
navet	turnip 56

ne pas aimer	dislike (to ~) 56
ne quittez pas	hold on 34
négatif	negative 62
neiger	snow (to ~) 54
n'est-ce pas	right 12
neveu	nephew 35
nez	nose 56
niais	sappy 105
nièce	niece 35
n'importe qui	anyone 46, 55
n'importe quoi	anything 12, 46
ni	either (après nég.) 57
nœud	bow 101
nœud papillon	bowtie 47
noir	black 16, 45, 52, 86, 95
noisette	dab 93
nom	name 15, 64, 95
nom de famille	surname 63
nombreux	numerous 59
non	no 5
non salé	unsalted 76
nourrisson	baby 103
nourriture	food 62
nous	we 7 / us 92
nous-même	ourselves 89, 99
nouveau	new 48, 59, 65, 74, 81
nouvelles	news 88, 90
noyer	walnut 51
nuage	cloud 23
nuée	horde 52
nuit	night 12, 61
numéro	issue 96 / number 44, 88, 87
numéro de tétéphone	phone number 75
obligeant	accommodating 61
obscurité	darkness 80
obtenir	get (to ~) 60
obtenir un diplôme	graduate (to ~) 73
occasion	occasion 58 / chance 85
occuper (s'~)	care for (to ~) 89
occupé	busy 6
océan	ocean 27
œil	eye 56, 99
œuf	egg 61, 93, 99
œuvre	work 102
officiellement	officially 104
offrir	offer (to ~) 13 / provide (to ~) 104
oies	geese 52
oignon	onion 56, 89, 93
oiseau	bird 45
omelette	omelet 93
omettre	overlook (to ~) 80 / skip (to ~) 105

petit pois	green pea 56
petite amie	girlfriend 68
petite maison	cottage 37
pétition	petition 68
peu	litte 101 / bit 80, 103
peu importe	whatever 103
peuple	people 104
peut-être	maybe 22, 26
philosophie	philosophy 78
phoque	seal 16
phrase	sentence 105
piano	piano 43
pichet	pitcher 99
pièce	play 37 / piece 20
pied(s)	foot (feet) 56, 57, 74, 76
piège	trick 86
pin	pine 51
pincée	pinch 93
pingouin	penguin 101
pique-nique	picnic 82
piscine	swimming pool 100
pistache	pistachio 14
pittoresque	quaint 61
pizza	pizza 60
placard	cupboard 51 / cabinet 51
place	room 61, 99
placer	place (to ~) 39, 104 / bring (to ~) 50
plage	beach 61
plaindre (se ~)	complain (to ~) 33
plain-pied	walk-in 51
plaint	complained 74
plaire	enjoy (to ~) 30
plaisanter	kid (to ~) 65
planche à dessin	drawing board 69
planning	planning 67
plaque d'immatriculation	license plate 45
plat	dish 99
platine	platinum 100
plein	tank 88 / full 104
pleurer	cry (to ~) 18, 35, 89, 90, 101
pleuvoir	rain (to ~) 23
plombier	plumber 81
plus	most 27 / lot 36 / more 80, 100
plus (en ~)	plus 62
plus drôle	funnier 86
plus grand	bigger 69
plus gros	fatter 27
plus important	leading 96
plus jeune	younger 27
plutôt	kind of 39 / more 40 / rather 62
poêle	pan 93 / frying pan 93

poignée	handful 62
poignée de main	handshake 71
poignée de main en or	golden handshake 38
poignet	wrist 56
pointer	point (to ~) 50
poisson	fish 16, 41, 57
poitrine	chest 50
poivron	pepper 93
pôle	pole 75
police	police 45
politique	policy 59
pomme	apple 13
pomme de terre	potato 4, 41, 56
pomme de terre au four	baked potato 62
pompes funèbres	funeral parlor 36
poncer	sand (to ~) 81
pont	bridge 79, 94
portable	cellular telephone 85
porte	door 17, 87
portée	litter 52
porter	carry (to ~) 37 / wear (to ~) 45, 100, 101
poser (une question)	ask (to ~) 94
positif	positive 62
position	position 80
posséder	own (to ~) 33
possibilité	chance 59
possible	possible 47, 100
poste	post office 3 / position 96
pot d'échappement	muffler 12
pote	pal 19
poulain	colt 72
poule	chicken 52
poulet	chicken 85
poupée	doll 74
pour	in order to 94
pourquoi	why 18
pourrait	might 101
poursuivre	go ahead with (to ~) 62
pourtant	though 30
pousser	grow up (to ~) 57 / grow (to ~) 89 / shoot up (to ~) 85
poussin	chick 72
pouvoir	can 12 / be able to (to ~) 41, 67, 82, 92, 94, 97 / power 104
pratique	practical 51
précisément	precisely 94
préconiser	advocate (to ~) 80
préférer	prefer (to ~) 34, 56
préféré	favorite 52
premier	first 4, 60, 94

qualité	quality 94
quand	when 18, 48
quart	quarter 93
quartier	borough 33 / district 33 / area 61
que	only 92 / till 95
quel, quelle ; quoi	what 2, 18
quelque chose	something 46, 62, 86
quelque sorte	sort 65
quelques	few 27, 34, 79, 93, 105 / some 90
quelqu'un	someone 36, 46, 94 / anyone 99, 105
question	point 71 / question 65, 94
queue	line 99
qui	who 18, 97 / which 81
quitter	quit (to ~) 38
quitter (se ~)	break up (to ~) 105
raccourcir	shorten (to ~) 80
raccrocher	hang up (to ~) 44
racheter	buy-out (to ~) 69
racine	root 95
raconter	tell (to ~) 10
raison	reason 95
raisonnable	sensible 63
raisonnement	thinking 59
ramasser	pick (to ~) 103
ranch	ranch 25
rang	rank 104
râper	grate (to ~) 93
rappeler (qqch. à qqn)	remind (to ~) 47
rappeler (se ~)	remember (to ~) 47
rapport (en ~)	relevent 102
raser (se ~)	shave (to ~) 52
rater	miss (to ~) 47
rayé	striped 16
rayon	section 20
récemment	recently 73
réception	reception 104
recette	recipe 93
recevoir	receive (to ~) 104
recherche	research 95
recommander	recommend (to ~) 61
rédacteur	editor 73
redonner	give again (to ~) 44
réellement	really 94
refaire	remodel (to ~) 81
réfléchir	think about (to ~) 40, 81
refuser	refuse (to ~) 79
regard noir	dirty look 68
regarder	look (to ~) 34, 36, 95 / watch (to ~) 60 / see (to ~) 72
régime	diet 13, 76
région	area 78

sauveur	saviour 74
savoir	know (to ~) 10, 35, 47, 55, 57, 58, 85, 86, 94, 95, 105 / find out (to ~) 83 / believe (to ~) 105
savourer	enjoy (to ~) 82
saxophone	saxophone 43
sceptique	sceptical 103
scier	saw (to ~) 81
scotch	scotch 100
séance	seance 39
second	second 13, 17, 43, 48, 93, 103
séjourner	stay (to ~) 37
sel	salt 76, 93
selon	according 86
semaine	week 8, 25, 30, 95, 103
sembler	seem (to ~) 69 / sound (to ~) 61 / sound like (to ~) 89
séminaire	seminar 94
sentimental	sentimental 105
sentir (se ~)	feel (to ~) 54
sept	seven 26
serpent	snake 16, 33
serveur	waiter 41, 47, 62, 99
serveuse	waitress 41
service	service 61, 62, 66, 87 / department 83, 96
servir	serve (to ~) 80
seul	alone 31, 94
seulement	only 5, 9, 57, 59, 79, 97
sexuel	sexual 80
signer	sign (to ~) 83, 88, 90
s'il vous plaît	please 43, 83, 88, 90, 103
si	if 84 / so 90, 91
siège	office 4
sienne	hers 82
signature	signing 83
simple	simple 94
singe	monkey 16
sinon	otherwise 67
sinus	sinus 54
sirop	syrup 99
site web	web site 87
situation	situation 74
situer	locate (to ~) 69
ski	ski 75
skier	ski (to ~) 75
social	social 59
société	outfit 69 / corporation 83 / company 79, 85
sœur	sister 30, 35
sofa	sofa 72
soi-même	oneself 36
soif (avoir ~)	thirsty (to be ~) 22

toi	you 92
toilettes	rest rooms 17, 80 / bathroom 17, 80
toi-même	yourself 36, 89, 94
toit	roof 30
tolérant	tolerant 11, 74
tomate	tomato 56, 93
tomber	fall (to ~) 46, 61
tondeuse	lawn mower 101
toujours	always 9, 36 / still 6, 34
tourner	turn (to ~) 17 / rotate (to ~) 50 / beat (to ~) 80
tous	every 55, 105 / everyone 46 / all 78
tous les deux	couple 65
tous les jours	everyday 55
tout	all 6 / anything 12 / everything 46
tout de suite	right away 88
tout droit	straight ahead 17
tout le monde	everyone 73
tout petit peu	wee bit 105
toux	cough 54
train	train 47, 79
traire	milk (to ~) 52
traiter	process (to ~) 96
tranche	bracket 59 / slice 60
transportation	transportation 79
travail	job 6, 69 / work 6, 68, 73, 94, 105 / labor 40
travailler	work (to ~) 6, 28, 36, 54, 59, 69, 78
traverser	cross (to ~) 81
très	very 4, 61, 81, 94 / pretty 55
très vieux	ancient 63
tricher	cheat (to ~) 105
troisième	third 68, 103
trombone	trombone 43 / paper clip 44
trompette	trumpet 43
trop	too 70, 78, 105 / too much 94
trottoir	sidewalk 21
trou	hole 52
troupeau	flock 52 / gaggle 52
trouver	find (to ~) 17, 39, 61, 69, 78, 102
tu	you 7
tuer	kill (to ~) 103
tuyau d'échappement	exhaust pipe 75
type	guy 61
un	one 61
université	university 15, 73, 78
urbain	urban 80
usage	use 80
usine	plant 67
vacances	vacation 25, 54, 94
vache	cow 52

valant	worth 88
vallée	valley 87
valoir la peine	pay (to ~) 58
vanille	vanilla 13, 14
vanité	vanity 79
varicelle	chicken pox 54
vas-y	go ahead 68
vase	vase 46
veau	veal 52 / calf 72
vendre	sell (to ~) 32
vendredi	Friday 14
venir	come (to ~) 35, 53, 72, 81, 82, 83, 94, 99, 103
vente	sales 96
vérifier	check (to ~) 48
véritable	real 74
vérité	truth 22, 68
verre	glass 58, 99
vers	around 12
verser	pour (to ~) 93
vert	green 45, 92, 93
vertèbre	vertebrae 103
veste	jacket 45, 62
vêtements	clothes 32, 85
video	video 60
vie	life 30, 57, 73, 76, 85, 100, 105
viens de	just 34
vieux	old 31, 52
vieux jeu	old-fashioned 87
villa	villa 37
ville	town 65
vin	wine 58
vingt	twenty 19, 39
violet	purple 45
violon	fiddle 22 / violin 43
violoncelle	cello 43
visite	visit 51, 97 / tour 51
visiter	visit (to ~) 16, 30, 52, 79, 97, 103
visqueux	slippery 27
vite	fast 71
vivre	live (to ~) 16, 78, 97
vocabulaire	vocabulary 40
vodka	vodka 100
voici	here's 3
voir	see (to ~) 31, 35, 37, 45, 51, 60, 65, 74, 87, 99, 101, 103
voisin	neighbor 33
voiture	car 12, 40, 45, 59, 71, 75, 85
vol	flight 67
voler	fly (to ~) 32, 67 / steal (to ~) 61

Aubin Imprimeur
LIGUGÉ, POITIERS

Achevé d'imprimer en septembre 1999
N° d'édition 1539 / N° d'impression L 59015
Dépôt légal octobre 1999
Imprimé en France